工商管理经典译丛　BUSINESS ADMINISTRATION CLASSICS

CORPORATE GOVERNANCE MATTERS

THIRD EDITION

公司治理

组织视角

第 **3** 版

[美] 戴维·拉克尔（David Larcker）
布莱恩·泰安（Brian Tayan） 著

严若森　周　燃　钱晶晶　译

中国人民大学出版社
·北京·

工商管理经典译丛
出版说明

　　随着中国改革开放的深入发展，中国经济高速增长，为中国企业带来了勃勃生机，也为中国管理人才提供了成长和一显身手的广阔天地。时代呼唤能够在国际市场上搏击的中国企业家，时代呼唤谙熟国际市场规则的职业经理人。中国的工商管理教育事业也迎来了快速发展的良机。中国人民大学出版社正是为了适应这样一种时代的需要，从1997年开始就组织策划"工商管理经典译丛"，这是国内第一套与国际管理教育全面接轨的引进版工商管理类丛书，该套丛书凝聚着100多位管理学专家学者的心血，一经推出，立即受到了国内管理学界和企业界读者们的一致好评和普遍欢迎，并持续畅销数年。全国人民代表大会常务委员会副委员长、国家自然科学基金会管理科学部主任成思危先生，以及全国MBA教育指导委员会的专家们，都对这套丛书给予了很高的评价，认为这套译丛为中国工商管理教育事业做了开创性的工作，为国内管理专业教学首次系统地引进了优秀的范本，并为广大管理专业教师提高教材甄选和编写水平发挥了很大的作用。其中《人力资源管理》（第六版）获第十二届"中国图书奖"；《管理学》（第四版）获全国优秀畅销书奖。

　　进入21世纪后，随着经济全球化和信息化的发展，国际MBA教育在课程体系上进行了重大的改革，从20世纪80年代以行为科学为基础，注重营销管理、运营管理、财务管理到战略管理等方面的研究，到开始重视沟通、创业、公共关系和商业伦理等人文类内容，并且增加了基于网络的电子商务、技术管理、业务流程重组和统计学等技术类内容。另外，管理教育的国际化趋势也越来越明显，主要表现在师资的国际化、生源的国际化和教材的国际化方面。近年来，随着我国MBA和工商管理教育事业的快速发展，国内管理类引进版图书的品种越来越多，出版和更新的周期也在明显加快。为此，我们这套"工商管理经典译丛"也适时更新版本，增加新的内容，同时还将陆续推出新的系列和配套参考书，以顺应国际管理教育发展的大趋势。

　　本译丛选入的书目，都是世界著名的权威出版机构畅销全球的工商管理图书，被世界各国和地区的著名大学商学院和管理学院所普遍选用，是国际工商管理教育界最具影响力的教学用书。本丛书的作者，皆为管理学界享有盛誉的著名教授，他们的这些著作，经过了世界各地数千所大学和管理学院教学实践的检验，被证明是论述精辟、视野开阔、资料丰富、通俗易懂，又具有生动性、启发性和可操作性的经典之作。本译丛的译者，大多是国内各著名大学的优秀中青年学术骨干，他们不仅在长期的教学研究和社会实践中积累了丰富的经验，而且具有较高的翻译水平。

本丛书的引进和运作过程，从市场调研与选题策划、每本书的推荐与论证、对译者翻译水平的考察与甄选、翻译规程与交稿要求的制定、对翻译质量的严格把关和控制，到版式、封面和插图的设计等各方面，都坚持高水平和高标准的原则，力图奉献给读者一套译文准确、文字流畅、从内容到形式都保持原著风格的工商管理精品图书。

本丛书参考了国际上通行的 MBA 和工商管理专业核心课程的设置，充分兼顾了我国管理各专业现行通开课与专业课程设置，以及企业管理培训的要求，故适应面较广，既可用于管理各专业不同层次的教学参考，又可供各类管理人员培训和自学使用。

为了本丛书的出版，我们成立了由中国人民大学、北京大学、中国社会科学院等单位专家学者组成的编辑委员会，这些专家学者给了我们强有力的支持，使本丛书得以在管理学界和企业界产生较大的影响。许多我国留美学者和国内管理学界著名专家教授，参与了原著的推荐、论证和翻译工作，原我社编辑闻洁女士在这套书的总体策划中付出了很多心血。在此，谨向他们致以崇高的敬意并表示衷心的感谢。

愿这套丛书为我国 MBA 和工商管理教育事业的发展，为中国企业管理水平的不断提升继续做出应有的贡献。

中国人民大学出版社

在全球化浪潮的演化之势显现新的迹象之时，如何进一步探究公司治理这一情境函数，并赋予公司治理这一话语体系新的价值与意义，是题中应有之义。

美国斯坦福大学商学院会计系教授、公司治理研究项目负责人及斯坦福大学洛克公司治理中心资深教授戴维·拉克尔与其公司治理研究项目成员布莱恩·泰安合著的《公司治理：组织视角》，为公司治理丛林增添了一抹新的绿色。该书基于组织视角，围绕一系列公司治理关键问题展开论述，并探讨与所涉公司治理关键问题相关的情境、决策及经济后果，旨在为改善公司治理提供全面、客观的信息，为投资者、董事会、管理层等就如何通过公司治理取得最优绩效提供帮助。该书兼具学术深度与内容广度，既不乏理论上的真知灼见，亦凸显实证说服力，既是基于一定制度与文化情境、由点及面至体系的公司治理思维集成，亦是有趣与实用兼具的公司治理指南，无论是学者、学生，还是投资者、律师、企业家、政府官员等，均能从中获得启示。

很高兴我们的研究团队有机会受中国人民大学出版社委托，负责翻译戴维·拉克尔和布莱恩·泰安合著的《公司治理：组织视角》，该书的中文首译版（《公司治理：组织视角》（第 2 版））已于 2018 年 2 月顺利出版，本次翻译出版的是《公司治理：组织视角》（第 3 版）。较之于第 2 版，第 3 版无论在结构上还是在内容上均作了修订，既有删减，亦有增补。相较而言，内容修订的幅度要远大于结构修订的幅度。一些内容的删减是大刀阔斧的，一些内容的增补则是全新的、革命性的。例如，整体删除了诸多不合语境的段落、不合时宜的情境案例等，大面积地更新了实证研究数据、情境案例与素材、图表例证、文献引注，增加了新的一章"利益相关者与利益相关者激进主义"，特别增加并凸显了和环境、社会与治理（ESG）相关的理论、指标与信息披露、评级方法等内容，不一而足。

第3版的翻译工作主要由武汉大学经济与管理学院的严若森教授和毕业于武汉大学经济与管理学院的周燃博士（现任湖北文理学院经济管理学院讲师）、钱晶晶博士（现任南昌大学经济管理学院副教授）共同完成，严若森教授对翻译的质量负责。需特别说明的是，鉴于第3版基本沿袭了第2版的整体结构，对第2版每章的内容均给予了一定程度的保留，为第2版的翻译贡献了智慧和汗水的研究团队成员陈静（第1、2、15章）、姜潇（第3、4、5章）、肖莎（第6章）、朱婉晨（第7、8、9章）、华小丽（第10、11、12章）、杜帅（第13、14章），对第3版的翻译依然有贡献，在此，我们表示真诚感谢！

为了做到翻译准确无误，我们精心打磨，反复锤炼，数易其稿，但疏漏之处在所难免，恳请各位同仁与读者不吝赐教。

本书基于组织视角，探究公司治理问题，旨在帮助企业改善治理机制。与其他公司治理书籍不同，本书并非仅从法律角度对公司治理进行研究。虽然本书对组织中不同角色的相关法律规定有介绍，但是主要目的并非介绍相关法律，因为这样的书籍由律师来写显然会更好。本书的主要意图在于检验组织设置的公司治理机制及其对组织决策和绩效的影响。因此，本书的主要目标人群是影响公司决策的董事、高管、投资机构、律师及监管人员。

公司治理是一门主观性很强的学科，在本书中，我们纠正了很多常见的错误，我们认为，任何结论均须基于专业知识和学术研究而非人云亦云和主观臆断。当然，这样做并不能保证公司治理中的每个问题都得到有效解决，但是至少可以保证从现实入手，因而具有客观性。正如本书所写的，现有的实证研究并没有涵盖所有的公司治理问题，每个公司治理问题也不是只有一个解决方案。在公司治理研究中，还有很多研究空白，需要我们继续探索。本书关于公司治理机制的建议都是基于严谨的研究，我们希望本书能够对企业相关人员制定重大决策有所帮助。

本书的每一章集中讨论公司治理的某一特定特征，阐述其优缺点，总结现有研究，然后得出相关结论。就本书而言，读者从头至尾阅读下来会感觉内容很全面，但也可以选择阅读自己感兴趣的部分（例如董事会结构、CEO继任计划或高管薪酬等）。鉴于书中有大量的相关案例和知识要点，本书适合作为相关专业的本科生和研究生教材及高管培训素材。

我们相信本书可以帮助组织更好地设计治理体系及机制！

首先，我们要感谢斯坦福商学院的米歇尔·古特曼（Michelle Gutman），没有她的帮助，本书不可能问世。米歇尔为整个项目提供了支持，从概念和纲要到具体研究再到编辑和出版，每一步都有她的功劳。她的敬业精神和积极态度值得每一位学者学习，无论是在工作上还是生活中，她都是我们的榜样。

同时，我们还要感谢给予我们建议、评论和反馈的许多专家和学者。其中，斯坦福大学法学院的迈克尔·克劳斯纳（Michael Klausner）教授帮助我们厘清了许多法律概念，特别是第 3 章和第 11 章的相关法律术语；伍德拉夫-索耶公司（Woodruff-Sawyer & Co）的普里亚·切瑞安·赫斯金斯（Priya Cherian Huskins）在区别有关赔偿及董事责任保险制度等方面为我们提供了帮助；迈尔斯集团（The Miles Group）的斯蒂芬·迈尔斯（Stephen Miles）及海德思哲国际咨询公司（Heidrick & Struggles）的托马斯·弗里尔（Thomas Friel）在 CEO 继任计划、高管选聘及高管人才市场等方面给予了我们很好的建议；代理治理公司（Proxy Governance）的艾拉·凯（Ira Kay）提出高管薪酬水平要与其所在环境相关；康柏视域合伙公司（CamberView Partners）的阿贝·弗里德曼（Abe Friedman）帮助我们从机构投资者的视角理解代理投票制度。

本书的理论深度要归功于斯坦福大学丰富的图书及网络资源。我们特别感谢亚瑟（Arthur）和托尼·伦比·罗克（Toni Rembi Rock）资助成立了斯坦福大学洛克公司治理中心，为我们的公司治理研究提供了资金支持。依托此中心，在与同事迈克尔·卡拉汉（Michael Callahan）、罗伯特·戴恩斯（Robert Daines）、约瑟夫·格伦德费斯特（Joseph Grund-fest）、阿曼达·帕克尔（Amanda Packel）及克里斯滕·萨维尔（Kristen

Savelle）合作研究的过程中，我们受益匪浅。感谢斯坦福商学院乔纳森·莱文（Jonathan Levin）对洛克公司治理中心给予的支持，感谢斯坦福商学院研究中心的朱莉·威廉姆森（Julie Williamsen）及其他同事给予的支持与合作。我们还要感谢 Equilar 公司戴维·查恩（David Chun）为本书提供了高管薪酬数据。

感谢克里斯托弗·阿姆斯特朗（Christopher Armstrong）、玛丽亚·科雷亚（Maria Correia）、高岩（Ian Gow）、约翰·开普勒（John Kepler）、艾伦·麦考尔（Allan McCall）、盖兹卡·奥马萨瓦尔（Gaizka Ormazabal）、丹尼尔·泰勒（Daniel Taylor）、爱德华·瓦茨（Edward Watts）、肖尤菲（Youfei Xiao）、阿纳斯塔西娅·扎科玉基娜（Anastasia Zakolyukina）及克里斯蒂娜·朱（Christina Zhu）在助研中的优异表现及其在公司治理交流中闪耀的思想。

感谢萨莉·拉克尔（Sally Larcker）的编辑和校订及让尼娜·威廉斯（Jeannine Williams）的协助。

感谢培生教育集团的马洛比卡·查克拉博蒂（Malobika Chakraborty）、谢里·雷普林（Sheri Replin）、洛里·莱昂斯（Lori Lyons）、葆拉·洛厄尔（Paula Lowell）、瓦什那维·温卡特桑（Vaishnavi Venkatesan）及其他工作人员付出的辛勤劳动，感谢斯蒂芬·科布林（Stephen Kobrin）给予的鼓励和帮助！

最后，感谢每天给予我们爱和鼓励的家人——萨莉（Sally）、萨拉（Sarah）、丹（Dan）、里斯（Reese）、埃米（Amy）、亚历克萨（Alexa）、埃弗里（Avery）和布克（Booker）！

目录

CONTENTS

第 5 章　董事会：结构与影响　89

CONTENTS

第 6 章　战略、绩效衡量与风险管理　124

CONTENTS

CONTENTS

CONTENTS

CONTENTS

第 **1** 章 公司治理导论

　　无论是在大众媒体上，还是在商业新闻中，公司治理都是一个热门且具有争议的话题。许多报纸报道过大量关于公司欺诈、会计丑闻、内幕交易、CEO 薪酬过高及其他组织失败的事件，一般均以诉讼、辞职和破产而告终。从安然（Enron）事件中的公司内部交易、财务造假，到泰科（Tyco）首席执行官（chief executive officer，CEO）丹尼斯·科兹洛夫斯基（Dennis Kozlowski）挪用公司资金并花 210 万美元为妻子办生日派对，这些事件不仅令人震惊，而且引人深思。这些公司之所以失败，关键是公司治理——企业的监督与平衡系统——在阻止高管滥用职权方面并未真正发挥作用。[1]

> **专栏**　公司治理失败案例——南方保健公司
>
> 　　南方保健公司（HealthSouth Corp.）位于美国亚拉巴马州的伯明翰市，是著名的医疗健康服务供应商。[2]
>
> ● CEO 理查德·斯科鲁塞（Richard Scrushy）和其他公司高管被指控于 1999—2002 年，为达到预期目标，夸大利润至少 14 亿美元。[3]
>
> ● 2001 年，即利润操纵被披露的前一年，该公司 CEO 的工资为 400 万美元，CEO 还被给予 650 万美元的现金奖励和价值 120 万美元的股票期权。[4]
>
> ● 在公司透露监管改革将明显影响收益的前几周，CEO 理查德向公司出售了 94％的自持股份，即 250 万股，导致公司股价直线下跌。[5]
>
> ● 前首席财务官（chief financial officer，CFO）韦斯顿·史密斯（Weston Smith）和其他高管承认财务造假。[6]
>
> ● 在股东提起的派生诉讼中，CEO 理查德被判有罪，并被要求向公司支付赔偿

金 28.8 亿美元。[7]

在此期间，董事会做了什么？

● 2001 年，薪酬委员会仅召开一次会议。[8]

● 据《福布斯》（*Forbes*）报道，CEO "为股东赚取的回报欠佳，自己却收获颇丰。即使这样，董事会也没有解雇他"。[9]

在此期间，外部审计机构安永（Ernst & Young）做了什么？

● 2001 年，审计委员会仅召开一次会议。[10]

● 董事长及 CFO 均是曾受雇于安永的审计师。

● 公司除了支付给安永 120 万美元的审计服务费，还支付了 250 万美元的咨询和其他非审计服务费用。[11]

在此期间，分析师做了什么？

● 瑞银集团（UBS）分析师曾 "强烈推荐" 购买南方保健公司的股票。

● 南方保健公司支付给瑞银集团 700 万美元的投资服务费用。[12]

不足为奇的是，CEO 在其任期内还曾追溯股票期权，即将股票期权授予日期追溯改为公司低股价日期（见图 1-1）。

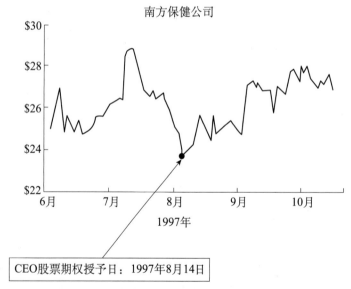

图 1-1　南方保健公司：CEO 股票期权授予日

资料来源：David F. Larcker and Brian Tayan（2010）.

有意思的是，理查德在美国司法部受理的会计舞弊案中被判无罪，却在另一案件中因为贿赂亚拉巴马州前州长被判处有期徒刑 7 年，并处罚金 29 亿美元。

通过南方保健公司的案例可以看出，旨在防止高管滥用职权的监督与平衡系统并非总是发挥作用。此外，治理失败不仅限于实际发生欺诈的情形，还包括控制机制不足以控制管理行为的一系列更广泛的情形。

| 专 栏 | **私营企业治理失败案例——WeWork** |

2019 年 8 月，办公共享初创公司 WeWork 公开申请完成首次公开发行（initial public offering，IPO）。当时，这家成立 9 年的公司是美国估值最高的初创公司，根据软银（SoftBank）的融资，它的估值为 470 亿美元。该公司的申请令人惊讶，不仅因为其运营亏损规模（2018 年营收为 18 亿美元，亏损 16 亿美元），还因为一系列治理条款凸显了该公司与其创始人安德鲁·诺伊曼（Andrew Neumann）之间的不寻常关系。包括：

- 他的家人和朋友，包括他的妻子，担任公司的很多高级职位。
- 利用家族成员拥有的承包商建造公司办公空间。
- 公司披露，它以 600 万美元的价格从诺伊曼手中购买了"We"这一商标。
- 公司披露，它向诺伊曼发放了 7.4 亿美元的个人贷款，以诺伊曼在公司的股份为质押。
- 诺伊曼持有的股票每股有 20 票投票权，是其他创始成员相应投票权标准的两倍，由此他几乎完全控制了公司。
- 公司同意在必要时，由诺伊曼的妻子单独决定继任者。[13]

信息披露后，WeWork 被迫将 IPO 估值区间降至 150 亿~200 亿美元，然后降至 100 亿美元以下，最终取消了 IPO。面对现金短缺，WeWork 通过谈判从软银获得了紧急注资，估值为 80 亿美元。作为交易的一部分，诺伊曼以 17 亿美元的价格将所持股份卖给了软银，并同意离开该公司。[14]

治理失败的实例并不在少数。近年来，许多公司的治理机制都出现了问题，包括美国国际集团（American International Group，AIG）、美国国家金融服务公司（Countrywide Financial）、安然、房利美（Fannie Mae）、通用汽车（General Motors）、雷曼兄弟（Lehman Brothers）和世界通信公司（WorldCom），这些案例都是当时《华尔街日报》（*The Wall Street Journal*）或《金融时报》（*Financial Times*）的头条新闻，而且这里面不包括不太出名的公司，但那些公司的股东的利益也受损了。公司治理问题不仅限于美国公司，许多大型跨国公司亦深陷于治理丑闻，例如奥林巴斯（Olympus）、帕玛拉特（Parmalat）、巴西国家石油公司（Petrobras）、荷兰皇家壳牌（Royal Dutch Shell）、萨蒂扬（Satyam）、西门子（Siemens）等。在美国证券交易所上市的外国公司可能在其国内进行财务重述，这也表明公司治理是一个全球性的问题。

| 专　栏 | 跨国公司治理失败案例——奥林巴斯 |

2011 年 10 月，日本奥林巴斯公司的 CEO 迈克尔·伍德福德（Michael Woodford）在任职两周后即被解雇。这是因为，在调查与最近一次收购有关的 6.87 亿美元"咨询费"的正当性时，伍德福德发现公司存在欺诈行为，董事会决定将其解雇，并任用前 CEO 菊川刚（Tsuyoshi Kikukawa）。最终，一项独立调查详细披露了公司从 20 世纪 80 年代开始就试图掩盖投资损失超过 15 亿美元的事实[15]，相关人员涉及董事会成员、现任和前任高管、审计师及银行人员等。菊川刚被逮捕，并被处以三年有期徒刑。

1.1　经理人自利

在上述公司案例中，公司失败的根本原因是什么？有报告认为，是因为这些公司的治理机制崩溃了，然而，什么是公司治理？公司治理的功能是什么？

理论上而言，公司设置治理机制是基于当公司的所有权与经营权分离时，自利的经理人有机会实施自利行为，股东和利益相关者要承受相应损失的假设。[16] 这种情况通常称为**代理问题**（agency problem），导致的成本则称为**代理成本**（agency costs）。也就是说，在制定有关投资、融资和经营等决策时，经理人有可能考虑牺牲他人利益而作出更利于自己的决策。[17] 为了减少代理成本，组织会设立某种监督与平衡系统，即**公司治理**（corporate governance）。

行为心理学和其他社会科学都有证据表明人是自私的。在《人类行为的经济分析》（*The Economic Approach to Human Behavior*）一书中，加里·贝克尔（Gary Becker）将"理性自利"引入经济学，以解释人类行为倾向，包括犯罪或欺诈等行为。[18] 贝克尔认为，在各种各样的环境中，在不被发现的情形下，亦即在犯罪成本很低的前提下，人都会采取自利行为。因此，政府会建立各种控制机制，以增大犯罪行为被发现的概率并降低犯罪的预期收益等。

然而，贝克尔的理论不能完全让人信服，因为在现实中，人并不总是自私自利的。许多人都以道德标准约束自己而非经济利益至上。在企业内，如果保险箱敞开着，而且没有人在场，并非所有经过的员工都会偷走里面的钱；同样地，并非所有的高管都会故意作出利己决策，损害股东利益。这就是**道德凸显**（moral salience），即个人认为某些行为在本质上是错误的，即使没有被发现和事后惩罚的风险，他也不会去做。每个人的道德凸显程度显然不同，它取决于性格、宗教信仰、个人处境及财富状况等，同时，道德凸显也与个人所在的公司、行业及社会规范等相关。[19]

因此，利用治理机制来阻止自利行为，要视潜在代理成本的大小、治理机制降低代理成本的效果和治理机制的执行成本而定。

| 专栏 | **经理人自利之证据** |

代理问题到底有多普遍？是偶尔发生的个案，还是普遍存在？代理成本有多高？代理问题是长期存在的小摩擦，还是致命的大灾难？

为了深入探究这些问题，与代理问题有关的公司治理负面新闻发生的频率值得一看。在查看有关统计信息之前，我们还需要强调，并不是所有的坏结果都是由经理人自利行为造成的，有时即使经理人表现正当（也就是说，在拥有相同信息的情形下，其他经理人也会作出同样的决策），坏结果也可能出现。明白了这一点，再来看以下描述性统计结果。

● 破产。2000—2018 年，美国有超过 2 200 家上市公司申请了破产保护。[20] 其中，大约有 10% 的公司因违反美国证券交易委员会（Securities and Exchange Commission，SEC）的规定或联邦法律，即公司存在破产欺诈行为，被证券交易委员会申请强制执行诉讼判决。[21] 破产欺诈是一种严重的代理问题，通常会导致股东股本完全丧失以及债权人重大损失。

● 财务重述。2005—2017 年，美国上市公司共有超过 12 700 份财务重述。公司重述财务报告可能是因为在应用会计准则时发生了某些程序错误，亦可能是因为高管篡改公司业绩，以获取个人利益。根据审计质量中心的调查数据，在这七年间，大约一半的财务重述有问题，这意味着公司以前公布的财务报告不再可信。[22]

● 集体诉讼。2004—2018 年，每年都会发生 200 多起针对公司高管和董事证券欺诈的集体诉讼。毫无疑问，其中有些诉讼可能夸大其词。所有被告公司的总市值损失每年达到约 1 200 亿美元（诉讼期间的市值变化），平均下来，每个公司每年差不多损失 5.5 亿美元（见图 1-2）。

● 违反《反海外腐败法》。1977 年开始实行的《反海外腐败法》规定以下行为是违法的：公司贿赂外国政府官员以获取或维持业务；公司未能准确记录海外交易数量及交易额；公司未能有效监督海外子公司是否有违反该法律的行为等。2007—2018 年，美国证券交易委员会和美国司法部每年大概查处 38 家涉嫌违反《反海外腐败法》的上市公司，但近来公司违反该法律有愈演愈烈的趋势。公司一旦违反该法律，利润就会被追缴，同时，还面临其他惩罚措施。2018 年，平均每家违反该法律的公司被追缴金额达到 2 600 万美元。[23]

● "美化"收益。投资机构一般会要求高管提前预测公司的未来收益，然后实现目标收益，因此，高管面临的压力很大。Graham，Harvey 和 Rajgopal（2006）对公司财务总监进行调查，发现大多数财务总监都会夸大公司收益以实现季度预期收益目标。[24] 例如，其中 55% 的财务总监表明，他们会推迟启动新项目，即使预计新项目将创造长期价值。此外，假定开启新项目将导致公司在当前季度的每股收益降低 0.10 美元，80% 的受访者表示如果盈利目标可以实现，他们将开启该新项目，但

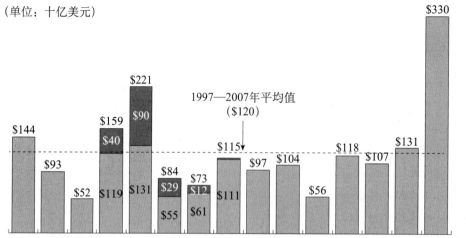

图 1-2　集体诉讼数量及披露后的损失（2004—2018 年）

资料来源：Cornerstone Research，Stanford Law School，Securities Class Action Clearinghouse，"Security Class Action Filings：2018 Year In Review."

如果盈利目标不能实现，就只剩 60% 的受访者表示将开启新项目。

从上述统计数据可以看出，高管自利行为导致的代理问题非常普遍，代理成本也十分高昂。Dyck，Morse 和 Zingales（2019）估计，一家公司每年发生欺诈的概率大约为 10%，一旦被发现，欺诈行为对投资者造成的损失为公司股权价值的 25%～37%。[25]

美国注册舞弊审查师协会（Association of Certified Fraud Examiners）对公司高管的某些特定行为给予"红牌"警告，以防发生欺诈，其中包括高管生活奢侈（41% 的欺诈案件中曾出现该行为）、财务困难（29%）、与供应商关系异常亲密（20%）、控制欲强和集权倾向（15%）、离婚或家庭问题（14%）、投机倾向（13%）、易怒或疑心重（12%）及成瘾问题（10%）。此外，"红牌"警告行为还包括抱怨薪酬过低、之前的就业问题、拒绝休假、组织压力过大、社交孤立，以及其他的财务、法律或个人压力。[26]

1.2　定义公司治理

公司治理是组织所采用的一系列控制机制，旨在防止潜在自利的经理人实施自利行为并损害股东和利益相关者的利益。公司的控制系统中至少应包含董事会——监督管理层、外部审计师——就公司财务报告的可靠性发表意见。在多数情形下，治理系统的范围更大一些，还包括投资者、债权人、工会、客户、供应商、分析师及媒体、监管者和公众等（见图 1 - 3）。

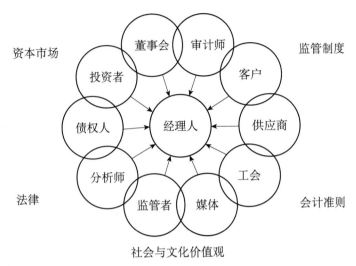

图 1 - 3 公司治理系统的影响因素与参与者

资料来源：David F. Larcker and Brian Tayan（2011）。

合理有效的治理系统的运行成本应该低于代理成本。然而，由于治理系统的运行成本不可能为零，因此即使最好的治理系统也不可能完全解决代理问题，代理成本终归是存在的。

治理系统的结构设计还取决于公司的价值观和公司的社会角色。从**股东视角**（shareholder perspective）出发（公司的主要目标是股东利益最大化），有效的公司治理应该协调管理层与股东之间的关系，激励管理层为公司创造更多收益；从**利益相关者视角**（stakeholder perspective）出发（公司除了增加股东收益之外还应该承担社会责任），有效的公司治理应该保证员工安全，帮助政府稳定就业，保障员工生活水平，减少债权人的风险及改善周围的社区和环境。[27] 显然，从这两种视角出发的价值观取向下的公司治理系统不会相同。

除此之外，某些因国家而异的外部因素也会影响治理系统的结构，包括：资本市场、法律、会计准则、监管制度及社会与文化价值观。这些因素作为经理人行为的外部约束机制，其有效性决定了对公司而言额外的监督管理机制的力度。

最后，任何公司治理系统都会包含与公司有关的但没有直接股权的第三方，包括：监管机构（例如美国证券交易委员会）、政府人员、外部审计师、证券分析师、外部法律顾问、员工和工会、咨询公司、客户、供应商及其他类似的第三方。第三方也可能会产生相应的代理问题，并不能全心全意为公司服务。例如，来自会计师事务所的外部审计师在审查公司财务时，如果其会计师事务所还为公司提供非审计服务，则该审计师的目标可能会相互矛盾。同样地，证券交易所的服务对象既包括投资机构，也包括个人客户，当证券分析师受聘对其客户公司进行分析时，他可能不得不对该公司进行积极评价，但这显然会误导股东。类似的目标冲突将导致第三方不能正常履行监督职责。

1.3 公司治理标准

对于公司治理标准，业界并没有达成一致意见。不过，仍然有许多一流的专家不断向企业推荐好的治理标准。例如，1992 年 12 月，卡德伯利委员会（Cadbury Committee）受伦敦证券交易所（London Stock Exchange）和会计专家等的委托，"帮助公司提高治理标准，并提高股东对财务报告和审计质量的信心"，由此制定了《最佳实践准则》（Code of Best Practices），为公司治理提供了许多良好的建议[28]，其中主要包括董事长与 CEO 两职分离、聘任独立董事、减少董事会内部的利益冲突、设立独立的审计委员会及审查公司内部控制的有效性等。这些标准为伦敦证券交易所制定上市要求奠定了基础，并被纽约证券交易所（New York Stock Exchange，NYSE）采用。然而，公司遵守这些标准并不代表公司的治理是有效的。例如，安然公司完全符合纽约证券交易所的上市要求，包括董事会中独立董事占多数、聘用外部审计师及设置薪酬委员会等，但安然公司仍然触犯了法律，违背了道德。

随着时间的推移，有了一系列正式制度和非正式制度用来弥补公司治理系统暴露出来的缺陷。其中，正式制度中最重要的一项立法是 2002 年的《萨班斯-奥克斯利法案》（Sarbanes-Oxley Act）（简称 SOX 法案），该法案主要是为了应对安然公司及其他公司的治理失败情况，作出了一系列加强控制、减少利益冲突的规定，其中最严重的是，如果 CEO 和 CFO 被发现财务造假，将会受到刑事处罚。虽然制度很多，但公司治理失败导致的公司破产仍时有发生。2005 年，瑞富公司（Refco）——一家美国外汇和大宗商品代理商——在披露了其隐瞒向 CEO 出借 4.3 亿美元贷款的事实之后申请破产。[29]在此披露的两个月之前，该公司刚刚进行了 IPO，并筹得资金 5.83 亿美元。同年，质押贷款担保商房利美宣布，因其滥用与贷款、投资证券及衍生品有关的 20 多项会计准则，夸大利润 63 亿美元，最终因资金不足申请政府接管。[30]

另一项重要立法是 2010 年的《多德-弗兰克华尔街改革与消费者保护法案》（Dodd-Frank Wall Street Reform and Consumer Protection Act）（简称《多德-弗兰克法案》）。尽管该法案的主要目的在于提高美国金融体系的稳定性，但该法案包含了众多适用于所有上市公司的治理条款。其中包括股东对高管薪酬进行咨询投票的权利（薪酬话语权），某些机构股东通过公司代理直接提名董事会候选人的权利（代理权限——随后被美国上诉法院裁定为"武断和反复无常"并被撤销，但一些公司已经自愿采用），在高管薪酬合同中强制实施追回条款，并扩大了薪酬披露范围，包括计算 CEO 薪酬与普通员工薪酬的比例。[31]虽然其中许多条款旨在改革那些被认为是不公平的 CEO 薪酬做法，但它们对薪酬水平、薪酬增长或薪酬构成没有什么影响。标准普尔 500 指数公司 CEO 薪酬的中值从 2009 年的 710 万美元增长到了 2018 年的 1 210 万美元，远高于通货膨胀率。[32]

许多第三方机构，例如机构股东服务公司（Institutional Shareholder Services，ISS）和摩根士丹利资本国际（Morgan Stanley Capital International，MSCI）ESG 评级体系，试图对公司治理水平进行评价，发布公司治理指数，以帮助投资者避开治理水平低的公司。这些评级机构根据一系列衡量治理有效性的标准，使用数字或字母加数字的方式对公司进行排名。评级高的公司被认为是低风险且最有可能为股东增加收益的公司，评级低的公司被认为是高风险、破产或欺诈概率高的公司。然而，这些评级机构的准确性和预测能力并没有得到证实。有批评者称，这种评级方法仅仅考虑了公司是否具备某些治理特征，却忽略了公司所处的环境。在南方保健公司案例中，评级机构的潜在缺陷暴露无遗，在公司操纵利润被披露之前，机构股东服务公司将其排在标准普尔 500 指数公司的前 35%，同行业的前 8%。[33]

商业环境的变化导致治理标准统一化变得更加复杂。公司治理最近的变化趋势是激进投资者、ESG 倡导、私募股权公司和代理咨询公司的重要性逐渐提高。

● 激进投资者——机构投资者、对冲基金和养老基金试图通过公共宣传活动和年度代理投票过程，对公司管理层和董事会施加更大的影响。这些机构股东的利益是否与个人股东的利益一致？这些机构股东的公开竞争是否改善了公司目标及战略？还是这些机构股东有利己动机，对公司造成了不必要的侵入？

● 环境、社会与治理（ESG）倡导——以股东为中心的公司治理模式的批评者认为，应该更多地关注利益相关者的利益，例如客户、供应商、员工和公众。他们认为，通过投资于促进这些群体利益的倡议和项目，公司将创造更大、可持续、被投资者和社会更公平共享的长期价值。这种说法正确吗？ESG 政策的短期和长期成本及收益是什么？目前，高管和董事会在多大程度上将利益相关者的利益纳入战略考虑？

● 私募股权公司——私募股权公司的治理系统与大多数上市公司的治理系统有明显不同：上市公司必须保证董事会的独立性，但私募股权公司的董事会的独立性一般都很低（基本上所有董事都不是独立董事，而且有既得利益）；私募股权公司的高管薪酬一般都很高，但上市公司不提倡这种做法，其高管薪酬严格与公司经济利益挂钩。上市公司是否应借鉴私募股权公司在公司治理方面的某些做法？这些做法会对股东利益产生什么影响？

● 代理咨询公司——最近美国证券交易委员会要求信托基金公开其年度代理投票过程[34]，与此同时，媒体对投票过程的关注也越来越多，以前投票只是被视为无关紧要的形式而已。披露投票过程是否改善了公司治理水平？这些规定也激发了对第三方公司的大量需求，例如，机构股东服务公司和格拉斯·刘易斯公司（Glass

Lewis）为机构投资者提供关于如何行使代理表决权的建议。这样做的后果是什么？第三方的建议对公司治理有帮助吗？[35]

⇒ 1.4 "一体适用"的最佳实践是否存在

尽管有人曾努力推行统一标准，但适用于所有企业的一套最佳实践（best practice）标准似乎并不存在。公司治理是个复杂的动态系统，包含一系列不同的要素，这些要素在监督经理人行为中发挥作用、相互影响。因为公司治理的复杂性，对单一要素进行评价极其困难。如果不考虑背景和环境，仅注重对一两种机制的分析，那么公司治理注定会失败。例如，在不考虑 CEO 是谁以及公司的结构、文化和治理特征的前提下，坚持认为董事长与 CEO 不能兼任，是否合适？

在公司治理中，运用"一体适用"（one-size-fits-all）原则的结果并不好，公司绩效没有得到改善。一开始，某种标准在一家公司产生了良好的治理效果，但将其应用到所有公司时，结果通常是好坏参半。例如，在董事会的独立性上，独立董事居多的董事会一定比由内部董事构成的董事会更好吗？在选举董事的过程中，个人的商业敏感度、专业背景、责任心、参与度、与 CEO 的关系及对董事费用的依赖程度等个人特质该如何分析？[36] 这些个人特质对董事会独立性的影响往往超乎想象。[37] 然而，在实际选举董事中，这些特质通常被忽略了。[38]

此外，环境对治理的影响非常重要。在某种环境中适用的治理机制，运用到其他环境中，结果可能是一塌糊涂。这种现象在跨国公司治理中尤为突出。举例说明，在德国，公司法要求公司董事会中应有员工代表，这样的要求在美国行得通吗？日本公司董事会几乎没有外部董事，即使有外部董事，也只能是给公司提供资金支持的银行家或公司的重要客户及供应商。如果要求日本公司采取美国关于公司董事会独立性的相关标准，那么结果会怎样呢？这些问题很难回答，但投资者在跨国投资时必然要面临这些问题，应认真考虑。

⇒ 1.5 公司治理与公司绩效的关系

根据麦肯锡公司（McKinsey & Company）的一项调查，几乎 80% 的机构投资者会为治理水平良好的公司支付溢价。公司治理溢价水平随市场变动，从加拿大的 11% 到摩洛哥、埃及、俄罗斯的 40% 左右（见图 1-4）。[39]

上述调查结果显示，比起治理不良的公司，投资者认为治理良好的公司更值得投资。[40] 然而，其可靠程度有待考证。

在本书中，读者将看到许多关于公司治理水平与公司经营业绩、股票价格等之

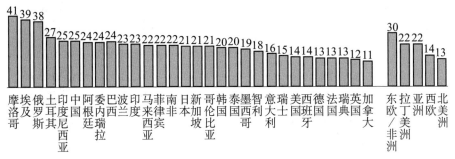

图 1-4 不同国家和地区的公司治理溢价水平（%）

资料来源：Paul Coombes and Mark Watson，"Global Investor Opinion Survey 2002：Key Findings，" McKinsey & Company（2002）.

间关系的研究。Gompers，Ishii 和 Metrick（2003）的研究应该是被引用得最广泛的。[41]他们发现，在治理特征方面，"对股东友好"的公司的业绩表现要优于"对股东不利"的公司的业绩。这个研究很重要，但其结果并不确定，我们在第 14 章将继续讨论。目前，专家和学者都没有办法运用简单的工具对公司的治理质量进行全面评价。

本书的目的是为高管、董事、投资者、监管机构及对公司有重要影响的其他人员之间的建设性争论奠定基础。本书并非纯粹从法律的视角而是从组织的视角聚焦公司治理，旨在探究控制机制与减少代理成本之间的关系，并改善股东与利益相关者的利益。

本书将在每一章集中讨论关于公司治理的一个特定主题，总结已知，说明未知，但也并不盲目相信已知，而是始终保持怀疑态度，以便彻底搞明白。具体而言，每一章的内容都包括主题概括、相关研究综述以及与关键内容相关的具体事例。[42]有时，结论是不确定的。我们希望结合材料帮助读者更好地理解，尤其希望对参与公司治理过程的相关人员有所帮助，使他们作出明智决策，从而让组织获益。

专栏　　　　　　　　　　理解实证研究

2009 年的诺贝尔经济学奖得主奥利弗·威廉姆森（Oliver Williamson）说：

我毫不怀疑治理研究的影响力，因为它研究的是现实中实际存在的问题，并且采用了实证研究方法……任何组织形式都是有缺陷的……我们应该了解的是：如何权衡取舍不同的组织形式？选择的依据是什么？不同组织形式的优缺点又是什么？[43]

不过，实证研究（无论是学术研究还是实践研究）有其自身的局限性。

1. **实证研究**（empirical tests）的结果通常是由许多公司构成的大样本数据经过统计分析得到的平均值。大样本数据的优点是可以帮助研究人员发现公司的共同趋势，缺点是不能显示单个公司的特征。案例研究或田野调查方法可以对单个公司进行分析，但得到的结论难以推广，因为这类研究所选取的公司样本很小，不能代表公司总体。

2. 实证研究可以检验变量之间的相关性，但一般不能证明变量的因果关系，这在社会科学中很常见。例如，当公司实施某项治理措施之后，股票价格下降，但这并不能证明股票价格下降是由这项治理措施造成的，因为还可能存在其他因素（外生因素）导致股票价格下降。在理想情形下，我们会控制其他变量不变，仅观察一项措施的变动会造成什么结果（反事实结果），但在现实中，这是不可能实现的。在公司治理研究中，我们同样没有参照组。不过，严谨的实证研究结论终究是优于猜测或直觉的。

3. 在公司治理研究中，关于公司绩效的指标通常可以分为两类：运营指标和股价指标。尽管运营指标（例如资产收益率和营运现金流）相对保守，但通常被认为可以显示公司内部的价值变化。股价指标通常是基于股票的**异常**（abnormal）或**超额**（excess）收益（α 值即投资的实际回报与既定风险的预期收益之间的差额）。在资本市场有效的前提假设下，超额收益可以用来衡量股东收益的变化。在具体的研究中，研究者必须根据问题确定哪种指标更合适，一般来说，分别利用这两种指标——运营指标和股票超额收益——进行研究，应该可以得到相似的结果。

4. 公司治理研究中另一个常用的指标是市净率（亦称**托宾 Q 值**（Tobin's Q），简称 Q **值**），该指标的原理是认为绩效良好的公司在市场交易时，交易价格会高于其净资产的账面价值。尽管这可能是真的，但我们认为托宾 Q 值用于衡量公司绩效不够准确，不如传统的运营指标和股票超额收益。[44]

5. 有时，我们也会采用**事件研究法**（event studies）。在研究股市对某些新闻或事件的反应时，会用到事件研究法。这种研究方法的效度取决于使用者对资本市场有效性的看法，而且事件研究法无法轻易控制其他混淆事件（例如在研究期间公司发布的其他新闻）。此外，事件研究法要求研究者在计算股票超额收益时调整风险系数。尽管某些风险调整系数已经被接受，但因相关计算很复杂，所以不能确定研究者是否正确地进行了计算。

注　释

1. Some material in this chapter is adapted from David F. Larcker and Brian Tayan, "Models of Corporate Governance: Who's the Fairest of Them All?" Stanford GSB Case No. CG 11, January 15, 2008. See www.gsb.stanford.edu/faculty-research/case-studies/models-corporate-governance-whos-fairest-them-all.

2. See Aaron Beam and Chris Warner, *HealthSouth: The Wagon to Disaster* (Fairhope, AL: Wagon Publishing, 2009).

3. Lisa Fingeret Roth, "HealthSouth CFO Admits Fraud Charges," FT.com (March 26, 2003).

4. HealthSouth Corporation, Form DEF 14A, filed with the Securities and Exchange Commission May 16, 2002.

5. *In re: HealthSouth Corporation Bondholder Litigation*. United States District Court Northern District of Alabama Southern Division. Master File No. CV-03-BE-1500-S.

6. Chad Terhune and Carrick Mollenkamp, "HealthSouth Officials May Sign Plea Agreements—Moves by Finance Executives Would Likely Help Build Criminal Case against CEO," *Wall Street Journal* (March 26, 2003, Eastern edition): A.14.

7. Carrick Mollenkamp, "Some of Scrushy's Lawyers Ask Others on Team for Money Back," *Wall Street Journal* (December 17, 2003, Eastern edition): A.16.

8. HealthSouth Corporation, Form DEF 14A.

9. Dan Ackman, "CEO for Life?" *Forbes.com* (April 25, 2002). Accessed November 16, 2010. www.forbes.com/2002/04/25/0425ceotenure.html#7a150e955917.

10. HealthSouth Corporation, Form DEF 14A. See also Jonathan Weil and Cassell Bryan-Low, "Questioning the Books: Audit Committee Met Only Once During 2001," *Wall Street Journal* (March 21, 2003, Eastern edition): A.2.

11. HealthSouth Corporation, Form DEF 14A.

12. Ken Brown and Robert Frank, "Analyst's Bullishness on HealthSouth's Stock Didn't Waver," *Wall Street Journal* (April 4, 2003, Eastern edition): C.1.

13. Eliot Brown, "WeWork Draws Worries of Conflicts," *Wall Street Journal* (September 7, 2019, Eastern Edition): B.1.; Matt Levine, "WeDid It," *Bloomberg News* (September 13, 2019); and We Company S-1 Filing, dated August 14, 2019, (subsequently withdrawn).

14. Maureen Farrell and Eliot Brown, "WeWork Ex-CEO Set to Get Big Payout," *Wall Street Journal* (October 23, 2019, Eastern edition): A.1.

15. Olympus Corporation, "Investigation Report, Third Party Committee" (December 6, 2011). Accessed April 24, 2015. See www.olympus-global.com/en/common/pdf/if111206corpe_2.pdf.

16. This issue was the basis of the classic discussion in Adolph Berle and Gardiner Means, *The Modern Corporation and Private Property* (New York: Harcourt, Brace, and World, 1932).

17. The phrase *rent extraction* is another commonly used term for agency costs and refers to economic costs taken out of the system without any corresponding contribution in productivity.

18. Gary Becker, *The Economic Approach to Human Behavior* (Chicago: University of Chicago Press, 1976).

19. For example, a study by Boivie, Lange, McDonald, and Westphal found that CEOs who strongly identify with their company are less likely to accept expensive perquisites or make other decisions that are at odds with shareholder interests. See Steven Boivie, Donald Lange, Michael L. McDonald, and James D. Westphal, "Me or We: The Effects of CEO Organizational Identification of Agency Costs," *Academy of Management Proceedings* (2009): 1–6.

20. Bankruptcydata.com, "Business Bankruptcy Filings 2019, Mid-Year Report," New Generation Research, Inc. (2019). Accessed August 12, 2019. http://info.bankruptcydata.com/mid-year-2019-report.

21. Enforcement actions are measured as the number of Accounting and Auditing Enforcement Releases (AAER) by the SEC. The SEC issues an AAER for alleged violations of SEC and federal rules. Academic researchers have used AAER as a proxy for severe fraud because most companies that commit financial statement fraud receive SEC enforcement actions. Deloitte, "Ten Things about Bankruptcy and Fraud: A Review of Bankruptcy Filings," (2008). Accessed April 24, 2015. See https://bankruptcyfraud.typepad.com/Deloitte_Report.pdf.

22. Audit Analytics, "2017 Financial Restatements, A Seventeen Year Comparison," (June 2018). Accessed July 30, 2018. See www.auditanalytics.com/0002/view-custom-reports.php?report= 2116565d35a9fe67ade7f0e86a000e1c; and see Center for Audit Quality, "Financial Restatement Trends in the United States: 2003–2012," (April 24, 2015). Accessed August 4, 2014. See www.thecaq.org/financial-restatement-trends-united-states-2003-2012.

23. Gibson Dunn, "2018 Year-End FCPA Update," (2018). Accessed August 8, 2019. See www.gibsondunn.com/2018-year-end-fcpa-update.

24. John Graham, Campbell Harvey, and Shiva Rajgopal, "Value Destruction and Financial Reporting Decisions," *Financial Analysts Journal* 62 (2006): 27–39.

25. I. J. Alexander Dyck, Adair Morse, and Luigi Zingales, "How Pervasive Is Corporate Fraud?" University of California, Berkeley working paper (November 2019): 1–47. Accessed January 29, 2020. See https://faculty.haas.berkeley.edu/morse/research/papers/DyckMorseZingales Pervasive.pdf.

26. Association of Certified Fraud Examiners, "Report to the Nations on Occupational Fraud and Abuse: 2014 Global Fraud Survey" (2014). Accessed March 25, 2015. See www.acfe.com/ rttn-red-flags.aspx.

27. The cost–benefit assessment of a governance system also depends on whether the company operates under a shareholder-centric or stakeholder-centric model. The fundamentally different orientations of these models make it difficult for an outside observer to compare their effectiveness. For example, a decision to maximize shareholder value might come at the cost of the employee and environmental objectives of stakeholders, but comparing these costs is not easy. We discuss this more in Chapter 2, "International Corporate Governance."

28. Cadbury Committee, Report of the Committee on the Financial Aspects of Corporate Governance (London: Gee, 1992).

29. Deborah Solomon, Carrick Mollenkamp, Peter A. McKay, and Jonathan Weil, "Refco's Debts Started with Several Clients; Bennett Secretly Intervened to Assume Some Obligations; Return of Victor Niederhoffer," *Wall Street Journal* (October 21, 2005, Eastern edition): C.1.

30. James R. Hagerty, "Politics & Economics: Fannie Mae Moves toward Resolution with Restatement," *Wall Street Journal* (December 7, 2006, Eastern edition) A.4. Damian Paletta, "Fannie Sues KPMG for $2 Billion over Costs of Accounting Issues," *Wall Street Journal* (December 13, 2006, Eastern edition): A.16.

31. "H.R.41732010 Dodd-Frank Wall Street Reform and Consumer Protection Act," Congress.gov. Accessed January 30, 2020. See www.congress.gov/bill/111th-congress/house-bill/4173/text.

32. Equilar Inc., "2019 CEO Pay Trends" (2019). Accessed June 28, 2019. See https://info.equilar. com, and Equilar Inc., "2011 CEO Pay Strategies Report" (2011). Accessed April 25, 2011 See https://info.equilar.com.

33. Cited in Jeffrey Sonnenfeld, "Good Governance and the Misleading Myths of Bad Metrics," *Academy of Management* Executive 18 (2004): 108–113.

34. Legal Information Institute, "17 CFR 270.30b1-4 - Report of proxy voting record," Cornell University Law School. Accessed April 24, 2015. See www.law.cornell.edu/cfr/ text/17/270.30b1-4. See also "Report of Proxy Voting, Record Disclosure of Proxy Voting Policies, and Proxy Voting Records by Registered Management Investment Companies," Securities and Exchange Commission: 17 CFR Parts 239, 249, 270, and 274 Release Nos. 33-8188, 34-47304, IC-25922; File No. S7-36-02. Accessed April 24, 2015. See www.sec.gov/ rules/final/33-8188.htm.

35. See David F. Larcker and Allan L. McCall, "Proxy Advisers Don't Help Shareholders," *Wall Street Journal* (December 9, 2013, Eastern edition), A.17.

36. The NYSE acknowledges this risk. See Chapters 3 and 5 for more detailed discussion of board independence.

37. Sonnenfeld (2004) wrote, "At least as important are the human dynamics of boards as social systems where leadership character, individual values, decision-making processes, conflict management, and strategic thinking will truly differentiate a firm's governance."

38. Milton Harris and Artur Ravi, "A Theory of Board Control and Size," *Review of Financial Studies* 21 (2008): 1797–1831.

39. Paul Coombes and Mark Watson, "Global Investor Opinion Survey 2002: Key Findings," McKinsey & Co. (2002). Accessed April 2, 2015. See www.eiod.org/uploads/Publications/Pdf/II-Rp-4-1.pdf.

40. This is what investors said they would do when asked in a formal survey. However, this study does not provide evidence that investors actually pay this premium when making investment decisions.

41. Paul Gompers, Joy Ishii, and Andrew Metrick, "Corporate Governance and Equity Prices," *Quarterly Journal of Economics* 118 (2003): 107–156.

42. We are not attempting to provide a complete and comprehensive review of the research literature. Our goal is to select specific papers that provide a fair reflection of general research results.

43. Emphasis added. Nobel Prize Organization, "Interview with Oliver E. Williamson" (2009). Accessed April 24, 2015. See www.nobelprize.org/prizes/economic-sciences/2009/williamson/26025-interview-with-oliver-e-williamson/.

44. For a discussion of the limitations of Tobin's Q as a measure of firm performance, see Philip H. Dybvig and Mitch Warachka, "Tobin's Q Does Not Measure Firm Performance: Theory, Empirics, and Alternative Measures," *Social Science Research Network* (March 2015). Accessed April 24, 2015. See https://ssrn.com/abstract=1562444.

第2章 国际公司治理

在第1章，公司治理被定义为组织所采用的一系列控制机制，旨在防止潜在自利的经理人实施自利行为并损害股东和利益相关者的利益。公司治理系统与其所在的环境密不可分，商业环境的许多内在因素都会对公司治理系统产生影响，包括：

- 资本市场；
- 法律；
- 会计准则；
- 监管制度；
- 社会与文化价值观。

上述因素会对代理问题产生重要影响，环境因素不同，代理问题的普遍性和严重程度就不同，继而公司为监督和控制经理人自利行为所采取的治理机制也不同。

本章将对有关上述环境因素的研究结果逐一评析，阐述在不同的国家中，这些环境因素对公司治理系统的影响，之后通过介绍几个国家的公司治理系统的例子，进一步解释这些环境因素。尽管因全球化的影响，某些公司治理特征（例如董事会中的独立董事比例）已趋于标准化，但从整体来看，世界范围内的公司治理系统仍然有很多不同。公司治理系统的差异反映了不同国家经济、法律、文化及其他因素等整体的不同。因此，对于理解公司治理机制如何影响经理人行为这一问题而言，国别背景具有十分重要的意义。

2.1 资本市场

市场会为劳动力、自然资源及资本定价。当**资本市场**（capital markets）有效时，价格基于交易双方的共同信息而设定，准确合理。合理的价格有助于企业理性决策，并有效配置资源。理性决策的回报就是股东权益增加。当资本市场低效时，价格趋于混乱，企业也难以据此作出理性决策。

有效的资本市场也是企业的一种约束机制，市场内公司的业绩应达到相应的市场标准。如果达不到这一标准，公司股价就会下降，久而久之，公司可能面临破产或被收购的风险（我们将在第 11 章进一步讨论）。如果资本市场低效，管理层就不能有效配置资源，股东权益受损，股东也不能依据市场标准惩罚经理。

Rajan 和 Zingales（1998）通过研究不同国家的资本市场有效性与经济增长之间的关系证实了资本市场的重要性，他们发现在资本市场有效的国家中，需要外部融资的行业增长较快。因此，对于需要依靠外部投资获得发展的企业来说，发达的金融市场是一种竞争优势来源。[1] Cosset，Somé 和 Valéry（2016）研究了资本市场效率对治理质量的影响。他们发现，在竞争激烈的行业中竞争的公司比在竞争不那么激烈的行业中竞争的公司具有更高的公司治理评级。他们将这个结果解释为，竞争增强了公司彰显其治理质量以获得外部融资的必要性，特别是当一个国家的资本市场不太发达、效率较低的时候，情况更是如此。[2]

如果一个国家的资本市场低效，则企业需要寻求其他途径获取发展资金，例如有势力的富裕家族、大型金融机构、其他公司或政府等。作为资金的提供者，这些团体也会约束企业行为，密切关注企业的投资去向等。然而，这些团体的投资可能并非仅仅出于盈利目的，其目的与企业的股东或利益相关者的目标可能并不契合。举例来说，当富裕家族通过投资获得对某组织的控制，从而获取企业特权、社会声望和政治影响等好处时，其对低于市场平均水平的投资回报率也可接受。

Masulis，Pham 和 Zein（2011）研究发现，在资本市场低效的国家和地区，家族控制的企业更为普遍，家族投资是企业融资的一种重要来源。通过对由许多国家和地区的企业构成的大样本进行研究，他们发现，有 19％ 的上市公司实际上由家族集团控制，在发达国家，例如日本、美国和英国，占比最低（不足 5％），在新兴市场国家，例如智利、菲律宾和土耳其，占比最高（超过 40％）（见图 2-1）。此外，他们发现，对于高风险的资本密集型企业来说，在资本市场低效时，其难以从外部获得融资，而金字塔式家族股权是其资金的重要来源。[3]

家族控制的企业集团可能会增加经济风险，因为家族对企业施加的外部监管较少，而且会以损害股东及利益相关者的利益为代价获取收益。例如，Black（2001）研究发现，正是由于会计信息披露不足和监管薄弱，韩国的家族控制企业才得以隐瞒其运营问题，在债权人不知情的情形下为子公司提供资金保障。这种做法并不能长久。[4] 由此可见，家族控制企业会造成严重的代理问题，阻碍经济健康发展。[5] 图 2-1 展示了不同国家和地区的家族企业比例。

Leuz，Lins 和 Warnock（2009）研究发现，在投资者保护较弱和信息透明度较

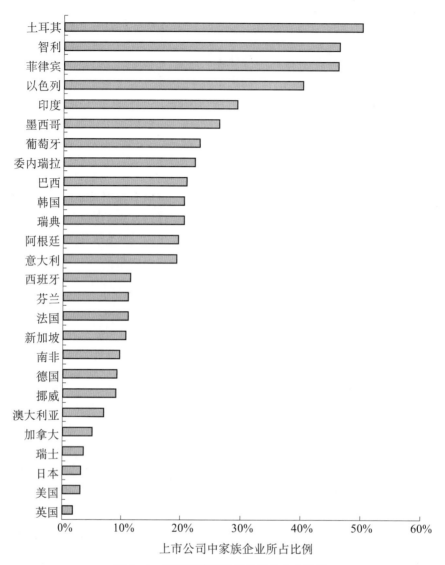

图2-1　不同国家和地区的家族企业比例

资料来源：Adapted by David F. Larcker and Brian Tayan. Data from：Masulis, Pham, and Zein (2011).

低的国家中，以及在内部人控制的企业中，外商投资较少，"外商在投资治理结构有问题的企业，尤其是内部人控制程度较高的企业，在国家监管乏力的情形下，由于信息和监督成本高昂，可能会被征收更多的税。这解释了为什么外商会回避投资这样的公司"。[6]Fauver，Hung，Li和Taboada（2017）研究发现，国家层面的改革提高了董事会和审计委员会的独立性，从而减少了内部人的影响力，从而使这些市场中公司有更高的估值。[7]

最后，有效的资本市场也可以成为约束经理人行为的一种机制，适用于薪酬契约。企业通过设置股权激励，例如股票期权等激励方式使经理人与股东的目标利益保持一致，由此经理人采取自利行为并损害公司利益的可能性降低。但是，当资本市场失效时，这种激励方式的有效性将大大降低。在低效的资本市场环境中，解决代理问题的途径可能要变成使经理人拥有直接的实质性股票、股东主动监管及其他治理机制等，不能再单纯依赖资本市场的约束（我们将在第 8 和第 9 章详细讨论股权激励）。

⇒ 2.2 法 律

国家的法律对于企业所有者和小股东维护自身权利具有重要影响。企业所有者尤其关心如何保护自身财产免被没收、索赔案件依据法律解决的可能性、合同的可执行性及司法效率等。小股东关心的是法律体系如何保护其所有权以及如何防止大股东侵占其利益等。可以为企业所有者和小股东提供强有力保护的法律体系在减轻代理问题的普遍性和严重性中发挥着重要作用，因为法律将会对实施非法行为的内部控制人实施惩罚。但是，如果法律体系中存在腐败行为，企业所有者及小股东不能依靠法律获取保障，法律这一约束机制就不能减少代理问题的产生。

La Porta，Lopez-de-Silanes，Shleifer 和 Vishny（1998）研究发现，在不同的国家中，相较于以民法（或成文法）为基础的法律体系，以判例法为基础的法律体系为股东提供了更多的权利保护。[8]同时，判例法法律体系对债权人也给予了更多的保护。他们认为，国家判例法的传统，再加上可靠的执行机制会使得企业的治理系统更有效（见 2.4 节"监管制度"）。在另一项研究中，La Porta，Lopez-de-Silanes，Shleifer 和 Vishny（2002）研究发现，国家的法律体系为小股东提供的保障越多，该国企业的股票市值就越高；反之，企业的股票市值就越低。[9]Öztekin（2015）研究发现，一个国家的法律体系——破产法、债权人与股东保护、合同执行以及其他因素——会影响该国的股权与债务成本，从而影响公司承担杠杆的程度。[10]

有研究表明，政治腐败对经济发展具有负面影响。根据世界银行的报告，腐败扭曲了法律规则，削弱了经济增长所依赖的制度基础，阻碍了经济发展。[11]Mauro（1995）研究证实，腐败程度越高，经济增长速度就越慢，私人投资就越少。[12]他解释说，腐败的政府不能为私人产权提供充分保障，官方许可证的延误发放会阻碍技术投资。最后，Pantzalis，Park 和 Sutton（2008）研究发现，企业价值降低与政府腐败有关。[13]

如果法律体系是腐败的、不可靠的或无效的，那么企业在治理过程中寻求其他约束机制是很有必要的。例如，如果合约不能通过传统的法律渠道执行，那么企业只能通过类似未来不再合作等的威胁迫使对方执行合约。企业也可以委托重要的供应商及客户担任董事会成员，以监督管理层，确保合约执行。这些机制使企业不必再利用法律，同时确保股东和利益相关者的利益得到保护。

⇒ 2.3　会计准则

可靠合理的会计准则至关重要，因为其可以确保财务报表向股东传达准确信息。投资者正是依靠这些信息来评估投资风险和投资回报。信息不准确和不透明将会导致投资者作出错误决策，降低资本市场的有效性。企业雇用外部审计师来审查其会计准则的应用这一做法，增强了投资者对财务报告的信心。

可靠的会计准则在对经理层的监督方面也发挥着重要作用。利用财务信息，股东及利益相关者可以衡量公司业绩、发现代理问题，董事会则可以为经理层设置合理的薪酬激励和发放奖金。如果会计准则不够透明或被经理层人为操纵，则财务报告将会受到影响，薪酬激励机制将会扭曲，股东和利益相关者将不能有效监督经理层。

为提高财务报告的完整性，监管机构在参考了经济学家、学者、审计师和财务从业人员等的专业意见后，制定了会计准则。在一些国家，例如美国和日本，会计体系是**以规则为基础的**（rules-based），即针对不同的业务活动制定具体的会计规则；在欧洲的许多国家中，会计体系是**以原则为基础的**（principles-based），即规定通用的会计准则，但并不规定其在具体业务中的应用。

专栏　　　　　　　　**会计准则的统一**

不同国家的会计准则不同，这使得投资者很难比较跨国企业的业绩。为了改善这种情况，国际会计准则理事会（International Accounting Standards Board，IASB）于2001年成立。该组织的前身是国际会计准则委员会（International Accounting Standards Committee），旨在开发可靠的、全球通用的会计准则。国际会计准则理事会希望制定一整套会计准则，提高信息披露度和透明度，帮助建立有效的资本市场。

2003年，国际会计准则理事会第一次发布了国际财务报告准则（International Financial Reporting Standard，IFRS），截至2014年，在全球范围内，共有120多个国家要求或允许企业使用IFRS，其中包括欧盟成员国、英国、澳大利亚、新西兰和南非等。尽管在美国注册的外国公司可以在其美国申报中使用IFRS，但相比于前面提到的那些国家，美国仍然是一个明显的例外。

尽管会计准则趋于一致，但不同公司的会计质量仍然会有较大差异。这是因为董事会及经理层在会计准则的应用及财务报告的信息透明度上仍然具有自主决定权。此外，外部审计质量也因国家而异，在检查会计问题及执行力度上都有差异（我们将在第10章讨论会计事项和审计质量）。

可靠的会计准则的重要性在学术研究中也得到了验证。Barth，Landsman 和 Lang（2008）通过研究 21 个国家的公司大样本数据发现，使用国际会计准则的公司与使用国内会计准则的公司相比，其管理成本更少、损失识别更及时、净收益和股票账面价值的测算质量更高。[14] 同样，Ernstberger 和 Vogler（2008）研究发现，在德国，使用国际会计准则的公司与使用本国会计准则（German GAAP）的公司相比，其资本成本更低，Ernstberger 和 Vogler 认为这部分"会计溢价"是由收益质量和信息披露水平的提高带来的。[15] De George，Li 和 Shivakumar（2016）对采用 IFRS 的研究文献进行综述，发现了采用 IFRS 与资本市场效率和报告质量的提升以及更多的外国投资相关的强有力的证据。然而，作者警告说，很难得出结论到底是采用了 IFRS 还是其他制度变革导致了这些结果。[16]

采用可靠的会计准则并不能保证财务报告的完整性。Benston，Bromwich 和 Wagenhofer（2006）指出，以原则为基础的会计体系存在潜在缺点，即条例不够严格、经理人员有自主决定权等。他们以 2002 年美国会计监管机构的审查结果为例，质疑采用以原则为基础的会计体系的企业，在相似的交易和业务中，对专业判断及诚信等是否会有不同的解释，是否有可比性。[17] Price，Román 和 Rountree（2011）研究发现，企业符合会计准则并不一定导致信息透明度更高和企业绩效更好，他们认为，商业环境的制度属性，包括所有权、董事会特征及法律对中小股东权利的保护程度等均是企业治理有效性的重要影响因素。[18] Leuz 和 Wysocki（2016）对信息披露和财务报告的研究文献进行了全面的回顾，发现几乎没有证据表明公司业绩的改善可以归因于会计监管的变化。[19]

如果会计准则不可靠，或者外部审计师不能正常发挥其职能，那么国家需要建立相关的替代机制来解决代理问题，其中可能包括严厉的法律处罚及执法机制等。投资者、客户及供应商等可能不再依据企业财务报告的信息决定是否与企业合作，而是依靠亲戚关系或长时间交往建立起来的信任来选择企业。

⇨ 2.4 监管制度

法律和监管机制本身并不能保护中小股东的权益，政府官员公平公正的执行很重要。通过对高管参与内部交易、信息误导、假公济私及欺诈等行为进行劝阻并施以惩罚的方式，政府执法可以缓解代理问题。

Hail 和 Leuz（2006）研究发现，在拥有完善的证券监管制度和法律执行机制的国家中，企业的资本成本普遍较低，反之，企业的资本成本较高。在控制了宏观经济变量和企业特定因素之后，他们发现，证券监管和法律制度的差异解释了大约 60％ 的国家层面的隐含股权成本差异。相较于比利时和英国这些已完全进入国际资本市场的国家而言，在巴西、印度和菲律宾等这些还没有完全进入国际资本市场的国家中，监管执法的重要性显得更为突出。当一个国家的经济融入国际资本市场后，该国在证券监管和法律制度上的部分自身缺陷可以由国际资本市场的有效性加以弥补。[20]

监管执法也会增强投资者信心，使其坚信经理层会受到监督，产权会得到保护。Bushman 和 Piotroski（2006）研究发现，当证券监管及其执行有力时，企业的会计核算会更为保守和严谨，因为如果企业夸大自身会计结果的事情被发现，则其监管机构也很有可能受到惩罚，所以监管机构执法都很严格。意识到这一点之后，企业将自愿地在财务报告中披露自身的坏消息，以免受到监管的惩罚。[21]同样地，研究人员发现，当国家实施内幕交易法时，股票市场的参与度会得到提高，这是因为该法律更平等地对待外部投资者和能获得非公开信息的内部人。[22]

如果监管执法乏力或不公平，股东就不能指望其利益通过官方渠道得到保护。因此，股东在公司治理和监管中不得不发挥更直接的作用，例如要求公司章程规定给予股东更多的权利，或者让股东直接担任董事。如果没有这些措施，则股东会要求更高的资本回报，因为投资的风险变大了。

⇒ 2.5 社会与文化价值观

企业所在的社会环境也强烈地影响着经理人的行为，在某些国家被许可的行为，在其他国家可能不被接受（例如个人的奢侈消费）。经理人的这类行为及其采取自利行为的可能性都受到社会价值观的影响。同时，社会与文化价值观也影响企业、股东与利益相关者之间的关系。尽管文化价值观很复杂且难以量化，但其对企业的治理机制有着深远的影响。

例如，在韩国，除了最大化股东利益之外，企业还要承担社会责任。如果经理人采取自利行为，损害了他人利益，就会被视为辜负了社会信任，使企业和员工蒙羞。这种文化价值观——耻文化或"丢脸"——形成了一种约束机制，有利于减少经理人自利行为，类似于其他国家的法律惩罚的威胁。相比之下，在有些国家，个人炫富是被许可的，贿赂也被认为是企业经营过程中不可避免的，而且经理人更有可能采取自利行为，因为他们不必面对来自社会的鄙视。在这种情形下，文化价值观并不能起到有效的威慑作用，取而代之的应该是政府监管和执法机制。

专栏　　霍夫斯泰德文化维度模型

有许多模型对文化价值观进行分类，其中一个得到广泛关注的模型是由吉尔特·霍夫斯泰德（Geert Hofstede）开发的霍夫斯泰德文化维度模型，它基于70多个国家的员工价值观的调查数据，建立了六个指标，广泛用于对文化属性分类。

- 权力距离——社会成员对权力不平等分配的接受程度。
- 个人主义——相较于关心其他成员，社会成员更倾向于关心自己及小家庭的程度。
- 男性化——社会成员独断性或竞争性的程度。
- 不确定性规避——社会成员规避不确定情形的程度。
- 长期取向——社会成员的节俭与忍耐程度。
- 自身放纵——社会成员的自我约束程度。[23]

虽然这些指标可能是粗略的或刻板的，但其亦反映出该模型试图量化不同文化之间的差异。如果加以合理改进，这样的模型或许可以作为一个指示器，用来衡量企业高管实施自利行为的可能性，以及国家的治理体系需要严格控制的程度。例如，在用霍夫斯泰德文化维度模型对韩国进行评价时，韩国的个人主义指标得分很低（18 分），不确定性规避指标得分却很高（85 分），这表明韩国的企业文化是趋于确定性的，代理问题的风险较低。[24]

虽然各个国家在社会和文化的很多层面上有所不同，但对治理体系的形成来说，最重要的社会价值观差异是企业在社会中扮演的角色。如第 1 章所述，一些国家倾向于**股东至上**（shareholder-centric），认为公司的主要责任是使股东利益最大化。某些政策例如改善劳动条件、保护环境、公平对待供应商等，只有在确定会改善公司长期业绩的前提下才可能实施。有些国家倾向于**利益相关者至上**（stakeholder-centric），认为员工、供应商、客户和当地社区等利益相关者的利益与股东的利益同等重要。

美国和英国是股东至上的拥护者，这两个国家的法律规定，受委托的董事会和高管有责任保护股东的利益。在美国，如果一家公司的董事会拒绝要约收购的原因仅仅是它会导致大规模裁员，那么该董事会可能会面临来自投资者的诉讼，因为其没有最大化股东利益。在这些国家，也并不是所有的企业都遵从股东至上。举例来说，工会养老基金的目标是基于利益相关者的，公平劳动法及环保组织鼓励企业可持续发展，即使生产成本可能有所增加。许多公司接受了这些目标，尽管它们的主要焦点仍然是长期的价值创造。我们将在第 13 章更详细地讨论这个概念——环境、社会与治理（ESG）。

在有些国家，利益相关者至上占主导地位。例如，德国法律基于**共同决策制**（codetermination）的理念，在战略制定中，股东和雇员的利益预计达到平衡。为了达到这一目标，德国法律强制要求德国企业的监事会中必须有员工代表且参与公司决策。瑞典政府通过限制大规模裁员的政策鼓励充分就业，但这种政策存在企业利润率降低的风险。在亚洲，日本以就业保障和员工终身雇用制而出名。在一项对国际高管的调查中，只有 3% 的日本高管同意在经济困难时期公司应该通过裁员来维持股息，在美国和英国，89% 的高管认为维持股息更重要。[25]

➡️ 2.6 不同国家的公司治理结构

为了更好地了解在具体的市场中，经济、法律和文化因素如何影响公司治理机制，本节将分别介绍美国、英国、德国、日本、韩国、中国、印度、巴西和俄罗斯的公司治理机制，并加以比较。

美 国

美国拥有世界上规模最大、流动性最高的资本市场。2018 年，美国上市公司总市值为 30 万亿美元，约占全球股本总额的 40％。[26]无论是交易量，还是公开发行股票的价值，或者是公司债券和证券化债务余额，美国资本市场都是全球最大的。[27]

美国最重要的监管机构是**证券交易委员会**（Securities and Exchange Commission，SEC）。美国国会通过《1934 年证券交易法》（Securities and Exchange Act of 1934）成立了证券交易委员会，监督初级和二级金融市场的运作，重点是保护证券持有人的权利和预防公司欺诈。证券交易委员会有权监管证券交易所，例如纽约证券交易所、纳斯达克（NASDAQ）和芝加哥商业交易所（Chicago Mercantile Exchange）等，对违反证券交易法的公司或高管提起诉讼（例如虚假披露、内幕交易或欺诈等），确保会计准则和财务报告质量，并监督代理权征集和年度投票过程。

虽然证券交易委员会对会计准则的质量负有最终责任，但会计准则实际上是由**财务会计准则委员会**（Financial Accounting Standards Board，FASB）起草的。美国财务会计准则委员会成立于 1973 年，是一个非营利组织，由来自学术界、实业界、审计公司及投资人群中的会计专家组成。在起草过程中，这些专家从会计和经济原则出发，结合实际从业经验，制定会计条款。在应用之前，他们会公开草案征求意见，并在必要时进行更新。一旦会计准则被采用，它们就会成为美国公认会计原则（U. S. GAAP）的一部分。

在美国，大约 26％的上市公司在自己所在的州注册成立，63％的上市公司在特拉华州注册成立，剩余 11％的上市公司则在其他州注册成立。[28]特拉华州有最发达的判例法，企业非常明确法律如何判决企业事务。此外，在特拉华州，企业事务是由法官而不是由陪审团进行审判的，这一举措得到了某些公司的赞成，因为这降低了它们的责任风险。[29]

公司必须符合证券交易所的上市规定，美国最大的证券交易所是纽约证券交易所。纽约证券交易所要求上市公司至少有 400 个股东，证券要维持最低市值和交易量，并符合以下治理标准：

● 上市公司董事会中独立董事占多数。

- 非执行董事必须定期见面，执行董事不能参与。
- 董事会中薪酬委员会必须完全由独立董事构成。
- 审计委员会至少有三名成员，而且该委员会所有成员必须通悉财务，其中至少有一位是财务专家。
- 公司必须有内部审计。
- CEO 每年须证明公司符合纽约证券交易所的要求。

纽约证券交易所的公司治理准则详细规定了董事会成员的独立性，即"与上市公司无实质关系".[30] 然而，每个公司可自主决定董事会成员是否满足上述条件。同样地，在董事任职资格、董事责任、经理人及独立顾问选任、高管薪酬、经理人继任及自我评估等方面，纽约证券交易所规定上市公司也可自由决定（详见第 3 章）。

在美国宪法中，与公司治理相关的一部重要法案是 2002 年颁布的《萨班斯-奥克斯利法案》。其中一些重要条款如下：

- 要求 CEO 和 CFO 承诺财务报表真实（虚假承诺会受刑事处罚）。
- 高管和审计人员需保证充分的内部控制。
- 董事会中审计委员会独立（符合纽约证券交易所的上市要求）。
- 限制审计人员从事非审计工作。
- 禁止公司向大多数高管或董事提供私人贷款。

另一部有关公司治理的法案是 2010 年颁布的《多德-弗兰克法案》。其中一些重要条款如下：

- 薪酬话语权——股东对高管薪酬进行无约束的投票。
- 信息披露——公司必须扩大披露高管薪酬、支付比率、高管及董事持有的对冲股票、薪酬追回制度、"黄金降落伞"（这是一种在公司控制权变动后支付给高管的遣散金）。[31]

为了鼓励小公司上市，美国国会在 2012 年颁布了《创业企业快速启动法案》(Jumpstart Our Business Startups Act)（简称《JOBS 法案》），降低了对年收入低于 10 亿美元的公司（"新兴成长型公司"）的监管要求。《JOBS 法案》允许新兴成长型公司向美国证券交易委员会提交保密的注册草案，从而在最终承诺实施 IPO 之前进行试探。新兴成长型企业的披露要求较低，而且不受《萨班斯-奥克斯利法案》某些内部控制条款的约束，这一优惠待遇适用于公司 IPO 之后的 5 年。[32]

美国企业的治理机制是以股东为中心的，在法律上，董事有义务维护公司利益，即股东利益。董事会中一般没有员工代表，虽然有股东提议承担社会责任，例如环保、公正对待劳工和内部薪酬公平等，但很少有成功的。因此，活跃的公司治理市场和相应的司法惩罚都是对公司行为的有效控制。

美国高管的薪酬普遍要比其他大多数国家高管的薪酬高，Fernandes，Ferreira，Matos 和 Murphy（2013）研究发现，美国 CEO 的平均总薪酬是其他国家 CEO 薪酬的两倍多（550 万美元与 230 万美元)[33]，其中大部分差异是由薪酬结构造成的。

Conyon，Core 和 Guay（2011）的研究表明，薪酬较高的 CEO 以股权激励形式获得的薪酬的比例也较高，且美国 CEO 处于薪酬比例较高的一端。[34] 至今尚不完全清楚为什么美国 CEO 的薪酬比全球平均水平要高，但可确定文化、税收、会计、政治和其他因素都对其有影响（详见第 8 章和第 9 章）。

英 国

英国的公司治理模式与美国的公司治理模式有许多相似之处，可能源于这两个国家在资本市场结构、法律传统、监管方法和社会价值观等方面有共通之处。同美国一样，英国的公司治理模式也是以股东为中心的，设有单层制董事会，管理层（尤其是 CEO）参与董事会，强调审计财务报告的透明度和信息披露。这种治理模式通常称为**盎格鲁-撒克逊模式**（Anglo-Saxon model）。

英国的公司治理模式是通过市场机制而不是立法机构制定的详细法规来确定治理标准的。从历史上看，英国议会采取不干涉的方式进行监管。例如，1985 年颁布的《公司法》（Companies Act）整合了 1948—1983 年的七部公司法，对公司治理几乎没有要求，仅简单规定公司必须有董事会（上市公司应至少有两名董事），董事会应负责特定的管理事务，包括编制年度财务报告。这部法律没有对董事会结构作出具体规定，也没有对公司业务流程作出具体规定，股东可通过公司章程自行确定。英国的这种自由传统使得公司的治理标准灵活发展。

尽管采取了不干预监管的做法，但英国一直是治理改革的领先者，根据专家小组的建议推行最佳实践标准。第一个也是最重要的一个专家小组是卡德伯利委员会，它于 20 世纪 90 年代初由会计行业和伦敦证券交易所联合成立，为公司治理提供一套基准建议。该委员会推荐了一套被称为"最佳实践准则"的自愿准则，涉及董事长与 CEO 职位的分离、董事会中独立董事的任命、董事会层面由于业务或其他关系产生的利益冲突的减少、独立审计委员会的成立、对公司内部控制有效性的审查。卡德伯利委员会的建议为伦敦证券交易所的标准奠定了基础，并对美国及其他一些国家的治理标准产生了影响。[35]

多个委员会效仿卡德伯利委员会，在董事独立、高管和董事薪酬、内部控制和董事会职能等领域提供了更多的最佳实践建议。这些委员会的建议已被纳入《英国公司治理准则》（U. K. Corporate Governance Code），董事会的职能不再只是制定战略，还包括监督和控制职能。[36]

> **专栏** 卡德伯利委员会关于公司治理最佳实践准则的建议（1992 年）
>
> 1992 年，卡德伯利委员会提出以下建议。
>
> 有关董事会：
>
> ● 董事会应定期会面，全面有效地控制公司，监督管理层。

● 公司高层内部应职责明确，权力平衡，个人不能有自由决策的权力。董事长兼任 CEO 的公司应设立独立的董事会，并包含公认的资深成员。

● 董事会中应包括非执行董事，其在董事会决策中起重要作用。

● 董事会成员应该根据正式的公司章程定期会面，以确保了解公司的发展方向和掌握控制权。

● 董事在履行职责时应该遵循商定的程序，如有必要，可以公司名义咨询外部专业建议。

● 董事会秘书的职责是确保董事会遵循程序，遵守规则。所有董事都应该有途径获得来自董事会秘书的建议和服务。

有关非执行董事：

● 非执行董事应该对公司的战略、业绩、资源及关键人员的任命、执行标准等作出独立判断。

● 除了公司给予费用和股权之外，大多数非执行董事不应与公司有任何商业或其他关系，以免妨碍他们作出独立判断，公司给予非执行董事的费用应该与他们服务公司的时间有关。

● 根据具体规定任命非执行董事，不能自动连任。

● 通过正式程序选拔非执行董事。

有关执行董事：

● 如果没有股东批准，董事任期不能超过三年。

● 公司应该披露执行董事、董事长及薪酬最高的董事的总薪酬，其中包括养老金和股票期权。在总薪酬中，工资及与绩效相关的部分应该单独披露，并辅以文件说明绩效的计算方法。

● 执行董事的薪酬应当遵从薪酬委员会的建议，薪酬委员会由非执行董事组成。

有关报告和控制：

● 董事会对公司的定位应该客观、合理。

● 董事会与审计人员之间应该保持客观、专业的关系。

● 董事会应当成立审计委员会，其中至少有三名非执行董事，并以书面形式明确规定其权利和义务。

● 董事应该说明自身在财务报告编制过程中的责任，审计人员应该就自身对财务报告的责任发表声明。

● 董事应报告公司内部控制系统的有效性。

● 董事应报告公司业务"持续经营"。

在英国，法律并没有规定上市公司一定要采用《英国公司治理准则》，相反，伦敦证券交易所规定公司在年度报告中需向股东说明是否采用了上述准则，如果没有采用，则需要说明原因。这种做法即**"遵守或解释"**（comply or explain），要求股

东考察公司不遵守的原因是否合理。因此，《英国公司治理准则》授予了公司、董事会及股东自行设计治理标准的权力。

人们普遍认为，不论是在英国还是在其他采用该准则的国家，《英国公司治理准则》都显著改善了治理标准。不过，相关研究证据不太支持此类说法。Shabbir 和 Padgett（2008）研究证实，《英国公司治理准则》与股价绩效之间仅为弱相关，该准则与运营绩效之间不相关。[37] 当然，这并不能说明该准则没有提高治理质量，只是难以对其进行衡量而已（详见第5章）。

除了经济方面，"遵守或解释"的规定使我们能够了解董事会认为什么是有用的。令人惊讶的是，根据致同会计师事务所（Grant Thornton）的研究结果，在伦敦证券交易所最大的350家公司中，72%的公司完全符合规定，95%的公司除一两项规定外，其他条款都符合规定。最常见的不合规领域是独立董事人数不足（6%）、董事长与CEO兼任（6%）、未能满足薪酬委员会独立性的标准（4%），以及未能为既定股权奖励制定回调政策和足够的持有期限（4%）。[38] 这些数据可能有助于解释为什么学术研究还没有找到遵循准则与经营业绩之间的相关性：公司谨慎地拒绝了不适合自身情况的准则部分，或许是因为这些治理准则在缓解代理问题、增加股东利益方面并不重要。

英国一直是薪酬改革的领导者。2002年，议会通过了《董事薪酬报告条例》（Directors' Remuneration Report Regulations），规定股东对董事和高管薪酬有建议投票权（薪酬话语权）。薪酬话语权政策已经被多个国家采用（详见第8章）。

德 国

与英美的判例法不同，德国的法律以民法为基础。民法立法制意味着法律对企业的治理有更多的管辖权，在决定治理结构和过程方面，企业本身的自主裁决权较少。例如，德国法律规定，公司应有双层董事会结构（而不是英美模式的单层董事会结构），一层是**管理董事会**（management board），负责战略制定、产品开发、产品生产、财务、营销、分销和供应链等重大决策，另一层是**监督董事会**（supervisory board），负责监督管理董事会，主要职责有任命管理董事会成员、批准财务报表、进行重大资本投资决策、并购及支付股息。在监督董事会中，不允许有经理人，其成员每年由股东大会选举产生。[39] 德国的双层董事会结构形成于第二次世界大战后，当时民众普遍害怕那种导致希特勒崛起的权力集中。[40]

专栏	年度解聘（免责）投票

德国公司的股东在年度股东大会上有权投票批准管理层和董事的行为，这称为免责（entlastung）或解聘（discharge）投票。解聘投票被认为是一种形式，因为投票结果没有约束力。管理层通常都会得到90%以上的支持。[41]

2019 年，拜耳公司（Bayer AG）的管理层遭到解聘投票，55％的投资者投票反对管理层，监督董事会仅得到 66％的支持率。一年前，拜耳公司斥资 630 亿美元收购了美国孟山都公司（Monsanto）。交易完成后不久，该公司输掉了一场陪审团审判，陪审团认定孟山都公司销售的一种除草剂农达（Roundup）会致癌，对消费者构成"实质性危险"。[42] 拜耳公司被要求支付 2.89 亿美元。几个月后，该公司在第二轮陪审团审判中败诉，随后又出现了大量诉讼。到 2019 年年会时，拜耳公司的股价已经下跌了 40％，该公司的估值低于它为孟山都公司支付的 630 亿美元。

拜耳公司监督董事会对此没有任何反省，还称其"一致支持管理层"。[43] 一位股东说："这次投票是一种耻辱。（他们）把那么多投资者的信任都输光了。"[44] 另一位股东说："他们必须证明他们已经控制住了局面……如果他们只是照常经营，来自股东的压力只会越来越大。"[45]

在德国，法律规定监督董事会中应有员工代表。根据《德国公司治理准则》（German Corporate Governance Code），如果公司员工超过 500 人，则其监督董事会成员中 1/3 应是员工代表，员工超过 2 000 人，则员工代表占 1/2。这是法律的硬性规定，不能通过规章制度改变。因此，毫无疑问，德国治理模式更注重保护员工工作，与英美模式注重股东回报不同。如前所述，员工与股东利益平衡的机制通常称为共同决策制（详见第 5 章）。

除此之外，德国的公司治理还有一个传统，即创始家族和金融机构享有公司的所有权，这对公司具有重要影响。从历史上看，德国公司融资主要依靠银行而不是资本市场，这源于第二次世界大战后德国金融机构贷款给受到严重冲击的公司和组织，公司则将其部分所有权作为质押品质押给金融机构，同时，授予银行官员监督董事会成员职位。在企业重建过程中，这种治理结构确保企业拥有稳定可靠的资金来源，便于企业扩张和长期发展。[46] 甚至直到 20 世纪 90 年代，由 158 家大型德国公司组成的样本显示，单一股东持有 50％以上股权的公司超过一半。[47]

由于董事会中有大量的员工代表和金融机构代表，德国股东对董事会事务的影响力远远小于英美股东，这种治理机构对中小股东也造成了威胁，因为他们不得不依靠其他利益相关者来保护自身利益。然而，近年来德国资本市场逐渐自由化，公司融资逐步从银行融资转向证券市场融资，这使得传统的德国治理机制的某些特征不再明显。德国金融机构已经剥离了许多上市公司的持股股份，到 2014 年，在德国股市 DAX 指数（DAX Index）的 30 家成分公司中，没有一家公司股东单独持股超过 50％，最大股东的平均持股比例也从 2001 年的 31％下降到了 2014 年的 15％。[48]

德国的公司治理体系面临着来自全球化的严峻挑战。第一个挑战是，尽管德国公民更喜欢共同决策的治理机制，但国际投资机构对投资回报率有要求，这就产生了冲突，因此，德国公司应平衡员工和股东的需求。第二个挑战是，随着公司规模扩大、本国公司与跨国公司争夺高管人才等情形的变化，德国公司的高管薪酬水平呈上升趋势。例如，2011 年大众汽车 CEO 马丁·温特科恩（Martin Winterkorn）的薪酬是 1 750 万欧元（约 2 300 万美元），2012 年的薪酬是 2 000 万欧元，均是德国 DAX 指数公司中最高的 CEO 薪酬，有政治家和媒体批评其薪酬过高。[49] 虽然这样的巨额薪酬在美国很常见，但在强调社会公平的欧洲，这是不可接受的。2015年，公司伪造柴油发动机排放水平的监测数据的丑闻曝光之后，大众集团（Volkswagen Group）监督董事会宣布将支付给 CEO 的年薪限制在 1 000 万欧元，将支付给董事会其他成员的年薪限制在 550 万欧元，由此，他们的收入减少了 40%。[50] 总之，公司的目标和高管薪酬的冲突在未来几年内可能仍会持续。

日 本

与德国一样，日本的治理体系也起源于第二次世界大战后的重建时期。第二次世界大战后，盟军取缔了日本财阀，财阀是日本战前主要的工业和金融集团，有很强的经济实力。因此，日本开发出了一种公司之间的松散的相互关联机制，即**企业集团**（keiretsu）。在企业集团的治理机制下，公司的规模虽小，但其在供应商、客户和其他业务子公司中占有重要的所有权位置。共享所有权使得供应链中的企业关系增强，并鼓励企业为共同的成功一起奋斗。与德国一样，银行等金融机构在工业企业中占少数股权，是企业集团的重要合作伙伴，按照公司需要进行投资。

日本的企业文化以利益相关者为中心，公司认为自身有责任为国家的经济繁荣作出贡献。在日本的治理模式中，最重要的目标之一是鼓励整个供应链企业的成功，包括行业内的和金融的合作伙伴，另一个目标则是维持良好的就业率及维护工人的工资和福利。支持者认为，与西方国家的资本主义模式不同，日本的治理模式有利于企业长期发展，从内部对企业成功作出承诺，使股东更公平地享有回报。反对者则认为，这种模式是狭隘保守的，而且过于抗拒改变。

专 栏　　　**丰田汽车公司的董事会**

在日本的公司中，董事会里基本上没有外部董事。例如，2018 年，丰田汽车公司的董事会共有 9 位成员，其中 6 位是高管和内部人，每个内部董事会成员都在该公司拥有丰富的工作经验。关于董事会中有大量的内部人这一做法，丰田是这样解释的：

> 关于董事会的构成，我们认为重要的是选择那些能够理解和参与公司业务的人员，包括在生产过程中注重一线业务，根据实际情况就地解决问题，即"现地现物"（Genchi Genbutsu）等。[51]

为防止内部权力滥用，丰田设立了附属委员会，它向董事会提供建议并监督董事会。[52] 丰田设有国际咨询委员会（International Advisory Board，IAB），其中包括具有政治、经济、环境和商业等不同背景的外部顾问，为企业提供与长期发展战略有关的外部意见。除了 IAB，丰田也参考了其他委员会关于劳动力、慈善、环境、伦理和股票期权等方面的建议。丰田的审计委员会由 6 人组成（3 个内部审计、3 个外部审计），负责审查会计核算方法和财务业绩。在不违背传统治理结构的基础上，丰田公司的治理系统试图弥补由执行董事控制董事会带来的潜在缺陷。丰田汽车公司的治理结构见图 2-2。

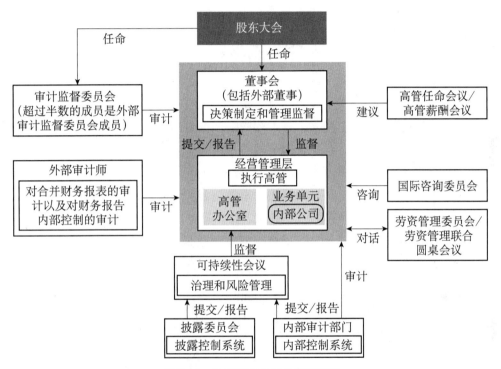

图 2-2　丰田汽车公司的治理结构

资料来源：Toyota Motor Corporation Annual Report（2018）.

并非所有的日本公司都保留着传统的董事会结构。20 世纪 90 年代末期，索尼公司将董事会成员从 38 人减少到 10 人，并增加了外部董事，设立了提名委员会和薪酬委员会，这些举措都改善了其决策制定过程。随后，其他日本公司纷纷效仿。Miyajima 和 Nitta（2007）通过研究 1997—2004 年的 581 家日本非金融公司的样本发现，其中 64％的公司缩小了董事会规模，22％的公司的外部董事数量增加了，公司董事会平均规模则从 18 人减少到 10 人。[53]

2002 年，日本法务省修改法律，鼓励采用西方国家的治理体系。修订后的治理准则规定：允许日本公司在企业集团董事会结构和西方董事会结构（即外部审计居多，包含提名委员会和薪酬委员会）中择其一；董事会也可授权给高管，包括自行决定发行债券和股票；股东权力范围变大，例如有权任命或解雇董事及外部审计师；

允许公司自行决定是否授予员工股票期权等。以上这些修订是为了提高管理质量，促进日本企业进入全球资本市场，并增加日本企业的透明度和责任感。[54]然而，有证据显示，修订准则的效果一般。Eberhart（2012）研究发现，采用修订后治理准则的公司确实在市净率上有所提高，但在运营绩效方面并无改善。[55]

此外，与德国企业一样，日本企业也面临着来自全球化的压力。随着日本公司进入全球资本市场，国际投资机构有意取代日本大型银行在日本公司中的地位。[56]随后，日本公司发现，激进投资者要求的是提高运营效率和股东收益，而不是稳定的就业率和谨慎的管理方式。为保护自身，日本公司采用了防御机制，例如"毒丸计划"（详见第 11 章）。尽管激进投资者反对这些措施，但传统主义者认为为保护公司与利益相关者之间互相尊重和合作的文化价值观，这些措施是很有必要的。

奥林巴斯公司的会计丑闻加上日本政府强调振兴经济，都为日本的公司治理改革提供了新的动力。2014 年，日本金融服务管理局（Japanese Financial Services Authority）出台了投资者尽责管理准则（Stewardship Code），用以鼓励日本企业和机构投资者之间互相沟通。该准则提倡股东参与公司管理，以提高中长期投资回报率，并披露年度会议的投票过程。[57]除此之外，日本政府还采取了其他措施鼓励任用独立董事对管理层进行监督。2015 年，日本金融服务管理局通过了该国首个全面的《公司治理准则》（Corporate Governance Code）。该准则要求上市公司至少有两名独立董事。它还鼓励（但不是要求）1/3 的董事会成员是独立的，强调董事会需要增加女性代表。其他主要条款包括扩大股东权利，加强对交叉持股和关联交易的披露，以及改革董事会等。[58]综上所述，这些变革都是为了吸引外商投资，并借此提高经济收益。

日兴资产管理公司（Nikko Asset Management）的研究发现，管理职责和公司治理准则对日本企业产生了一定的影响。例如，拥有两名或两名以上独立董事的上市公司比例从 2013 年的 18％上升到 2017 年的 88％，交叉持股比例从 2000 年的 20％下降到 2017 年的 10％。然而，研究发现经济回报（以股本回报率（ROE）衡量）并没有实质性的改善，仍落后于美国和欧洲的竞争对手。[59]情况可能是，改革才刚刚开始，对基本绩效还没有产生可衡量的影响。

韩　国

韩国的经济是由被称为**财阀**（chaebol）的企业集团组织控制的，即金融集团。财阀不是单个的企业，而是由在战略和投资方面听从一个总部指挥的许多附属公司组成，财阀的董事长对所有投资享有最终决策权，是总部的首脑。

在财阀这种结构中，商界领袖与政府官员合作，一起制订经济增长计划，共同确定对韩国长期发展有利的行业，其中包括船舶制造业、建筑业、纺织业和金融服务业等。政府为商界领袖提供补贴贷款，以鼓励新投资，商界领袖正是利用这些贷款大举扩张。尽管投资是给不同的单个企业，但企业均从属于财阀。结果经济增长计划大获成功，韩国经济以前所未有的速度增长。随着经济的繁荣，财阀也获得了巨额财富。1995 年，韩国最大的 30 家财阀的销售额占韩国国内总销售额的 41%。[60]

然而，在 1997 年的亚洲金融危机中，财阀治理结构的缺陷显现出来。首先，财阀过于远离以效率为主导的市场，创始家族的投票权与持股比例不平衡（25% 的持股比例拥有 2/3 的投票权），使得他们有绝对的决策权。其次，财阀并不依靠公共资本市场来融资，而是依靠内部来源、银行贷款和政府补贴来融资，因此，机构投资股东对财阀没有约束力。

随着时间的推移，这些缺陷导致了财阀财务实力的恶化。尽管上市公司规模庞大，但其盈利率不高，到 20 世纪 90 年代中期，大多数韩国上市公司的市净率低于 1，这表明其资产价值小于历史投资成本。此外，它们的杠杆比率很高，5∶1 的负债股权比率并不少见。[61]同时，金融担保将集团子公司捆绑在一起，创建了互联关系，导致子公司更容易受到金融危机的冲击。此外，由于会计准则不要求财阀披露自身财务状况，致使监管者、投资者和债权人根本不知道财阀真实的财务状况。正是由于亚洲金融危机，这些问题才得以公开。随着韩元贬值，财阀无力偿还债务，因为其中许多债务都是以美元定价的。仅在 1997 年，就有八家财阀破产。

为了维护韩国经济的稳定，同时提高投资者的信心，韩国政府发布了一系列改革措施。首先，禁止财阀子公司之间相互转移资金。尽管子公司仍然遵从总部的战略部署，但在资金上必须自给自足。其次，监管机构实施了一些治理改革措施，例如提高董事会的独立性、禁止集团之间互相担保和赋予中小股东更多权利等。然而，这些措施仅适用于资产超过 2 万亿韩元（约 20 亿美元）的大型公司，对小公司不做要求。[62]

Black 和 Kim（2012）对这些改革措施的影响进行了研究，发现采用上述措施的公司股价绩效较好。[63]Black，de Carvalho，Khanna，Kim 和 Yurtoglu（2019）研究发现，披露标准超过监管最低标准的韩国公司交易时估值更高。他们还发现，董事会独立性与更高的价值相关。然而，其他治理特征，例如股东权利、董事会程序、所有权结构和关联方交易，均与价值不相关。[64]

中 国

中国的公司治理模式部分地反映了中国正在经历的经济体制改革。中国大型企业多是国有独资企业或国有控股企业，尽管中国政府试图提高国有企业的效率，但仍需平衡不同利益相关者的需求，其中包括维持较高的就业率和防止过多外资进入并影响到关键行业，例如银行、电信、能源和房地产等行业。

中国公司的股份分为三类：国有股份、创始人和员工股份及公开发行股份。公开发行的股票也分为三类：A 股、B 股和 H 股。**A 股**（A-shares）在上海证券交易所和深圳证券交易所交易，所有权限于国内投资者，以人民币计价；**B 股**（B-shares）也在上海证券交易所和深圳证券交易所交易，但以外币计价；**H 股**（H-shares）在香港交易所交易，对外国投资者开放，以港元计价。对这些市场设置的所有权限制导致了资金流动性水平截然不同，A 股和 H 股以不同价格交易的做法很常见（A 股溢价明显），此外，有关股票发行和所有权方面的限制削弱了中国境内公众股东的影响。

《中华人民共和国公司法》对上市公司的治理标准作了相关规定[65]，其中包括：企业要采取双层制治理结构；董事会应有 5～19 名成员，大部分是公司高管；董事会中允许有员工代表（但不是必须的）；监事会必须至少有 3 名成员，其中至少有 1/3 是员工代表；董事会成员和高管不允许担任监事会成员[66]；公司不需要设立审计委员会或薪酬委员会，除非它们选择在外国证券交易所上市（例如纽约证券交易所）。①

中国政府对上市公司具有重要影响，同时，政府是很多公司的大股东，这些公司的监事会中也有政府代表。例如，中国石油天然气股份有限公司（简称"中国石油"）是一家上市公司，2000 年 4 月 6 日和 4 月 7 日分别在纽约证券交易所（美国存托股票，即 ADS）和香港联交所（H 股）挂牌上市，2007 年 11 月 5 日在上海证券交易所（A 股）挂牌上市，其 86％的股份由中国石油天然气集团公司（CNPC）持有。[67]

Conyon 和 He（2011）研究发现，独立董事较少的上市公司不太可能解雇表现不佳的 CEO，基于股权激励的高管薪酬也较少与公司业绩挂钩。[68] Giannetti, Liao 和 Yu（2015）研究发现，聘请具有海外经验的董事的中国企业，未来的经营绩效和估值更高，作者将这种改善归功于外籍董事的能力，认为他们能够促进采用更有效的管理做法，推动海外收购和资本筹集，并实施更有效的监督。[69]

印　度

1947 年印度摆脱英国殖民统治成为独立主权国家。其公共政策鼓励发展多种制造业，但繁多的监管规定导致生产效率低、产品质量差、利润微薄。国家银行向私营企业提供贷款时，评估标准通常是企业所需的资金规模和能提供的就业岗位数量而不是投资回报率。[70]因此，印度私营企业缺乏有效配置资本的动机，由此衍生了一个较弱的公司治理体系。

到 1991 年，印度的经济状况严重恶化，政府不得不采取一系列重大改革措施，

---

①　《中华人民共和国公司法》（简称《公司法》）于 2023 年 2 月 29 日修订通过，自 2024 年 7 月 1 日起施行。新《公司法》对公司治理制度进行了前所未有的修改、扩张和细化。该段所讲内容大多不再适用，例如新《公司法》将公司治理结构由双层制修改为"单、双"制并行，修改董事会相关规定，调整董事会职权，建立审计委员会的监督制度等，企业应参照新《公司法》执行。——译者

以促进经济自由发展，鼓励金融体系相互竞争。在这些改革措施的压力下，治理标准开始提升。第一步，印度工业联合会（Confederation of Indian Industry，CII）在1998 年制定了《公司治理准则》，公司可自愿决定是否采用该准则，大公司则被鼓励采用该准则。一年后，印度证券交易委员会（SEBI）委托库马·曼格拉姆·贝拉委员会（Kumar Mangalam Birla Committee）制定公司治理标准，以适用于在印度证券交易所上市的公司。这些改革措施都纳入了**条款 49**（Clause 49），应用于所有上市公司。2004 年，第二个专家小组由印孚瑟斯公司（Infosys）的董事长纳拉亚纳·穆尔蒂（Narayana Murthy）主持，对条款 49 做了进一步修改和更新。

条款 49 规定董事会中非执行董事应占多数，如果公司的董事长兼任 CEO，那么独立董事应占 1/2，如果董事长没有兼任 CEO，则独立董事占比可降至 1/3。董事会成员最多在 10 个委员会中任职。审计委员会至少要有 3 名成员，其中两名必须是独立董事。CEO 和 CFO 必须保证财务报表的真实性。条款 49 还包括大量的信息披露要求，例如关联交易、董事薪酬和持股比例以及任何可能导致董事会成员冲突的利益关系。此外，公司年度报告中必须说明公司是否遵循了上述治理标准。[71]

尽管近年来印度在公司治理标准方面进行了重大改革，但挑战依然存在。首先，资本市场在很大程度上是低效的。外商个人很难对孟买证券交易所（Bombay Stock Exchange）和印度国家证券交易所（National Stock Exchange of India）的上市公司进行投资[72]，这种限制降低了资本流动性，导致失去了一种重要的约束管理行为的机制。此外，印度的债券市场相对不发达。2019 年，印度公司债券市场的名义价值只有 2 800 亿美元，占国内生产总值（GDP）的 10%。相比之下，美国公司债券市场的名义价值为 9.3 万亿美元，占国内生产总值的 47%。[73] 在印度，由于可利用的公共资金少，企业不得不求助于私募资金，但往往伴随着其他代理和低效监督的问题。

其次，关于治理改革的另一个挑战是，在印度，富裕家族仍然在大多数大公司发挥着巨大作用，家族企业主导印度经济。例如，塔塔集团（Tata Group）——其子公司覆盖汽车制造业、农药、酒店、电信和咨询业——占该国 GDP 的约 5%。[74] 总体来说，公司内部人及其家族拥有全印度所有公司的 45% 的股权。[75] 当公司股权被内部人集中持有时，公司资产会被这些人出于个人利益进行侵占（例如高额工资和津贴），最终的受害者是小股东。

巴 西

与许多的新兴经济体一样，巴西的公司治理特点是内部人和控股股东的过度影响以及信息披露程度低。巴西法律规定，董事会成员中非执行董事只需占 1/3，因此，董事会中大多数都是执行董事。此外，对非执行董事也没有独立性的要求，非执行董事往往是控股股东代表或前高管。Black，de Carvalho 和 Sampaio（2014）的一项调查显示，15％的巴西公司没有一个独立董事，50％的巴西公司的独立董事的比例不超过 30％，只有 20％的公司的独立董事占多数。[76] 按照披露原则，巴西公司不需要披露董事会成员的独立性，也不必披露其个人信息，因此股东无法推断其独立性，这就进一步降低了董事会增加独立董事的积极性。

巴西公司发行两类股票：有投票权的普通股和没有投票权的优先股。其中，优先股没有固定股息。几乎所有的巴西公司都有控股股东或者拥有多数投票权的一群股东。这些股东在提名和任命董事方面有相当大的影响力，董事会本质上代表他们的利益。少数普通股股东和优先股股东对董事选举没有多少影响力，只能通过投票选出一位董事。

从传统上来说，巴西已经拥有高度管制的资本市场。20 世纪早期，政府就开放了公共交易，并收取交易费用，交易的经纪人是政府公务员，可以将职位传给自己的后代。交易自由化开始于 20 世纪 60 年代，到 70 年代时，交易完全由政府管辖转变为私有经营。到了 80 年代，圣保罗证券交易所（São Paulo Stock Exchange 或 Bovespa）成为巴西最大的交易市场。为刺激上市需求，圣保罗证券交易所根据公司的治理特征，创建了三个上市市场，一级市场（Nivel 1）对治理标准要求最低，二级市场（Nivel 2）的要求有所提高，**新市场**（Novo Mercado）的要求最高。新市场对上市公司的要求如下：

- 仅发行普通股。
- 保持公众持股总值不低于公司资本的 25％。
- 董事会整体任期两年，至少有 5 名成员，独立董事占 20％以上。
- 按照美国公认会计原则（U. S. GAAP）或国际财务报告准则（IFRS）公开财务报告。
- 保证中小股东与大股东拥有同样的信息知情权，即**跟随权**（tag-along rights）。

上述这些要求是为了最大限度地保护中小股东，以免其利益受到内部人的侵占。[77]

2001 年，巴西公司治理新机制开始运行，18 家公司从常规交易转向一级市场交易，新市场直到第二年才有第一家上市公司，直到 2004 年巴西最大的化妆品公司——自然公司（Natura）在新市场上市，该市场才受到广泛关注。自此之后，在这三个交易市场上市的公司数量成倍递增（见图 2-3）。

De Carvalho 和 Pennacchi（2012）研究发现，转向这三个交易市场的公司，在股票价格、交易量和资金流动性方面都有较好的表现。他们认为，这是因为股东对与新上市要求有关的治理变革持肯定态度。[78] Black，de Carvalho 和 Sampaio（2014）研究发现，在二级市场和新市场上市的公司，其市净值比较高。[79] Matos（2017）研究发现，在巴西新市场上市的公司 10 年间的表现优于巴西市场指数。[80]

俄罗斯

俄罗斯的公司治理特点是股权集中、内部控制、对中小股东的法律保障较弱、

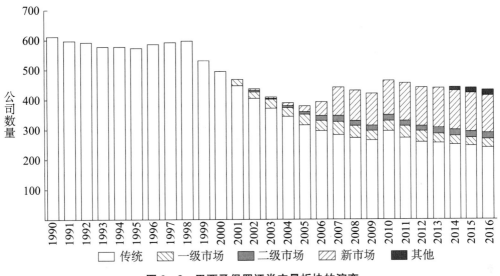

图 2-3 巴西圣保罗证券交易板块的演变

资料来源：Pedro Matos，"An Assessment of Dual-Class Shares in Brazil：Evidence from the Novo Mercado Reform，"CFA Institute：CFA Society Brazil（2017）.

信息披露水平低、资本市场低效以及政府严重干预私有企业。高管通常是控股股东或与控股股东有紧密联系。大部分董事会成员是内部人。通过对 2012 年俄罗斯最大的 132 家上市公司的董事会进行调查，德勤会计师事务所（Deloitte）发现执行董事的平均比例是 2/3，在国有企业中，该比例高达 80%。[81] 在俄罗斯的公司中，绝大多数的董事会中并没有中小股东代表。

控股股东利用自己的影响力，不断侵占公司资产，有时甚至使用非法手段，例如迫使有偿付能力的公司破产，从而掠夺中小股东的资产；操纵自己完全占有的附属公司的转让价格，从公司吸纳资金；向控股股东发行股票以稀释中小股东股权。[82] 因为缺乏有力的法律保护，中小股东在阻止这些行为或寻求补偿方面的能力有限。例如，英国石油公司（BP）指责俄罗斯某投资者集团 2008 年试图通过逼迫英国石油公司任命的 CEO 辞职，来控制秋明英国石油公司（TNK-BP）。英国石油公司的董事长表示，此举是"重回 20 世纪 90 年代（苏联解体后）俄罗斯盛行的公司袭击行为。遗憾的是，我们的合作伙伴仍在沿用，而且俄罗斯的领导人似乎不愿或无法介入并阻止他们"[83]。一位国际投资者表示认同："俄罗斯的公司治理确实有所改善……但如果有人想破坏规则，那么遗憾的是，他也能做到。这是个大问题，因为这会造成实际损失，降低投资者的投资意愿。"他以自己公司对某家俄罗斯能源企业的投资为例，"通过换取有问题的资产，数百万美元被转移出公司"[84]。

俄罗斯政府是股东滥用职权的另一个原因。政府倾向于通过干预商业来获取利益，主要的手段包括编造企业可疑的逃税证据，然后没收企业资产。2006 年，在将私有企业尤科斯石油公司（Yukos）的资产转移给国有企业俄罗斯天然气公司（Gazprom，俄罗斯最大的石油公司）时，政府就使用了这种手段。地方政府也会为当地企业提供地方保护，使其免受外企竞争。与此同时，政府为维持就业率，会禁止企业大规模裁员。

最后，透明度低限制了股东发挥作用。关于信息披露的规定很少，关联交易的本质很模糊。同时，政府控制媒体也会导致企业信息缺乏透明度。

Black，Love 和 Rachinsky（2006）检验了俄罗斯治理质量与股票价格之间的关系，发现治理特征更好的公司，其交易时市场价值更高。[85] Muravyev（2017）研究发现，在俄罗斯，外国董事比例更高的公司，其估值也更高。[86]

➡ 2.7 插　叙

董事会在公司治理系统中扮演着中心角色，所有的国家都要求上市公司设立董事会。虽然董事会特征（例如董事会结构、独立性水平、利益相关者代表及其他特征等）在不同国家有所不同，但董事会普遍具有两个基本职责：咨询和监督，即为管理层提供咨询，并监督管理层。

在接下来的几章，我们将着重讨论董事会。首先，介绍董事会的基本运营和董事任职职责（详见第 3 章）；然后，讨论董事选聘、薪酬及变更过程（详见第 4 章）；最后，回顾关于董事会结构如何影响（或不影响）公司绩效和治理质量的学术研究（详见第 5 章）。

安排这些章节是为了使读者批判性地看待董事会的有效性，并帮助读者在构建董事会时制订具体的计划。

注　释

1. Raghuram G. Rajan and Luigi Zingales, "Financial Dependence and Growth," *American Economic Review* 88 (1998): 559–586.

2. Jean-Claude Cosset, Hyacinthe Y. Somé and Pascale Valéry, "Does Competition Matter for Corporate Governance? The Role of Country Characteristics," *Journal of Financial and Quantitative Analysis* 51 (2016): 1231–1267.

3. Pyramidal family groups are two or more firms under a common controlling shareholder. See Ronald W. Masulis, Peter Kien Pham, and Jason Zein, "Family Business Groups around the World: Financing Advantages, Control Motivations, and Organizational Choices" *Review of Financial Studies* 24 (2011): 3556–3600.

4. Bernard Black, "Corporate Governance in Korea at the Millennium: Enhancing International Competitiveness," *Journal of Corporation Law* 26 (2001): 537.

5. That said, Kanna and Palepu (1999) warn that family-controlled business groups cannot be safely dismantled unless a so-called "soft infrastructure" is in place, including well-functioning markets for capital, management, labor, and information technology. Tarun Khanna and Krishna Palepu, "The Right Way to Restructure Conglomerates in Emerging Markets," *Harvard Business Review* 77 (1999): 125–134.

6. Christian Leuz, Karl V. Lins, and Francis E. Warnock, "Do Foreigners Invest Less in Poorly Governed Firms?" The *Review of Financial Studies* 22 (2009): 3245–3285.

7. Larry Fauver, Mingyi Hung, Xi Li, and Alvaro G. Taboada, "Board reforms and firm value: Worldwide evidence," *Journal of Financial Economics* 125 (2017): 120–142.

8. Under common law, judicial precedent shapes the interpretation and application of laws. Judges consider previous court rulings on similar matters and use that information as the basis for settling current claims. By contrast, civil law (or code law) relies on comprehensive legal codes or statutes written by legislative bodies. The judiciary must base its decisions on strict interpretation of the law instead of legal precedent. Examples of common law countries include the United States, England, India, and Canada. Civil law countries include China, Japan, Germany, France, and Spain. See Rafael La Porta, Florencio Lopez-de-Silanes, Andrei Shleifer, and Robert W. Vishny, "Law and Finance," *Journal of Political Economy* 106 (1998): 1113–1155.

9. The results in these two La Porta, Lopez-de-Silanes, Shleifer, and Vishny papers have been examined in subsequent research. For example, Spamann (2010) constructs a new "antidirector rights index" using local lawyers and finds that many of the prior results in these papers become statistically insignificant. Thus, these results might be fragile. Rafael La Porta, Florencio Lopez-de-Silanes, Andrei Shleifer, and Robert W. Vishny, "Investor Protection and Corporate Valuation," *Journal of Finance* 57 (2002): 1147–1170; and see Holger Spamann, "The 'Antidirector Rights Index' Revisited," *Review of Financial Studies* 23 (2010): 467–486.

10. Özde Öztekin, "Capital Structure Decisions around the World: Which Factors Are Reliably Important?" *Journal of Financial and Quantitative Analysis* 50 (2015): 301–323.

11. Cited in Jacob de Haan and Harry Seldadyo, "The Determinants of Corruption: A Literature Survey and New Evidence," paper presented at the Annual Conference of the European Public Choice Society, Turku (April 24, 2006). Accessed September 9, 2003. See https://projects. iq.harvard.edu/files/gov2126/files/seldadyo_determinants_corruption.pdf.

12. Paulo Mauro, "Corruption and Growth," *Quarterly Journal of Economics* 110 (1995): 681–712.

13. Christos Pantzalis, Jung Chul Park, and Ninon Sutton, "Corruption and Valuation of Multinational Corporations," *Journal of Empirical Finance* 15 (2008): 387–417.

14. Mary E. Barth, Wayne R. Landsman, and Mark H. Lang, "International Accounting Standards and Accounting Quality," *Journal of Accounting Research* 46 (2008): 467–498.

15. Jürgen Ernstberger and Oliver Vogler, "Analyzing the German Accounting Triad—'Accounting Premium' for IAS/IFRS and U.S. GAAP vis-á-vis German GAAP?" *International Journal of Accounting* 43 (2008): 339—386.

16. Emmanuel T. De George, Xi Li, and Lakshmanan Shivakumar, "A Review of the IFRS Adoption Literature," *Review of Accounting Studies* 21 (2016): 898–1004.

17. George J. Benston, Michael Bromwich, and Alfred Wagenhofer, "Principles- Versus Rules-Based Accounting Standards: The FASB's Standard Setting Strategy," *Abacus* 42 (2006): 165–188.

18. Richard Price, Francisco J. Román, and Brian Rountree, "The Impact of Governance Reform on Performance and Transparency," *Journal of Financial Economics* 99 (2011): 76–96.

19. Christian Leuz and Peter D. Wysocki, "The Economics of Disclosure and Financial Reporting Regulation: Evidence and Suggestions for Future Research," *Journal of Accounting Research* 54 (2016): 525–622.

20. Luzi Hail and Christian Leuz, "International Differences in the Cost of Equity Capital: Do Legal Institutions and Securities Regulation Matter?" *Journal of Accounting Research* 44 (2006): 485–531.

21. Robert M. Bushman and Joseph D. Piotroski, "Financial Reporting Incentives for Conservative

Accounting: The Influence of Legal and Political Institutions," *Journal of Accounting and Economics* 42 (2006): 107–148.

22. Victor Brudney, "Insiders, Outsiders, and Informational Advantages under the Federal Securities Laws," *Harvard Law Review* 93 (1979): 322. Also see Lawrence M. Ausubel, "Insider Trading in a Rational Expectations Economy," *American Economic Review* 80 (1990): 1022–1041; and Hayne E. Leland, "Insider Trading: Should It Be Prohibited?" *Journal of Political Economy* 100 (1992): 859–887.

23. Geert Hofstede, "Cultural Dimensions," Itim Focus (2015). Accessed August 12, 2019. See https://geerthofstede.com/culture-geert-hofstede-gert-jan-hofstede/6d-model-of-national-culture/.

24. The Hofstede research has been the subject of considerable criticism. We discuss it here as representative of a system for describing cultural attributes without commentary on its accuracy. See Nigel J. Holden, *Cross-Cultural Management: A Knowledge Management Perspective* (London: FT Prentice Hall, 2002). Also see Brendan McSweeney, "Hofstede's Model of National Cultural Differences and Their Consequences: A Triumph of Faith—A Failure of Analysis," *Human Relations* 55 (2002): 89–118.

25. Anonymous, "Whose Company Is It? New Insights on the Debate over Shareholders vs. Stakeholders," Knowledge@Wharton (2007). Accessed July 7, 2008. See https://knowledge.wharton.upenn.edu/article/whose-company-is-it-new-insights-into-the-debate-over-shareholders-vs-stakeholders/.

26. Despite the impression that diffuse ownership of U.S. securities exists, the ownership of U.S. firms is similar to and, by some measures, more concentrated than the ownership of firms in other countries. See The World Bank Group, "2018 Market Capitalization of Listed Domestic Companies," Accessed August 26, 2019. See https://data.worldbank.org/indicator/CM.MKT.LCAP.GD.ZS.

27. However, U.S. markets have been losing their share in several of these categories during recent years. See Committee on Capital Markets Regulation, "The Competitive Position of the U.S. Public Equity Market," (2007). Accessed June 19, 2014. See https://capmktsreg.org/press/the-competitiveness-position-of-the-u-s-public-equity-market.

28. Computed using 2017 data for 1,816 companies in the Russell 2000 Index covered by SharkRepellent, FactSet Research Systems Inc.

29. Daines (2001) finds that companies incorporated in Delaware are worth approximately 5 percent more than firms incorporated in other states. Debate exists over whether this is because of increased governance quality, greater clarity on shareholder rights, or higher likelihood of receiving a takeover bid from another firm. See Robert M. Daines, "Does Delaware Law Improve Firm Value?" *Journal of Financial Economics* 62 (2001): 525–558.

30. See Chapter 5 for a discussion of NYSE independence standards. Source: "Corporate Governance Standards, Listed Company Manual Section 303A.02, Independence Tests," NYSE (2015). Accessed April 9, 2015. See https://nysemanual.nyse.com/LCMTools/PlatformViewer.asp?selectednode=chp_1_4_3_3&manual=%2Flcm%2Fsections%2Flcm-sections%2F.

31. See Weil, Gotshal, & Manges, LLP, "Financial Regulatory Reform: An Overview of the Dodd–Frank Wall Street Reform and Consumer Protection Act" (2010). Accessed November 2, 2010. See www.weil.com/~/media/files/pdfs/ny%20mailing%2010%20frr%20100721%20weil_dodd_frank_overview_2010_07_21.pdf.

32. Jumpstart Our Business Startups Act (Jobs Act), Pub.L. 112–106. Accessed January 20, 2020. See: www.govinfo.gov/content/pkg/BILLS-112hr3606enr/pdf/BILLS-112hr3606enr.pdf. And see Michael J. Zeidel, Skadden, Arps, Slate, Meagher & Flom LLP, "The JOBS Act: Did It Accomplish Its Goals?" (2016). Accessed August 6, 2019. See https://corpgov.law.harvard.edu/2016/07/18/the-jobs-act-did-it-accomplish-its-goals/.

33. Nuno G. Fernandes, Miguel A. Ferreira, Pedro P. Matos, and Kevin J. Murphy, "Are US CEOs Paid More? New International Evidence?" *Review of Financial Studies* 26 (February 2013): 323–367.

34. Martin J. Conyon, John E. Core, and Wayne R. Guay, "Are U.S. CEOs Paid More Than U.K. CEOs? Inferences from Risk Adjusted Pay," The *Review of Financial Studies* 24 (2011): 402–438.

35. Adrian Cadbury, "The Financial Aspects of Corporate Governance; Report of the Committee on the Financial Aspects of Corporate Governance" (London: Gee & Co, 1992). Accessed November 3, 2010. See https://ecgi.global/sites/default/files//codes/documents/cadbury.pdf.

36. Financial Reporting Council, "Guidance on Board Effectiveness," FRC (2011). Accessed July 15, 2014. See www.frc.org.uk/.

37. Amama Shabbir and Carol Padgett, "The UK Code of Corporate Governance: Link between Compliance and Firm Performance," RP 2/08, Cranfield University School of Management (2008). Accessed March 24, 2015. See https://dspace.lib.cranfield.ac.uk/handle/1826/3931.

38. Simon Lowe, "2018 Corporate Governance Review," Grant Thornton Co. UK, LLP (2018). Accessed August 27, 2019. See www.grantthornton.co.uk/insights/corporate-governance-review-2018/.

39. Commission of the German Corporate Governance Code, "German Corporate Governance Code" (January 23, 2020). Accessed January 30, 2020. See https://dcgk.de/en/home.html.

40. Interview with Martin Koehler, director of Deutsche Lufthansa AG, October 6, 2015.

41. Georgeson.com, "Georgeson's 2018 Proxy Season Review: Bridging the gap between Issuers and Investors," (2018). Accessed October 4, 2019. See www.georgeson.com/News/Georgeson%202018%20Proxy%20Season%20Review-full%20version.pdf.

42. Maria Armental, "Business News: Monsanto Hit by $289 Million Verdict," *Wall Street Journal* (Eastern Edition, August 11, 2018). B.3.

43. Mamta Badkar, "Bayer Shareholders Rebuke CEO over Monsanto Deal," *Financial Times* (April 26, 2019).

44. Ludwig Burger, "Shareholders Rebuke Bayer Bosses over Monsanto-Linked Stock Rout," *Reuters* (April 26, 2019).

45. Guy Chazen, "Bayer Execs Face Investor Heat after Rare No-Confidence Vote," *Financial Times* (April 28, 2019).

46. Christopher Rhoads and Vanessa Fuhrmans, "Trouble Brewing: Corporate Germany Braces for a Big Shift from Postwar Stability—Layoffs, Predators, Gadflies Loom with Unwinding of Cross-Shareholdings—Dry Times for Beer Workers," *Wall Street Journal* (June 21, 2001, Eastern edition): A1.

47. Jeremy Edwards and Marcus Nibler, "Corporate Governance in Germany: The Role of Banks and Ownership Concentration," *Economic Policy* 32 (2000) 239–268.

48. Wolf-Georg Ringe, "Changing Law and Ownership Patterns in Germany: Corporate Governance and the Erosion of Deutschland AG," *American Journal of Comparative Law*," (Spring 2015): 493–538.

49. Andreas Cremer, "Volkswagen CEO's Pay Nearly Doubles to 17.5 mln Euros," *Reuters* (March 12, 2012); Anonymous, "Interview with Volkswagen CEO: 'European Auto Crisis Is an Endurance Test,'" Spiegel Online International (February 13, 2013).

50. Volkswagen.com, "Volkswagen Supervisory Board Adopts New Board of Management Remuneration System," (February 24, 2017). Accessed October 7, 2019. See https://www.volkswagen-newsroom.com/en/press-releases/volkswagen-supervisory-board-adopts-new-board-of-management-remuneration-system-1354.

51. Toyota Motor Corporation, Toyota Motor Corporation, "Annual Report 2018," Accessed October 7, 2019. See www.toyota-global.com/pages/contents/investors/ir_library/annual/pdf/2018/annual_report_2018_fie.pdf. One of the guiding precepts of the Toyota Production System, *genchi genbutsu*, means "go and see for yourself."

52 Toyota Motor Corporation, "2006 Annual Report," Accessed June 23, 2008. See www.toyota-global.com/investors/ir_library/annual/pdf/2006/.

53. Hideaki Miyajima and Keisuku Nitta, "Diverse Evolution of the Traditional Board of Directors: Its Causes and Effects on Performance," in Corporate Governance—Diversification and Prospects, Kinzai (in Japanese) (2007).

54. Japan Stock Exchange, "Japan's Corporate Governance Code (2018). Accessed October 8, 2019. See www.jpx.co.jp/english/news/1020/b5b4pj000000jvxr-att/20180602_en.pdf.

55. Robert Eberhart, "Corporate Governance Systems and Firm Value: Empirical Evidence from Japan's Natural Experiment," *Journal of Asia Business Studies* 6 (2012): 176–196.

56. In the late 1980s, Japanese banks owned almost 50 percent of total tradable public equity. By 2006, they held around 20 percent. See Masahiko Aoki, "Conclusion: Whither Japan's Corporate Governance?" *Corporate Governance in Japan: Institutional Change and Organizational Diversity*, edited by Masahiko Aoki, Gregory Jackson, and Hideaki Miyajima (New York: Oxford University Press, 2007).

57. FSA.Gov, "Principles for Responsible Institutional Investors, Japan's Stewardship Code," The Council of Experts Concerning the Japanese Version of the Stewardship Code (2014). Accessed July 21, 2014. See www.fsa.go.jp/en/refer/councils/stewardship/20140407.html.

58. The Council of Experts Concerning the Corporate Governance Code, "Japan's Corporate Governance Code [Final Proposal]: Seeking Sustainable Corporate Growth and Increased Corporate Value over the Mid- to Long-Term" (March 5, 2015). Accessed April 15, 2015. See www.fsa.go.jp/en/refer/councils/corporategovernance/20150306-1/01.pdf.

59. Junichi Takayama and Jiro Nakano, "Where Are We with Corporate Governance in Japan?" *Nikko Asset Management* (June 7, 2018), see https://americas.nikkoam.com/articles/2018/06/where-are-we-with-corporate-governance-in-japan?nk-route.

60. Barry Metzger, Bernard S. Black, Timothy O'Brien, and Young Moo Shin, "Corporate Governance in Korea at the Millennium: Enhancing International Competitiveness," *Journal of Corporation Law* 26 (2001): 537–608.

61. Ibid.

62. Ibid.

63. Bernard Black and Woochan Kim, "The Effect of Board Structure on Firm Value: A Multiple Identification Strategies Approach Using Korean Data," *Journal of Financial Economics* 104 (April 2012): 203–226.

64. Bernard Black, Antonio Gledson de Carvalho, Vikramaditya Khanna, Woochan Kim, and Burcin Yurtoglu, "Which Aspects of Corporate Governance Matter in Emerging Markets: Evidence from Brazil, India, Korea, and Turkey," *Social Science Research Network* (2019). Accessed October 9, 2019. See https://ssrn.com/abstract_id=2601107.

65. Sean Liu, "Corporate Governance and Development: The Case of China," *Managerial and Decision Economics* 26 (2005): 445–449.

66. Standing Committee of the National People's Congress, Invest in China, "The Company Law of the People's Republic of China (Revised in 2013)." Accessed June 20, 2020. See http://www.fdi.gov.cn/1800000121_39_4814_0_7.html.

67. PetroChina Company Limited, Form 20-F, filed with the Securities and Exchange Commission April 25, 2014.

68. Martin J. Conyon and Lerong He, "Executive Compensation and Corporate Governance in China," *Journal of Corporate Finance* 17 (September 2011): 1158–1175.

69. Mariassunta Giannetti, Guanmin Liao, and Xiaoyun Yu, "The Brain Gain of Corporate Boards: Evidence from China," *Journal of Finance* (2015) 70: 1629–1682.

70. Bernard Black and Vikramaditya Khanna, "Can Corporate Governance Reforms Increase Firms' Market Values? Evidence from India," *American Law & Economics Association Papers* 40 (2007): 1–38.

71. Securities and Exchange Board of India (SEBI), "Corporate Governance in Listed Companies: Clause 49 of the Listing Agreement" (2004). Accessed December 5, 2007. See www.sebi.gov.in/cms/sebi_data/attachdocs/1397734478112.pdf.

72. Investopedia, "An Introduction to the Indian Stock Market" (March 25, 2020). Last accessed June 20, 2020. See https://www.investopedia.com/articles/stocks/09/indian-stock-market.asp.

73. FTSE Russell, "The Indian Fixed Income Market" (2019). Accessed October 9, 2019. See www.ftserussell.com/research/indian-fixed-income-market. And see S&P Global, US Corporate Bond Market (2019), Accessed October 9, 2019. See www.spglobal.com/en/research-insights/articles/u-s-corporate-debt-market-the-state-of-play-in-2019.

74. Ravi Velloor, "Jewel of Corporate India," *The Straits Times* (March 17, 2013).

75. Nandini Rajagopalan and Yan Zhang, "Corporate Governance Reforms in China and India: Challenges and Opportunities," *Business Horizons* 51 (2008): 55–64.

76. In the study, independent directors are defined as "persons who are not officers or former officers and are independent of the controlling shareholder, controlling shareholder group, or controlling family." Bernard S. Black, Antonio Gledson de Carvalho, and Joelson Oliveira Sampaio, "The Evolution of Corporate Governance in Brazil," *Emerging Markets Review* 20 (2014): 176–195.

77. Nivel 2 primarily differs from the Novo Mercado in that companies are allowed to issue nonvoting shares. Nivel 1 does not require tag-along rights for minority shareholders and also does not have a 20 percent requirement for board independence. See Érica Gorga, "Changing the Paradigm of Stock Ownership from Concentrated Towards Dispersed Ownership?" Evidence from Brazil and Consequences for Emerging Countries," *Northwestern Journal of International Law & Business* 29 (2009): 439–554.70.

78. Antonio Gledson de Carvalho and George G. Pennacchi, "Can a Stock Exchange Improve Corporate Behavior? Evidence from Firms' Migration to Premium Listings in Brazil," *Journal of Corporate Finance* 18 (2012): 883–903.

79. de Carvalho and Sampaio (2014).

80. Pedro Matos, "An Assessment of Dual-Class Shares in Brazil: Evidence from the Novo Mercado Reform," CFA Institute: CFA Society Brazil (2017).

81. Deloitte, "Corporate Governance Structures of Public Russian Companies Survey," Survey by

the Deloitte CIS Centre for Corporate Governance (2015). Accessed January 30, 2020. See www2.deloitte.com/content/dam/Deloitte/ru/Documents/risk/corporate-governance-structures-survey-eng.pdf.

82. Bernard S. Black, Inessa Love, and Andrei Rachinsky, "Corporate Governance Indices and Firms' Market Values: Time Series Evidence from Russia," *Emerging Markets Review* 7 (2006): 361–379.

83. Robert Anderson, Catherine Belton, and Ed Crooks, "BP Accuses Russian Partners in TNK–BP of 'Corporate Raiding,'" *Financial Times* (June 13, 2008): 13.

84. John Bowker, "Russia Held Back by Corporate Governance Weakness: Fund," *Reuters* (September 10, 2010). Accessed April 24, 2015. See www.Reuters.com/article/us-russia-investors/russia-held-back-by-corporate-governance-weakness-fund-idUSTRE6893BO20100910.

85. Black, Love, and Rachinsky (2006).

86. Alexander Muravyev, "Boards of Directors in Russian Publicly Traded Companies in 1998–2014: Structure, Dynamics and Performance Effects," *Economic Systems* 41 (2017): 5–25.

第 **3** 章　董事会：职责与义务

在本章中，我们研究的是董事会的职责与义务。首先，我们概述董事会的作用以及对其独立性的要求；随后，我们分析董事会的基本运作，包括对主题的选择、审议和决策整个过程的评估；接着，我们解释董事的选举和变更流程；最后，我们回顾董事应履行的法律责任，以及当他们无法履行责任时必须承担的潜在义务。虽然我们聚焦于美国公司的董事会，但关于董事会的原理适用于全球范围。

3.1 董事会职责

在一份名为《公司治理原则》（Principles of Corporate Governance）的文件中，经济合作与发展组织（Organization for Economic Co-operation and Development，OECD）就董事会应承担的职责给出了一个愿景：

> 公司治理结构框架应确保董事会对公司的战略指导、对管理层的有效监督以及对公司和股东的责任。[1]

也就是说，董事会具有咨询和监督职能。虽然这两个职能在许多方面都有联系，但在根本上有着不同的关注点。在**咨询**（advisory）职能方面，董事会主要是向管理层提供关于公司战略和业务方向的建议，以便管理层能够作出平衡风险与收益的决策。因此，在挑选董事会成员时，公司要考虑他们是否具备提供咨询所需的技能和专业知识，包括之前在相关行业或职位的工作经验。

在**监督**（oversight）职能方面，董事会将监督管理层，并确保他们是在为维护股东利益而行事。董事会负责聘用和解雇 CEO、衡量公司绩效、评估管理层对绩效的贡献并制定薪酬奖励。董事会还负责监督公司活动是否符合相关法律法规的要求，其中包括对审计流程和上市公司报告的法律要求，以及行业的特定法规。在履行这些职责时，董事会往往会征询法律顾问和其他专业人士的意见，例如外部审计师、人事主管、薪酬顾问、投资银行家和税务顾问。优秀的董事会成员可以很好地履行咨询和监督职能。

董事的责任是独立的且不同于管理层的责任。董事为公司战略提供建议，但不会制定战略；他们要确保财务报表的真实性，但不制作报表；董事会并不是管理层的延伸，而是由选举产生来代表股东利益的管理机构。

调查数据表明，董事会成员了解他们需要担任的角色。当被问到哪些领域最值得董事会关注时，他们将战略规划、并购机会和 CEO 继任列为三大优先关注事项。其他重点领域包括国际扩张、信息技术和人力资本的发展。[2] 然而，一些证据表明，相比监督职能，董事会更倾向于行使咨询职能。当被问到什么样的问题会让他们花更多的时间讨论时，董事会列出了战略规划、竞争和继任计划。相比之下，大多数董事在高管薪酬、绩效监督以及合规性等问题上花费的时间较少。[3]

学术研究表明，董事在履行职责时面临各种挑战。Bovie，Bednar Aguilera 和 Andrus（2016）回顾了关于董事会监督的研究文献，得出结论：个人、团体和公司层面的障碍限制了董事获取、处理和共享充分信息以履行其职责的能力。他们列举了一些例子，例如，公司的绝对多样性和复杂性、会议的频率、阻碍坦率讨论的社会规范以及 CEO 对董事会议程和资料的掌控程度，所有这些都削弱了董事会的监督能力。[4] 然而，董事们对自己履行职责的能力充满信心。Groysberg，Healy 和 Vijayaraghavan（2016）针对公司董事的一项调查发现，84％的董事认为他们的董事会在战略监督方面表现出色，86％的董事认为董事会是公司资产的有效管理者。[5]

➡ 3.2 董事会独立性

为了有效地履行咨询和监督职能，董事会成员必须保持独立性。从监管角度来看，评估独立性程度的标准是，董事是否涉及利益冲突，能否完全从公司利益的角度出发来履行职责。独立性是至关重要的，它能确保董事在必要时保持与管理层相对的立场。在美国，纽约证券交易所要求上市公司董事会中独立董事占绝大多数，也要求设立独立的审计、薪酬、提名与治理委员会。（"受控公司"（controlled company）——一家由个人或实体拥有超过 50％投票权的公司——不受独立薪酬和提名委员会的约束，但受审计委员会的约束。）

然而，符合监管标准并不意味着真正的独立。董事会成员与管理层在一起工作时间长了以后，他们之间可能会形成关系纽带，从而影响董事会的独立性。此外，被 CEO 招募到董事会的董事可能会对自己的董事会席位心存感激，也不太可能在有争议的决策上挑战管理层（也就是说，他们的独立性可能被削弱）。独立性也可能受到个别因素的影响，例如，董事会成员的背景、教育、经验、价值观以及与管理层的私人关系等。有很多例子表明，即使董事会由能力很强的董事组成，其决策也可能造成灾难性的后果。例如，安然董事会未能阻止管理层的某些行为，这些行为后来被认定是违法的。同样地，许多大型金融机构的董事会似乎默许了信用质量较低的质押贷款支持证券（MBS）的交易——这种做法引发了 2008 年的金融危机，并要求政府救市。

有证据表明，董事会成员认为正式的独立性准则并不代表真正的独立。哈佛商学院教授进行的一项非正式研究发现，相对于监管要求来说，相关经验是影响董事履职水平的一个更重要因素。一位受访者说："我不认为独立性有人们认为的那么重要……这是一个转移注意力的话题。"[6]美国联邦存款保险公司（Federal Deposit Insurance Corporation，FDIC）前总裁希拉·拜尔（Sheila Bair）也发表了类似的评论："（关于独立性）说得太多了……这实际上更多的是关于人，关于他们是否有能力，以及是否确立了正确的基调和文化。"[7]大多数董事认为，他们有能力保持独立性。一项调查显示，有 90％的董事回应，他们和其他董事会成员在必要时能够有效地对抗管理层。[8]（详见第 5 章。）

3.3 董事会运作

董事长主持董事会会议，并负责制定议程、安排会议和协调委员会的行动。通过确定董事会讨论事项的内容和时间，董事长在治理过程中拥有相当大的影响力。

传统上，大多数美国公司的 CEO 曾担任过董事长。然而最近几年，非执行董事担任董事长的现象越来越普遍。鉴于董事会的咨询和监督职能，兼任董事长和 CEO 可能会存在职责冲突，其中最主要的问题就是混淆了管理层和董事会的责任，这将削弱董事会在绩效评估、薪酬制定、继任计划和独立董事招聘等方面的监督力。然而，两职合一可以在组织内实现统一的领导，使得决策过程清晰高效，从而带来潜在好处（详见第 5 章）。

在 2002 年《萨班斯-奥克斯利法案》的讨论中，美国国会曾考虑过但最终拒绝了关于必须由独立董事担任董事长的要求。《萨班斯-奥克斯利法案》要求公司在每一次董事会会议中选定一位独立董事作为首席董事。首席董事可以在每次会议中直接被任命，也可以连续任职，直至被替换。首席董事的角色是代表独立董事与 CEO 进行沟通。采取这种结构的目的是加强对两职合一制公司管理层的独立性审查（详见第 5 章）。

董事会的提案主要通过董事会会议或**书面决议**（written consent）的形式进行。在董事会会议上，决议被提交给董事会并进行表决，当得到大多数支持票时，该决议就通过了；当董事会的提案通过书面决议的形式进行表决时，一份书面决议需要在董事会成员之间传递签署，如果大多数董事签署同意了该文件，这个提案就算通过。由于董事会的书面决议不需要提前通知，因此它比董事会会议的效率更高。

除了参加全体董事会会议之外，独立董事每年至少参加一次由无执行董事参与的**执行会议**（executive session）。这种做法符合《萨班斯-奥克斯利法案》的规定。虽然在这些执行会议上并不会产生正式的决策，但可以给外部董事一个畅所欲言的机会，讨论管理绩效、经营业绩、内部控制和继任计划等问题，由首席独立董事主持会议。

董事会报告表明，董事每月约用 20 小时处理董事会事宜。根据美国全国公司董事协会（National Association of Corporate Directors，NACD）的规定，全体董事会成员每年要亲自或通过电话参加 8 次董事会会议，会议一般持续 7 小时。[9]近年来，由于监管要求的增加，董事会会议时间延长。尽管如此，大多数董事认为他们能够在日程安排下有效地利用自身时间，每月 20 小时足以很好地履行他们的职责。[10]

董事会议程涵盖了各种各样的主题，包括战略、运营、领导和合规问题。NACD 透露，近 80% 甚至更多的董事会会议都是讨论财务报表、兼并 & 收购、资本投资、合规性等问题。67%～75% 的时间用于讨论诸如公司战略、风险管理和颠覆性技术等基础问题，而一半左右的会议讨论企业文化、人才管理与人力资本战略、CEO 继任等与人才、文化相关的问题。董事会花在评估自身业绩和文化上的时间最少：只有 1/3 的时间用于讨论董事继任计划、董事会绩效与董事会文化（见表 3-1）。

表 3-1   董事会处理各类治理问题的比例（按季度计算）

董事会议程的主题	第一季度	第二季度	第三季度	第四季度
财务报表	98%	98%	98%	99%
兼并 & 收购	89%	90%	96%	88%
资本投资	86%	79%	84%	88%
合规性	85%	88%	84%	89%
股东参与	83%	77%	78%	77%
竞争格局的变化	79%	79%	85%	77%
风险管理	69%	76%	74%	71%
高管薪酬	67%	47%	39%	67%
公司战略	64%	68%	76%	73%
颠覆性技术	59%	70%	65%	65%
企业文化	49%	60%	57%	55%
CEO 评价	49%	16%	14%	54%
人才管理与人力资本战略	42%	54%	59%	52%

续表

董事会议程的主题	第一季度	第二季度	第三季度	第四季度
CEO 继任	41％	41％	45％	52％
董事继任计划	36％	41％	34％	49％
董事会绩效	35％	16％	21％	46％
董事会文化	35％	27％	29％	40％

资料来源：National Association of Corporate Directors，"2018－2019 NACD Public Company Governance Survey"（Washington，D. C. ：National Association of Corporate Directors，2019）.

董事会依靠管理层提供的信息资料来作出决策。但调查数据显示，这些信息的质量可能不会让董事会满意。例如，一项 NACD 的调查表明，16％的董事对管理层提供的公司战略方面的信息质量不满意，18％的董事对非财务风险方面的信息质量不满意，27％的董事对信息技术方面的信息质量不满意。[11]非执行董事可以通过要求管理层提高财务和非财务的战略绩效评估报告的质量，来弥补这些不足。董事也可以直接与管理层接触并从中受益。一位董事说："没有什么比我们直接与管理层见面沟通、亲自参观企业生产运营过程更有效了。"[12]

> **专栏**　　　　　　**网飞公司：董事会的彻底透明**
>
> 网飞公司（Netflix）采取了一种独特的信息共享方式，目标是显著并有效地提高 CEO、高管团队与董事会之间的透明度。包含两种独特的做法。
>
> 首先，董事会成员定期参加（仅以观察员身份）每月和每季度的高层会议。通过直接观察管理层，董事们对公司所面临的问题、管理层用以评估问题的分析方法以及其中所涉的权衡取舍有了更深的了解。他们还与高管团队建立个人关系，并在某种工作环境中见证他们的领导风格。
>
> 其次，董事会沟通被结构化为大约 30 页叙事形式的在线备忘录，其中不仅包括支持分析的链接，而且允许开放访问公司内部共享系统的所有数据和信息，还可以向议题提交者提出澄清式问题。因此，董事们为会议做了充分的准备，可以集中精力进行讨论和辩论，而不是浪费时间听报告。网飞公司 CEO 里德·哈斯廷斯（Reed Hastings）表示："除非真正了解市场和公司，否则董事会没有信心作出艰难的决定。"网飞公司的一位董事表示："这种级别的数据、这种级别的参与和这种级别的对话，极大地提升了我们成为优秀董事会成员的能力。"[13]

董事会专门委员会

并非所有的公司事务都要由董事会审议，有些可以委托给委员会。这些委员会可以是常设或特设的，这取决于相关事务的性质。基于相关能力，董事被分配到各委员会中。涉及重大事项例如高管薪酬合约的设计和审批时，委员会要在董事会表决前提出建议。

从历史角度看，委员会的建立在很大程度上取决于董事会的决定。唯一被美国证券交易委员会要求公司必须成立的委员会是审计委员会，这项要求于 1977 年提出，对象是当时所有的上市公司。2002 年《萨班斯-奥克斯利法案》要求成立其他委员会，包括薪酬委员会、治理委员会和提名委员会。该法案规定，这些委员会和审计委员会应完全由独立董事组成。

审计委员会（audit committee）负责监督公司的外部审计，这也是审计师与公司进行沟通的主要渠道。建立这种报告关系的目的是防止管理层操纵审计。《萨班斯-奥克斯利法案》规定，审计委员会至少要有 3 名成员，所有成员都要懂财务知识，委员会主席必须是一名财务专家。审计委员会有一个书面章程，概述了董事会的职责及义务：

- 监督财务报告及披露过程；
- 监督会计政策及准则的选择；
- 监督外部审计师的招聘、表现和独立性；
- 监管合规性、企业道德和举报热线；
- 监管内部控制流程；
- 监督内部审计职能的履行；
- 与管理层讨论风险管理的政策及实施。[14]

审计委员会成员平均每年要亲自或通过电话参加 8 次会议，会议一般持续大约 3 小时。[15] 97％的董事认为，审计委员会对财务报告程序的监督是有效的。[16]（详见第 10 章。）

薪酬委员会（compensation committee）负责制定 CEO 的薪酬，并就其他高管的薪酬向 CEO 提供建议。《萨班斯-奥克斯利法案》没有规定薪酬委员会的最小规模。薪酬委员会的义务包括以下内容：

- 拟定 CEO 的薪酬；
- 为 CEO 制定和审查其绩效目标；
- 基于预期业绩，为 CEO 制定适当的薪酬结构；
- 监督 CEO 的表现是否达到预期的目标；
- 拟定其他人员的薪酬或向 CEO 提出相关建议；
- 就非执行董事的薪酬向 CEO 提供建议并进行监督；
- 拟定董事薪酬；
- 适当的时候可聘请专业顾问进行协助。

薪酬委员会平均每年召开 6 次会议，每次会议时长 3 小时。[17] 89％的董事认为薪酬委员会能对 CEO 薪酬进行妥善管理。[18]（详见第 8 章和第 9 章。）

治理委员会（governance committee）负责评估公司的治理结构和流程，并在适当的时候提出改进建议。**提名委员会**（nominating committee）负责在董事会人数不足时筛选、评估和提名新董事。提名委员会通常也负责领导CEO继任计划。在大多数公司，提名委员会和治理委员会被合并为一个委员会，具有以下职责：

- 确定由合格的人员担任董事；
- 在年度股东大会投票之前，完成董事筛选和提名；
- 适当的时候可聘请顾问协助招聘董事；
- 制定公司治理标准；
- 管理董事会评估过程；
- 管理CEO评估过程。[19]

提名与治理委员会平均每年召开4次会议，平均每次会议时长2小时。[20]尽管委员会要保持独立性，但CEO往往会参与董事提名决议事项。无论CEO是否兼任董事长，都会发生这种情况。（详见第4章和第7章。）

除了证券交易所要求设立的委员会之外，董事会可自由成立其他委员会。如果董事会认为企业还存在其他具备战略高度的职能领域，并且它们需要接受额外监督的话，则通常会设立相应的委员会（**专门委员会**（specialized committees））。根据史宾沙管理顾问公司（Spencer Stuart）的调查，31％的公司设有金融委员会，12％的公司设有风险委员会，9％的公司设有公共政策或社会及企业责任委员会，9％的公司设有科学技术委员会，9％的公司设有环境或健康安全委员会，5％的公司设有法律或合规委员会。[21]专门委员会负责对这些领域进行监督和提供建议，但囿于管理权限并不直接参与管理。

除了正式的董事会或委员会会议，董事会成员之间也会通过电话和一对一方式进行交流，尽管这些交流的频率、内容和性质都没有得到很好的记录。

专栏 ████████ **董事会专门委员会**

默克公司（Merck & Co.）的董事会成立了一个专门监控药品研究和开发过程的研发委员会。

"研发委员会的目的是在公司研发医药产品、疫苗的过程中，协助董事会监督相关的战略和业务：

- 确认哪些领域和活动对公司药物和疫苗的研究和开发及许可获批是至关重要的。
- 评估与公司药物和疫苗的研究和开发、许可获批相关的战略及行动的有效性。
- 向董事会报告评估过程和结果。
- 就公司战略和行动，向默克研究实验室的总裁、公司CEO和董事会提出适当的建议。"[22]

五三银行（Fifth Third Bancorp）成立了一个风险及合规委员会，用于监督金融、信用和监管风险。

委员会监督管理层是否遵守各级银行法律法规和规章的所有要求，包括是否遵守各级银行监管机构或当局的全部条款，以及管理层是否配合各级监管机构的调查，此外，委员会还要监督管理层对公司风险管理政策和程序的执行。[23]

思科系统公司（Cisco Systems）的董事会设有一个财务委员会，用于大范围监督公司的金融活动。

财务委员会负责审查和批准思科的全球性投资政策；审查少数股权投资、固定收益资产、保险风险管理政策和项目以及税收计划；监管思科的股票回购计划，同时审查思科的货币、利率及股票风险管理政策。该委员会还有权批准债券的发行、特定的房地产收购和租赁计划，以及代表思科进行慈善捐款。[24]

通用磨坊公司（General Mills）设有一个公共责任委员会，具备以下职能：
● 分析影响通用磨坊公司的公共政策和社会趋势。
● 监督企业社会活动和可持续发展项目。
● 当出现企业社会责任问题时，对相关政策进行评估。
● 审查政治献金政策和公司的捐款记录。[25]

➡ 3.4　董事会任职期限

董事会通常每年都会进行选举，董事任期一年。在一些公司里，董事拥有两年或三年的任期，但每年会改选部分董事。遵循该协议的公司董事会称为**交错选举/分类选举**（staggered/classified）董事会。在一个典型的交错选举董事会中，董事具有三年任期，但每年需改选1/3的董事。因此，董事会的董事不可能在一年内被完全更换，至少需要两个选举周期才能替换掉大部分董事。正如我们在第11章将要讨论的那样，交错选举董事会可以为反收购提供一种有效的保护，这会对股东和利益相关者产生积极或消极的影响。

公司开始采用交错选举董事会形式，主要是为了应对20世纪80年代频繁出现的恶意收购事件。例如，1994—1999年，美国上市公司采用交错选举董事会的比例从43%增加到82%。[26]然而近几年，这一趋势发生了逆转。公司受到股东维权人士和代理咨询公司的抨击，他们认为交错选举董事会使得董事脱离股东的影响和控制。机构投资者，特别是公共养老金计划，经常制定反对交错选举董事会的政策。于是一些上市公司通过取消交错选举回应来自股东的压力。2019年，大约28%的标准普尔1 500指数公司实行了交错选举董事会制度，低于2002年的62%。[27]

3.5 董事会选举

在大多数公司，董事会的选举是基于一股一票的原则。例如，如果董事会有 9 个席位，拥有 100 股的股东可以对 9 名候选人各投 100 票。不愿意为某个或任何一位候选人投票的股东，可以保留对候选人的投票权。董事通过获得**相对多数票**（plurality）来赢得选举，这意味着获得最多选票的董事能够赢得选举，无须考虑他们是否获得了绝大多数股东的支持。在无竞争选举中，提名人只要获得至少一张选票，就能成功当选。

除了这种投票机制外，还有其他三种机制：双重股权制、绝对多数表决制和累积投票制。实行**双重股权制**（dual-class shares）的公司，一般拥有多类普通股。每类股票在公司都拥有平等的经济利益，但它们的投票权是不平等的。例如，A 类股可能是每股 1 票，B 类股可能是每股 10 票。通常情形下，公司内部人、创始家族成员或与管理层保持友好关系的股东，会持有这种优级股，从而对董事会选举产生较为显著的影响。因此，双重股权制削弱了公众股东的影响力。美国大约有 10% 的上市公司采取了某种形式的双重股权制。[28]伯克希尔·哈撒韦公司（Berkshire Hathaway）、脸书、纽约时报和好时公司（Hershey）都采用了双重股权制。谷歌母公司 Alphabet 有三种类型的股票：A 类股票，每股 1 票投票权（公开交易）；B 类股票，每股 10 票投票权（由创始人持有）；C 类股票，无投票权（通过限制性授予员工，也公开交易）。

第二种投票机制是**绝对多数表决制**（majority voting）。与相对多数票不同的是，它要求董事获得绝对多数选票。这意味着如果有超过一半的有效选票是保留票，即使在无竞争选举中，该候选人也不能获得董事会席位。绝对多数表决制在不同公司中具体操作方法有所不同。在一些公司，获得保留票比支持票多的候选人，不能进入董事会。更常见的情况是，董事辞职时必须提交辞职信，其余董事则需投票表决是否接受该辞职信，有些公司只有在任命了接任董事之后，才会批准该董事辞职。绝对多数表决制赋予了股东更大的权力来控制董事会的组成，即便在没有备选提名董事的情形下，也是如此。2019 年，在标准普尔 500 指数公司中，超过 90% 的公司在董事会选举中采用了绝对多数表决制，近年来这一比例还在不断攀升。然而该制度在中小企业中并不常见，在罗素 2000 指数（Russell 2000 Index）公司中，只有 34% 的公司运用了这种投票机制。[29]

第三种投票机制是**累积投票制**（cumulative voting）。累积投票制允许股东把所有选票集中投给一位候选人而不必给每位候选人都投票。股东的表决权票数是按照股东持有的股票数与公司董事会席数的乘积计算的。例如，一位拥有 100 股的股东，其所在公司的董事会选举 9 名董事，他就拥有 900 票的表决权票数。股东可以根据自身选择，在董事会候选人之间分配这些选票。为了增大成功选举特定董事的概率，股东会将选票集中投给某位或某几位候选人。累积投票制比较少见。在标准普尔 500 指数公司中，只有不到 5％的公司选择了累积投票制。[30]

在日常活动中，董事会选举是无竞争的。公司提出参加选举的董事提名名单，股东投票进行选举。在以下两种情形下，会产生**竞争选举**（contested elections）。第一种情形是恶意收购，投标公司会提名支持本次收购的候选人，如果目标公司股东选择了他们，那么这些新当选的董事会帮助投标公司消除收购障碍并为收购投出赞成票（毒丸计划）。第二种情形涉及对公司管理存在不满并企图获得公司影响力的激进投资者。在这种情形下，投资者可能会提出一个"特定董事提名方案"——仅提名少数几名董事，如果这些董事成功当选，那么他们将构成董事会的一小部分，成为激进投资者参与董事会层面决策的工具。从历史角度看，竞争选举的危害往往是由恶意收购和激进投资者造成的。与收购无关的代理权争夺非常罕见。根据苏利文 & 克伦威尔律师事务所（Sullivan & Cromwell）的调查，2018 年只发生了 51 起代理权争夺事件。[31]

正如《多德-弗兰克法案》最初规定的那样，连续三年持有公司 3％以上股份的投资者才有资格提名最多 25％的董事。这一称为代理参与的权利，在 2011 年被联邦法院推翻了。随后，美国证券交易委员会称，允许公司在自愿的基础上进行代理参与。苏利文 & 克伦威尔律师事务所的数据表明，2018 年，约 73％的标准普尔 500 指数公司和 19％的罗素 3000 指数公司设置了代理参与权。[32]

➡ 3.6　董事的变更

一旦当选，董事一般会持续服务直到任期结束，年度选举董事会的任期是一年，交错选举董事会的任期是三年。股东可以通过保留选票来防止董事在下一届选举中连任，但能否做到这点，还依赖于公司的投票程序。如果在下一届选举中，有新的提名者参与竞争，他们也可以替换掉原来的董事。最后，除非公司章程另有规定，股东一般不能在非股东大会期间投票表决罢免董事，也就是说，股东罢免董事的权力是受限制的。公司可以设立任期限制，防止董事在任职一定期限后再次竞选（我们将在下一章更详细地讨论董事免职和任期限制）。

➡ 3.7　董事的法定义务

在美国，州公司法和联邦证券法都规定了董事会的法定义务。公司适用的州法律指的是公司成立地所在州的法律。无论总部和业务在哪里，公司都可以选择在任何一个州成立。正如我们在上一章所讨论的那样，特拉华州是迄今为止公司注册最多的州。特拉华州拥有最完善的判例法，这使得企业更加清楚如果出现治理和责任问题，法院将如何判决。

根据州公司法的规定，董事会的主要职责体现在广泛的**受托责任**（fiduciary duty）原则上。根据联邦证券法的规定，董事的职责主要是代表公司向公众披露实质性信息。

受托责任

根据州公司法的规定，董事会有维护公司利益的义务。[33] 在法律术语中，该项义务称为董事对公司的受托责任。虽然概念有些模糊——因为公司只是一个企业法人，不能拥有自身利益，但法院对其进行了解释：董事要维护股东的利益。事实上，法院通常认为委托人是公司和股东，甚至只是股东。

董事会的受托责任包含以下三个部分：

- 谨慎义务；
- 忠诚义务；
- 坦诚义务。

谨慎义务（duty of care）要求董事慎重思考并作出适当的决定。在美国，法院通过商业判断原则来执行对谨慎义务的判决。这项原则表明，董事会的决议一般不会被法院否决，除非原告能证明，董事会就某些问题作出决定时没有通知原告，或董事会受到利益冲突的影响，在这种情形下，董事会可能已经违反了忠诚义务。法院很少会判定董事会违反了谨慎义务，也就是说，即使董事会决议明显是错误的，但如果董事会能够证明该决议是在对相关信息进行深思熟虑的情形下作出的，则法院也会放宽要求。商业判断原则对外部董事最具保护性。当从管理层那里获得的信息不存在"危险信号"时，外部董事被允许依据这些信息进行决策。此外，法院允许在公司章程中设置免责条款以保护外部董事，使其免于承担由于董事会违反谨慎义务而招致的经济赔偿，但如果外部董事的行为本身是故意的或恶意的，则不会受到保护。

忠诚义务（duty of loyalty）主要涉及利益冲突问题。例如，如果管理层正在考虑与一个公司进行交易，这场交易能使某位董事获得可观的经济利益，那么忠诚义务要求相关交易条款保护股东利益而非董事利益。另一个例子是，如果一位董事在任职期间发现了商业机遇，那么忠诚义务要求这位董事在采取个人行动之前，先确认公司是否会利用这一机遇。如果存在潜在利益冲突，则董事会应当遵循相关法律规定。

坦诚义务（duty of candor）要求管理层和董事会向股东披露所有与评估公司及管理相关的重要信息。公司管理层被要求在第一时间向股东提供准确、及时的信息，并由董事会对这一过程进行监督。如果没有证据表明管理层存在不当行为，则董事会可以相信管理层提供的信息是完整的、准确的。

相对于坦诚义务来说，由联邦证券法规定的信息披露义务是上市公司所面临的更为实际的问题（本章后面将讨论"证券法规定的披露义务"）。与坦诚义务类似，联邦证券法要求公司及其管理层向股东披露重要信息，并且要求十分详细。因此，上市公司的股东更倾向于根据联邦证券法来判断公司的披露行为是否违规。也就是说，坦诚义务虽然重要，但只是对非上市公司而言的。

由于法院对董事会义务的解释是服务于公司利益，也就是股东利益，因此在美国，公司治理被认为是以股东为中心的。调查数据表明，董事已接受"以股东为中心"的责任观。当按照重要性对服务对象排序时，董事把全体股东放在第一位，其次是机构投资者、客户和债权人，其他对象则被排在较后的位置，例如员工和社区（见表 3 - 2）。[34]

表 3 - 2　董事服务的对象

董事服务的众多对象中，哪个最重要？（根据董事的回答，排列如下）
全体股东
机构投资者
客户
债权人
管理层
员工
分析师和华尔街
激进股东
社区

资料来源：Corporate Board Member and PricewaterhouseCoopers，LLP（2007）.

20 世纪 90 年代，许多州的立法机构颁布了允许董事会考虑非股东权益的法令，这些法令称为非股东利益相关者（nonshareholder constituency）或广义利益相关者（expanded constituency）条款，允许董事会考虑其行动对非股东利益相关者，例如员工、客户、供应商和周边社区的影响，这些条款主要用于评价收购行动。如果某项收购符合股东利益但损害了其他利益相关者的利益，那么这些法令允许管理层和董事会否决该项收购请求。然而，法院一般不允许管理层和董事会利用这些法令损害股东利益。

俄亥俄州和宾夕法尼亚州在要求董事会考虑非股东利益方面做得更多。2010年，马里兰州成为第一个允许企业家成立"福利企业"（benefit corporation）的州。福利企业在章程中规定了要维护公众利益，例如环境或社区利益，其年报中包含对企业在这方面表现的评估结果。有些州要求定期对福利企业的活动进行第三方核查。根据福利企业法，如果董事在决策时考虑了非股东权益，那么他们会获得一定的补偿。目前，超过 30 个州已经通过立法承认福利企业的存在。[35] 考虑非股东利益的法规的含义仍然不确定，也不清楚法院在涉及利益冲突、收购以及其他法院密切审查董事会决定的情形的案例中，将如何平衡股东与利益相关者的利益。[36]

一个公司可以选择被认证为 B 公司（B Corp）而不是成为一个福利企业。福利企业和 B 公司并不是同义词。B 公司是由一个名为 B 实验室的非营利组织授予公司的认证，该认证基于对公司遵守环境、工作场所和社会标准的专有评估。它不是一种法律地位，尽管在某些情形下 B 实验室要求一个公司最终成为一个福利企业，以保留其 B 公司认证。截至 2019 年，已有 3 000 多家企业或子公司获得 B 公司认证，包括本杰瑞冰淇淋（Ben & Jerry's）、达能（Danone）、自然（Natura）和巴塔哥尼亚（Patagonia）。[37]

> **专栏** **Etsy：上市的 B 公司**
>
> 2015 年，Etsy 通过申请成为第一批在纳斯达克上市的 B 公司之一。Etsy 作为一个为独立供应商提供工艺品交易平台的上市公司，不得不平衡财务业绩压力与福利义务。例如，一些人批评该公司将知识产权迁至爱尔兰，以降低专利使用费收入税率，当时美国的法定税率是 35%，爱尔兰的税率是 12.5%，这一利润增长决定与其作为 B 公司的承诺相对立。为了保留 B 公司的地位，Etsy 承诺在 2017 年 12 月之前将其法律结构改变为一家福利企业。
>
> Etsy 在上市的最初几年里举步维艰。2014—2016 年，营收几乎翻了一番，但净亏损也翻了一番。该公司 IPO 时的股价为每股 28 美元，但一年后跌破了每股 10 美元。2017 年 5 月，该公司进行了管理层改组，私募股权公司 TPG 收购了其 4% 的股份。6 个月后，Etsy 宣布放弃成为福利企业的承诺，放弃其 B 公司认证。相反，它将自愿公布经济、社会和生态影响的目标和指标。[38] 它在年底实现了净利润。两年后，Etsy 的股价超过了每股 50 美元。

环境、社会与治理（ESG）

最近，政府鼓励公司董事和经理将非股东利益纳入其长期规划。这种努力通常称为**环境、社会与治理（ESG）**（environmental, social, and governance）。讨论的核心前提是，企业和投资者变得过于短视，导致其作出增加短期报告利润的决定而牺牲了这些利润的长期可持续性。这些决策的成本被假定为具有外部性，由劳动力或整个社会的成员承担。只有投资于非股东利益相关者，例如员工、供应商和整个社会，并投资于促进这些群体利益的活动和项目，企业才能在投资者和社会中创造更大、更可持续、更公平共享的价值。[39] 尽管有这些主张，但我们还没有任何严谨的研究在宏观或国家的层面上评估或验证这些概念。对于商界、政府和社会来说，这仍然是一个重要且极具争议性的问题。

2019 年，商业圆桌会议（Business Roundtable）的 180 多名 CEO 批准了该协会更改其关于公司宗旨的一项声明，强调"对所有利益相关者的承诺"，规定企业领导人应该考虑"所有利益相关者"，不再仅仅根据他们对股东价值的影响来作出决策。新的声明承诺为客户创造价值，投资于员工，公平对待供应商，支持社区，以及为股东创造长期价值。[40]

然而，这一承诺的法律含义尚不清楚，也不清楚董事是否解除了对股东的法律义务。为此，至少有一位美国参议员提议立法，要求公司董事在决策时考虑所有主要利益相关者的利益。[41]

调查数据显示，企业内部人不以短期为导向，他们在制定战略和投资计划时已经考虑了利益相关者的利益。2019 年对标准普尔 1500 指数公司 CEO 和 CFO 的一项调查发现，78％的公司用 3 年或更长时间的投资视野来管理它们的业务：只有 2％的公司的投资期限不到一年。绝大多数人认为利益相关者的利益对商业计划很重要；只有 3％的人认为这些问题有点重要或根本不重要。只有一小部分人（23％）认为股东的利益比利益相关者的利益重要得多，几乎所有人（96％）对公司为满足利益相关者的需要所做的工作感到满意。[42]

普华永道（PricewaterhouseCoopers）2019 年的一项调查发现，随着投资者对 ESG 的关注增加，董事的支持有所下降。根据这项研究，超过一半的董事认为，投资者对董事会成员的性别与种族多元化、环境与可持续性问题以及企业社会责任的关注过多——这一比例大约是一年前的两倍。[43]（我们将在第 13 章详细讨论 ESG。）

证券法规定的披露义务

联邦证券法和州公司法都规定了董事的法定义务。联邦证券法要求公司向美国证券交易委员会提交相关文件，从而向公众披露信息（正如我们在 2 章所讨论的那样，通过推动理性决策过程中的信息流动，财务透明度提高了资本市场的效率）。提交给美国证券交易委员会的文件主要分为三类：公司证券发行文件、年度和季度文件以及交易或事件变动文件，例如公司合并、审计师变更或 CEO 的聘任。美国证券交易委员会规定，这些文件都必须对外公开。例如，上市公司年度报表中必须披露业务、风险因素、管理层财务绩效、经审计的财务报表及附注和薪酬制度。每份文件中都必须包含投资者进行投资决策时认为重要的所有**实质性信息**（material information）。

如果公司不遵守规定，虚报实质性信息或遗漏信息，导致信息出现严重偏差，公司及其管理层和董事就会被曝光。董事应就信息披露决策向管理层提出质疑，但由于缺乏危险信号，他们通常不会亲自去核实这些信息。

州公司法的规定（受托责任）

州公司法规定的受托责任主要通过两类司法干预来执行。首先，法院可以发布**强制令**（injunction），对公司是否采取某项特定行动进行限制。例如，一项强制令可能会命令某公司中止并购，并允许其他各方参与投标。如果法官认为该公司的管理层和董事会没有采取必要的步骤为股东争取最大利益，就可能会作出这一裁决。其次，当管理层或董事会违背了自身职责时，法院还可以要求其支付**损害赔偿金**（damages）。

当股东提起诉讼，指控董事会行动违反了受托责任时，法院会根据违规的性质采用不同的审查标准。如前面所解释的，当董事会违反谨慎义务时，法院会采用最尊重董事会决策的**商业判断原则**（business judgment rule）。在该原则下，如果董事会的决策过程合理，即基于已知的重要事实，出于**善意**（good faith）作出决策，那么即使事后董事会的决策被证明是错误的，法院也不会再度猜测董事会决策的意图。善意是要求董事会的决策行为不涉及利益冲突，并且不存在忽视自身责任的情况。如果董事会可以证明其达到了以上要求，法院就不会再进行干预。

特拉华州法院不干涉迪士尼董事会的做法就是应用上述原则的代表性案例。1995年迪士尼公司董事会任命迈克尔·奥维茨（Michael Ovitz）为公司总裁，14个月后又将其任职判定为无过错任职终止，2005年股东针对这两项董事会决策提起诉讼，认为董事们在决策过程中没有进行严格审查。根据协议，无过错任职终止意味着公司要支付给奥维茨近1.4亿美元的遣散费。于是，股东力求撤销原来的雇用协议，或将奥维茨的任职终止改为"有过错的"。虽然法院认可原告所述事实，即董事会处理问题时出现了严重失误，但最终还是基于商业判断原则，保护董事会的行为并拒绝干预。

相反，如果原告能够有力地证明董事会因为利益冲突违背了忠诚义务，那么法院会毫不犹豫地进行干预。法院会遵循严格的审查标准，在这个标准之下，法院会自己判断董事会是否将自身利益凌驾于股东利益之上。在这种情形下，压力就转移到了董事会，董事会必须要证明其决策具有公正性。

法院对董事会作出的关于出售公司的决定会进行更加严格的审查。这是因为管理层决定出售公司，可能是出于自身利益考虑。如果是这样的话，那么法院要花更多的时间来确保这场出售交易及交易过程是符合股东利益最大化的。

联邦证券法的实施

如前所述，违反证券法的行为源于信息公开中的严重错报或漏报。在证券公开发行的情形下，如果董事会或管理层的这种行为是故意的，或者，是在一定程度上近乎故意的粗心大意，那么其将承担法律责任。重要的是，法院必须能够确认信息错报是导致投资者损失的主要原因。在证券公开发行的背景下，证券法对信息错报的判决会更加严格。在这种情形下，个人可能因为过失要承担法律责任。

证券法通过私人诉讼和美国证券交易委员会的执法行动来强制执行。私人诉讼是由投资者共同发起的，他们因为受到错误信息的误导，高价买进或低价卖出证券。由于投资者之间的活动很难协调，法律规定同一家公司的众多投资者可一起委托律师进行诉讼。尽管美国国会在 1996 年对证券集体诉讼制度进行了改革，以提高机构投资者对诉讼的监督力度，并削弱原告律师的影响，但实际上原告律师仍在很大程度上掌控着这些诉讼。

在证券集体诉讼中，原告律师通常将公司及其 CEO 作为被告。在涉及财务信息谎报时，财务总监也会被列为被告，外部董事则很少被当作被告。Brochet 和 Srinivasan (2014) 研究发现，在 1996—2010 年的证券集体诉讼样本中，独立董事被起诉的案件只占 11%，审计委员会成员和在任期内出售股票的董事被起诉的概率要高一些。[44]

美国证券交易委员会的强制执行条款针对的是违法的管理层成员。这些管理者会被处以罚款，而且他们将在数年内或永久性地被禁止担任上市公司的高管或董事。美国证券交易委员会有时也会对公司处以罚款。美国证券交易委员会将目标锁定在外部董事身上的情况很少见。

董事赔偿及 D&O 保险

州公司法和联邦证券法的相关规定给董事会成员带来了一定的责任风险，但有两种机制可以降低董事自己支付赔偿的实际风险：赔偿协议和购买**董事及高级管理人员责任保险**（director and officer（D&O）liability insurance）（D&O 保险）。

董事在证券集体诉讼和一些与受托责任相关的案件中产生的费用，公司可以予以补偿。补偿一般用于董事个人在诉讼中产生的所有费用，包括律师费、和解金及判决确认的董事赔偿金。只有在董事出于善意作出决策的情形下，才允许给予赔偿。赔偿协议被大多数上市公司广泛采用。一项调查研究表明，在标准普尔 500 指数公司中，97% 的公司都为它们的董事做了赔偿安排。[45]

公司还通过购买 D&O 保险来保护董事。这些保险囊括了诉讼费与和解金，在极少的情形下，还包含了赔偿金（不超过保险中规定的限额）。D&O 保险包含三个方面，称为 **A 面**（side A）、**B 面**（side B）和 **C 面**（side C）。A 面是在无法给予赔偿时保护董事，例如，公司破产时。B 面报销公司对董事的义务赔偿。C 面报销公司自身的诉讼费与和解金。顾名思义，D&O 保险涵盖了公司的董事和高管。

D&O 保险被广泛采用，当董事因证券欺诈被起诉时，可以申请保险赔偿。然而，正如所有的保险政策一样，D&O 保险也有局限性。首先，它有赔偿金额上限，超过这个上限的赔偿金需要公司自己支付；其次，它有责任免除条款，其中最重要的就是，当董事故意欺骗或获取非法收入时，保险不予赔偿；最后，虽然 D&O 保险包含诉讼费和诉讼开始之前配合美国证券交易委员会调查产生的一些费用，但不包括由美国证券交易委员会征收的民事罚款。

专栏　　　　　　**D&O 保险索赔和支付**

公众通常关注的是公司的高额债务，例如公司违反证券法导致的债务。然而，韬睿惠悦（Towers Watson）的数据表明，D&O保险为其他违法活动支付了大量的赔款，例如歧视、不当解雇和合同纠纷（见表3-3）。

表3-3　D&O保险索赔和支付

索赔来源	指控例子	在索赔中所占的比例	平均赔偿金额（美元）	平均抗辩费用（美元）
员工	不当解雇、歧视、工资纠纷	33%	146 078	158 698
竞争对手、供应商和承包商	合同纠纷、业务干扰、侵犯版权	8%	87 000	420 026
客户	合同纠纷、虚假广告、欺骗性交易行为	3%	—	809 701
政府、代理方及其他第三方	违反信托义务、虚假广告、欺诈、反垄断	16%	13 818 125	3 768 747
股东	信息披露不充分、违反信托义务、股票发行	40%	26 456 948	3 042 159

资料来源：Towers Watson，"Directors and Officers Liability：2007 Survey of Insurance Purchasing and Claim Trends"（2007）。

尽管有赔偿协议和D&O保险的保护，大多数董事还是认为他们在董事会任职时要承担法律风险。在接受调查时，超过2/3的受访者认为，董事会服务承担的责任风险在最近几年内不断上升，几乎15%的受访者因为个人责任问题想过辞职。[46]尽管存在这种看法，但实际上董事赔偿的风险是很低的。Black，Cheffcns和Klausner（2006）研究发现，1980—2005年，外部董事赔偿的案例（意味着没有补偿和保险）只有12起。[47]其中还包含董事只支付诉讼费而不需要支付和解金的案例。

虽然董事赔偿和D&O保险给董事提供了相当大的财务保障，但无法补偿董事在诉讼过程中付出的情感成本、时间成本以及诉讼对他们声誉的不利影响。

注　释

1. Organisation for Economic Co-operation and Development, "OECD Principles of Corporate Governance," Directorate for Financial and Enterprise Affairs," (2004). Accessed June 20, 2014. See www.oecd.org/daf/ca/corporategovernanceprinciples/31557724.pdf.

2. NYSE Corporate Governance Services, Corporate Board Member, and Spencer Stuart, "What Directors Think 2014: Annual Board of Directors Survey," (2014). Accessed July 16, 2014. See www.nyse.com/publicdocs/nyse/listing/What_Directors_Think_2014.pdf.

3. Corporate Board Member & PricewaterhouseCoopers LLP, "What Directors Think 2008: The Corporate Board Member/PricewaterhouseCoopers LLP Survey," *Corporate Board Member* (2008). Accessed May 5, 2015. See www.pwc.com.

4. Steven Bovie, Michael K. Bednar, Ruth V. Aguilera, and Joel L. Andrus, "Are Boards Designed to Fail? The Implausibility of Effective Board Monitoring," *Academy of Management Annals* (2016).

5. Boris Groysberg, Paul Healy, and Rajesh Vijayaraghavan, "What Factors Drive Director Perceptions of Their Boards' Effectiveness," *Social Science Research Network* (February 1, 2016) Accessed October 21, 2019. See https://ssrn.com/abstract=2731512.

6. Jay W. Lorsch, Joseph L. Bower, Clayton S. Rose, and Suraj Srinivasan, "Perspectives from the Boardroom—2009," Harvard Business School Working Knowledge (September 9, 2009): 1–20. Accessed January 21, 2010. See https://hbswk.hbs.edu/item/6281.html.

7. Adam Samson, "Bair: 'Too Much Is Made' of Bank Chair, CEO Debate," Yahoo Finance! (September 4, 2015). Accessed December 7, 2016. See https://finance.yahoo.com/news/bair---too-much-is-made--of-bank-chair--ceo-debate-191726334.html.

8. NYSE Corporate Governance Services, Corporate Board Member, and Spencer Stuart (2014).

9. National Association of Corporate Directors, "2013–2014 NACD Public Company Governance Survey" (Washington, D.C.: National Association of Corporate Directors, 2014). Also see National Association of Corporate Directors, "2018–2019 NACD Public Company Governance Survey" (Washington, D.C.: National Association of Corporate Directors, 2019).

10. National Association of Corporate Directors, "2017–2018 NACD Public Company Governance Survey" (Washington, D.C.: National Association of Corporate Directors, 2018).

11. Ibid.

12. Lorsch, Bower, Rose, and Srinivasan (2010).

13. Adapted with permission from: David F. Larcker and Brian Tayan, "Netflix Approach to Governance: Genuine Transparency with the Board," Stanford Closer Look Series (May 1, 2018). See www.gsb.stanford.edu/faculty-research/publications/netflix-approach-governance-genuine-transparency-board.

14. AICPA, *The AICPA Audit Committee Toolkit,* 3rd edition (New York: American Institute of Certified Public Accountants, 2014).

15. National Association of Corporate Directors (2019). Also see The Conference Board, "Corporate Board Practices in the Russell 3000 and S&P 500" (2019).

16. NYSE Corporate Governance Services, Corporate Board Member, and Spencer Stuart (2014).

17. National Association of Corporate Directors (2014). Also see The Conference Board, "Corporate Board Practices in the Russell 3000 and S&P 500 (2019)."

18. NYSE Corporate Governance Services, Corporate Board Member, and Spencer Stuart (2014).

19. New York Stock Exchange, "Corporate Governance Standards." See www.nyse.com/publicdocs/nyse/listing/NYSE_Corporate_Governance_Guide.pdf.

20. National Association of Corporate Directors (2014). Also see The Conference Board (2019).

21. Spencer Stuart, "Spencer Stuart U.S. Board Index 2018" (2018). Accessed June 20, 2020. See https://www.spencerstuart.com/-/media/2018/october/ssbi_2018.pdf.

22. Merck & Co., Inc., "Merck Research Committee Charter." See www.merck.com/about/leadership/board-of-directors/Charter%20-%20Research%20Committee%20-%20May%202019.pdf.

23. Fifth Third Bancorp, Form DEF 14A, filed with the Securities and Exchange Commission March 6, 2014.

24. Cisco Systems, Inc., Form DEF 14A, filed with the Securities and Exchange Commission September 30, 2013.

25. General Mills, Inc., Form DEF 14A, filed with the Securities and Exchange Commission August 12, 2013.

26. Robert M. Daines and Michael Klausner "Do IPO Charters Maximize Firm Value? Antitakeover Protection in IPOs," *Journal of Law, Economics & Organization* 17 (2001): 83–120. Also see John C. Coates, "Explaining Variation in Takeover Defenses: Blame the Lawyers," *California Law Review 89* (2001): 1301.

27. FactSet, "S&P 1500 Classified Board Trend Analysis (2019)." Accessed January 13, 2020. See https://www.factset.com/.

28. Ibid.

29. FactSet, "Year End Takeover Defense Trend (2019)." Accessed January 13, 2020. See https://www.factset.com/.

30. Ibid.

31. Sullivan & Cromwell LLP, "Review and Analysis of 2018 U.S. Shareholder Activism," (2019)." Accessed January 23, 2020. See www.sullcrom.com/files/upload/SC-Publication-SandC-MnA-2018-US-Shareholder-Activism-Analysis.pdf.

32. Sullivan & Cromwell LLP, "2019 Proxy Season Review Part 1—Rule 14a-8 Shareholder Proposals (2019)." Accessed October 22, 2019. See www.sullcrom.com/2019-proxy-season-review-part-1-rule-14a-8-shareholder-proposals.

33. See Joseph Hinsey IV, "Business Judgment and the American Law Institute's Corporate Governance Project: The Rule, the Doctrine, and the Reality," *George Washington Law Review* 52 (1984): 609–610.

34. Interestingly enough, directors apparently do not view "activist shareholders" as included in the group "all shareholders," given their disparate rankings. This implies that directors do not see themselves as serving all shareholders equally. Corporate Board Member & PricewaterhouseCoopers LLP, "What Directors Think 2007: The Corporate Board Member/PricewaterhouseCoopers LLP Survey," Corporate Board Member (2007). Accessed May 5, 2015. See www.pwc.com.

35. BenefitCorp.net, "State by State Status of Legislation" Accessed June 20, 2020. See https://benefitcorp.net/policymakers/state-by-state-status.

36. Stephen I. Glover, Lisa A. Fontenot, and Harrison A. Korn, "Gibson Dunn Identifies a Corporate Paradigm Shift: Public Benefit Corporations," The CLS Blue Sky Blog, Columbia Law School (August 22, 2016). Accessed August 22, 2017. See https://clsbluesky.law.columbia.edu/author/lisa-a-fontenot/.

37. BCorporation.net, "Certified B Corporation (As of October 2019)." Accessed October 2019. See https://bcorporation.net/.

38. Etsy Inc., Form 10-K, filed with the Securities and Exchange Commission, February 28, 2019.

39. Brandon Boze, Margarita Krivitski, David F. Larcker, Brian Tayan, and Eva Zlotnicka, "The Business Case for ESG," Stanford Closer Look Series (May 23, 2019). See www.gsb.stanford.edu/faculty-research/publications/business-case-esg; and see David F. Larcker, Brian Tayan, Vinay Trivedi, and Owen Wurzbacher, "Stakeholders and Shareholders: Are Executives Really 'Penny Wise and Pound Foolish' About ESG?" Stanford Closer Look Series (July 2, 2019). See www.gsb.stanford.edu/faculty-research/publications/stakeholders-shareholders-are-executives-really-penny-wise-pound.

40. Business Roundtable. "Business Roundtable Redefines the Purpose of a Corporation to Promote 'An Economy That Serves All Americans," (August 19, 2019). See www.businessroundtable.org/business-roundtable-redefines-the-purpose-of-a-corporation-to-promote-an-economy-that-serves-all-americans.

41. Elizabeth Warren, "Companies Shouldn't Be Accountable Only to Shareholders" *Wall Street Journal* (August 14, 2018, Eastern Edition), A.17.

42. Stanford Graduate School of Business and the Rock Center for Corporate Governance at Stanford University, "2019 Survey on Shareholder versus Stakeholder Interests," (2019). See www.gsb.stanford.edu/sites/gsb/files/publication-pdf/survey-shareholder-versus-stakeholder-interests-2019.pdf.

43. PricewaterhouseCoopers LLC, "PwC's 2019 Annual Corporate Directors Survey," (2019). Accessed October 10, 2019. See www.pwc.com/us/en/services/governance-insights-center/library/annual-corporate-directors-survey.html.

44. Francois Brochet and Suraj Srinivasan, "Accountability of Independent Directors: Evidence from Firms Subject to Securities Litigation," *Journal of Financial Economics* 111 (2014): 430–449.

45. The Conference Board (2019).

46. Corporate Board Member and PricewaterhouseCoopers LLP, "What Directors Think 2009: Annual Board of Directors Survey. A Corporate Board Member/PricewaterhouseCoopers LLP Research Study. Special Supplement," *Corporate Board Member* (2009): 1–16. Accessed January 21, 2010.

47. Three of the cases are quite well known: Enron ($13 million for misleading statements and $1.5 million for violating ERISA), WorldCom ($24.75 million for misleading statements), and Tyco ($22.5 million from an SEC enforcement action). The fact that these high-profile cases resulted in out-of-pocket payments no doubt contributes to the perception that a director's risk of liability has increased. See Bernard S. Black, Brian R. Cheffens, and Michael Klausner, "Outside Director Liability," *Stanford Law Review* 58 (2006): 1055–1159.

第 **4** 章 董事会：选聘、薪酬与变更

在本章，我们将讨论公司如何选拔、付酬和解任董事会成员。首先，我们研究董事的人才市场规模以及董事会成员的任职资格；然后，我们讨论公司应如何识别董事会存在的能力缺陷，并招聘新成员来弥补这些缺陷；接着，我们评估董事的薪酬结构和股权准则；最后，我们讨论董事的辞职与解任。

4.1 董事的人才市场

美国的上市公司大约有 34 000 名董事。董事在一个公司的平均任期为 11 年。在规定了董事任职年限的公司中，董事的平均强制退休年龄为 72 岁。虽然调查数据显示，公司是综合考虑董事表现和年龄限制来更换成员的，但一般而言，董事会成员更倾向于自愿离职。[1]根据苏利文 & 克伦威尔律师事务所的数据，只有 2％的董事是因为被解雇或连任失败而离开董事会的。[2]

一个典型的董事会是由具备管理、运营或其他专业背景的人士组成的。超过1/3的新任董事担任过 CEO、总裁、COO、董事长或副董事长，23％的董事为具有在运营或其他职能岗位任职经验的高管，其余董事则拥有其他不同的背景，包括在金融、咨询、法律和学术领域以及非营利组织工作的经验（见图 4-1）。[3]

成为董事最重要的条件是具备相关行业经验。根据 NACD 的调查，26％的董事认为，在招募董事会成员时，行业经验是至关重要的。此外，公司还倾向于招聘那些拥有高层管理工作经验的新董事。如果候选人正在担任或曾担任过 CEO、CFO 或 COO，那么他们通常会因为工作背景而被任命为新董事。[4]

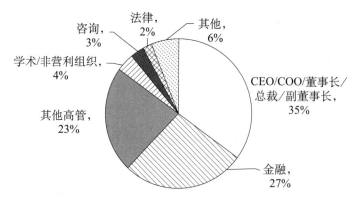

图4-1　新任独立董事的背景

说明："其他高管"包括部门主管以及高级/执行副总裁。"金融"包括CFO、财务主管、银行家、投资经理/投资者以及会计师。

资料来源：Adapted from Spencer Stuart, "Spencer Stuart U. S. Board Index"（2019）.

招聘董事的标准

大量的CEO被招募来担任公司董事，各行各业的公司都是如此。几十年来，对具有CEO级别经验的高管的需求一直很旺盛，这表明了董事的行业知识和管理经验的重要性。

除了这些资质之外，公司还希望应聘者具备各种各样的个人和专业背景，例如财务、国际化、技术、监管、网络安全、数字或社交媒体，或营销经验。在市场上，对女性和秉持种族多元主义的董事会候选人的需求也很高。[5]

鉴于董事在治理过程中发挥着重要作用，董事的素质和水平直接影响董事会发挥咨询和监督职能的效果。接下来，我们将讨论五种特殊类型的董事：积极CEO担任的董事、具有国际经验的董事、具备专业知识的董事、多元化董事以及职业董事。

积极CEO担任的董事

在美国大公司的现任CEO中，只有不到一半的CEO担任外部董事。这标志着一个重大的转变，因为在20年前，活跃的CEO担任外部董事司空见惯。导致这一变化的原因有很多，包括CEO工作量的增加、董事的出差时间太多以及当前雇主对外部董事职位数量的限制。现在超过3/4的标准普尔500指数公司限制CEO担任外部董事，然而20年前这一政策并没有被广泛应用。为了应对这一变化，公司往往招聘那些职位层次低于CEO的管理人员或退休CEO担任新董事。根据史宾沙管理顾问公司的数据，退休CEO和董事长及部门高管担任新独立董事的比例从10年前的12%分别上升到了17%和23%。[6]

拥有 CEO 工作经验的董事能为公司提供管理、行业和运营的相关实用知识。这些人可以在多个领域发挥监督作用，包括战略、风险管理、继任计划、绩效评估以及股东和利益相关者的关系。因此，投资者支持公司聘请具有 CEO 工作经验的董事。Fich（2005）研究发现，较之于聘请其他人担任外部董事，聘请积极 CEO 担任外部董事时，股票市场的反应更为积极。[7] 然而，这并不意味着有 CEO 经验的董事就一定优于其他董事。Fahlenbrach，Low 和 Stulz（2010）研究发现，没有证据能够证明，如果任命外部 CEO 作为董事，那么公司未来的经营业绩、决策或是管理监控活动会表现更好。[8]

调查数据还表明，积极 CEO 可能不是最好的董事会成员。海德思哲国际咨询公司（Heidrick & Struggles）和斯坦福大学洛克公司治理中心（Rock Center for Corporate Governance at Standford Uinversity）的一项研究表明，大多数公司董事认为积极 CEO 担任的董事并不一定优于非 CEO 董事。虽然受访者很看重 CEO 在战略和运营方面的专业知识，但被问及积极 CEO 担任的董事有哪些不可取之处时，87％的受访者回答，积极 CEO 因忙于管理自己的公司而无法成为高效的董事会成员。受访者还批评积极 CEO 无法花时间为委员会服务、无法参加临时会议、过于强势、不好合作，也不是好的倾听者。[9]

最后，研究表明，任命积极 CEO 为董事可能会增加 CEO 薪酬。O'Reilly，Main 和 Crystal（1988）研究发现，CEO 的薪酬水平与外部董事的薪酬水平，尤其是薪酬委员会成员的薪酬水平紧密相关。他们认为，与社会比较理论（social comparison theory）相一致的是，薪酬委员会在批准 CEO 薪酬时，会部分参考自身的薪酬水平，作为制定合理薪酬的基准，从而导致公平市场价值观点的扭曲。[10] Faleye（2011）研究发现，任命积极 CEO 作为董事，会导致 CEO 薪酬水平的提高。[11]

具有国际经验的董事

随着公司在国际市场上的扩张，董事会需要了解公司的战略、运营、财务、风险和监管会如何影响公司，这尤为重要。因此，了解当地市场情况的董事是极具价值的。这些董事与政府关键决策者以及那些可以帮助企业进行供应链开发、生产制造、客户开发和分销的商务专员有所接触。这种关系网络可以帮助企业在实施国际战略时最大限度地降低风险及成本，从而开拓新市场。Masulis，Wang 和 Xie（2012）研究发现，当目标公司位于外国独立董事的母国时，外国独立董事有助于公司更好地进行跨国并购。[12]

董事会越来越国际化。根据史宾沙管理顾问公司的数据，31％的新任董事具备国际工作经验，13％的董事在国外出生。[13] 特别地，公司的规模越大，拥有国际董事的可能性越大。在标准普尔 500 指数公司最大的 200 家公司中，超过一半的公司至少拥有一位非美籍董事。[14] 招聘国际董事的趋势不仅限于美国。亿康先达（Egon Zehnder）的研究发现，在欧洲，董事会中外国董事的比例从 2006 年的 23％上升到了 2018 年的 37％。[15]

一些证据表明，具有国际经验的董事供不应求。在另一份报告中，亿康先达将公司收入中从国外赚取的比例同董事会中具有国际经验的董事比例进行了比较（逻辑是，如果公司收入的一半来自国外，那么应有约一半的董事具备国际经验），它发现在标准普尔 500 指数公司中，国际收入比例（37％）超过了董事会中国际董事代表所占的比例，其中国际董事代表是通过公民身份（7％）和工作经验（14％）来衡量的。[16] 这表明董事会的国际经验可能不足，这对进行新市场扩张的美国公司来说是一个潜在的障碍。

具备专业知识的董事

公司也需要一些能够满足公司运营或情境需求且具备专业知识的董事。例如，一家技术公司需要的董事必须具备行业专业知识，并能够在研究、开发、生产方面向公司提供建议（工程、计算机科学、医学和自然科学的学者通常具备这种能力）。这些董事可能无法监督某些特定业务和合规性，但他们的存在对企业的成功至关重要。例如，国防承包商洛克希德·马丁公司（Lockheed Martin）的董事会中包含一名美国空军退役的将军和一名国土安全部前副部长，两个人同在一个常设委员会中任职，这个委员会主要负责监督"分类业务活动以及人员、数据及设施的安全性"。[17] 同样地，财政和经营状况糟糕的公司可能会因具备公司周转或财务重组经验的董事而受益。具有专业经验的董事也会对那些面临监管或法律问题的公司以及经常进行兼并、收购或资产剥离的公司有所帮助。

由于互联网、社交媒体和移动技术的使用，信息技术在供应链管理和客户互动中发挥着越来越重要的作用，许多公司会招聘具有供应链管理和客户互动经验的董事。据史宾沙管理顾问公司的统计，技术和电信行业是新董事的最大来源行业，技术专长是董事会招聘的第二优先特征（仅次于性别多样性）。[18] 一位董事招聘人员表示："我没想到董事会对专家的需求增加得如此之快。"[19] Dass，Kini，Nanda，Omal 和 Wang（2014）研究发现，拥有具备相关行业经验的董事的公司，其估值更高、经营绩效更好。[20] Faleye，Hoitash 和 Hoitash（2018）研究发现，董事会层面的行业专业知识与创新呈正相关关系，在创新是企业战略重要组成部分的企业中，这会带来更高的企业价值。[21] Adams，Akyol 和 Verwijmeren（2018）研究发现，拥有更多共性（而不是更多多样性）技能组合的公司会表现出更高的绩效。[22]

然而，领域专长会导致更好的结果这一结论并不是无异议的。Almandoz 和 Tilcsik（2016）对 1996—2012 年的美国银行进行了纵向研究，他们发现，那些拥有大量具备银行经验的董事的银行，倒闭的概率更高，可能是因为这些董事过度自信。

他们得出的结论是，研究人员和从业人员需要"重新思考董事会构成的关键维度是什么"。[23]

在某些情形下，具备专业知识的人士并不会被正式选为董事会成员，而是作为**观察员**（observer）或**咨询董事**（advisory directors）参加董事会会议。在金融机构中，这种做法似乎很常见。这类董事不会为公司事务投票，因此避免了承担作为董事的潜在责任，但他们可就重要事项向公司提供建议。例如，公司可能会邀请少数股东或战略合伙人作为无投票权的观察员参加董事会会议。调查显示，17％的公司至少有一位董事会观察员，尽管这方面的数据还没有得到很好的证实。[24]

专栏　　　　　　　　　　**董事会观察员**

形态治疗公司

2016 年，包括辉瑞（Pfizer）、艾伯维（Abbvie）和众多风险投资者在内的一个投资集团向形态治疗公司（Morphic Therapeutics）投资了 5 150 万美元。根据协议条款，该投资集团被授予一项权利，即"任命个人以无投票权的观察员身份出席董事会的任一会议，公司应当为每一个这样的观察员提供所有通知、会议记录、批文和其他提供给董事的材料的副本；该观察员收到的任何此类信息应遵守保密协议的条款和条件。公司保留任何此类信息、通知、会议记录、批文和其他资料的自由裁量权，如果接触该类信息或出席该类会议可能会对公司与其律师之间的律师-客户特权产生不利影响或利益冲突，则该观察员应被排除在任何会议或部分会议之外"。[25]

希捷科技公司

2016 年，ValueAct Capital 公司通过配股获得希捷科技公司（Seagate Technology）5％的股份。[26] 根据协议条款，"只要该公司继续持有希捷科技公司不少于2％的普通股，该公司就有权以董事会观察员的身份在后者的董事会会议上获得一个席位……董事会保留限制信息获取和出席部分董事会会议的权利，并且该公司必须遵守与希捷科技公司的保密协议条款"。[27]

多元化董事

当公司认为个人观点的多元化有助于董事会进行审议或作出决策时，公司可能会寻求不同族裔的董事或女性董事。根据史宾沙管理顾问公司的数据，女性董事和少数族裔董事是最受欢迎的董事。然而，他们在公司董事会中所占的比例一直很低：在大型公司中，只有26％的董事是女性，10％的董事是非洲裔美国人，5％的董事是拉丁裔美国人，还有4％的董事是亚裔美国人。[28] 一些文化和社会因素导致了该现象。例如，这些人可能缺乏获得董事会任命的途径；在高管团队中这些董事占比小，导致了供需之间的结构性失衡；现有董事的低离职率导致提供给新董事的席位较少；个人偏见或成见可能不利于合格的候选人获得平等的机会。

海德思哲国际咨询公司的研究表明，从业者并不赞成这一观点：董事会成员多元化是有价值的。绝大多数女性董事认为，女性可以为董事会带来特殊的价值，然而只有一半的男性董事同意这一观点。同样地，一半的女性认为三名及以上的女性董事可以使董事会更有效率，然而只有 12% 的董事赞成这个观点。[29] 这里存在相当大的认知差异，值得研究。

尽管观点不同，但公司在招聘多元化董事会成员方面已经作出了很大的努力。所有的大型公司董事会中至少有一名女性董事，几乎所有（93%）的公司在董事会中有一名少数族裔董事。[30] 根据普华永道的调查，超过 75% 的董事认为，在招聘董事时，性别和种族多元化是关键考虑因素。然而，他们认为提高多元化的努力应该是自愿的。只有 17% 的董事支持强制要求员工多元化的法律。[31]（我们将在第 5 章详细讨论董事多元化对公司绩效的影响。）

职业董事

职业董事（professional directors）的全职工作就是在董事会任职。他们可能是退休的高管、咨询顾问、律师、金融家或政治家，其专业背景以及在众多董事会的任职经验，使得他们具备极其丰富的专业知识。例如，弗农·乔丹（Vernon Jordan）——比尔·克林顿（Bill Clinton）的前法律顾问，就被一些人视为职业董事，他曾担任过十几家公司的董事，包括美国运通公司（American Express）、阿希伯里汽车公司（Ashbury Automotive）、杰西潘尼百货公司（J. C. Penney）和施乐公司（Xerox）。[32] 同样地，英国 47 岁的阿伦·莱顿（Allan Leighton）在零售行业取得成功后，决定从行政岗位上退休，成为一名职业董事。随后，他在英国皇家邮政公司（Royal Mail）、Loblaw 公司、苏格兰电力公司（Scottish Power）和英国天空广播公司（BSkyB）担任董事或顾问。[33] 海德思哲国际咨询公司和斯坦福大学洛克公司治理中心关于公司治理的一项调查显示，63% 的公司至少拥有一位职业董事。[34]

职业董事具备丰富的董事会任职经验，是高效的顾问和监督者。他们参与过诸多管理体系，见证了这些体系的成功或失败。同时，由于职业董事不需要参与日常工作，他们有更多的时间履行董事职责。总而言之，职业董事为公司带来了广泛的个人和专业网络。[35]

然而，任用职业董事也存在风险，因为他们同时在多个董事会任职，非常繁忙。正如我们将在下一章提到的，繁忙董事的管理质量较低。此外，如果职业董事是被职位的声望吸引（例如作为向社会同行吹嘘的资本），在众多董事职务中没有付出同等的努力，将其在多个董事会的任职视作一种积极的退休生活形式，那么职业董事可能缺乏成为一个高效监督者的动力。Masulis 和 Mobbs（2014）的研究发现或许可以验证这一点，即担任多个董事职位的董事，在不同董事职位上付出的努力是不等的。[36]

最后，如果职业董事的个人收入基本上只是董事报酬，那么他们不会愿意站到管理层或董事会的对立面，因此缺乏独立性。[37]Levit 和 Malenko（2016）证明（使用理论模型），当公司的治理体系薄弱时，董事便有动机形成对管理层友好的名声，以获得更多的董事会职位，这会进一步削弱治理体系的影响。[38]同样地，Stern 和 Westphal（2010）研究发现，专业人士会对与其他董事有网络关系的 CEO 或董事作出讨好行为，以获得这些公司的外部董事职位。[39]

董事任职资格的披露要求

2010 年，美国证券交易委员会的 S-K 法规（Regulation S-K）要求公司公开董事任职资格。现在公司必须披露个人担任董事所需具备的具体经验、资格和特征。公司还必须披露董事在过去五年间的董事任职经历（不包括现在的董事任职），以及过去十年间参与的法律诉讼和受到的来自监管机构的纪律处分。这些信息旨在帮助股东挑选出合适的董事。

S-K 法规还规定，公司需要披露其是否具备关于董事会多元化的政策，如果具备，则要披露多元化会如何影响公司选定董事候选人。美国证券交易委员会并没有对多元化进行定义，但建议将其宽泛定义为观点、专业经验、教育和技能以及种族、性别、民族的差异。[40]

专栏　　　　　　　　　**董事的招聘和任职资格**

美国模拟器件公司

美国模拟器件公司（Analog Devices）提供了其新董事认定标准的详细说明：

在考虑是否将候选人列入董事会推荐名单时……提名与治理委员会将运用公司治理准则规定的标准。这些标准包括候选人的品格、商业敏锐度、年龄、经验、承诺、勤勉尽责、利益冲突和维护股东利益的能力……提名与治理委员会将提名那些能使董事会在经验、专业、技能、地域代表性和背景上多元化的人士。提名与治理委员会没有对具体标准赋予权重，也没有指定哪一项特定标准必然适用于所有候选人。美国模拟器件公司认为，在对董事的背景和任职资格进行考察时，应考虑其是否具备相应的经验、知识和能力，能否帮助董事会更好地履行职责。[41]

柯惠医疗公司

柯惠医疗公司（Covidien）解释了董事能凭借怎样的个人资历进入董事会和审计委员会：

布鲁斯特（Brust）从 2008 年 5 月开始在一家通信公司 Sprint Nextel 担任 CFO，直到 2011 年 4 月退休……布鲁斯特是一位经验丰富的财务主管。他曾在 Sprint Nextel 公司、伊士曼柯达公司（Eastman Kodak）和优利系统公司（Unisys）担任财务总监，并在通用电气（General Electric）工作了 31 年，对我们公司的董事会和审计委员会来说，他是难得的人才。布鲁斯特的职位让他在处理财务和会计事务上积累了丰富的知识。他在这些大公司中所接触到的复杂财务问题促使他成为一名优秀的顾问。[42]

⇨ 4.2　董事会招聘程序

正如我们在第 3 章所讨论的那样，董事会招聘是提名与治理委员会的重要职责。该委员会负责确定董事会成员的合格候选人，在股东投票之前对候选人进行面试和筛选，（如有需要）可以请猎头公司协助招聘过程，并对董事会的评估过程进行管理。

在招聘董事时，首先要评估公司的需求，并认清董事会现有能力与所需能力之间的差距，然后列出可能弥补这些差距的候选人。不同的公司挑选候选人的方法有所不同。一些公司极度依赖董事会成员和 CEO 的个人网络及专业网络，其他一些公司则依靠第三方顾问和猎头公司，在更大范围内挑选候选人。根据世界大型企业联合会（Conference Board）的数据，大约 55% 的公司会聘请猎头公司，然而，这也取决于企业的规模。74% 的大企业（营业收入大于 200 亿美元）会聘用猎头公司，小企业则不太可能这样做。[43]

一般直觉下，我们可能认为猎头公司确定候选人比通过个人关系网确定候选人要更加合格（因为是在一个更大的范围内挑选，不太会受到董事会成员个人偏见的影响），然而事实并非一定如此。现任董事往往有一个广泛的关系网，其在广度和洞察力上等同于第三方顾问的专业网络。据我们所知，目前还没有严谨的研究，比较不同来源的董事候选人的资质，这主要是因为企业并不需要披露猎头公司在挑选董事过程中发挥的作用。

董事招聘过程与高管招聘过程存在两个关键的不同点。首先，董事招聘过程更加不正式，也更依赖于专业网络。很多董事候选人是通过与现任董事或 CEO 的个人及专业关系被提名的而非通过第三方顾问。其次，招聘的步骤不同。在招聘高管时，公司会列出优秀候选人名单，然后进行面试，最后在综合评价的基础上选出最合适的人选。招聘董事时，公司列出优秀候选人名单后，会对他们进行优先排序，并依次接触这些候选人。实际上，董事会（或提名与治理委员会）在与候选人见面前就要决定好提名对象。在不能见面的情形下，则需要更加仔细地评估候选人的个人技能和经验。这种见面在很大程度上是对候选人加入董事会的邀请而不是面试。这样做是因为，如果跟一位合格的候选人见面（职业生涯已相当成功的人士）只是为了拒绝他（她），这种行为被认为是不恰当的。竞争性招聘程序是否会提高董事会的质量以及在这种情形下最合格的候选人是否会拒绝参加面试，目前尚不清楚。

董事会的构成应当满足公司多元化的战略、经营和功能需求。同样重要的是，董事会的文化也反映了企业的文化，董事会成员之间以及董事会与高管之间要保持良好的关系。招聘人员建议，招聘董事时，要看其是否具备监管和合规性的专业知识（一种例外情况是，当公司卷入法律纠纷时，会专门挑选能帮助公司渡过难关的董事）。一般来说，教董事掌握合规性，比教他们专业知识更容易。可能是出于这个原因，1/4 的董事会能够接受聘用那些没有董事工作经验的新董事。[44]

根据 NACD 的调查，董事很满意董事招聘程序。87％的董事认为他们公司的董事招聘是有效或非常有效的，只有 13％的董事认为是无效的。[45]

最后，不倾向于在董事会成员之间实施继任计划的公司，它们的董事招聘程序十分独特。调查数据显示，在即将离任的董事宣布退休计划之前，只有一半（49％）的公司开始寻找潜在的董事候选人。不到一半（40％）的公司会制定正式的书面文件，规定新的董事候选人所需的技能、职业素质和经验。[46]即便公司可能认为，在缺少某位成员的情形下，董事会仍能继续履行其职能，董事继任计划也应该是提名与治理委员会的主要职责之一。在公司缺少具备特殊技能的董事时，情况更是如此。

专栏　即将离职的 CEO 出任董事

即将离职的 CEO 卸任后应该成为一名董事吗？这种做法的支持者说，这样有利于公司平稳过渡。前任 CEO 可以为继任 CEO 提供指导和建议，并帮助他管理董事会。尤其是在继任 CEO 没有 CEO 任职经验的情形下，这种帮助就更为重要。这种做法的批评者认为，这样会削弱继任 CEO 的可信度和领导力。在其他董事会成员看来，前任 CEO 仍是老板，继任 CEO 更像是初级主管。

根据光辉国际研究所（Korn/Ferry Institute）的一项调查，72％的董事认为前任 CEO 不应该留在董事会任职。[47]另外一项调查发现，只有 14％的公司由一位卸任的 CEO 出任董事。随着时间的推移，这个比例不断下降，这种做法也不常见了。令人惊讶的是，20％的公司出台了政策，限制前任 CEO 在董事会任职。[48]

Evans，Nagarajan 和 Schloetzer（2010）研究发现，前任非创始人 CEO 留在董事会任职的公司，在其任职的两年内经营状况出现恶化，股价下跌。与此相反，如果留在董事会的前 CEO 是创始人，公司的经营状况则不会出现恶化。他们对这个结果的解释是，"非创始人的前任 CEO 出任极具影响力的董事长职位时，通常缺乏创始人 CEO 具备的对公司资金和其他方面的影响力"。[49]Quigley 和 Hambrick（2012）研究发现，即将离职的 CEO 留任董事长，会限制继任者进行战略变革的程度，这种程度是通过业务剥离、广告或研发支出和高管轮换来衡量的。[50]一些企业让任期结束的CEO继续留在董事会，可能会带来一些不利的影响，企业还是要根据自身的具体情况来作决定。

4.3 董事薪酬

董事在任职期间付出的时间、费用和承担的职责应该得到相应的补偿。招聘人员表示，大多数董事不愿意无偿做这个工作（非营利组织的董事除外），因此薪酬的数额必须足够大，以吸引和留住那些具备充足知识、可以对公司提出建议和进行监督的专业人士。同时，公司还应该设置合理的薪酬结构，以激励董事维护股东和利益相关者的利益。因此，了解薪酬结构对激励董事完善治理体系是非常重要的。

董事薪酬不仅包括董事直接花费在董事会事务上的时间成本，而且包括为了应对突发事件而保持随时待命的成本。例如，遇到未经请求的收购、财务重述或紧急CEO继任等突发情况。同时，董事薪酬还涵盖了董事会工作中潜在的个人风险成本。例如，我们已经了解，董事基本上不需要承担法律责任和费用，但诉讼会耗费他们的大量时间和精力，还会给董事带来名誉风险和情感上的伤害。[51]

上市公司董事的平均年薪约为20.3万美元。薪酬包括每年约36%的现金保证金，54%的股权（股票期权和股票奖励），以及10%的董事会会议费用和委员会薪酬。美国较大规模公司的董事平均薪酬为28.7万美元，中等规模公司的董事平均薪酬为19.1万美元，较小规模公司的董事平均薪酬为12万美元（见表4-1）。[52]

表4-1　董事薪酬

公司规模 （以收入划分）（美元）	总薪酬中值 （美元）	现金占比 （%）	股权占比 （%）	董事和委员会 费用占比（%）
所有公司（5 000万～5 000亿）	203 031	36	54	10
前200名公司（大于100亿）	286 719	36	59	5
大型企业（25亿～100亿）	234 444	36	56	7
中型企业（10亿～25亿）	191 438	35	56	9
小型企业（5亿～10亿）	169 226	37	53	10
微型企业（5 000万～5亿）	119 991	38	48	14

资料来源：Pearl Myer，"2018—2019 Director Compensation Report（2019）"（published by National Association of Corporate Directors（NACD））.

公司规模不会影响薪酬结构，但行业差异会对它产生影响。在比较稳定的行业（例如消费品和公用事业），董事薪酬中股权所占的比例较低，在技术密集型行业

（例如科技和医疗保健），董事薪酬中股权所占的比例相对较高。这表明基于行业性质，董事薪酬的风险与回报之间存在一定的关系。

很多公司还为董事在委员会的任职支付额外的费用。这些费用不包含在表 4-1中。支付给委员会的费用，可以按每年固定金额结算，也可以基于每次会议结算。委员会平均每年的费用在 7 500～25 000 美元之间，并随着公司规模、复杂性以及每个委员会对时间和专业的需求变化。委员会主席的费用更高。由于审计委员会成员必须具备专业的财务知识，而且他们被股东起诉的风险更高、工作量更大，因此支付给这些董事的费用会更高（见表 4-2）。

表 4-2　董事委员会费用　　　　　　　　　　　　　　　单位：美元

公司规模（以收入划分）	审计委员会		薪酬委员会		治理委员会	
	主席	成员	主席	成员	主席	成员
所有公司（5 000 万～5 000 亿）	20 000	7 500	15 000	5 000	12 000	2 500
前 200 名公司（大于 100 亿）	25 000	5 000*	20 000	0*	20 000	0*
大型企业（25 亿～100 亿）	25 000	10 000	20 000	6 000	15 000	4 500
中型企业（10 亿～25 亿）	20 000	10 000	15 000	6 000	11 125	4 000
小型企业（5 亿～10 亿）	20 000	8 000	15 000	5 000	10 000	4 000
微型企业（5 000 万～5 亿）	15 000	5 000	10 000	2 400	7 500	1 500

* 近年来，美国许多大公司已经停止向委员会成员支付额外年度保证金，而是将这些薪酬包含在董事会成员的年度保证金中。随着时间的推移，这一做法预计将被较小的公司采用。

资料来源：Pearl Myer 2018—2019 Director Compensation Report（published by National Association of Corporate Directors（NACD））.

非执行董事长和首席独立董事也有相应的补偿。非执行董事长的平均年薪比其他董事年薪多 40%～75%；首席独立董事的年薪比其他董事多 12%～14%。这种薪酬倍数在大、中、小型企业中普遍存在，更高的薪酬是为了补偿与领导角色相对应的更大的责任。[53]

一个重要的问题是，股东认为支付给董事的薪酬合适或合理吗？正如大多数薪酬问题一样，这很难回答。思考这个问题的一个简单方法是考虑这些董事的机会成本。如果他们不是董事，他们通过这些服务能获得多少收入？董事每月大约为董事会工作 20 小时[54]，按照年薪 200 000 美元来换算，董事每小时的薪酬约为 800 美元，差不多相当于具备类似专业背景（例如商业、金融、咨询、法律等）的个人每小时的收入。

从公司的角度来看，支付给董事的薪酬是维持治理体系的总直接成本中的一个重要部分（审计费用则是另一项显著的直接成本）。根据一项对硅谷公司的研究，小型企业支付给非执行董事的总薪酬约为 75 万美元，大型企业约为 180 万美元。这些费用占小企业收入的 0.5%，占大企业收入的不到 0.1%。这些费用分别占小企业市值的 0.16% 和大企业市值的 0.02%。[55] 虽然小企业花费在董事会上的直接成本所能换取的回报较少，但鉴于这些企业可能正处于上升期，在这一时期，拥有完善的监控体系和合理的战略建议尤为重要。考虑到这些专家对企业治理起到的重要作用，这些成本也就没那么高昂了。[56]

另一个重要的问题是董事的薪酬结构是否合理。要回答这个问题，股东应该综合考虑各种因素，包括公司的成长前景、所处行业、风险状况和现金状况。例如，一个小型的新兴公司现金匮乏、正处在成长阶段且可以受益于董事的战略建议，那么它给董事提供的薪酬中股权占比会很大。对于这些公司来说，现金是生存的关键，股东可能更愿意将现金投资于公司而不是支付给董事。这种类型的薪酬结构也会吸引那些可以处理风险、对公司有宝贵的战略见解以及愿意努力工作帮助公司获得成功的董事。相反，在大型、稳步增长的公司提供给董事的薪酬中，现金会占较大的比例，其中还包括某种辅助形式的股权奖励（例如限制性股票）。

最后，在评估薪酬时，投资者应该记住，董事并不是管理者，他们的薪酬应当与他们的咨询和监督职能相符。值得注意的是，董事们自定薪酬——尽管这需要得到股东的批准，这一事实本身就有可能推高薪酬水平。在第8章，我们会详细讨论高管薪酬的激励价值。

专　栏　　　　　　　　　　**基于业绩的董事薪酬**

以下是两个不同寻常的基于业绩的董事薪酬计划。

可口可乐公司：全有或全无方案

2006年，可口可乐公司采用了一项全新且独特的董事薪酬方案。这个方案没有为董事提供有保障的现金薪酬，相反，它为股东提供了面值175 000美元的股票期权。这些股票期权被设置了一个为期三年的生效条件：如果该公司实现了既定目标，即每股收益（EPS）能够以每年8％的速度增长，那么这些股票期权可以兑现。这意味着董事将获得175 000美元的现金。相反，如果三年后公司没有实现目标，那么董事什么也得不到。[57]

投资者如果要评估这个薪酬方案，必须要问自己几个问题。第一，在一个大型且稳定成长的公司中，董事薪酬应完全基于绩效吗？这种薪酬模式可能会激励董事超额完成公司年度目标，从而获得超额收益，但也可能因没有实现年度目标，董事无法获取任何报酬而产生不满。第二，每股收益是合适的薪酬绩效指标吗？使用单一绩效指标的风险是，指标更容易被操控。如果这个绩效指标是以GAAP为基础的指标，并由董事会审计委员会负责审查，那么会存在道德风险。第三，用这种方案董事可以最大限度地维护企业利益吗？毕竟董事不能确保企业实现其战略目标（这是管理者的责任），因此很难看出董事对实现企业的绩效目标有什么直接的贡献。[58]然而，这种全有或全无方案把董事与股东放在同一种财务状况下。采用这种方案是为了表明，如果业绩不佳损害了股东的利益，董事亦难以幸免。

最终可口可乐实现了盈利目标，董事也收到了承诺的股权奖励，但后来可口可乐公司还是放弃了这个方案，并恢复到更传统的薪酬结构。[59]

斯必克公司

2002 年，斯必克公司（SPX）向董事和高管提供现金奖励，但他们最终能否拿到奖金，取决于公司的资本回报率是否超出既定目标。这个目标是通过经济增加值（economic value added，EVA）计算得出的。EVA 的计算公式为税后营业利润减去公司预计资本成本。在斯必克，如果公司的 EVA 值大于特定的目标值，高管和董事就会得到现金奖励，其中一部分会立即支付，剩下的部分则延期支付。

2003 年，斯必克公司通过更改 EVA 的计算方法，扩大了现金奖励的规模。公司还进行了调整，以排除一定的养老金成本、现金税率与应计税率假设之间的差异以及"超出管控范围的行业因素的负面影响"。在作出这些调整后，CEO 获得了 1 020 万美元的奖金，其中 670 万美元是立即获得的（其工资是 140 万美元）。独立董事也获得了约 10 万美元的奖金（比年度目标高出 5 倍）以及 4 万美元的固定薪酬和 4 000 份股票期权（估计公允市场价值达 109 000 美元）。[60]

激进投资者反对该方案，声称管理层拿到的奖金并不合理，该奖金计划过于复杂，而且容易产生具有价值破坏性的资本配置决策。

薪酬咨询公司 Meridian 指出，近年来，以业绩为导向的董事薪酬稳步下降，"根据业绩给予的奖励几乎不存在了"，但是没有提供实际的统计数字。[61]

所有权准则

许多公司要求董事在任期内必须持有该公司的普通股（**所有权准则**（ownership guidelines））。这样做是为了使董事的利益与他们所代表的普通股股东的利益相一致，从而激励董事更好地监督管理层。因此，股东（和治理专家）更加看好董事持股的公司。然而，这是一个悬而未决的问题，即什么样的持股水平能够缓解董事会和股东之间的代理问题。

根据 Equilar 公司的数据，美国最大的 100 家公司中，大约 90％ 的公司采用了某种形式的董事所有权准则。公司可以通过几种方式来构建这个准则。[62] 一些公司要求董事必须持有一定数量的公司股份，董事可以通过在公开市场上购买股票，或者是保留赠予的限制性股票来积累股份。同时，董事持有的最低股份价值必须是他们现金年薪的倍数。其他公司对董事持有限制性股票的时间提出了一个最低年限要求。董事不是一进入董事会就被要求履行这个准则，公司会给他们时间去积累最低股权数额。例如，美国必能宝集团（Pitney-Bowes）的董事就有 5 年的时间来积累相当于年度保证金 5 倍的股票（约 37.5 万美元）。塔吉特（Target Corporation）的董事有 5 年的时间积累价值固定为 50 万美元的股票。[63] 如果一名董事在 5 年内没有达到所有权准则要求的数额，那么他必须保留通过既定股权奖励获得的所有股份，直至达到 50 万美元的门槛。[64] 平均而言，公司会给董事 5 年的时间去达到所有权准则的要求。[65]

　　然而，要求董事持有公司股份可能并不总是一个好主意。首先，董事不是管理者，他们是顾问和监督者。将管理层的薪酬方式复制到董事身上，可能会损害董事进行有效监督的能力。如果董事的个人金融投资组合无法承受股票价格波动，那么他们可能不愿意批准那些会在短期内降低公司股价的项目或收购计划，即使这个项目可以为企业创造长期价值。在这种情形下，董事持有的股份可能会促使他们从个人经济利益出发而不是从公司长远利益出发进行决策。同样地，如果他们认为股价会受到会计结果的影响，那么持有大量股份的董事可能会纵容低水平的会计操纵（例如平滑利润或加速确定收入）。最后，所有权准则通常不会根据董事的个人财富来调整。某项准则规定的 10 万美元投资，对净资产有 100 万美元的董事和净资产有 1 亿美元的董事来说，意义是不同的。

　　在这个问题的研究上结论不一。Mehran（1995）研究发现，董事持股与提升经营业绩或增加企业价值之间并不存在联系。[66]然而，Mikkelson 和 Partch（1989）研究表明，大股东担任董事的公司更有可能同意收购。这表明董事持股可能会削弱管理层壁垒。[67] Cordeiro，Veliyath 和 Neubaum（2005）以及 Fich 和 Shivdasani（2005）研究发现，董事持股与未来的股价表现、公司价值正相关。[68]他们认为这一证据表明，基于股权的薪酬更能激励董事监督管理者的自利行为。然而，Brick，Palmon 和 Wald（2006）研究发现，董事薪酬与 CEO 薪酬之间正相关，而且高于平均水平的薪酬会导致更低的公司绩效。他们认为，这是"狼狈为奸或任人唯亲"的证据。[69]

董事会评估

　　董事会评估（board evaluation）就是对董事会、委员会或董事个人履行职责的效率进行评估。在美国，纽约证券交易所的上市标准之一就是公司必须每年对董事会进行评估。纽约证券交易所还要求提名与治理委员会"监督对董事会和管理层的评估"。此外，每个委员会（审计、薪酬以及提名与治理委员会）都要进行自我评估。[70]

　　也就是说，没有要求公司一定要对董事个人进行评估。有些公司会对董事个人进行评估，但还有很多公司并没有这样做。根据世界大型企业联合会的调查，只有 38％的董事会对董事个人的业绩进行评估，大公司比小公司更有可能这样做。[71]

　　无论是对董事会、委员会的评估，还是对董事个人的评估都很重要，因为这能使董事会了解自己是否达到了预期目标。例如，董事会可能发现它很好地完成了监督公司合规性的要求，但在对公司经营和战略的监督方面没有投入足够的时间。评估也能帮助董事会了解董事们的表现以及董事们展现出来的技能、学识和专业知识是否符合董事会的期望。如果董事会发现某位董事并没有充分地参与公司事务，那么评估过程会促使董事会讨论，应该怎样改进这位董事的表现，或者，是否该换掉这位董事。

此外，不同公司的董事会评估过程和评估范围存在显著差异。下面是一些公司在设计评估时所作选择的列表：

- 对董事会和委员会的评估，是在整体层面还是在董事个人层面进行？
- 董事会是依据公司自己的政策，还是依据同行成功的做法进行评估？
- 对董事个人的评估，采取同行评估还是自我评估，或者兼而有之？
- 评估通过面试的方式还是调查的方式进行？
- 应该由内部人（例如人力资源经理）进行评估，还是由外部的律师事务所或第三方顾问进行评估？

评估还涉及许多主题，包括：

- 构成——董事会是否具备履行全部职责所需的专家？选择新董事的过程是令人满意的吗？董事会成员在他们的专业领域作出了重要贡献吗？董事会充分利用了董事们的技能和经验吗？
- 责任——董事会很好地履行了它的职责吗？董事会制定了一个合适的战略吗？董事会确保了公司的愿景、使命、战略、商业模式和关键绩效指标之间关系的完整性吗？董事会制定了切实可行的长期目标吗？董事会有效地监督了公司业绩吗？董事会有效地监督 CEO 并提供了建议吗？
- 信息——董事会得到了它需要的信息吗？信息是及时和准确的吗？
- 会议——会议有被合理安排吗？有充足的时间讨论所有议题吗？讨论是开放和坦诚的吗？董事做了充分的准备吗？
- 关系——董事之间的讨论及其与管理层之间的交流讨论是开诚布公的吗？董事间的关系有助于他们作出最佳决策吗？董事会适当支持管理层吗？管理层受到董事会的充分监督吗？[72]

最后，即使评估的范围全面，也并不意味着董事评估能得到有效的结果。[73]调查数据揭示了这个问题有多普遍。根据迈尔斯集团（The Miles Group）和斯坦福大学洛克公司治理中心 2016 年的一项研究，董事们对董事会的评估过程持非常积极的态度，但仍能发现董事会领导力和董事会动力方面的重大问题。根据这项研究，89％的董事认为他们的董事会拥有监管公司所需的技能，3/4 的董事对董事会的评估过程感到满意。然而，研究发现，许多董事批评他们的董事会领导层没有提出正确的问题，其他董事没有在管理层面前提出诚实的意见。研究还指出了一些常见的不足之处，例如董事们用自己过去的经验主导自己的观点，太快达成共识，不理解监督和积极管理公司之间的界限，引入偏离主题的问题从而破坏对话。这表明太多的公司没有有效利用评估过程来提高董事会的绩效。[74]这是令人遗憾的，因为它可能导致这样的结果：在应该改换或退休的时候，效率不高的董事仍留在董事会。《公司董事会成员》（*Corporate Board Member*）杂志的一项调查发现，有 1/4 的管理者认为，他们公司董事会中有一部分董事应该被替换掉。受访者中有 36％ 的人认为董事缺乏必要的技能，31％ 认为董事不参与公司事务，其余的则认为董事没有为会议做准备，或者待在董事会的时间太久了。[75] 为了提高管理质量，董事会成员应该听取这些反馈意见。

虽然董事会评估有可能为治理系统增加相当大的价值，但许多公司倾向于将评估视为必要但不可取的合规功能，这很可能是董事会评估普遍无效的原因。

➡ 4.4　再议董事的变更

根据世界大型企业联合会的数据，上市公司董事在董事会的平均任期为 11 年。这个数字不会因公司规模而有显著变化。正如前面所提到的那样，大多数董事是自愿退休的而不是因为业绩而被替换。为了限制董事任期，一些公司实施了强制性退休年龄，而大公司更有可能这样做：标准普尔 500 指数公司中有 40％ 的公司有强制性退休政策，而罗素 3000 指数公司中只有 25％ 的公司有这样的政策。所有公司的平均法定退休年龄为 72 岁。[76] 最近，一些公司采取了任期限制政策，要求董事在任职一定年限（而不是达到一定年龄）后辞职。任期限制可以使董事会成员的知识、技能和经验随着时间的推移而不断更新；解雇那些可能会因为长期合作关系而对 CEO 或公司更加感恩戴德的董事；增加董事会成员的多样性。与此同时，任期限制可能会损害董事会的绩效，因为它要求对公司有深入了解的、技能和经验丰富的董事辞职，而这仅仅是因为他们已经任职一定年限。美国大多数上市公司的董事会不实行任期限制。只有 5％ 的公司采用了任期限制，最常见的是 15 年的任期限制。[77]

除了强制退休，董事们也可以选择自愿从董事会退休。作出这一决定的原因可能是积极的（例如渴望追求新的机会或想退休），也可能是消极的（例如董事会成员对公司的发展方向产生了根本分歧）。同样地，公司也可能因为积极的或消极的原因想要更换董事。公司可能认为，经过多年的服务，是时候找一位可以从不同的角度看待公司战略和运营的新董事了；或者公司可能觉得某位董事玩忽职守，并不适合监督公司。

也就是说，董事非自愿地离开董事会的情况是罕见的。（审计分析数据表明，2019 年，在所有上市公司的董事中，只有不到 20 人是被解聘的。）[78] 一般来说，董事是自愿离开董事会的。然而，当董事不是因为到了强制性退休年龄而辞职时，通常我们不清楚董事辞职的具体原因究竟是什么。

> **专栏**　　　　　　　　　　　　　　　**董事辞职**
>
> 董事抗议性辞职的情况很少发生。抗议性辞职向市场发出了一个强有力的信号，即公司的管理或监督可能存在问题。[79]

自由税公司

2019 年，史蒂文·伊博森（Steven Ibbotson）辞去了自由税公司（Liberty Tax）董事会的职务。根据要求，该公司在提交给美国证券交易委员会的一份 8 - K 文件中公布了他的辞职信副本：

> 我在此辞去自由税公司董事会的职务。我之所以决定辞职，是因为我不同意休伊特（Hewitt）管理公司的某些行为，他作为 B 类普通股的唯一持有人，在董事会层面拥有投票控制权。尽管我尽了最大努力，但我不再相信我能对公司管理产生有意义的影响，因此，我不再相信我能够成为一个为股东利益服务的有效的董事会成员，所以我不得不辞职。[80]

浪涌组件公司

2001 年，詹姆斯·米勒（James Miller）向董事会提交了辞职信，内容如下：

> 自从加入浪涌组件公司（Surge Components）的董事会，我在许多场合表达我的意见，我没有得到必要、相关的信息帮助我履行职责。此外，我注意到，公司的一些重要事件和行动没有准确地披露给我。例如，公司最近通过了两项议题，但事先并没有让我提出建议、进行审查或核准，而我是审计委员会主席，这种现象尤其令人不安。由于这些和其他不可接受的情况，我觉得我可能无法按照股东期待的方式来履行我的职责。[81]

Agrawal 和 Chen（2017）研究发现，2/3 的董事因公司治理问题辞职（例如，董事在一些问题上没有得到足够的信息，或被要求就一个不熟悉的事项进行投票，或在 CEO 的招聘、薪酬或解雇上发生争议）。其余董事辞职是因为在公司战略或融资决策上发生分歧。正如我们预料的那样，随着辞职的披露，公司股价会异常下跌。[82]

Fahlenbrach，Low 和 Stulz（2017）研究发现，董事辞职会带来股价下跌、经营业绩下降，会使企业未来遭遇财务重述和证券诉讼的可能性变大。[83] Harrison，Boivie，Sharp 和 Gentry（2018）研究发现，即使没有糟糕的表现，杰出的董事也会因为负面媒体报道而辞职，以保护他们的个人声誉。[84]

董事会不太可能辞退一位董事，即使这位董事的表现并不好。股东可能会在年度大会上辞退董事，这是非常罕见的，但竞争性选举除外。2019 年，只有 45 位董事在非竞争性选举中没有赢得多数股东的支持。[85] 如果公司章程允许，股东也可以在非股东大会期间辞退董事，当然这种情况非常罕见。最常见的辞退董事方式就是该董事不再被提名。[86]

 董事离职

陶氏化学公司

2007 年，陶氏化学公司（Dow Chemical）的董事和前首席财务官佩德罗·莱因哈德（Pedro Reinhard）与摩根大通（Morgan）和阿曼主权财富基金（Omani sovereign wealth fund）就杠杆收购公司的事情进行谈判。莱因哈德没有将他的行为告知陶氏化学公司的 CEO 和其他董事。董事会发现他的这些行为后，便解除了他与公司的顾问合约。然而莱因哈德仍继续留在董事会直到他任期结束。在下一届的年度大会上，治理委员会将董事会的席位从 12 个减到 11 个，莱因哈德没有被提名。[87]

据我们所知，当前对董事辞职的相关研究尚不完善。大多数学者集中研究伴随着董事辞职而来的重大负面事件，例如诉讼或财务重述。例如，Srinivasan（2005）研究发现，相对于企业经历技术重述（18％）来说，董事辞职更容易导致企业经历财务重述（48％发生在随后的三年内）。此外，他发现这些董事也会失去其他公司的董事职位，这种现象对审计委员会成员而言更为普遍。[88]

同样地，Arthaud-Day，Certo，Dalton 和 Dalton（2006）研究发现，当公司经历重述时，70％以上的董事会成员和审计委员会成员会被辞退。他们解释说，高级管理人员被迫离职是为了对外发出这样一个信号，即公司已经从过去的错误中走出来，并致力于控制机制与监督机制的重组，以防止未来再次发生这样的事情。他们表示虽然这些行动不能完全修复受损的声誉，但这些行动旨在安抚股东，让股东相信他们可以继续依靠公司。[89]

最后，人们争论，破产公司的董事和管理人员是否可以当选其他公司的董事，或者当董事在公司监督上存在失误时，他们是否应该被其他公司董事会除名。例如，当施乐公司任命花旗集团的前董事长兼 CEO 查尔斯·普林斯（Charles Prince）为董事，以及美铝公司（Alcoa）任命美林证券的前董事长兼 CEO 斯坦利·奥尼尔（Stanley O'Neil）为董事时，股东们都提出了异议。雷曼兄弟、美联银行（Wachovia）、华盛顿互惠银行（Washington Mutual）、贝尔斯登银行和美国国际集团的非执行董事在他们的公司破产后都获得了新的董事职务。[90]一方面，失败的经验可能会对其他公司有帮助；另一方面，如果失败是源于董事的判断失误或监督不力，那么这些董事可能会再次出现这样的问题，公司是否值得去冒这个险。一位专家说："当我们寻找合适的人来监督公司时，除了看他们之前在其他公司董事会的表现外，还能采用什么标准呢？如果这里不存在问责，那么问责机制又能是什么？"[91]

然而，调查数据表明，相对于这些破产公司的高级管理人员而言，企业领导人更容易原谅这些公司的董事。一份报告显示，只有 37％的高管和董事认为，如果公司出现了重大会计问题或道德问题，那么其前任 CEO 可以在另一家公司成为一名优秀的董事；相比之下，67％的受访者认为，这些公司的董事可以在其他公司成为一名优秀的董事。[92]

也有研究发现了类似的结果。例如，Armstrong，Kepler 和 Tsui（2020）研究发现，董事不会因业绩不佳而受到惩罚。表现出糟糕个人业绩的董事更有可能获得其他董事会的席位而不是失去它们。糟糕业绩是由任职期间的异常股票回报为负、CEO 薪酬过高（针对任职于薪酬委员会的董事）、内部控制薄弱（针对任职于审计委员会的董事）来衡量的。他们将这些结果归因于上市公司合格董事的供应缺乏弹性。[93]同样地，Baer，Ertimur 和 Zhang（2020）研究发现，在自己的公司中，与治理失败相关的高管更有可能获得董事职位。然而，作者指出，市场对任命这些人担任董事的反应消极。[94]

或许最好的结论是，人们还没有很好地理解董事劳动力市场的意义。最优秀、最合格、最有能力的人是否被安排在董事和委员会的职位上，以便他们能够最积极地为公司带来成果？这个问题的答案还不清楚。我们的直觉是，如果个人能够顺利度过进入第一家上市公司董事会的艰难过程，那么他们将成为很棒的董事。他们面临双重挑战：公司需要更有效地撤掉表现不佳的董事，同时降低甄别和招募有前途的人才的障碍。

注　释

1. The Corporate Board, "Corporate Board Practices in the Russell 3000 and S&P 500 (2019 Edition)," (April 2019). Accessed May 2, 2019. See https://conference-board.org/publications/Corporate-Board-Practices-2019.

2. Sullivan & Cromwell LLP, "2019 Proxy Season Review Part 2—ISS Negative Recommendations Against Directors" (July 25, 2019)." Accessed August 12, 2019. See www.sullcrom.com/2019-proxy-season-review-part-2-iss-negative-recommendations-against-directors.

3. Spencer Stuart, "2019 Spencer Stuart U.S. Board Index" (2019). Accessed November 8, 2019. See www.spencerstuart.com/research-and-insight/us-board-index.

4. National Association of Corporate Directors, "2017–2018 NACD Public Company Governance Survey" (Washington, D.C.: National Association of Corporate Directors, 2018).

5. Spencer Stuart (2019).

6. Ibid.

7. Eliezer M. Fich, "Are Some Outside Directors Better than Others? Evidence from Director Appointments by Fortune 1000 Firms," *Journal of Business* 78 (2005): 1943–1971.

8. Rüdiger Fahlenbrach, Angie Low, and René M. Stulz, "Why Do Firms Appoint CEOs as Outside Directors?" *Journal of Financial Economics* 97 (2010): 12–32.

9. Heidrick & Struggles and the Rock Center for Corporate Governance at Stanford University, "2011 Corporate Board of Directors Survey" (2011). See www.gsb.stanford.edu/faculty-research/publications/2011-corporate-board-directors-survey.

10. Charles A. O'Reilly III, Brian G. Main, and Graef S. Crystal, "CEO Compensation as Tournament and Social Comparison: A Tale of Two Theories," *Administrative Science Quarterly* 33 (1988): 257–274.

11. Olubunmi Faleye, "CEO Directors, Executive Incentives, and Corporate Strategic Initiatives," *Journal of Financial Research* 34 (2011): 241–277.

12. Ronald W. Masulis, Cong Wang, and Fei Xie, "Globalizing the Boardroom—The Effects of Foreign Directors on Corporate Governance and Firm Performance," *Journal of Accounting and Economics* 53 (2012) 527–554.

13. Spencer Stuart (2019).

14. Spencer Stuart, "2017 Spencer Stuart U.S. Board Index" (2017). Accessed October 30, 2019. See www.spencerstuart.com/research-and-insight/board-indexes.

15. Calculated by the authors using data from: Egon Zehnder International, "Build Your Own Report." See www.egonzehnder.com.

16. Egon Zehnder, "2014 Global Board Index Achieving Global Board Capability: Keeping Pace with Global Opportunity" (2014). Accessed October 1, 2014. See www.egonzehnder.com/cdn/serve/article-pdf/1513691328-d7fa063bbd1619457a7917b06de01a16.pdf?dl=1.

17. Lockheed Martin, Form DEF 14A, filed with the Securities and Exchange Commission March 15, 2019.

18. Spencer Stuart (2019).

19. Joann S. Lublin, "Wanted: More Directors with Digital Savvy," *Wall Street Journal Online* (May 15, 2013, Eastern edition): B.6.

20. Nishant Dass, Omesh Kini, Vikram Nanda, Bunyamin Omal, and Jun Wang, "Board Expertise: Do Directors from Related Industries Help Bridge the Information Gap?" *Review of Financial Studies* 27 (2014): 1533–1592.

21. Olubunmi Faleye, Rani Hoitash, and Udi Hoitash, "Industry Expertise on Corporate Boards," *Review of Quantitative Finance and Accounting* 50 (2018): 441–479.

22. Renée B. Adams, Ali C. Akyol, and Patrick Verwijmeren, "Director Skill Sets," *Journal of Financial Economics* 130 (2018): 641–662.

23. Juan Almandoz, and András Tilcsik, "When Experts Become Liabilities: Domain Experts on Boards and Organizational Failure," *Academy of Management Journal* 59 (August 2016): 1124–1149.

24. Heidrick & Struggles and the Rock Center for Corporate Governance at Stanford University (2011).

25. Morphic Therapeutic, Press Release, "Morphic Therapeutic Announces $51.5 Million Series A Financing to Develop Next-Generation Integrin Therapies," (June 30, 2016). See https://morphictx.com/2016/06/29/morphic-announces-series-a-financing/. Also see Morphic Therapeutic Inc., Form S1/A Exhibit 4.2, Filed with the Securities and Exchange June 14, 2019.

26. Seagate Technology, Press Release, "Seagate Technology Executes Secondary Block Trade Transaction with ValueAct Capital" (September 9, 2016). See www.seagate.com/news/news-archive/seagate-technology-executes-secondary-block-trade-transaction-with-valueact-capital-master-pr/.

27. Seagate Technology, Form DEF 14A, filed with the Securities and Exchange Commission August 30, 2017.

28. Spencer Stuart (2019).

29. Boris Groysberg and Deborah Bell, "2010 Board of Directors Survey, Sponsored by Heidrick & Struggles and Women Corporate Directors (WCD)" (2010). Accessed October 7, 2010. See www.boardagender.org/files/HS_BOD_Survey2010.pdf.

30. Spencer Stuart (2019).

31. PricewaterhouseCoopers LLC, "PwC's 2019 Annual Corporate Directors Survey." Accessed October 10, 2019. See www.pwc.com/us/en/services/governance-insights-center/library/annual-corporate-directors-survey.html.

32. American Express Company, Form DEF 14A, filed with the Securities and Exchange Commission March 15, 2007.

33. Wikipedia, "Allan Leighton." Accessed November 14, 2010. See https://en.wikipedia.org/wiki/Allan_Leighton.

34. Heidrick & Struggles and the Rock Center for Corporate Governance at Stanford University (2011).

35. Eugene H. Fram, "Are Professional Board Directors the Answer?" *MIT Sloan Management Review* 46 (2005): 75–77.

36. Ronald W. Masulis and Shawn Mobbs, "Independent Director Incentives: Where Do Talented Directors Spend Their Limited Time and Energy?" *Journal of Financial Economics* 111 (2014): 406–429.

37. However, one could argue that professional directors have greater incentive for this same reason. If they do a poor job at one firm, they might lose multiple directorships.

38. Doron Levit and Nadya Malenko, "The Labor Market for Directors and Externalities in Corporate Governance," *Journal of Finance* 71 (April 2016): 775–808.

39. Ithai Stern and James D. Westphal, "Stealthy Footsteps to the Boardroom: Executives' Backgrounds, Sophisticated Interpersonal Influence Behavior, and Board Appointments," *Administrative Science Quarterly* 55 (June 2010): 278–319.

40. Securities and Exchange Commission, "17 CFR Parts 229, 239, 240, 249, and 274. Proxy Disclosure Enhancements [Release Nos. 33-9089; 34-61175; IC-29092; File No. S7-13-09]." Last accessed November 4, 2010. See www.sec.gov/rules/final/2009/33-9089.pdf.

41. Analog Devices, Inc., Form DEF 14A, filed with the Securities and Exchange Commission January 30, 2014.

42. Covidien, Form DEF 14A, filed with the Securities and Exchange Commission January 24, 2014.

43. The Corporate Board (2019).

44. Ibid.

45. National Association of Corporate Directors and the Center for Board Leadership (2009).

46. Heidrick & Struggles and the Rock Center for Corporate Governance at Stanford University (2011).

47. Korn/Ferry Institute, "34th Annual Board of Directors Study" (2007). Last accessed November 4, 2010. See www.kornferry.com.

48. National Association of Corporate Directors and the Center for Board Leadership (2009).

49. John Harry Evans, Nandu J. Nagarajan, and Jason D. Schloetzer, "CEO Turnover and Retention Light: Retaining Former CEOs on the Board," *Journal of Accounting Research* 48 (2010): 1015–1047.

50. Timothy J. Quigley and Donald C. Hambrick, "When the Former CEO Stays on as Board Chair: Effects on Successor Discretion, Strategic Change, and Performance," *Strategic Management Journal* 33 (2012): 834–859.

51. One example is the board of the Hewlett-Packard Company following the "pretexting" scandal in 2006. See Alan Murray, "Directors Cut: H-P Board Clash over Leaks Triggers Angry Resignation," *Wall Street Journal* (September 6, 2006, Eastern edition): A.1.

52. Pearl Myer, "2018-2019 Director Compensation Report (2019)," published by National Association of Corporate Directors (NACD). Accessed April 5, 2020. See www.pearlmeyer.com/2018-2019-director-compensation-report.

53. Ibid.

54. Spencer Stuart (2013).

55. Compensia, "Silicon Valley 130: Board of Directors Compensation Practices" (October 2007). Accessed October 15, 2015. See https://compensia.com/.

56 The Sarbanes–Oxley Act of 2002 contributed to a significant rise in director compensation in recent years. Linck, Netter, and Yang (2009) found that director compensation at large companies rose almost 50 percent between 1998 and 2004 (measured as a percentage of sales). They also found a substantial increase in the cost of director and officer (D&O) insurance premiums (which are paid by the firm). See James S. Linck, Jeffry M. Netter, and Tina Yang, "The Effects and Unintended Consequences of the Sarbanes–Oxley Act on the Supply and Demand for Directors," *Review of Financial Studies* 22 (2009): 3287–3328.

57. The Coca-Cola Company, Form DEF 14A, filed with the Securities and Exchange Commission March 13, 2007.

58. Moody's Investors Service, "The Downside of Incentive Pay for Outside Directors" (2006). Accessed January 30, 2020. See www.moodys.com/sites/products/AboutMoodysRatings Attachments/2005600000424176.pdf.

59. The Coca-Cola Company, Form DEF 14A, filed with the Securities and Exchange Commission March 13, 2007.

60. SPX Corporation, Form DEF 14A, filed with the Securities and Exchange Commission March 17, 2004.

61. Commentary included in Equilar Inc., "Director Pay Trends" (2019). Accessed January 30, 2020. See www.equilar.com.

62. Equilar Inc, "Director Stock Ownership Guidelines (2016). Accessed November 27, 2019. See www.equilar.com.

63. Pitney Bowes, Form DEF 14A, filed with the Securities and Exchange Commission 2019 March 15, 2019.

64. Target Form, Form DEF 14A, filed with the Securities and Exchange Commission April 29, 2019.

65. Equilar Inc, "Director Stock Ownership Guidelines" (2016). Accessed November 27, 2019. See www.equilar.com.

66. Hamid Mehran, "Executive Compensation Structure, Ownership, and Firm Performance," *Journal of Financial Economics* 38 (1995): 163–184. As cited in Clifford Holderness, "A Survey of Blockholders and Corporate Control," *Economic Policy Review—Federal Reserve Bank of New York* 9 (2003): 51–63.

67. Wayne H. Mikkelson and Megan Partch, "Managers' Voting Rights and Corporate Control," *Journal of Financial Economics* 25 (1989): 263–290. As cited in Holderness (2003).

68. James J. Cordeiro, Rajaram Veliyath, and Donald O. Neubaum, "Incentives for Monitors: Director Stock-Based Compensation and Firm Performance," *Journal of Applied Business Research* 21 (2005): 81–90. Also see Eliezer M. Fich and Anil Shivdasani, "The Impact of Stock-Option Compensation for Outside Directors on Firm Value," *Journal of Business* 78 (2005): 2229–2254.

69. Ivan E. Brick, Oded Palmon, and John K. Wald, "CEO Compensation, Director Compensation, and Firm Performance: Evidence of Cronyism?" *Journal of Corporate Finance* 12 (2006): 403–423.

70. New York Stock Exchange, "Corporate Governance Standards." Accessed March 31, 2015. See http://nysemanual.nyse.com/lcmtools/platformviewer.asp?selectednode=chp_1_4_3_6& manual=%2flcm%2fsections%2flcm-sections%2f.

71. The Corporate Board Practices (2019).

72. Adapted from Richard M. Furr and Lana J. Furr, "Will You Lead, Follow, or Develop Your Board as Your Partner?" (2005). Accessed June 20, 2020. See https://www.tmsworldwide.com/lex_preview.html.

73. We are not aware of any large-scale research studies on the performance consequences of board member evaluation methods.

74. Rock Center for Corporate Governance at Stanford University and The Miles Group, "2016 Survey: Board of Director Evaluation and Effectiveness," (November 2016). See www.gsb.stanford.edu/faculty-research/publications/2016-survey-board-director-evaluation-effectiveness.

75. *Corporate Board Member* and PricewaterhouseCoopers LLC "Special Supplement: What Directors Think 2009, Corporate Board Member/PricewaterhouseCoopers LLC Survey," (2009).

76. The Corporate Board Practices (2019).

77. Jon Lukomnik, "Board Refreshment Trends at S&P 1500," Investor Responsibility Research Center Institute (IRRC) (2017). Accessed December 3, 2019. See: https://corpgov.law.harvard.edu/2017/02/09/board-refreshment-trends-at-sp-1500-firms/.

78. Data from Audit Analytics. Calculations by the authors.

79. Anup Agrawal and Mark A. Chen, "Boardroom Brawls: An Empirical Analysis of Disputes Involving Directors," *Quarterly Journal of Finance* 7 (September 2017): 1.

80. Franchise Group, Inc., Form 8-K, filed with the SEC, December 18, 2017.

81. Surge Components, Inc., Form 8-K, filed with the Securities and Exchange Commission, August 1, 2001.

82. Agrawal and Chen (2017).

83. Rüdiger Fahlenbrach, Angie Low, and René M. Stulz, "Do Independent Director Departures Predict Future Bad Events?" *Review of Financial Studies* 30 (July 1, 2017): 2313–2358.

84. Joseph S. Harrison, Steven Boivie, Nathan Y. Sharp, and Richard J. Gentry, "Saving Face: How Exit in Response to Negative Press and Star Analyst Downgrades Reflects Reputation Maintenance by Directors" *Academy of Management Journal* 61 (2018): 1131–57.

85. Lyndon Park, "2019 Proxy Season Recap and 2020 Trends to Watch" ICR Inc. (September 17, 2019). Accessed December 5, 2019. See https://corpgov.law.harvard.edu/2019/09/17/2019-proxy-season-recap-and-2020-trends-to-watch/.

86. William Meade Fletcher, "§ 351. Common Law Right to Remove for Cause," *Fletcher Cyclopedia of the Law of Corporations* (St. Paul: Homson/West, 1931).

87. Roger Parloff, "Inside Job," *Fortune* (July 7, 2008): 94–108.

88. Suraj Srinivasan, "Consequences of Financial Reporting Failure for Outside Directors: Evidence from Accounting Restatements and Audit Committee Members," *Journal of Accounting Research* 43 (2005): 291–334.

89. Marne L. Arthaud-Day, S. Trevis Certo, Catherine M. Dalton, and Dan R. Dalton, "A Changing of the Guard: Executive and Director Turnover Following Corporate Financial Restatements," *Academy of Management Journal* 49 (2006): 1119–1136.

90. Susanne Craig and Peter Lattman, "Companies May Fail, but Directors Are in Demand," *New York Times Company* (September 14, 2010).

91. Rakesh Khurana, as cited in Ibid.

92. Heidrick & Struggles and the Rock Center for Corporate Governance at Stanford University (2011).

93. Chris Armstrong, John D. Kepler, and David Tsui, "Supply Constraints and Directors' Reputational Incentives," *Social Science Research Network* (June 11, 2020). See https://ssrn.com/abstract=2991624.

94. Leah Baer, Yonca Ertimur, and Jingjing Zhang, "Tainted Executives as Outside Directors," *Social Science Research Network* (March 27, 2020), AAA 2018 Management Accounting Section (MAS) Meeting. See https://ssrn.com/abstract=2991803.

第 **5** 章 董事会：结构与影响

在本章，我们将研究董事会的结构特征，并评估董事会结构特征的影响，看其是否有助于提高董事会效率和维护股东利益。尽管大众媒体或专业文献都曾对此有所介绍，但在现实中，这并非一个简单的问题。

我们将仔细研究董事会的几个显著特征及其重要性，这些特征包括：董事长与CEO两职分离、首席董事的任命、董事会规模、董事会委员会的结构、董事会成员在其他董事会任职（即"繁忙"董事）、女性董事和董事会多元化等。随后，我们将研究这些特征是否会对董事履行其咨询和监督职能产生影响，以及会产生怎样的影响。如果这些特征是重要的，那么我们应该可以观测到一些改进效果（例如更好的经营业绩或增加的股票收益），或其他可观察到的指标（例如更高的收购溢价、更少的财务重述、更少的股东诉讼以及更合理的高管薪酬）。如果没有观察到任何改进迹象，我们就很难说这些特征是重要的。

在开始正式讨论之前，我们还有三点需要说明。首先，我们没有对本章中每个主题的相关文献都进行完整的回顾，因为相关的研究太多，很难一一呈现，但我们对研究概况进行了总结和反思。其次，正如在第 1 章提到的那样，本章所讨论的结论是在大量公司样本基础之上得出的"平均"结论，这些结论并不能够预测单个公司的未来。虽然学术和专业文献的证据表明，平均而言，某种董事会结构会导致糟糕的结果，但一家公司可能会发现，基于自身的特殊情况，这种董事会结构非常适合自己。在合适的情形下，我们会举例说明这些矛盾，以帮助读者了解个别属性的相对重要性。最后，由于董事会的任何变化都会导致组织绩效发生变化，因此我们很难得出推论。在阅读本章时，我们要谨记一句话："相关关系不等于因果关系。"

➡ 5.1 董事会结构

一般而言，董事会结构是由其主要结构特征决定的，这些特征包括：董事会的规模、董事的专业及个人信息、董事的独立性、委员会数量和董事薪酬。

根据史宾沙管理顾问公司的数据，大型美国公司的董事会平均拥有 11 位董事（董事会一般会设置奇数的董事席位，以降低平票的可能性）；董事的平均年龄是 63 岁；85％的董事符合美国上市交易所要求的独立性标准。近一半（47％）的公司董事长兼任 CEO，只有 34％的公司董事长是完全独立的；董事会会议（董事亲自参加或通过电话方式参加）平均每年召开 8 次，审计委员会每年召开 8 次会议，薪酬委员会每年召开 6 次会议。2002 年的《萨班斯-奥克斯利法案》规定，这些委员会的所有成员都必须是独立董事，而且审计委员会中至少有一名成员具有财务和会计专业知识。大约 75％的董事会规定了董事的退休年龄，一般是 72 岁及以上（见表 5-1）[1]，任期限制在美国比较少见，但在北美以外的地区很常见。

表 5-1　美国公司的董事会结构

	2019 年	2014 年	2009 年	评论
董事会构成				
平均董事会规模（人数）	10.7	10.8	10.8	董事会规模较稳定
独立董事比例	85％	84％	82％	董事会高度独立
独立董事平均年龄（岁）	62.7	63.1	61.7	平均年龄较稳定
新任独立董事				
总数量	432	371	333	董事会流动性增加
女性比例	46％	30％	17％	女性比例增加
少数族裔比例	23％	12％	12％	少数族裔比例增加
平均年龄（岁）	57.5	57.6	56.5	平均年龄较稳定
在任 CEO/董事长/总裁/COO	18％	22％	26％	在任 CEO 比例下降
退休 CEO/董事长/总裁/COO	17％	19％	17％	退休 CEO 比例较稳定
财务背景	27％	20％	18％	财务背景比例增加
其他公司高管	23％	23％	21％	其他公司领导人被任命
首次任职董事				
占所有新任董事的比例	27％	39％	16％	公司愿意任用无董事经验的董事
平均年龄	54.2	55.0	53.7	平均年龄较稳定
首次任职董事数量	118	145	54	董事会流动性增加
女性董事				
女性董事比例	26％	19％	16％	女性比例增加

续表

	2019 年	2014 年	2009 年	评论
拥有至少一名女性董事的董事会比例*	99％	95％	89％	所有董事会都有女性董事
CEO				
在一个或多个外部董事会任职的 CEO 比例	41％	46％	49％	CEO 兼任外部董事较少
女性 CEO 数量	25	23	16	女性 CEO 数量增加但仍较少
仅 CEO 非独立的董事会	62％	58％	50％	CEO 逐渐成为仅有的内部人
平均年龄（岁）	57.9	56.9	55.7	平均年龄较稳定
平均任期（年）	19.9	18.3	14.6	平均任期增加
董事长的独立性				
CEO 兼任董事长	47％	53％	63％	两职兼任的公司越来越少
独立董事长	34％	28％	16％	独立董事长比例增加
设置首席董事的董事会	75％	90％	95％	两职兼任的公司拥有首席董事
董事会会议				
董事会会议平均数	7.9	8.1	9.0	会议频率较稳定
董事会会议中值	7	7	8	会议频率较稳定
退休年龄				
设有董事法定退休年龄的董事会	71％	73％	75％	设定董事法定退休年龄更为普遍
董事法定退休年龄大于 75 岁的董事会	46％	30％	15％	设定董事法定退休年龄有所增加
董事法定退休年龄大于 72 岁的董事会	96％	92％	75％	设定董事法定退休年龄有所增加
委员会会议（平均数据）				
审计委员会会议	8.4	8.6	9.1	审计委员会会议频率较稳定
薪酬委员会会议	6.0	6.3	6.6	薪酬委员会会议频率较稳定
提名委员会会议	4.7	4.7	4.4	提名委员会会议频率较稳定
审计委员会主席				
在任 CEO/董事长/总裁/COO	5％	8％	13％	董事长较少担任审计委员会主席
财务高管/CFO/财务主管/公共会计	43％	37％	25％	审计委员会主席更可能有财务背景

＊在报告提交之日，有两家公司董事会没有女性代表。每家公司随后都予以增补。

这是合理的结果吗？如果公司因为法规或股东维权而被迫改变董事会结构，结果会如何？接下来，我们将对董事会结构特征展开讨论：

- 独立的董事长。
- 首席独立董事。
- 外部（非执行）董事。
- 再议董事会独立性。
- 独立委员会。
- 董事会的利益相关者代表（银行家、财务专家、政治关联人员和员工）。
- 公司董事任职于多个董事会——"繁忙"董事会。
- 两家公司的高管互相在对方的董事会任职——连锁董事会。
- 委员会成员重叠董事在多个委员会任职。
- 董事会规模。
- 董事会多元化。
- 女性董事。

独立的董事长

董事长（chairman）或**主席**（chair）主持董事会会议[2]，负责提前安排会议、规划议程和分发材料。董事长在沟通企业内外部优先事项和管理股东关注事项方面起着至关重要的作用。除此之外，董事长还会参与或领导一些重要问题的讨论，包括长期战略规划、企业风险管理、管理绩效评估、高管和董事薪酬、继任计划、董事招聘以及并购等。

专业研究表明，具备某些个人特征可能有助于董事长更好地履行职责，这些个人特征包括良好的沟通和倾听技巧、清晰的远见、敏锐的商业头脑、把人们团结在一起的能力、迅速抓住关键问题的能力以及获取股东信心的能力。[3]尽管该结论没有经过彻底的验证，但许多成功的上市公司董事长的事例佐证了这一结论。例如，迪士尼的非执行董事长约翰·佩珀（John Pepper）被认为是一位有能力的董事长，在CEO迈克尔·埃斯纳（Michael Eisner）结束任期后的动荡时期，佩珀成功地修复了公司与股东及利益相关者的关系。一位朋友这样描述佩珀，"他非常稳重和成熟，可以很好地与各种各样的人相处。当他处于争论之中时，人们会觉得他听取了己方的意见并为其考虑，即使他来自对立方"。[4]

董事会的任务是监督公司及其管理层，许多治理专家建议将董事长与CEO的职位分开。这种方法被英国和其他一些国家广泛采用。在美国，股东团体和代理咨询公司一般会支持股东选出一位独立董事长。根据格拉斯·刘易斯公司的说法，"CEO兼任董事长，会使得太多的监督权集中在一个人身上，不利于代表股东权益的董事会行使独立的监督权"。[5]有近 1/3 的美国公司董事会拥有独立的董事长。[6]

如果公司拥有独立的董事长，会获得以下潜在好处：

● 董事会与管理层的责任更清晰地分离。

● CEO 绩效评估、高管薪酬、长期继任计划和独立董事招聘这些领域的冲突得以消除。

● 董事长完全代表董事会，与股东、管理层和公众进行沟通。

● CEO 可以完全专注于企业战略、运营和文化发展。

支持者认为，在以下这些情形中，独立董事长是特别重要的：

● 公司提拔内部人作为新任 CEO，其之前没有担任 CEO 的经验。

● 公司业绩下降以及公司战略、运营或文化需要重大变革时，管理层需要全身心关注，董事会则会考虑是否变更领导人或出售公司。

● 公司收到了一个要约收购，管理层可能无法在不考虑自己工作状况的情形下作出独立评价。

然而，独立董事长也会带来一些潜在的不利影响：

● 这可能是一种人为的分离，尤其是当公司已经拥有一个有效的兼任董事长和 CEO 的人员。

● 当某人同时担任董事长和 CEO 或期望兼任时，公司将很难招聘一位新 CEO。

● 可能导致领导职能的重复和内部混乱。

● 由于领导职能可能重叠，因此独立董事长可能会降低决策效率。

● 专门的信息可能不容易从 CEO 传递到董事长（**信息鸿沟**（information gap）），因此会增加决策成本。

● 可能带来第二重监督成本，因为董事长也带来了潜在的代理问题。

● 可能在危机中削弱领导力。[7]

专栏 **董事长与 CEO 职位的分离（然后合并）**

美国银行

2009 年 5 月，美国银行（Bank of America）在经历了金融危机期间对美林证券命运多舛的收购后，公司的股东投票决定剥夺下一任董事长兼 CEO 肯·刘易斯（Ken Lewis）的董事长头衔。股东以微弱优势（50.3% 对 49.7%）通过决议，决定修改公司章程并要求设置独立的董事长职位。"这对股东来说是巨大的胜利，"一位投赞成票的股东说，"现在的 CEO 将对一个由独立董事担任董事长的董事会负责。"[8]一年后，刘易斯从公司辞职，布赖恩·莫伊尼汉（Brian Moynihan）接任 CEO，董事长的职位则被授予杜邦前任董事长兼 CEO 查尔斯·霍利迪（Charles Holliday）。

2014 年 10 月，情况发生逆转。董事会一致投票决定取消该条例，并授予布赖恩·莫伊尼汉董事长兼 CEO 的双头衔。霍利迪说："董事会非常支持布赖恩的战略，经过深思熟虑之后，鉴于治理责任的要求，我们决定采取接下来的行动。"[9] 股东对此反应不一，一位股东说："我们认为布赖恩·莫伊尼汉作为 CEO 做了很多事情，我们对他兼任两职没有任何质疑。"也有人不同意："他们标榜这是股东的意愿……就像是董事会一手遮天，将手伸到了投资者那里。"第二年，股东们发起了一项决议，要撤销董事会的决定，但美国银行成功地将该项决议排除在其委托书之外。2017 年，一项要求设立独立董事长的提案投票表决时，以 2∶1 的票数被否决。[10]

多年来，多家公司，包括惠普、迪士尼和塔吉特，在公司业绩不佳或经历危机时曾将董事长和 CEO 的职位分开，但在公司恢复稳定之后又重新将两个职位合并。斯坦福大学洛克公司治理中心的研究发现，董事会领导结构的这种变化并不罕见。平均而言，公司每 12 年就会对其董事长的双重身份作出一次改变（要么分拆，要么合并）。[11]

苏利文 & 克伦威尔律师事务所称，2019 年，54 家公司就要求设立独立董事长的股东决议进行了投票。没有一项决议得到多数人的支持。所有投票的平均支持率为 29%。[12]

研究人员还研究了董事长与 CEO 两职分离的影响。大多数研究发现，很少或基本没有证据表明，这种分离可以提升公司业绩。例如，Baliga，Moyer 和 Rao（1996）研究发现，宣布分离（或合并）这两个角色的公司，在公告的前后几天并没有出现异常的正（或负）的股价回报。他们还发现，没有证据可以表明，董事长独立地位的变化会对公司未来经营业绩产生任何影响，只有薄弱的证据可以表明，这种职位变化会带来长期市场价值增值。他们的结论是，董事长与 CEO 两职兼任"可能会增加潜在的管理职权滥用风险，但实际上，似乎并没有职权滥用的表现"。[13] Dey，Engel 和 Liu（2011）研究发现，公司将董事长与 CEO 角色分离是源于投资者施加的压力，因为在公告两职兼任时，公司前后几天出现了负收益以及经营绩效变差的现象。[14] Krause，Semadeni 和 Cannella（2014）对多篇关于董事长/CEO 二元化的文献进行了元分析，结果发现，平均而言，董事长的独立地位与经营业绩或治理质量之间没有统计上的显著关系。他们的结论是，董事长与 CEO 两职兼任"对于以'最佳实践'为幌子采用相同结构的公司来说太特殊了"。[15]

研究还表明，公司将董事长与 CEO 二者的角色分离，更可能是出于继任的目的，很少是出于改善管理监督的目的。Grinstein 和 Valles Arellano（2008）对 2000—2004 年设置非执行董事长的公司样本进行了研究，他们发现，大多数公司保留了即将离任的董事长/CEO 的董事长头衔，直到他的继任 CEO 获得了足够的经验，在这些情形下，采用非执行董事长是一种保证稳定过渡的手段。在这些样本中，只有在少数公司（20%）中，独立董事担任董事长，在这些公司中，任命独立董事长更可能是在经营业绩不佳时，此举更可能是出于改善企业监督的目的。[16]

Brickley，Coles 和 Jarrell（1994）也得出了类似的结论。他们发现，将董事长和 CEO 角色分离的公司，几乎总是会任命一个拥有较多股票所有权的前任高管作为董事长。他们认为，这种方式降低了信息共享的成本。Brickley 等还发现，公司会将董事长职位作为对新任 CEO 在初步阶段表现优异的奖励。他们的结论是，合并董事长、CEO 职位是继任计划中的一个重要工具，迫使二者分离产生的成本超过收益。[17]Krause 和 Semadeni（2013）研究发现，在公司业绩较差时，董事长与 CEO 职位的分离会产生积极的影响，而在业绩较好时，则会产生消极的影响。他们总结道："相关的问题不是是否应该将这两个角色分开，而是公司应该在何时以及如何选择将它们分开。"[18]

证据表明，设立独立的董事长职位可能并不能提升企业业绩，但也没有被证明会损害股东利益。[19]在有些情形下，这样做是有益的，但这取决于具体的情况。研究不支持所有公司都将董事长与 CEO 职位分离，正如《华尔街日报》的专栏作家所强调的那样，"只有在合适的公司中才适合这么做"。[20]

首席独立董事

首席独立董事的存在，是允许公司将董事长与 CEO 职位合并和迫使公司分离这两个职位并任命一位独立董事长这二者之间的一种妥协。这个职位是从负责主持董事会执行会议的独立董事的角色演变而来的。纽约证券交易所要求非执行董事定期召开执行会议，管理层不能参与，并且由一位独立董事主持会议。近年来，这位独立董事的权力逐渐扩大，其在董事会中发挥着更为重要的作用，成为**首席独立董事**（lead independent（presiding）director）。

许多公司治理专家建议，公司应当正式任命一位首席独立董事，尤其是在那些 CEO 兼任董事长的公司。人们期望的是，首席独立董事可以制衡董事长兼 CEO。然而，除了主持执行会议外，这个角色的职责在不同的公司有很大的差异。

根据史宾沙管理顾问公司的调查，大多数公司的首席独立董事是董事长/CEO 与独立董事之间的沟通纽带。首席独立董事在公司业绩评价、CEO 继任计划、董事招聘、董事会和董事评价中也发挥着重要作用。有时，首席独立董事还担任与股东沟通的主要联系人。[21]在危机时期，包括政府或监管审查增加、遇到敌意收购以及产生代理权争夺战时，首席独立董事都发挥着特别重要的作用，他能够为内外部利益相关者带来清晰的沟通和明确的领导。

为了有效地担任这个职位，首席独立董事需要具备和董事长相同的技能，包括沟通和倾听技巧、交际手腕和获取信心的能力。首席独立董事必须愿意采取与管理层相反的立场，以迫使管理层作出改变。一位董事说："首席独立董事要关心董事会的精神，要诚信、忠诚及冷静，并代表正义，会强硬地问一些众所周知的'愚蠢'的问题，给予别人安全感。"[22]然而，首席独立董事不应过多地介入管理，尤其是在危机时期。

专家认为首席独立董事可以通过以下方式帮助企业改善业绩：

- 负责改善董事会绩效。
- 与CEO建立良好的关系。
- 与股东进行有效沟通。
- 在危机或动荡时期贡献领导能力。
- 确保董事会有效参与公司战略的制定。
- 领导董事会参与CEO、高级管理人员、董事及董事长的继任计划。[23]

尽管董事会可能已经在讨论以上这些议题，但任命一位首席独立董事可以加快这个进程。有证据表明，将选择事项的责任集中在一位有能力的董事身上并给予他执行的权力，可以达到加快进程的目的。以下列举了几个成功的首席独立董事的例子，可以为其他公司提供参考。这些例子表明，首席独立董事只有在被给予充分的自主性且董事长或其他董事不削弱其权力的情形下才会取得成功。

 专栏　　　　　　　　　　**首席独立董事**

家得宝

在家得宝（Home Depot）陷入前CEO罗伯特·纳德利（Robert Nardelli）薪酬争议期间，邦尼·希尔（Bonnie Hill）是薪酬委员会的领导。其间，她为不满薪酬与绩效脱节的机构投资者向公司进行了大量的投诉。希尔认为主动接触投资者是可以维护公司最佳利益的。她与其他非执行董事组织了一次座谈会，约40个机构股东被邀请来表述他们关心的问题。更重要的是，管理层没有参加这次会议。在会议之后，该公司调整了薪酬计划，更好地平衡薪酬和绩效。希尔由此得到了股东的支持，被任命为首席独立董事。她利用这个职位，在各种各样额外的治理事宜上，与股东保持更加紧密的沟通。[24]

荷兰皇家壳牌石油公司

2004年，有人透露荷兰皇家壳牌石油公司夸大了其石油和天然气的储量，虚报近40亿桶或20%的储量。在随后的调查中，管理层被曝参与了合谋隐瞒董事会和公众。董事会聘用约翰·克尔（John Kerr）爵士——壳牌运输（Shell Transport）的非执行董事和前欧洲外交官，来领导独立董事的筹划指导委员会，对公司的组织结构和治理进行全面审查。在接下来的几个月里，克尔会见了持有公司普通股超过50%的机构投资者，他还多次会见了一些投资者。克尔在这些会议上做了详细的笔记，并且参考和遵循了投资者在这些会议上提出的具体建议。他的做法获得了投资者的信心，因为他们相信这个公司能真正听到他们的声音。2004年10月，基于一些投资者提出的公司缺点，克尔的筹划指导委员会提议对公司的组织和治理体系进行一次全面的审查。[25]

研究首席独立董事的文献不太多，主要是因为很难分辨哪些公司的首席独立董事有实权，哪些公司的首席独立董事仅仅负责主持执行会议。不过，一些证据表明，首席独立董事改善了治理结果。Lamoureaux，Litov 和 Mauler（2019）研究发现，股东对采用首席独立董事这一职位反应积极，且拥有这一职位的公司更有可能解雇表现不佳的 CEO。[26] Larcker，Richardson 和 Tuna（2007）研究发现，公司任命首席独立董事，并与其他因素相结合，能够改善未来的经营业绩和股票收益。[27]

任命首席独立董事的效果可能取决于公司的治理状况和所选董事的个人素质。

外部（非执行）董事

正如在第 2 章所讨论的那样，大多数发达国家的证券法都要求公司董事会中**外部（非执行）董事**（outside（nonexecutive）directors）占多数。外部董事在履行职责时，不会受到管理层的不当影响，因为他们不需要向 CEO 汇报，也不依赖公司生存。他们会利用自身的专业背景和专业知识对公司的战略和商业模式提出建议。因此，与内部董事相比，外部董事更适合履行董事会的咨询和监督职能。

但是，相对于内部董事来说，外部董事不太了解公司事务。我们在前面将其称为信息鸿沟，尤其是当公司运营需要专业知识时，这种情况更容易发生。信息鸿沟会影响外部董事进行决策。当然缺乏独立性也不利于进行决策。尽管企业必须符合证券交易所规定的独立性标准，但这并不能保证符合这些标准的外部董事是真正独立的。一些管理专家指出，公司内部可以指派董事会提名那些看起来独立但实际上并不独立的董事。[28] 此外，外部董事可能是独立的，但没有充分参与公司事务，因此也不能说是合格的。当发生这种情况时，外部董事是无效的。

 专 栏　　　　　　　　　**独立……但是否合格**

雷曼兄弟公司

2008 年，雷曼兄弟公司的董事会有 11 位董事，其中 10 位是外部董事，只有一位是内部董事（董事长兼 CEO），他就是理查德·富尔德（Richard Fuld）。这 10 位外部董事中，只有一位有领导大型美国银行的经验，即杰里·格兰德霍夫（Jerry Grundhofer），他是美国合众银行（U. S. Bancorp）前 CEO。其他外部董事分别是：

● 约翰·麦康伯（John Macomber），80 岁，麦肯锡前咨询顾问，拥有在化工行业担任 CEO 的经验。

● 约翰·埃克斯（John Akers），74 岁，IBM 前 CEO。

● 托马斯·克鲁克香克（Thomas Cruikshank），77 岁，哈里伯顿公司（Halliburton）前 CEO。

● 亨利·考夫曼（Henry Kaufman），81 岁，所罗门兄弟公司（Salomon Brothers）

前首席经济学家。

- 克里斯托弗·金特（Christopher Gent），60 岁，沃达丰（Vodafone）前 CEO。
- 罗杰·柏林德（Roger Berlind），75 岁，戏剧制作人。
- 罗兰·赫尔南德斯（Roland Hernandez），50 岁，Telemundo 公司前 CEO。
- 迈克尔·安斯利（Michael Ainslie），64 岁，苏富比公司（Sotheby's）前 CEO。
- 玛莎·约翰逊·埃文斯（Marsha Johnson Evans），61 岁，红十字会（Red Cross）前负责人。[29]

值得注意的是，该董事会有大量的退休人员。虽然退休的管理人员比在职管理人员有更多的时间处理董事会事宜，但他们掌握的行业动态和法规知识可能已经过时。这个董事会的平均年龄也值得注意，年长的董事不一定比年轻的董事效率低，但公司的最终破产表明，这个委员会没有配备能够为公司战略和风险提供建议和进行监督的董事。他们当选为董事可能有其他原因，而不是因为他们具有金融专业知识。[30]

研究表明，投资者通常看好有外部董事的公司。Rosenstein 和 Wyatt（1990）研究发现，在董事会中增加一名独立董事，公司的股价会在公告日前后出现明显的涨幅。[31]有趣的是，如果让一名持有公司少量股票的内部人加入董事会，股东会产生消极的反应；相反，让一名持有公司大量股票的内部人加入董事会，股东的反应很积极。显然，投资者懂得在内部董事的信息优势与他们潜在的假公济私风险之间进行权衡，投资者希望内部董事可以更多地持股，以降低这种风险。Nguyen 和 Nielsen（2010）研究发现，当一位外部董事突然去世时，股票市场会产生负面反应，尤其是当这位外部董事在董事会中担任重要角色时，例如董事长或审计委员会主席，当所有外部董事的表现都不好时，情况更是如此。相反，如果这位外部董事在董事会任职很长一段时间，或者是在现任 CEO 任期内被任命的，则股票价格的反应不会那么消极。[32]

外部董事对公司长期经营绩效的影响不太明显。Bhagat 和 Black（2002）研究发现，董事会中外部董事所占比例与公司股票的长期表现几乎没有关系。[33]相反，Knyazeva，Knyazeva 和 Masulis（2013）研究发现，外部董事对企业价值和经营绩效会产生积极影响。[34]Duchin，Matsusaka 和 Ozbas（2010）研究发现，外部董事的有效性取决于获取公司有关信息的成本大小。当外部董事能够比较容易地获取公司专业知识时（因为该公司处于一个简单的行业），公司业绩会随着外部董事的任命而提高；当外部董事很难获取专业知识时，公司业绩会随着外部董事的任命而降低。[35]

外部董事占比较高的董事会可能会在兼并和收购上作出更好的决定。Cotter，Shivdasani 和 Zenner（1997）研究发现，当一个公司宣布收购时，相对于非执行董事占多数的董事会而言，如果执行董事占多数，则收购企业的股票价格反应会更加消极。可以预测的是，如果执行董事已经商定了收购价格，那么收购双方可能会通过建立商业联盟破坏公司价值。同样地，如果目标公司的董事会是独立的，那么目标公司会获得更高的收购溢价。[36]Byrd 和 Hickman（1992）得出了类似的结论，研究结果表明，有外部董事的董事会更有可能进行公平谈判，从而确保收购目标和收购价格是合理的。[37]

最后，目前还不清楚外部董事占多数的董事会能否与 CEO 谈定更加合理的薪酬。Boyd（1994）研究发现，CEO 的薪酬水平与外部董事比例之间存在一个意想不到的正相关关系。[38]Zorn，Shropshire，Martin，Combs 和 Ketchen（2017）也发现了类似的结果。[39]然而，Finkelstein 和 Hambrick（1989）研究发现，这些变量之间没有相关关系。[40]

显然，外部董事可能带来积极影响，也可能带来消极影响。外部董事可能为董事会带来专业知识和独立性，从而降低代理成本，提高公司业绩，但外部董事在获取信息方面的劣势也会降低他们的效率。这方面的研究结论不一，当股东评估董事会成员时，应该根据董事的经验以及这些经验是否有助于其履行咨询和监督职能来进行判断。

再议董事会独立性

纽约证券交易所要求上市公司董事会中独立董事必须占多数。**独立性**（independence）被定义为"与上市公司不存在重大关系（无论是直接的关系还是作为合作伙伴、股东或与公司有关的组织官员而存在）"。[41]如果董事或其家庭成员存在以下情况，则董事不会被认为是独立董事：

- 在过去的三年里一直被聘为公司的高管。
- 在过去的三年里，从公司获得了超过 120 000 美元的薪酬。
- 在过去的三年里，一直被聘为公司的内部或外部审计师。
- 是另一家公司的高管，但该上市公司的现任高管在过去三年里曾在这家公司的薪酬委员会任职。
- 是另一家公司的高管，但这家公司在过去三年里与该上市公司的业务收入超过其总收入的 2% 或 100 万美元。

设立这些标准的目的是确保董事能够独立判断，履行职责。独立性对董事会履行其咨询和监督职能非常重要。[42]独立性使董事能够客观地评价高层管理人员、公司战略、商业模式以及管理层提出来的风险管理政策，也能够使董事更加客观地评估公司运营和财务业绩。独立性意味着董事能够通过独立谈判的方式确定 CEO 薪酬方案，并能在维护股东最佳利益的基础上确定收购计划。那些与公司有重要关系的或依赖公司生存的董事，在这些领域不太可能是独立的。根据摩根士丹利资本国际（MSCI）的数据，谷歌母公司 Alphabet、奥莱利汽车公司（O'Reilly Automotive）

和辛克莱广播集团（Sinclair Broadcasting Group）的董事会是 2018 年独立性最差的董事会；辉瑞和优纳姆集团（Unum Group）的董事会独立性最强。[43]

然而，纽约证券交易所（或其他交易所）的独立性标准，对于在选出可以真正进行独立判断的董事方面并不太可靠，因此，如果投资者依靠这些标准进行判断，将存在一定的风险。纽约证券交易所承认这种风险：

> 无法预测，或者无法明确地判定，所有可能预示着潜在利益冲突或可能会对董事与上市公司的关系产生重要影响的情况……因此，最好是董事会在广泛考虑所有相关事实和情况的基础上，自己作出独立的判断。[44]

实际上，纽约证券交易所的独立性标准划出了一条清晰的界线。对投资者来说，这意味着一些董事可能符合这些标准，却没有保持真正的独立；另一些董事虽然不符合这些标准，却能够保持完全的独立性。换句话说，这里存在一种风险，即纽约证券交易所的独立性标准可能会对股东判断董事的独立性产生误导。

专栏　　　　　　　　　**商业关系与"独立"**

在纽约证券交易所的一系列独立性标准中，有三项旨在剔除那些与 C 级高管（C-level executives）有关系的个人。这些标准包括限制前高管、前审计师以及与外部薪酬委员存有某种关系的高管担任独立董事，这些都是对可能影响董事独立判断的关系的合理预测。

然而，另外两个标准有点武断。为什么 120 000 美元的薪酬会影响独立判断呢？这确实是一个比较大的数字，但大多数的工资，无论什么水平，对赚取它的人来说都是公平的。同样地，为什么一个董事所在的公司与该上市公司的业务收入超过其总收入的 2% 就会影响这位董事的独立判断呢？因为业务合作伙伴当然希望看到其客户或供应商取得成功。某些董事可能会滥用职权以获得利益，其他人则是通过公司防止董事会内部滥用职权和确保公司正常运行来获取既得利益的（详见第 12 章的"连任的沃伦·巴菲特"）。

大多数研究未能发现董事的独立性与公司业绩改善之间存在显著的相关关系。我们列举了一些对外部董事的研究。总的来说，独立性与市场回报或长期绩效之间只有微弱的相关关系或者根本没有关系。一些证据表明，独立性会带来更加合理的兼并和收购活动。但是，独立性与 CEO 薪酬之间的关系还不太清楚，我们怀疑纽约证券交易所独立性标准的结构性缺陷混淆了研究数据。

Hwang 和 Kim（2009）意识到了这个缺陷并尝试纠正，他们设计了一项研究，将那些会影响董事判断但被纽约证券交易所的独立性标准忽略的情境或心理因素考虑进去。他们对董事进行了区分：一种是符合纽约证券交易所独立性标准的董事，即**传统独立董事**（conventionally independent director）；另一种是与 CEO 之间不存在社会关系的董事，即**社会独立董事**（socially independent director）。他们确定了 6 个纽约证券交易所独立性标准没有考虑到但会影响董事独立性的社会关系因素，具体如下：

- 曾在军队服役；
- 毕业于同一所大学（且出生相隔不超过三年）；
- 出生于美国同一地区或非美国的同一国家；
- 专业相同；
- 在最初就业阶段处于同一行业；
- 有共同的第三方关系。

Hwang 和 Kim 断定，有以上共同点的董事与 CEO 会有一种心理上的亲和力，这导致他们容易过度相信或依赖彼此而不能保持足够的客观性。以 1996—2005 年《财富》100 强（*Fortune* 100）的公司董事为样本，他们发现 87% 的董事是传统独立董事，只有 62% 的董事在传统意义和社会意义上都是独立的。董事的社会依赖性会导致高管薪资水平上升、业绩不佳的 CEO 离职率下降以及 CEO 操纵盈余来增加自身奖金的可能性变大。他们由此得出结论，社会依赖性会影响董事会与管理层进行独立谈判的能力。[45]

其他采取非常规方法测量独立性的研究也得出了类似的结论。Coles，Daniel 和 Naveen（2014）认为，被现任 CEO 任命的董事更容易赞同 CEO 的决定，因此更缺乏独立性（即"收编"）。与此一致的是，通过对薪酬水平、绩效工资敏感性、表现不佳的 CEO 被免职的可能性以及并购活动的测量，他们发现，若董事会中被现任 CEO 任命的董事比例越高，则董事会履行监督职能的表现越差。他们的结论是，"并不是所有的独立董事都是有效的监督者""被收编的独立董事表现得并不怎么独立"。[46] 同样地，Fogel，Ma 和 Morck（2015）研究发现，"强大"的独立董事（即拥有庞大社交网络的董事）会带来更有价值的并购活动，会更加严格地监督 CEO，同时减少公司的盈余管理现象。[47] Houston，Lee 和 Shan（2016）研究发现，积极将前员工董事归为独立董事的公司，未来发生欺诈的可能性更大。[48]

这种类型的分析肯定不易进行，这表明有关公司治理的讨论缺乏一定的批判性思维。他们的研究结果表明，相对于仅仅检测对于监管方针的遵守情况来说，对独立性进行大规模的更加复杂的评估，能够使我们更好地了解公司治理的质量。

独立委员会

2002 年《萨班斯-奥克斯利法案》要求美国上市公司的审计、薪酬及提名与治理委员会只能由独立董事组成。相比之下，董事会的其他专门委员会，例如金融与投资委员会、信贷委员会、科学与技术委员会，则没有受到这样的约束，通常这些委员会由外部董事和内部董事一起组成。

委员会的独立性问题和董事会的独立性问题类似。独立委员会拥有客观监督管理行为和公司业绩的潜力，但拥有内部董事的委员会可能具备企业特有的知识，有助于提高公司长期经营业绩。《萨班斯-奥克斯利法案》规定的独立性标准是为了在这些取舍中找到平衡。主要履行监督职能的委员会（审计、薪酬及提名与治理委员会）按法律要求应当具备独立性，所有其他兼具咨询和监督职能的委员会（金融、环境、科学与技术以及其他委员会）则没有被如此要求。

研究文献中有证据表明，独立董事可以提升审计委员会的监督能力。Klein（2002）研究发现，相较于独立董事占少数的审计委员会所在的公司，独立董事占多数的审计委员会所在的公司具有更高的盈利质量。（然而，她没有发现这样一种情况，即 100％ 独立的审计委员会比大多数独立的委员会表现更好。）[49] Wang、Xie 和 Zhu（2015）研究发现，具有相关行业经验的独立董事在审计委员会任职与盈余管理的减少相关，而在薪酬委员会任职的独立董事则与超额薪酬可能性的降低相关。[50] Guo 和 Masulis（2015）研究发现，为符合上市要求而增加独立的提名与治理委员会的公司，其 CEO 在业绩不佳之后的离职率更高。[51]

研究还显示了独立委员会要求的局限性。Kim 和 Klein（2017）研究发现，完全独立的审计委员会不会带来更高的市场价值或更高质量的财务报告。[52] Bruynseels 和 Cardinaels（2014）研究发现，委员会成员与 CEO 之间的社会关系可能会损害委员会的独立性和有效性。具体来说，审计委员会成员因加入俱乐部和慈善组织而与 CEO 拥有共同关系的那些公司，其财务报告质量往往较低。他们还发现，这种社会关系很普遍，在其样本中有 39％ 的公司存在这种关系。[53]

然而，研究表明，独立性并非委员会的必要条件。Klein（1998）检验了投资与金融委员会的内部董事是否有助于提高公司业绩。她推断，由于审计委员会的目的是作为监督机构减轻代理成本，而投资与金融委员会更专注于战略发展，因此应该可以从内部董事具备的企业特有知识中获益。她发现了一些支持这一推断的证据：投资与金融委员会中有较高比例的执行董事的公司，往往会有更好的经营收益和股市表现。然而，她没有发现审计委员会和薪酬委员会存在这样的相关性。[54]

这些研究表明，委员会的独立性程度对公司业绩具有一定影响。同时，委员会中设有内部董事不能说完全是好事，也不能说一定是坏事。正如我们所预料的那样，这取决于委员会的职能及其成员的质量。

董事会中的银行家

银行家在许多公司的董事会中扮演着重要的角色，他们带来了有关公司的资本结构、融资方案、财务风险以及与并购相关的专业知识，同时，他们也带来了在类似业务中为客户服务所积累的行业知识。在公司遇到麻烦时，他们可以帮助公司获得资本，特别是当公司因为信用评级过低而融资困难时。银行家还带来了来自债权人角度的监管专业知识，强调遵守公约和获取超额保险，这使得他们能够发现问题的早期迹象并加以解决。

然而，银行家可能不是完全独立的监督者，他们对所在银行的忠诚和对任职董事所在公司的忠诚是不对等的。有些银行家可能会利用职务之便引导公司选择他们的银行，而这种违反信托义务的行为往往很难察觉。此外，当银行家所在的银行向公司提供融资时，银行作为债权人的利益可能会与股东的利益相冲突。

关于银行家对公司董事会贡献的研究得出总体上对公司不利的结论。Güner，Malmendier 和 Tate（2008）研究发现，将商业银行家引入董事会的公司往往会增加它们的借贷活动，但公司的价值并没有得到相应的提升。有证据表明，借贷活动的增加会为贷款机构带来更多的低风险收益。此外，他们发现没有证据可以表明，公司通过借贷获得的资金不能通过其他方式获得。将投资银行家引入董事会的公司往往会作出更糟糕的收购决定。当董事会中有投资银行家时，收购公司的股票收益率在公告日会下降约1%，这与投资银行家可以通过谈判进行更好的交易来创造价值相冲突。研究结果表明，作为外部董事的银行家会把他们所在银行的利益放在对公司股东的义务之上。[55] 在德国和日本，关于银行家影响的研究也得到了类似的结论。[56]

Erkens，Subramanyam 和 Zhang（2014）研究发现，让银行家加入公司董事会能使银行更直接地获得更多关于公司绩效的信息，从而降低公司通过采用稳健会计建立信誉所面临的市场压力。他们还研究发现，银行家作为代表可以让贷款方基于私人信息及时重新协商债务契约。[57]

也有证据表明，当银行与公司的关系不存在冲突时，董事拥有银行业经验对公司是有利的。Huang，Jiang，Lie 和 Yang（2014）研究发现，之前有过投资银行经验的董事可以改善并购活动的结果。有投资银行家董事的公司在宣布收购时会有更好的回报、支付更低的收购溢价和咨询费，并在收购后表现卓越。[58]

董事会中的财务专家

《萨班斯-奥克斯利法案》第 407（b）项要求公司必须在审计委员会中任命一位**财务专家**（financial expert）。一个合格的财务专家必须有担任公共会计师、审计师、财务总监、审计长或首席会计主管的经验，还必须了解会计原则、财务报表的编制、内部控制和审计委员会的职能。[59]

有证据表明，在审计委员会中引入一位财务专家有助于提高公司治理质量。Defond，Hann 和 Hu（2005）研究发现，当一位财务专家进入审计委员会时，市场反应会比较好。他们还将财务专家样本分为有会计背景的财务专家和没有会计背景的财务专家两类，发现当审计委员会招聘一位具有会计背景的财务专家时，市场反应会更好。他们的研究结果表明，股东更看重那些可以直接提高财务报表完整性的审计委员会成员。[60]同样地，Agrawal 和 Chadha（2005）研究发现，当审计委员会成员拥有 CPA 或类似证书时，公司财务重述的概率会更低。[61]Krishnan（2005）研究发现，当公司的审计委员会设有财务专家时，公司的内部控制不太可能出现问题。[62]

董事会中的政治关联

一些公司认为，招聘一位有政治关联的董事进入董事会对自身是有利的。董事可以利用自身的专业网络关系或知识，帮助公司获得政府合同或改善与监管机构的关系。另外一些公司认为，当它们的高管离开公司去政府或联邦机构就职时，公司也可以获取政治关联。

有证据表明，投资者看好董事会的政治关联。Faccio（2006）以及 Hillman，Bierman 和 Zardkoohi（1999）研究发现，公司 CEO 或董事会成员得到政治任命后，投资者反应比较积极。[63]同样地，Goldman，Rocholl 和 So（2009）研究发现，在 2000 年布什（George W. Bush）当选美国总统后，董事会中有共和党成员的公司表现出积极的股票收益。[64]

然而，这些关系可能不会带来实实在在的好处。Fisman，Fisman，Galef 和 Khurana（2012）研究了曾任哈里伯顿公司 CEO 的美国前副总统理查德·切尼（Richard Cheney）对哈里伯顿公司的影响，发现没有证据可以证明该公司从这种关系中受益。[65]Faccio（2010）研究发现，具有政治关联的公司会获得更低的税收和更强的市场力量，但跟同行相比，它们的资产收益率和市净率也较低。[66]针对法国公司的研究，也得到了类似的结论。[67]

> **专栏**　　**大行其道：政治人物在董事会**
>
> 2018 年 4 月，美国众议院前议长约翰·博纳（John Boehner）加入了加拿大大麻公司 Acreage Holdings 的董事会。他并非董事会中唯一的前政治家。博纳曾与加拿大前总理和马萨诸塞州前州长共事。尽管博纳在他的政治生涯中曾反对对医用大麻放松管制的立法，但他表示，他的想法已经"进化"了："鉴于我们国家退伍军人的挣扎和阿片类药物的流行，在了解到合法化这种药物可能有助于解决这两种危机后，我决定参与进来。"[68]
>
> 如果公司董事会招募政客是为了让股东受益，那么这种好处是短暂的。2018 年 11 月，该公司以每股 25 美元的价格上市，首个交易日股价即下跌了 20%。2019 年 4 月，该公司同意与加拿大的 Canopy Growth 公司合并，现金和股票交易的完成取决于"大麻的生产和销售在美国成为合法"的要求。[69]6 个月后，联邦政府还没有将其合法化，但 Acreage Holdings 公司的股价已低于每股 5 美元。

董事会中的员工代表

德国法律规定，德国公司的监事会要有员工代表。这项要求被视为员工的**共同决策权**（right of codetermination），其在欧洲国家很普遍，包括奥地利、丹麦、荷兰、挪威和瑞典。在英国，《英国公司治理准则》建议公司任命一名员工进入董事会，或成立一个正式的员工顾问小组。[70]董事会中员工代表的目的是确保员工参与到影响工作场所诸多问题的决策中去，例如工作规则和计划、评估和招聘人员的方法、健康和安全工作标准的设计、薪酬与福利协议以及将技术引进生产过程等。通过担任董事，员工能够参与高层次的公司事宜，例如战略、运营、资本结构和管理监督等。共同决策权能够让员工在治理过程中真正发声。

员工适当参与决策是可取的，因为员工拥有关于日常业务流程、客户和供应商的有用信息。董事会中的员工代表可以促进员工和管理层之间的信息交流。员工代表也可以帮助公司改善内部关系和减少停工的发生。此外，员工代表还可以对管理层的薪酬和待遇进行更好的监督，从而降低代理成本。然而，让员工成为董事会成员将提高员工"抽租"的水平（例如，人为要求提高工资或增加员工人数），这会降低公司的竞争力。

关于员工董事的学术研究，结论不一。Gorton 和 Schmid（2004）研究发现，在德国，相对于员工代表比例较低的公司（员工董事占 33％）而言，董事会中拥有较高员工代表比例的公司（员工董事占 50％），其股票交易价格更低。[71]Fauver 和 Fuerst（2006）研究发现，在需要较高协同水平的行业（例如制造业、交通运输业、批发或零售业）以及竞争不太激烈的行业中，员工董事的比例与公司的市场估值正相关。有证据表明，员工代表为公司带来的好处呈倒 U 形，这意味着一定比例的员工代表可以提高公司的估值，但超过一定的阈值，公司收益将递减。有员工董事的公司更有可能支付股息，从而减少管理层攫取资本。[72]通过使用法国上市公司的样本，Ginglinger，Megginson 和 Waxim（2011）研究发现，董事会中有员工代表有助于提升公司的价值和盈利能力。[73]

以上这些研究结论是针对欧洲公司的，美国公司的情况尚不清楚。在美国，没有强制要求公司董事会中必须有员工代表。通过研究执行员工持股计划（employee stock ownership plans，ESOPs）的公司，研究人员得出了与上述结论相反的结论。Faleye，Mehrotra 和 Morck（2006）对员工持股至少 5％ 的公司进行了调查，在这样的公司里，员工可以在决策中发声。他们发现，这样的公司估值更低，对长期资产的投资更少，更加规避风险，增长更加缓慢，就业增长率和劳动生产率也较低。他们的结论是，员工的影响与股东价值最大化的目标是互相冲突的。[74]

观察性证据表明，让员工参与公司决策，只有在特定情形下，才能让董事会或管理层受益。例如，西南航空公司（Southwest Airlines）最著名的政策就是授予飞行员和机组人员极大的自主权去进行调整，以提升效率和顾客满意度。提高经营效益是否需要员工董事，目前还不清楚。我们猜想，员工代表的有效性取决于管理层与员工之间现有关系的性质以及公司文化和竞争定位。

专栏　　　　　　　　　　**董事会中的工会代表**

通用汽车

2014年，通用汽车提名约瑟夫·阿什顿（Joseph Ashton）——美国汽车工人联合会（United Auto Workers，UAW）的副总裁——担任董事。当时，美国汽车工人联合会退休人员医疗福利信托机构（UAW Retiree Medical Benefits Trust）是通用汽车的最大股东，持有公司8.7％的股份，价值约为49亿美元。该信托机构提议将阿什顿选为董事会成员。公司董事长蒂姆·索尔索（Tim Solso）说："约瑟夫在很多行业的工作经验为公司带来了丰富的知识，尤其是他深切地了解怎样的员工战略可以帮助公司获取成功。"[75]该公司的股东委托书详细阐明了阿什顿"在一些领域极具专业知识，例如制造工艺、养老金和医疗保健费用、政府关系、员工敬业度、员工培训和工厂的安全"。[76]

一家大型美国公司选出一位工会代表担任董事是很不常见的。工会代表在所有美国上市公司的董事中所占比例不到1％。

专家们就阿什顿的提名对治理质量的影响产生了分歧。一位专家认为，当董事会必须决定是否进行裁员或关闭工厂时，阿什顿会非常矛盾，"这种情况使得工会代表处在一个矛盾的立场上，他将被迫在对董事会的忠诚与对工会的忠诚之间进行选择"。其他人则认为这有积极的一面，"在董事会中有一位比较了解情况的人非常有用，他不仅能够参与薪酬设置，而且能够帮助董事了解一线工人在想些什么"。[77]

阿什顿担任通用汽车董事的任期很短。2017年，他因一项涉及汽车供应商欺诈和洗钱的联邦调查离职。2019年，他承认操纵合同以换取回扣的指控。[78]通用汽车在一份声明中表示，对阿什顿的行为并不知情，称其行为"令人发指"。阿什顿的律师说："有时候你会发现，好人会作出非常糟糕的决定。"[79]

"繁忙"董事会

在美国，绝大多数董事会成员（79％）只为一家公司董事会服务。有一定数量的董事在2～3个董事会任职，但超过这个任职数目的董事人数很少。根据Equilar公司的数据，不到1％的董事同时在5个以上的董事会任职（见表5-2）。[80]

表5-2 每个董事拥有的董事会席位数

拥有的董事会席位数	董事人数	比例
≥7	11	0.0%
6	19	0.1%
5	97	0.3%
4	420	1.2%
3	1 484	4.4%
2	4 742	13.9%
1	27 296	80.1%
合计	34 069	100.0%

资料来源：Data collected by Equilar and computations by the authors. Data for companies with fiscal year ending in 2017.

研究人员将那些同时拥有多个董事会席位的董事称为**"繁忙"董事**（busy directors）。定义一个繁忙董事的数字阈值是自由裁量的，但研究人员普遍认为它是指担任三个或以上的董事会席位。同样地，学者认为繁忙董事会是指董事会中的大多数成员都是繁忙董事。

公司拥有一位繁忙董事，可以带来一些潜在的好处。繁忙董事可以带来相关公司在运营、战略和财务方面的一手信息，他们还可能有广泛的社会和专业网络关系，这对公司招聘董事、评估高管人才、应对监管机构和建立合作伙伴关系来说很宝贵。此外，繁忙董事可能有很好的声誉，这才能使他们在多个董事会任职。但是，繁忙董事可能会监管不严，或者因为外部事务而在关键的时候无法到场。意识到这些风险后，一些公司限制了董事的任职数量。根据世界大型企业联合会的数据，超过3/4（77%）的公司在2018年有这样的限制。[81]

专栏　　　**一位繁忙董事的概况**

2012年，小欧文·霍卡迪（Irvine Hockaday，Jr.）同时在三家上市公司的董事会任职，即皇冠传媒控股有限公司（Crown Media Holdings）、雅诗兰黛（Estee Lauder）和福特汽车（Ford Motor）。霍卡迪是贺曼贺卡公司（Hallmark Cards）的前任董事长兼CEO，从1986年开始任职直至2001年。他还是阿斯彭研究所（Aspen Institute）的终身理事，堪萨斯城联邦储备银行（Federal Reserve Bank of Kansas City）的前主席，以及堪萨斯城的杰出公民。一位同事这样评价霍卡迪："他是一位不会随大流的独立思考者。一旦发现有什么不对，他会马上要求澄清。他肯定不会不管不问。"[82]曾经，霍卡迪同时在六个董事会任职，包括道琼斯（Dow Jones）、Sprint Nextel以及亚居拉公司（Aquila）等。

霍卡迪作为董事会成员，作出了很多有价值的贡献。他一直是福特汽车的首席独立董事，并在 2006 年福特聘请艾伦·穆拉利（Alan Mulally）时起了很大的推动作用。Sprint Nextel 公司发现 CEO 威廉·埃斯里（William Esrey）及 COO 罗纳德·勒梅（Ronald LeMay）利用安永会计师事务所的税务审计员进行非法避税后，在迫使这二人离职时，霍卡迪也发挥了重要作用。同时，霍卡迪也是道琼斯薪酬委员会的主席，他强调设置绩效工资，据报道，12 年来，他没有缺席一次董事会会议。在他任职的六个董事会中，五个董事会的薪酬形式都是给予他股份而不是现金，他认为这样能够将他的利益与股东的利益连为一体。

然而，霍卡迪也陷入了争议。例如，在他担任亚居拉公司薪酬委员会主席期间，CEO 罗伯特·格林（Robert Green）曾不合时宜地进入能源交易市场导致股票崩盘，随后，该薪酬委员会为即将离任的格林支付了一笔极具争议的遣散费——760万美元。[83]

最近，霍卡迪减少了自身的董事职位。他离开了 Sprint Nextel 公司的董事会，并指出，"现在成为一位董事，面临着比过去更高的标准"。[84]

研究人员研究了繁忙董事会与治理质量之间的关系（这属于董事会结构研究），得出了一致的和令人信服的结果：有繁忙董事会的公司往往会表现出更差的长期业绩和更糟糕的监督。Fich 和 Shivdasani（2006）研究发现，拥有繁忙董事会的公司，其市净率和资产收益率更低，而且相对于其他公司来说，也不太可能解雇表现不佳的 CEO。此外，他们发现，投资者对繁忙董事从董事会辞职的消息反应比较积极，对一位外部董事接受了另一份董事职位的消息反应消极，尤其是当董事因为接受了其他董事职位而变得繁忙后，投资者的反应是最为消极的。[85]

许多其他的研究也得到了类似的结论。例如，Core，Holthausen 和 Larcker（1999）检验了各种治理变量（繁忙董事、年迈的董事以及 CEO 任命的董事等）对公司未来经营绩效和其他变量（例如 CEO 薪酬）的影响。他们发现繁忙董事会相对于不繁忙的董事会而言，会给 CEO 更高的薪资。有繁忙董事会的公司也会表现出更低的一年、三年、五年经营绩效（通过衡量资产回报率）和股票市场收益。[86]

Falato，Kadyrzhanova 和 Lel（2014）研究发现，当一位独立董事突然死亡后，其剩余的工作量必须分配给繁忙董事时，相对于分配给不繁忙的董事的情形而言，股票市场的反应更为消极，这表明投资者担心额外的工作量将会影响董事会质量。[87]Fernandes，Farihna，Martins 和 Mateus（2015）以欧洲银行为样本，发现有繁忙董事会的银行在金融危机期间股价更低。[88]Masulis 和 Zhang（2017）研究了繁忙董事最忙碌或最受外部环境干扰的特定时间段，发现繁忙董事比例高的公司的市值（托宾 Q 值）更低，经营绩效更差。[89]

Field，Lowry 和 Mkrtchyan（2013）研究认为，繁忙董事是无效的监督者，却是很重要的公司顾问。他们列举的证据表明，繁忙董事在公司进行首次公开发行时发挥着重要作用，而且有助于提升公司价值。他们指出，在《福布斯》500强公司中，繁忙董事的效果是最差的，因为这些公司更需要监督而不是咨询。Ferris, Jayaraman和Liao（2017）的研究同样发现，虽然繁忙董事会对老牌公司不利，但对年轻公司（成立不到6年的公司）有益，他们将这归因于网络化董事的咨询能力。[90]

连锁（或关联）董事会

连锁（或关联）董事会（interlocked/connected board）是指两家公司的高管互相担任彼此公司的董事。据估计，8%的连锁董事会是通过CEO交叉任职董事而形成的。当该定义扩大到包括退休的CEO和其他现任高管时，拥有连锁董事会的公司比例上升到20%。[91]

这种关联为董事创造了交流网络，可以促进信息交流，这反过来又提高了决策水平。关于企业战略和企业监督的最佳做法，可以在共享董事会代表的企业之间有效转移。董事网络也是重要业务关系的来源，包括新的客户、供应商、资本来源、政治关联、监管机构以及董事和高管候选人。

但是，这种安排存在明显的缺点。如果专有信息在竞争企业之间共享，并且连锁董事会利用这些信息来串通，这种关联就成了反竞争行为。[92]此外，连锁董事会还创造了一种互惠的动态。例如，如果一家公司的CEO批准了另一家公司更高的董事薪酬，那么另一家公司的CEO很难不作出同样的决策。因此，连锁董事会影响董事会的客观性并削弱董事会的监督能力。

Hochberg，Ljungqvist和Lu（2007）研究发现，企业之间的网络连接提升了企业在风险投资行业的表现。[93]Fracassi和Tate（2012）研究发现，那些在高管和董事层级共享网络连接的公司，其投资政策具有更高的相似性和更高的盈利能力。当网络连接终止时，这些效果就消失了。[94]Cai和Sevilir（2012）研究发现，公司之间的连锁董事会能够帮助公司在并购活动中创造更高的价值。[95]Larcker，So和Wang（2013）研究发现，董事会关联较多的公司，相对于那些董事会关联较少的公司来说，有更好的经营业绩和更好的股票回报。在那些新成立的公司、有较高增长潜力的公司或需要转变的公司中，这些影响最为明显。[96]Cai，Nguyen和Walkling（2017）研究发现，如果公司较复杂或所在行业高度竞争，则投资者对关联董事会的反应积极。[97]

研究表明，网络连接还在业务实践的传播中发挥着（积极的或消极的）作用。Bizjak，Lemmon和Whitby（2009）研究发现，起源于部分公司的股票期权回溯的实践会通过连锁董事会转移到更多的公司。[98]Brown和Drake（2014）研究发现，避税策略也在连锁董事网络内共享。[99]Cai，Dhaliwal，Kim和Pan（2014）研究发现，公司的信息披露政策——特别是停止发布季度收入指导的决定——也在连锁董事网络内共享。[100]

最后，有证据表明，这种网络连接会削弱董事会的监督能力。Hallock（1997）发现的一些薄弱证据表明，拥有连锁董事会的公司的 CEO 比没有连锁董事会的公司的 CEO 享有更高的薪酬。[101]Nguyen（2012）研究发现，那些有连锁董事会的公司的 CEO 相对而言更不会因为表现不佳而被辞退。[102]最后，Santos，Da Silveira 和 Barros（2012）研究发现，在巴西，有连锁董事会的公司的市值更低。这些结论在那些既互相连锁又"繁忙"的董事会体现得尤为明显。[103]

委员会成员重叠

有研究专门分析了委员会成员重叠——董事在多个委员会任职——会提升还是会削弱委员会的监督功能。例如可能存在这种情况，一位在审计委员会任职的董事同时在薪酬委员会任职，可能会更有利于其在审计委员会的工作，这是因为薪酬合同是部分基于会计业绩指标的实现确定的，董事对财务会计的理解可能会帮助改进薪酬合同。一位有审计委员会工作经验的董事可能更了解企业报告收益的哪些组成部分能够更好地展现 CEO 的决策效果（也更不容易被操纵），从而使薪酬委员会在制定薪酬合同时，在这些部分设置更大的权重。

有证据表明，委员会成员重叠的好处显而易见。Carter 和 Lynch（2009）研究发现，董事同时在薪酬和审计委员会中任职，将会使薪酬合同中在更容易被操控的应计利润上设置更小的权重，在股票回报率指标上设置更大的权重。[104]同样地，Grathwohl 和 Feicha（2014）研究发现，在德国上市公司的样本中，重叠的审计和薪酬委员会带来更高的奖金以及更高的薪酬-绩效敏感度。[105]Chandar，Chang 和 Zheng（2012）研究发现，审计委员会和薪酬委员会成员重叠的公司，平均而言，其财务报告质量更高。[106]

当涉及审计委员会与薪酬委员会的成员重叠时，各公司表现不同。一项 2014 年的分析发现，美国 26％的上市公司没有重叠的薪酬委员会与审计委员会的成员，33％的上市公司有一位重叠的委员会成员，25％的上市公司有两位重叠的委员会成员，16％的上市公司有三位及以上重叠的委员会成员。有近 1/3 的公司（32％）的审计委员会主席在薪酬委员会任职。以相近的比例（35％），薪酬委员会主席同时在审计委员会任职。在 6％的公司中，薪酬委员会和审计委员会拥有完全相同的成员。[107]

在极端情形下，公司会委任全部的独立董事担任所有的常务委员会成员，使得每个委员会的成员都百分之百地重叠，这种安排称为全体委员会，旨在促进信息在整个董事会传播。由于董事参与所有的职能讨论，他们能更好地了解公司的经营和治理细节。这样一种全体委员会的结构需要董事投入大量的时间。

只有极少数公司（约 3％）采用全体委员会的结构。[108]高盛（Goldman Sachs）、纽柯（Nucor）、穆迪（Moody's）和贝罗（A. H. Belo）等数家公司是采取全体委员会结构的公司范例，虽然它们的监管文件并不能让我们充分了解它们采取这种董事会结构的原因。

我们仍需要更多的研究来了解委员会重叠的优势和不足，以及怎样的重叠模式是最有利的。

董事会规模

董事会规模往往与公司的规模有关。年收入低于 10 亿美元的公司平均有 8 名董事，而年收入超过 200 亿美元的公司平均有 12 名董事。[109]

大规模的董事会拥有更多的资源来履行其咨询和监督职能。通过董事经验的多元化和不同职能的委员会，董事会将更加专业化。然而，大规模的董事会在薪酬和协调日程方面会花费更多的成本。此外，大规模董事会还会面临决策缓慢、讨论不坦率、责任分散以及风险厌恶等问题。利弊权衡后，很多专家认为理论上存在一个最优的董事会规模。例如，Lipton 和 Lorsch（1992）研究认为，董事会应该有 8 或 9 位成员，不能超过 10 位。[110]

关于董事会规模与公司绩效之间关系的研究尚未得出一致结论。Yermack（1996）研究发现，董事会规模与公司价值之间呈负相关关系。他还发现，规模较大的董事会不太可能解雇表现不佳的 CEO，不太可能有与股东价值相关的薪酬合同，而且股东对公司扩大董事会规模的公告反应消极。[111]然而，Coles，Daniel 和 Naveen（2008）假设复杂的公司（那些拥有许多业务部门、需要外部承包关系的公司，杠杆公司以及特定行业的公司）可能会从大规模董事会中受益，因为这样的董事会可以为决策带来更多的信息。他们发现，对简单的公司来说，董事会规模与公司价值呈负相关关系，但对复杂的公司来说，两者成呈相关关系（超过某个点，收益会递减）。[112]他们的结果解释了多种因素如何影响结构属性与治理效果之间的关系。

董事会多元化

许多利益相关者主张，企业应该增加董事会的种族多元化，使得董事会成员的组成能够更好地反映美国人口的多元化。种族多元化通过确保董事会在市场动态、消费者行为以及员工对企业在运营和文化上获得成功的关注等知识的完备性，来改善决策过程。社会心理学家认为，多元化有助于董事会克服群体思维的倾向，这种倾向会使董事会快速地达成共识，因为社会相似性塑造了他们相似的认知和决策方式。多元化也可以激励董事们坦率真诚地交换意见，使他们不会因为社会相似性而过度地追求和谐，进而更有可能去挑战彼此的观点。从公共政策的角度来看，多元化是一个重要且与平等相一致的社会价值观。[113]

　　然而，一些证据表明，董事会多元化可能会影响决策的质量。社会心理学家已经表明，异质群体表现出较低的团队合作水平。团队成员之间的差异可能会导致更少的信息共享、不太准确的沟通、冲突的增多、凝聚力的降低以及无法达成共同目标。[114]如果这表现在董事会中，董事会的咨询和监督职能都会受到影响。

　　相当多的专业和学术研究主要集中在研究董事会多元化与公司业绩之间的关系上，但结论不一。Erhardt，Werbel 和 Shrader（2003）研究发现，董事的性别和种族多元化与公司业绩之间存在着显著的正相关关系。[115]同样地，Carter，D'Souza，Simkins 和 Simpson（2010）研究发现，董事会多元化会带来更高的账面市值比。[116]Wang 和 Clift（2009）研究发现，董事会多元化与公司业绩之间没有相关关系，Zahra 和 Stanton（1988）研究发现，这二者之间存在着负相关关系。[117]

　　同样地，对董事会多元化与企业决策的研究结果也是不确定的。Westphal 和 Zajac（1995）研究发现，CEO 与董事之间个人背景的相似性会导致更高的 CEO 薪资水平。[118]这与社会相似性会导致互惠的想法相一致，意味着董事会多元化可能有助于提升董事会的独立性和监督能力。然而，Belliveau，O'Reilly 和 Wade（1996）研究发现，不是社会相似性而是 CEO 相对于其他董事和薪酬委员会成员的社会地位差异，导致了 CEO 更高的薪酬水平。[119]这意味着 CEO 的权力是董事会变动的一个更大的决定因素。

　　在一项开创性的研究中，Williams 和 O'Reilly（1998）回顾了 40 年来关于多元化与团队绩效之间关系的研究（通过五种衡量多元化的方法，即背景、任期、年龄、性别和种族），他们发现多元化通常与较低效的团队运作、较高的流动率和更大的不满有关。他们的结论是，要使多元化有效，就必须对其进行良好的管理："面临的挑战是要找到适应这些趋势的方法，以减轻它们的负面影响，实现多元化的好处。"[120]

女性董事

　　近年来，公司董事会中的女性比例有所提高，尽管从各种指标来看，女性的比例仍然偏低。根据 Catalyst（一个致力于增加商界女性表现机会的非营利研究机构）的数据，在标准普尔 500 指数公司中，女性董事比例从 10 年前的 12% 上升到了 21%。此外，女性在新独立董事中所占比例接近一半（40%），这表明在未来几年，女性董事比例增加的趋势将继续下去。[121]这一趋势可以归因于来自社会和股东要求公司董事职位实现更大性别平衡的压力。例如，2019 年，道富银行（State Street）开展了一场广泛的运动，向公司施压，要求增加女性董事。到当年年底，在标准普尔 500 指数公司中，首次出现了每家公司至少拥有一名女性董事的情形。[122]

　　提升公司女性董事比例已成为一项国际优先的考量，诸多国家通过政策或立法强制促进这一目标的实现。挪威是第一个通过相关法律的国家，2003 年该国法律规定，到 2008 年所有上市公司董事会必须包含 40％以上的女性董事，不符合这项要求的公司会被交易所摘牌。这项法律对女性董事产生了直接影响。2002 年，挪威的公司中只有 7％的董事是女性，到 2007 年底，这个比例已经上升到 35％。[123]其他欧洲国家紧随其后。西班牙在 2015 年颁布了女性董事的比例必须达到 40％的法律。法国也通过了类似的立法。瑞典要求企业自愿提高女性董事的比例到 25％，否则会面临违法的风险（见表 5－3）。

表 5－3　各国女性董事的比例

国家	女性董事比例	是否有限额及引入年份
澳大利亚	29％	否
加拿大	26％	否
芬兰	34％	是，2008
法国	41％	是，2010
德国	21％	是，2015
印度	14％	是，2013
意大利	36％	是，2011
日本	5％	否
荷兰	22％	是，2013
瑞士	21％	是，2019
英国	27％	否
美国	22％	否

资料来源：Catalyst（2017）and research by the authors.

性别多元化的倡导者指出，在董事会中增加女性代表的数量可以带来许多好处。性别平衡可以增强董事会独立性，鼓励董事对不同观点进行坦率真诚的讨论，减少可能导致群体思维和过早共识的同质群体之间的社会相似性。女性可能对消费者行为有不同的见解，尤其在女性是主要购买群体的行业。女性在评估信息和考虑风险与回报方面不同于男性，因此可以提高决策效率。此外，女性可能表现出更高的信任与合作水平，从而提高董事会动力。最后，性别平等的董事会有助于企业获得社会福利。

女性代表在董事会中占有更高比例的主要风险是，公司为了实现性别平等而去招聘一些不合格的女性董事。这种做法称为"装点门面"，就像公司招聘外部董事仅仅是为了满足多元化需求一样。

关于女性董事能否提高公司绩效，答案并不确定。Gregory-Smith，Main 和 O'Reilly（2014）以英国大型公司为样本，检验了女性董事比例与经营绩效（ROA、ROE、账面市值比、股东总回报）之间的关系，发现这些指标之间没有关联。[124]

Adams 和 Ferreira（2009）研究发现，女性董事比男性董事有更好的出勤记录，当女性在董事会任职时，男性董事会出现较少的缺席问题。他们还发现，有女性代表的董事会更有可能解雇表现不佳的 CEO，并发放更多基于股权的薪酬。然而，他们没有发现女性董事比例与经营业绩或市场估值之间存在正相关关系。[125] Rhode 和 Packel（2014）对多元化与公司治理效果之间的关系进行了文献综述，发现研究结果高度混杂（积极、消极和中性）。他们总结道：“董事会多元化对公司绩效影响的实证研究结论是不确定的，其结果高度依赖于方法论。”[126]

最后，有证据表明，当公司招聘女性董事主要是为了满足硬性指标时，会带来一些弊端。Ahern 和 Dittmar（2012）考察了挪威针对董事会中女性董事所占比例的法律所带来的影响，他们发现这项法律使得董事会的组成发生了相当大的变化，不仅是性别方面，年龄、教育和经验方面也发生了很大变化。他们发现，法律的强制性约束导致企业价值显著下降。他们还发现，企业价值的下降并非主要是因为女性董事，而是因为新董事缺乏经验。[127]

5.2 小　结

表 5-4 对本章讨论的研究结果进行了总结。在浏览了这些信息之后我们发现，诸多针对董事会结构特征对公司绩效影响的研究所获得的结论都是董事会结构特征与公司绩效弱相关。虽然这一结论可能会令许多读者感到惊讶，但这恰恰是目前公司治理研究的某种缺陷，即缺乏更丰富的实证研究。（我们将在第 16 章更详细地讨论这一问题。）

表 5-4　董事会结构特征对公司绩效的影响

董事会结构特征	解释	研究发现
独立的董事长	符合纽约证券交易所独立性标准的董事长	没有证据表明董事长的独立性对公司绩效有显著影响
首席独立董事	董事会指定首席独立董事代表独立董事与管理层、股东及其他利益相关者沟通	部分证据表明首席独立董事有助于改善公司绩效
外部（非执行）董事	来自公司外部的董事（非执行董事）	研究结论不一，外部董事可以改善公司绩效，降低代理成本，但这取决于其获取公司及运营信息的能力
再议董事会独立性	纽约证券交易所制定了董事独立性的标准	大多数研究未能发现董事会的独立性与公司绩效明显相关

续表

董事会结构特征	解释	研究发现
独立委员会	委员会完全由独立董事组成	独立的审计委员会有利于改善公司盈利质量，没有证据表明其他委员会的独立性与此相关
董事会中的银行家	在商业银行或投资银行有相关经验的董事	当银行家所在的银行为公司提供咨询或融资时，银行利益可能会和股东的利益相冲突，对公司绩效产生不利影响
董事会中的财务专家	董事有担任公共会计师、审计师、财务总监、审计长或首席会计主管的经验	会计专业经验有积极影响，企业财务专家经验没有显著影响
董事会中的政治关联	董事与联邦政府或监管机构有政治关联	没有证据表明董事会中的政治关联对公司绩效有显著影响
董事会中的员工代表	员工或工会代表在董事会任职	对公司绩效的影响方向并不确定
"繁忙"董事会	"繁忙"董事是指在多个董事会中任职的董事（一般为两到三个）。"繁忙"董事会是指大部分成员是"繁忙"董事的董事会	对公司绩效和监督有消极影响
连锁（或关联）董事会	两家公司的高管相互担任彼此的董事	对公司绩效有积极影响，对监管有消极影响
委员会成员重叠	董事在多个委员会中任职	对监管有积极影响
董事会规模	董事会董事的数量	如果董事会规模与公司规模相匹配，就会对公司绩效产生积极影响
董事会多元化	董事在背景、种族和性别等方面具备多样性	对公司绩效和监管影响的研究结论不一

5.3 插 叙

在前面的章节中，我们对董事会的相关内容进行了详细的阐述。我们分析了董事会的基本运作及其承担的法定义务；董事会成员的招聘、薪酬与变更；关于董事会结构特征如何影响公司绩效。通过以上分析，我们了解到董事会的一些职能，例如批准公司战略及确保财务报表的完整性。但是，我们还没有对这些职能进行更为深入详细的讲述，而这正是我们接下来要做的事情。

在后面的每一章，我们都将讨论一个具体的主题，并解释董事会在这一主题上应如何履行其职能：

- 监督公司战略与风险（第 6 章"战略、绩效衡量与风险管理"）；
- 计划并挑选新的高管（第 7 章"CEO 选聘、更替与继任计划"）；
- 高管薪酬结构及股权准则（第 8 章"高管薪酬与激励"和第 9 章"高管持股"）；
- 确保财务报表的完整性（第 10 章"财务报告与外部审计"）；
- 决定是否进行收购（第 11 章"公司控制权市场"）；
- 代表股东利益（第 12 章"股东与股东激进主义"）。
- 代表利益相关者利益（第 13 章"利益相关者与利益相关者激进主义"）

董事会的这些活动对公司治理质量有着重要影响。当董事会能够很好地履行这些职能时，公司的代理成本会下降，公司价值会提升。当董事会不能很好地履行这些职能时，公司的代理成本会上升，公司价值会受到破坏。

接下来，我们首先了解董事会的第一个主要职能：监督公司战略与风险。

注　释

1. Spencer Stuart, "Spencer Stuart U.S. Board Index (2019)." Accessed November 8, 2019. See www.spencerstuart.com/research-and-insight/us-board-index.

2. It is interesting to note than many female board chairs use the title "chairman." Of the 19 female board chairs of S&P 500 companies in 2019, 13 had the title chairman, 6 had the title chair or chairperson. Data from Factset Research. Calculations by the authors.

3. Directorbank, "What Makes an Outstanding Chairman? The Views of More Than 400 Directors."

4. Laura M. Holson, "Former P&G Chief Named Disney Chairman," *New York Times* (June 29, 2006): C13.

5. Ross Kerber and Lisa Richwine, "Proxy Advisers Urge Split of Chair, CEO Roles at Disney," *Reuters News* (February 26, 2013).

6. The trend is even more distinct in Europe, where only 9.2% of the Stoxx Europe 600 companies maintained a dual CEO-chairman role in 2018. See CFO, "Should the Chairman and CEO Roles Be Held Separately?" (October 8, 2019). Accessed April 29, 2020. See www.cfo.com/leadership/2019/10/should-the-chairman-and-ceo-roles-be-held-separately/.

7. Ira M. Millstein Center for Global Markets and Corporate Ownership, "Chairing the Board: The Case for Independent Leadership in Corporate North America, Policy Briefing No. 4," Columbia Law School (2009). Accessed October 12, 2009. See https://web.law.columbia.edu/sites/default/files/microsites/millstein-center/2009%2003%2030%20Chairing%20The%20Board%20final.pdf.

8. Ieva M. Augstums and Mitch Weiss, "Shareholders Oust BofA Chairman," *Associated Press* (April 29, 2009).

9. Bank of America, Form 8-K, Exhibit 99.1, filed with the Securities and Exchange Commission October 1, 2014.

10. Bank of America, DEF 14A filed with the Securities and Exchange Commission March 26, 2015.

11. David F. Larcker and Brian Tayan, "Chairman and CEO: The Controversy over Board Leadership Structure," Stanford Closer Look Series, June 24, 2016. See www.gsb.stanford.edu/faculty-research/publications/chairman-ceo-controversy-over-board-leadership-structure.

12. Sullivan & Cromwell LLP, "2019 Proxy Season Review," (2019)." Accessed August 30, 2019. See https://scdealportal.sullcrom.com/posts/s-and-c-2019-proxy-season-review/.

13. B. Ram Baliga, R. Charles Moyer, and Ramesh S. Rao, "CEO Duality and Firm Performance: What's the Fuss?" *Strategic Management Journal* 17 (1996): 41–53.

14. Aiyesha Dey, Ellen Engel, and Xiaohui Liu, "CEO and Board Chair Roles: To Split or Not to Split?" *Journal of Corporate Finance* 17 (2011): 1595–1618.

15. Ryan Krause, Matthew Semadeni, and Albert A. Cannella, "CEO Duality: A Review and Research Agenda," *Journal of Management* 40 (2014): 256–286.

16. Yaniv Grinstein and Yearim Valles Arellano, "Separating the CEO from the Chairman Position: Determinants and Changes after the New Corporate Governance Regulation," *Social Science Research Network* (2008). Accessed October 10, 2009. See https://ssrn.com/abstract=1108368.

17. James A. Brickley, Jeffrey L. Coles, and Gregg A. Jarrell, "Corporate Leadership Structure: On the Separation of the Positions of CEO and Chairman of the Board," Simon School of Business working paper FR 95-02 (1994). Accessed February 26, 2009. See https://hdl.handle.net/1802/4858.

18. Ryan Krause and Matthew Semadeni, "Apprentice, Departure, and Demotion: An Examination of the Three Types of CEO-Board Chair Separation," *Academy of Management Journal* 56 (2013): 805–826.

19. David F. Larcker, Gaizka Ormazabal, and Daniel J. Taylor, "The Market Reaction to Corporate Governance Regulation," *Journal of Financial Economics* 101 (2011): 431–448.

20. Holman W. Jenkins, Jr., "A Non-Revolution at Microsoft," *Wall Street Journal* (February 5, 2014, Eastern edition): A.15.

21. Spencer Stuart, "A Closer Look at Lead and Presiding Directors, Cornerstone of the Board," New Governance Committee (2006).

22. Ibid.

23. Jeff Stein and Bill Baxley, "The Role and Value of the Lead Director—A Report from the Lead Director Network," Harvard Law School Corporate Governance Blog (August 6, 2008). Accessed May 3, 2015. See https://corpgov.law.harvard.edu/2008/08/06/the-role-and-value-of-the-lead-director-a-report-from-the-lead-director-network.

24. Joann S. Lublin, "Theory & Practice: New Breed of Directors Reaches Out to Shareholders; Treading a Fine Line between Apologist, Sympathetic Ear," *Wall Street Journal* (July 21, 2008, Eastern edition): B.4.

25. Chris Redman, "Shell Rebuilds Itself," Corporate Board Member (March/April 2005). Accessed May 5, 2015. See http://shellnews.net/week12/corporate_board_member_magazine21march05.htm. See also David F. Larcker and Brian Tayan, "Royal Dutch/Shell: A Shell Game with Oil Reserves," Stanford GSB Case No. CG-17 (2009). See www.gsb.stanford.edu/faculty-research/case-studies/royal-dutchshell-shell-game-oil-reserves.

26. Phillip T, Lamoreaux, Lubomir P. Litov, Landon M. Mauler, "Lead Independent Directors: Good Governance or Window Dressing?" *Journal of Accounting Literature* 43 (2019), 47–69.

27. Those factors include a lead director, a greater proportion of blockholders, and a compensation mix that is weighted toward accounting performance, smaller boards, and fewer busy directors. See David F. Larcker, Scott A. Richardson, and Írem Tuna, "Corporate Governance, Accounting Outcomes, and Organizational Performance," *Accounting Review* 82 (2007): 963–1008.

28. Roberta Romano, "The Sarbanes–Oxley Act and the Making of Quack Corporate Governance," *Yale Law Journal* 114 (2005): 1521–1612.

29. Lehman Brothers, Form DEF 14A, filed with the Securities and Exchange Commission March 5, 2008.

30. Dennis K. Berman, "Where Was Lehman Board?" *Wall Street Journal* Blog, Deal Journal (September 18, 2008). Accessed November 9, 2010. See https://blogs.wsj.com/deals/2008/09/15/where-was-lehmans-board/.

31. Stuart Rosenstein and Jeffrey G. Wyatt, "Outside Directors, Board Independence, and Shareholder Wealth," *Journal of Financial Economics* 26 (1990): 175–191.

32. Bang Dang Nguyen and Kasper Meisner Nielsen, "The Value of Independent Directors: Evidence from Sudden Deaths," *Journal of Financial Economics* 98 (2010): 550–567.

33. Sanjai Bhagat and Bernard Black, "The Noncorrelation Between Board Independence and Long-Term Firm Performance," *Journal of Corporation Law* 27 (2002): 231.

34. Anzhela Knyazeva, Diana Knyazeva, and Ronald W. Masulis, "The Supply of Corporate Directors and Board Independence," *Review of Financial Studies* 26 (2013): 1561–1605.

35. Ran Duchin, John G. Matsusaka, and Oguzhan Ozbas, "When Are Outside Directors Effective?" *Journal of Financial Economics* 96 (2010): 195–214.

36. James F. Cotter, Anil Shivdasani, and Marc Zenner, "Do Independent Directors Enhance Target Shareholder Wealth during Tender Offers?" *Journal of Financial Economics* 43 (1997): 195–218.

37. John W. Byrd and Kent A. Hickman, "Do Outside Directors Monitor Managers?" *Journal of Financial Economics* 32 (1992): 195–221.

38. Brian K. Boyd, "Board Control and CEO Compensation," *Strategic Management Journal* 15 (1994): 335–344.

39. Michelle L. Zorn, Christine Shopshire, John A. Martin, James G. Combs, and David J. Ketchen, "Home Alone: The Effect of Lone-Insider Boards on CEO Pay, Financial Misconduct, and Firm Performance," *Strategic Management Journal* 38 (2017): 2623–2646.

40. Sydney Finkelstein and Donald C. Hambrick, "Chief Executive Compensation: A Study of the Intersection of Markets and Political Processes," *Strategic Management Journal* 10 (1989): 121–134.

41. NYSE, "Corporate Governance Listing Standards, Listed Company Manual Section 303A.02—Corporate Governance Standards (approved January 11, 2013)." Accessed May 3, 2015. See https://nysemanual.nyse.com/LCMTools/PlatformViewer.asp?selectednode=chp_1_4_3_3&manual=%2Flcm%2Fsections%2Flcm-sections%2F.

42. Marty Lipton makes the following historical observation: "It is interesting to note that it is not at all clear that director independence is the fundamental keystone of 'good' corporate governance. The world's most successful economy was built by companies that had few, if any, independent directors. It was not until 1956 that the NYSE recommended that listed companies have two outside directors, and it wasn't until 1977 that they were required to have an audit committee of all independent directors." See Martin Lipton, "Future of the Board of Directors," paper presented at the Chairman & CEO Peer Forum: Board Leadership in a New Regulatory Environment, New York Stock Exchange (June 23, 2010).

43. Note that the companies with low independence levels have considerable inside ownership or are controlled corporations. Sourced via Wharton Research Data Services, "MSCI GMI Ratings, Companies dataset, GMI Ratings – Companies (2018).

44. NYSE.

45. Byoung-Hyoun Hwang and Seoyoung Kim, "It Pays to Have Friends," *Journal of Financial Economics* 93 (2009): 138–158.

46. Jeffrey L. Coles, Naveen D. Daniel, and Lalitha Naveen, "Co-opted Boards," *Review of Financial Studies* 27 (June 2014): 1751–1796.

47. It might be the case that better companies attract more powerful directors. See Kathy Fogel, Liping Ma, and Randall Morck, "Powerful Independent Directors" (September 2, 2015) Social Science Research Network, European Corporate Governance Institute (ECGI) - Finance Working Paper No. 404/2014. See https://ssrn.com/abstract=2377106.

48. Joel F. Houston, Jongsub Lee and Hongyu Shan, "In Search of Board Independence: Former Employees, Shades of Gray and Director Classifications Revisited" Social Science Research Network (2016). Accessed January 9, 2020. See https://ssrn.com/abstract=2824150.

49. Earnings quality is measured using the metric abnormal accruals. Generally, abnormal accruals represent the difference between Generally Accepted Accounting Principles (GAAP) earnings, which are measured on an accrual basis, and GAAP cash flow, which represents cash generated by the business. When a large discrepancy exists between these two figures during a sustained period of time, the company's accounting is considered to be lower quality because the company is systematically recording more net income than it is generating on a cash basis. Research has shown that large abnormal accruals are correlated with an increased likelihood of future earnings restatements. This correlation is modest but still significant. Many academic studies that measure accounting quality use abnormal accruals as a measurement. Although not perfect, it is a standard measure that can be applied across firms. See April Klein, "Audit Committee, Board of Director Characteristics, and Earnings Management," *Journal of Accounting and Economics* 33 (2002): 375–400.

50. Cong Wang, Fei Xie, and Min Zhu, "Industry Expertise of Independent Directors and Board Monitoring," *Journal of Financial and Quantitative Analysis* 50 (2015) 929.

51. Lixiong Guo and Ronald W. Masulis, "Board Structure and Monitoring: New Evidence from CEO Turnovers," *Review of Financial Studies* 28 (2015): 2770.

52. Seil Kim and April Klein, "Did the 1999 NYSE and NASDAQ Listing Standard Changes on Audit Committee Composition Benefit Investors?" *Accounting Review* 92 (2017): 187.

53. Liesbeth Bruynseels and Eddy Cardinaels, "The Audit Committee: Management Watchdog or Personal Friend of the CEO?" *Accounting Review* 89 (2014):113.

54. April Klein, "Firm Performance and Board Committee Structure," *Journal of Law and Economics* 41 (1998): 275–303.

55. A. Burak Güner, Ulrike Malmendier, and Geoffrey Tate, "Financial Expertise of Directors," *Journal of Financial Economics* 88 (2008): 323–354.

56. Ingolf Dittmann, Ernst Maug, and Christoph Schneider, "Bankers on the Boards of German Firms: What They Do, What They Are Worth, and Why They Are (Still) There," *Review of Finance* 14 (2010): 35–71. And see Randall Morck and Masao Nakamura, "Banks and Corporate Control in Japan," *Journal of Finance* 54 (1999): 319–339.

57. David H. Erkens, K. R. Subramanyam, and Jieying Zhang, "Affiliated Banker on Board and Conservative Accounting," *Accounting Review* 89 (2014): 1703–1728.

58. Qianqian Huang, Feng Jiang, Erik Lie, and Ke Yang, "The Role of Investment Banker Directors in M&A," *Journal of Financial Economics* 112 (2014): 269–286.

59. Sarbanes–Oxley Act of 2002, Section 407(b).

60. Mark L. Defond, Rebecca N. Hann, and Xuesong Hu, "Does the Market Value Financial Expertise on Audit Committees of Boards of Directors?" *Journal of Accounting Research* 43 (2005): 153–193.

61. Anup Agrawal and Sahiba Chadha, "Corporate Governance and Accounting Scandals," *Journal of Law and Economics* 48 (2005): 371–406.

62. Jayanthi Krishnan, "Audit Committee Quality and Internal Control: An Empirical Analysis," *Accounting Review* 80 (2005): 649–675.

63. Mara Faccio, "Politically Connected Firms," *American Economic Review* 96 (2006): 369–386. Also see Amy J. Hillman, Leonard Bierman, and Asghar Zardkoohi, "Corporate Political Strategies and Firm Performance: Indications of Firm-Specific Benefits from Personal Service in the U.S. Government," *Strategic Management Journal* 20 (1999): 67–81.

64. Eitan Goldman, Jörg Rocholl, and Jongil So, "Do Politically Connected Boards Affect Firm Value?" *Review of Financial Studies* 22 (2009): 2331–2360.

65. David Fisman, Ray Fisman, Julia Galef, and Rakesh Khurana, "Estimating the Value of Connections to Vice-President Cheney," *Journal of Economic Analysis & Policy* 12 (November 2012): 1935–1682.

66. Mara Faccio, "Differences between Politically Connected and Nonconnected Firms: A Cross-Country Analysis," *Financial Management* (Blackwell Publishing Limited) 39 (2010): 905–928.

67. Marianne Bertrand, Francis Kramarz, Antoinette Schoar, and David Thesmar, "Politicians, Firms, and the Political Business Cycle: Evidence from France" (2007). Accessed February 23, 2011. See www.crest.fr/ckfinder/userfiles/files/Pageperso/kramarz/politics_060207_v4.pdf.

68. Kevin Breuninger, "Former House Speaker John Boehner Joins Marijuana Company: 'My Thinking on Cannabis Has Evolved,'" *CNBC Online* (April 11, 2018, Eastern edition). Accessed February 1, 2020. See www.cnbc.com/2018/04/11/john-boehner-joins-marijuana-company-view-on-cannabis-has-evovled.html.

69. Acreage Holdings, "Proposed Deal Complements Canopy Growth's U.S. CBD Strategy with an Accelerated Pathway into U.S. Cannabis Markets, Once Federally Permissible" (April 18, 2019). Accessed February 1, 2020. See www.acreageholdings.com/2019/04/18/canopy-growth-announces-plan-to-acquire-leading-u-s-multi-state-cannabis-operator-acreage-holdings/.

70. Financial Reporting Council, "The UK Corporate Governance Code" (July 2018). Accessed August 26, 2019. See www.frc.org.uk/getattachment/88bd8c45-50ea-4841-95b0-d2f4f48069a2/2018-UK-Corporate-Governance-Code-FINAL.PDF.

71. Gary Gorton and Frank A. Schmid, "Capital, Labor, and the Firm: A Study of German Codetermination," *Journal of the European Economic Association* 2 (2004): 863–905.

72. Larry Fauver and Michael E. Fuerst, "Does Good Corporate Governance Include Employee Representation? Evidence from German Corporate Boards," *Journal of Financial Economics* 82 (2006): 673–710.

73. Edith Ginglinger, William Megginson, and Timothée Waxin, "Employee Ownership, Board Representation, and Corporate Financial Policies," *Journal of Corporate Finance* 17 (2011): 868–887.

74. Olubunmi Faleye, Vikas Mehrotra, and Randall Morck, "When Labor Has a Voice in Corporate Governance," *Journal of Financial and Quantitative Analysis* 41 (2006): 489–510.

75. General Motors Press Release, "GM Nominates UAW VP Joe Ashton to Board," *Dow Jones Institutional News* (April 25, 2014).

76. General Motors, Form DEF 14A, filed with the Securities and Exchange Commission April 25 2014.

77. Jena McGregor, "Adding a Union Guy to GM's Board," *Washington Post* (April 29, 2014). Accessed January 23, 2015. See https://www.washingtonpost.com/news/on-leadership/wp/2014/04/29/adding-a-union-guy-to-gms-board/.

78. Nora Naughton, "Feds Charge Former UAW Vice President Ashton with Fraud, Money Laundering," *Wall Street Journal Online* (November 6, 2019). Accessed November 7, 2019. See www.wsj.com/articles/feds-charge-former-uaw-vice-president-ashton-with-fraud-money-laundering-11573055896.

79. Ben Klayman, "Former UAW Official Pleads Guilty to Accepting Kickbacks," *Reuters News*, December 4, 2019 (December 4, 2019).

80. Equilar, Inc. Proprietary directorship data for fiscal years from June 2012 to May 2013.

81. The Corporate Board, "Corporate Board Practices in the Russell 3000 and S&P 500 (2019 Edition)." Accessed May 2, 2019. See https://conference-board.org/publications/Corporate-Board-Practices-2019.

82. Jennifer Mann, "Outgoing Hallmark CEO Reflects on Successes, Setbacks," *Kansas City Star* (October 9, 2001).

83. David F. Larcker and Brian Tayan, "Executive Compensation at Aquila: Moving Utility Services to Power Trading," Stanford GSB Case No. CG-14 (2008).

84. Anonymous, "Hockaday Stepping Down from Sprint's Board," *Associated Press* (March 27, 2009).

85. They categorize a board as "busy" if 50 percent or more of the outside directors sit on three or more boards. See Eliezer M. Fich and Anil Shivdasani, "Are Busy Boards Effective Monitors?" *Journal of Finance* 61 (2006): 689–724.

86. John E. Core, Robert W. Holthausen, and David F. Larcker, "Corporate Governance, Chief Executive Officer Compensation, and Firm Performance," *Journal of Financial Economics* 51 (1999): 371–406.

87. Antonio Falato, Dalida Kadyrzhanova, and Ugur Lel, Distracted directors: Does Board Busyness Hurt Shareholder Value?" *Journal of Financial Economics* 113 (September 2014): 404–426.

88. Catarina Fernandes, Jorge Farinha, Francisco Martins, and Cesario Mateus, "Supervisory Boards, Financial Crisis and Bank Performance: Does Board Characteristics Matter?" *Social Science Research Network* (December 23, 2015). Accessed January 7, 2020. See: https://ssrn.com/abstract=2707713.

89. Ronald Masulis, Emma Jincheng Zhang, "How Valuable are Independent Directors? Evidence from External Distractions," European Corporate Governance Institute (ECGI) Series 522/2017 (August 2, 2017). Accessed January 27, 2020. See: https://ecgi.global/working-paper/how-valuable-are-independent-directors-evidence-external-distractions.

90. Laura Field, Michelle Lowry, and Anahit Mkrtchyan, "Are Busy Boards Detrimental?" *Journal of Financial Economics* 109 (2013): 63–90. Also see Stephen P. Ferris, Narayanan Jayaraman, and Min-Yu (Stella) Liao, "Better Directors or Distracted Directors? An International Analysis of Busy Boards," *Social Science Research Network* (August 2, 2017), Georgia Tech Scheller College of Business Research, Paper No. 17-30. Accessed January 27, 2020. See https://ssrn.com/abstract=3012820.

91. Kevin F. Hallock, "Reciprocally Interlocking Boards of Directors and Executive Compensation, *Journal of Financial and Quantitative Analysis* 32 (1997): 331–344.

92. For this reason, the Clayton Antitrust Act of 1914 prohibits board locking between directly competing firms (such as railroads, steel producers, or banks). However, the act does not broadly prohibit the practice.

93. Yael Hochberg, Alexander Ljungqvist, and Yang Lu, "Whom You Know Matters: Venture Capital Networks and Investment Performance," *Journal of Finance* 62 (2007): 251–301.

94. Cesare Fracassi and Geoffrey A. Tate, "External Networking and Internal Firm Governance," *Journal of Finance* 67 (2012): 153–194.

95. Ye Cai and Merih Sevilir, "Board Connections and M&A Transactions," *Journal of Financial Economics* 103 (2012): 327–349.

96. David F. Larcker, Eric C. So, and Charles C. Y. Wang, "Boardroom Centrality and Firm Performance," *Journal of Accounting and Economics* 55 (2013): 225–250.

97. Jie Cai, Tu Nguyen, and Ralph A. Walkling, "Director Appointments—It Is Who You Know," *Social Science Research Network* (March 15, 2017). Accessed: January 27, 2020. See https://ssrn.com/abstract=2934434.

98. John Bizjak, Michael Lemmon, and Ryan Whitby, "Option Backdating and Board Interlocks," *Review of Financial Studies* 22 (2009): 4821–4847.

99. Jennifer L. Brown and Katharine D. Drake, "Network Ties among Low-Tax Firms," *Accounting Review* 89 (2014): 483–510.

100. Ye Cai, Dan Dhaliwal, Yongtae Kim, and Carrie Pan, "Board Interlocks and the Diffusion of Disclosure Policy," *Review of Accounting Studies* 19 (2014): 1086–1119.

101. Hallock (1997).

102. Bang Dang Nguyen, "Does the Rolodex Matter? Corporate Elite's Small World and the Effectiveness of Boards of Directors," *Management Science* 58 (2012): 236–252.

103. Santos, Rafael Liza, Alexandre di Miceli da Silveira, and Lucas Ayres Barros. "Board Interlocking in Brazil: Directors' Participation in Multiple Companies and Its Effect on Firm Value and Profitability." *Latin American Business Review* 13 (January 2012): 1–28.

104. Mary Ellen Carter and Luann J. Lynch, "Compensation Committee Attributes and the Treatment of Earnings Management in Bonuses," working paper (2009).

105. Julia Grathwohl and Darina Feicha, "Supervisory Board Committee Overlap and Managers' Bonus Payments: Empirical Evidence from Germany," *Schmalenbach Business Review* 66 (2014): 470–501.

106. Nandini Chandar, Hsihui Chang, and Xiaochuan Zheng, "Does Overlapping Membership on Audit and Compensation Committees Improve a Firm's Financial Reporting Quality?" *Review of Accounting and Finance* 11 (2012): 141–165.

107. Note: Data represent 3,011 firms in fiscal year 2012, 4,029 firms in fiscal year 2007, and 3,378 firms in fiscal year 2002. Source: Data from Equilar Inc. Calculations by the authors. See David F. Larcker, Brian Tayan, and Christina Zhu, "A Meeting of the Minds: How Do Companies Distribute Knowledge and Workload Across Board Committees?" Stanford Closer Look Series (December 8, 2014). Accessed May 3, 2015. See www.gsb.stanford.edu/faculty-research/publications/meeting-minds-how-do-companies-distribute-knowledge-workload-across.

108. Ibid.

109. The Corporate Board, "Corporate Board Practices in the Russell 3000 and S&P 500: 2019 Edition," (April 2019). Accessed May 2, 2019. See https://conference-board.org/publications/Corporate-Board-Practices-2019.

110. Martin Lipton and Jay W. Lorsch, "A Modest Proposal for Improved Corporate Governance," *Business Lawyer* 48 (1992): 59–77.

111. David L. Yermack, "Higher Market Valuation of Companies with a Small Board of Directors," *Journal of Financial Economics* 40 (1996): 185–211.

112. Jeffrey L. Coles, Naveen D. Daniel, and Lalitha Naveen, "Boards: Does One Size Fit All?" *Journal of Financial Economics* 87 (2008): 329–356.

113. Deborah L. Rhode and Amanda K. Packel, "Diversity on Corporate Boards: How Much Difference Does 'Difference' Make?" *Delaware Journal of Corporate Law* 39 (2014): 377–426.

114. Charles A. O'Reilly III, Katherine Y. Williams, and Sigal Barsade, "The Impact of Relational Demography on Teamwork: When Differences Make a Difference," *Academy of Management Proceedings & Membership Directory* (1999): G1–G6.

115. Niclas L. Erhardt, James D. Werbel, and Charles B. Shrader, "Board of Director Diversity and Firm Financial Performance," *Corporate Governance: An International Review* 11 (2003): 102–111.

116. David A. Carter, Frank D'Souza, Betty J. Simkins, and W. Gary Simpson, "The Gender and Ethnic Diversity of U.S. Boards and Board Committees and Firm Financial Performance," *Corporate Governance: An International Review* 18 (2010): 396–414.

117. Yi Wang and Bob Clift, "Is There a 'Business Case' for Board Diversity?" *Pacific Accounting Review* (Emerald Group Publishing Limited) 21 (2009): 88–103. Also see Shaker A. Zahra and Wilbur W. Stanton, "The Implications of Board Directors' Composition for Corporate Strategy and Performance," *International Journal of Management* 5 (1988): 229–236.

118. James D. Westphal and Edward J. Zajac, "Who Shall Govern? CEO/Board Power, Demographic Similarity, and New Director Selection," *Administrative Science Quarterly* 40 (1995): 60–83.

119. Maura A. Belliveau, Charles A. O'Reilly III, and James B. Wade, "Social Capital at the Top: Effects of Social Similarity and Status on CEO Compensation," *Academy of Management* 39 (1996): 1568–1593.

120. Katherine Y. Williams and Charles A. O'Reilly, "Demography and Diversity in Organizations: A Review of 40 Years of Research," *Research in Organizational Behavior* (1998) 20: 77–140.

121. Catalyst Inc., "Pyramid: Women in S&P 500 Companies," (2015). Accessed February 1, 2020. See www.catalyst.org/research/women-in-sp-500-companies/. Also see Catalyst Inc., "Women on Corporate Boards: Quick Take," (2018). Accessed February 1, 2020. See www.catalyst.org/research/women-on-corporate-boards/.

122. Julie Siegal, "Is This the Silver Bullet That Will Save Active Management?" Institutional Investor Inc. Accessed February 1, 2020. See www.institutionalinvestor.com/article/b1b4fh28ys3mr9/State-Street-to-Turn-Up-the-Heat-on-All-Male-Boards.

123. Joann Lublin, "Behind the Rush to Add Women to Norway's Boards," *Wall Street Journal* (December 10, 2007, Eastern edition): B.1.

124. Ian Gregory-Smith, Brian G. M. Main, and Charles A. O'Reilly III, "Appointments, Pay and Performance in UK Boardrooms by Gender," *Economic Journal* 124 (2014): F109–F128.

125. Renée Adams and Daniel Ferreira, "Women in the Boardroom and Their Impact on Governance and Performance," *Journal of Financial Economics* 94 (2009): 291–309.

126. Deborah Rhode and Amanda K. Packel, "Diversity on Corporate Boards: How Much Difference Does Difference Make?" *Social Science Research Network* (2014). Accessed March 21, 2016. See https://papers.ssrn.com/sol3/papers.cfm?abstract_id=1685615.

127. Kenneth R. Ahern and Amy K. Dittmar, "The Changing of the Boards: The Impact on Firm Valuation of Mandated Female Board Representation," *Quarterly Journal of Economics* (2012): 137–197.

第 **6** 章　战略、绩效衡量与风险管理

正如我们在第 3 章所提到的，经济合作与发展组织（OECD）指出董事会的主要责任之一是"确定公司的战略指导方向"。《英国公司治理准则》建议董事们"确立公司的目标、价值观与战略，并确保这些与公司的文化相一致"。[1]美国全国公司董事协会的调查数据显示，相比于金融监管、CEO 继任计划、高管薪酬和股东关系，董事们认为战略规划及监管是他们最重要的职责。[2]

研究一致认为，战略监督至关重要，但董事会如何实现这一职能尚不清楚。造成这一困惑的主要原因是制定战略其实不是董事会的责任而是管理层的职责。董事会更应该仔细检查战略，以确保对于股东和利益相关者来说战略是适当的，然后监控公司活动对战略规划的影响。

我们将战略制定和监督的讨论分成以下四个部分：

1. 定义公司战略；

2. 开发并检验一种商业模式，以便验证战略如何转化为股东或利益相关者的价值；

3. 识别衡量公司业绩的关键指标；

4. 识别并开发相关程序，以降低公司战略和商业模式中的风险。

➡ 6.1　组织战略

公司战略的制定始于识别组织的**使命**（mission）及具体目标。这回答了一些相关问题，类似于"我们为何从事业务？""我们想实现的目标是什么？"等。例如，洛克希德·马丁公司在其网站上发布了一个使命声明，并概述了公司的愿景及价值观。

专 栏 **洛克希德·马丁公司的愿景和价值观**

洛克希德·马丁公司的愿景

作为全球的领导者，公司支持客户加强全球安全性，传递公民服务观念，推动科学发现。

洛克希德·马丁公司的价值观

做正确的事

我们致力于在行动中追求最高的道德水准。我们相信信任产生于诚信和正直，这也是我们事业的基石。我们遵守交易中应该遵守的美国法律和其他各国法律，我们坚持做优秀公民并为自身行为负责。

尊重他人

我们意识到自身事业的成功依赖于员工的天赋、技能、专业性以及我们的团队合作能力。我们欣赏自身的多元化并尊重所有客户和利益相关者，我们相信这对于形成积极的、有生产力的商业关系是至关重要的。

优秀表现

我们深知自身使命以及客户信任的重要性，因此，我们力争在各项业务中做到出类拔萃并怀着必胜的信念尝试各种挑战。[3]

公司使命声明是发展公司战略的基础。**公司战略**（corporate strategy）解决的问题是如何为股东和利益相关者创造长远利益，这也属于公司使命的范畴。例如，"我们做的是什么交易？""我们如何在交易的过程中创造价值？"战略性考量包括进入新市场、并购、剥离、品牌、重组和其他类似的转型决策。

企业在制定战略时要考虑以下多重因素：

● 范围——能使企业持续经营的业务是什么？

● 市场——企业将进入什么市场？

● 优势——企业拥有哪些优势来保证自身竞争力？

● 资源——企业拥有什么资源来参与竞争（例如房地产、厂房及设备，人力和智力资本，客户和供应商网络，资金）？

● 环境——市场环境中的什么因素会影响企业竞争？

● 利益相关者——公司的内部及外部利益相关者分别是谁？如何对公司业务产生影响，是直接影响还是间接影响？[4]

例如，我们可以设想洛克希德·马丁公司的战略是在国防、设备和技术方面提供尖端创新技术，为其客户（主要是美国政府）提供安全防护方面的竞争优势。经过数十年的积累，公司投入了许多研发资金，从而拥有了成熟的技术和专业知识，建立了自身优势，并以此成功地吸引和留住了专业人才。

正如我们之前所说的，制定公司战略是管理者的责任。这涉及许多不同的模型，具体可以参考《战略管理》（*Strategic Management*，Saloner，Shepard，and Podolny，2005）和《竞争战略》（*Competitive Strategy*，Porter，1998）。[5] 在某些情形下，管理咨询公司也可以帮助管理者制定战略，因为其作为第三方可以提供客观的、第三方的专业知识。

专栏 制定战略时的考量

很多人认为战略制定过程是依据正式的、线性的逻辑：首先就公司目标达成一致意见，接着制订实现这些目标的具体计划，最后确定并配置必要的资源。事实上大多数企业并非如此。许多企业是通过非线性过程或迭代过程来制定战略的。例如，有些企业会建立一个试点计划，然后基于结果改善战略。有些企业偶然发现某个战略，但可能到最后才将其明确表述为企业战略。在很多情形下，企业没有形成正式的战略（如商学院课程教授的那样），取而代之的是，由管理者制定指导方针，并让董事会成员和股东接受。

公司战略制定过程也会因文化和心理因素产生偏差。例如，管理者可能故步自封，因为他们对现有情况感到舒适并知悉如何处理。这种做法会导致保守的、渐进的战略变革，将企业未来发展与当前的业务开展方式紧密绑定起来。当企业面临意料之外的危机或市场环境的变化时，这种渐进主义可能是十分有害的，此时就需要对企业发展方向重新进行更为彻底的评估。此外，当战略、财务和运营团队分开运作，存在严重的交流阻碍时，也会对战略制定造成不利影响。[6] 当无法有效地共享信息时，企业规划者将难以理解实现目标的真正动力、压力和资源。这种情况一旦发生，就会产生巨大风险，公司战略将不能再为股东创造价值。[7]

➡ 6.2 战略实施过程

董事会成员需要理解并评估战略识别及实施过程中的关键元素。我们用一个通用的消费品公司的例子进行说明。为简便起见，我们运用线性方法进行分析。

● 建立公司的总体目标。如果董事会单纯地站在股东立场，则其目标可能是与直接竞争对手相比获取更高的股东总回报（total shareholder returns，TSR）；如果董事会站在利益相关者立场，则其可能会建立与非股东利益相关者相关的其他目标（例如维持现有的雇用水平、保护环境等）。

例子：将长期的 TSR 目标设定为每年 10%。

● 确定为实现 TSR 目标所必须达到的结果。管理者可能会提出明确的目标，例如销售增长率、资本回报率、自由现金流量以及与 TSR 目标相一致的其他经济指标。财务部门在公司各职能领域咨询相关人员，就公司是否达成目标进行分析。其间，财务人员可能会考虑行业的发展前景以及财务收益与股东价值之间的关系。董事会成员通过检验相关假设来确保目标是合理的以及经济效益和价值创造之间的关系是正确的。

例子：每年销售额增长 6%，自由现金流量增长 8%，股本回报率增长 15%。

● 评估特定战略的可行性以实现公司的经济目标。

例子：开发三个价格层次的产品：低端、中端和高端产品。公司试图提高消费者的接受度并鼓励消费者迁移价值链，从而增加公司的销售额和利润。利润增加、生产力提高以及规模经济，将推动自由现金流量的增长。

● 分配目标任务（包括财务的和非财务的），使公司能够衡量一段时期内的战略是否成功。

例子：公司可能会设置各种财务指标，譬如自由现金流量、新产品的收益增长率等；非财务指标，譬如市场份额、定价、产品属性、广告支持、研发生产力、顾客满意度、品牌意识和优势等。如果达到这些指标，公司预期将实现收益和利润目标，并最终实现 TSR 目标。

为了实现公司目标，董事会需要审查组织内的因果商业模式。**因果商业模式**（causal business model）可以将逻辑链中具体的财务和非财务指标结合起来，以描述运用战略如何实现既定目标。董事会应该评估商业模式的逻辑一致性及目标的现实性，并就绩效指标与既定目标之间的关系进行统计性检验。

董事会可能会提出以下问题来检验管理假设：如果推出一个消费者需要的产品，那么依靠定价、包装和广告策略能否达到预期的顾客满意度？顾客是否会重复购买？我们会达到预期的销售量吗？什么证据（统计结果而不是坊间说法）能证明我们的做法是有效的？什么指标能衡量我们的进步以及我们将如何获得相关数据？

这项任务是极其困难的，因为它需要公司所有主要职能领域的投入并达成一致意见。例如，应从以下几个方面展开分析：市场营销方面（怎样才能赢得目标顾客）、人力资源方面（怎样才能招聘到合适的员工）、生产方面（怎样才能及时生产出产品）、研发方面（如何提升新产品开发）。

商业模式实现了一个重要目的：它如何将创造长期价值的管理者预期具体化。商业模式呈现了一个具体的计划（价值主张），董事会在批准公司战略时可以对此进行检验和评估。从治理的角度来看，商业模式是一个重要的工具，董事会可以据此履行其监督职能。通过检测管理层的逻辑链，董事会对假设进行检验，最终发现公司战略是合理的。这个模型还为衡量管理绩效和奖励薪酬提供了基础。为了充分履行这一职能，董事必须具备必要的行业知识和商业背景，只有这样才能仔细地检验模型并作出明智的判断。

发展商业模式时的考量

　　当公司明确要开发一个因果商业模式时，可能会面临巨大的挑战。第一，比起在开发过程中投入过多时间，管理层可能会选择走捷径。例如，如果依赖一般性的"最佳实践"而不考虑这些实践是否适合组织，仅靠现有条件是难以发展出商业模式的，有时需要运用现成的技术，例如顾客资源管理（customer resource management，CRM）和企业资源计划（enterprise resource program，ERP）。第二，可能很难获得相关数据。如果公司没有设置追踪财务和非财务指标的系统，就需要建立这样一个系统。这可能包括打破组织内部壁垒，说服不同部门的管理者合作并共享数据。第三，管理者可能抵制正式的商业模式概念，特别是当要求他们从根本上改变业务活动方式时。当自身表现不佳时，管理者也可能进行抵制，以规避严格的绩效评估。此外，当建立的商业模式导致公司重组，并戏剧性地改变或减少管理者的权力时，这种抵制同样存在。因此，董事会应确保组织惯性不会阻碍发展商业模式的过程。

6.3　商业模式开发和检测

　　下面运用两个真实的例子来说明公司如何利用统计数据来探索公司当前财务、非财务绩效与未来经营业绩之间的关系。

例1：快餐连锁店与员工流动

　　一家快餐连锁店的董事会和高管团队认为公司增长还不够快。在董事会的要求下，来自不同职能部门的高层管理人员就公司为何表现不佳展开调查。根据调查，高管认为问题的关键在于公司如何获利的因果模型（见图6-1）。[8]

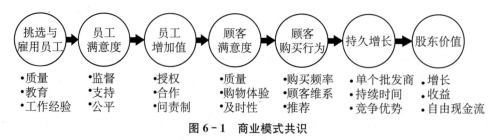

图6-1　商业模式共识

　　公司是基于以下假设构建这个模型的，即顾客满意度是经营业绩的一个关键驱动因素。假设员工表现在影响顾客满意度方面起到了至关重要的作用，招聘和留任则是影响员工表现最重要的因素。

虽然没有运用正式的数据进行分析验证，但公司确实是基于这种商业模式运作的。高管们制定了一系列提高员工绩效的战略举措。这些举措致力于改善员工招聘流程、提高员工满意度。他们使用一个非财务绩效指标（员工流动率）来检测这些举措的效果。为了降低离职率，公司实施了一个高成本的人力资源计划，其中包括为所有员工设置留任奖金。

随后公司在门店层面进行了详细的统计分析，但是结果跟预期不一致。结果表明门店员工流动率相同，但财务表现不同。此外，一些高盈利门店的员工流动率显著高于平均水平。这些发现与公司因果模型的假设相冲突，所预期的员工流动率和门店绩效之间的相关性并不存在。事实上，门店绩效的真实驱动因素不是一般员工的流动率而是门店经理的流动率。当餐厅监管人员变动时，其经营业绩会下降。这是因为经理的变动将对培训、食物准备、清洁和其他操作过程的一致性产生影响，这种影响至少要等到新的经理接任并承担起责任才能结束。

基于这些发现，高管不再优先考虑员工流动率，转而关注门店经理流动率，留任奖金也设定给门店经理。高管展开进一步分析，评估了人员流动的财务成本，并为留任奖金的数额设置上限。

这个略显简单的商业模式为该公司的价值创造提供了新的思路，成为管理层与董事会进行战略商讨的工具。由此，董事会也可获得最重要的绩效指标汇总数据，其中包括门店经理的流动率。

例2：金融服务公司与投资顾问留任

某大型金融服务机构的目标是在金融咨询领域以及散户投资者的经纪服务领域成为世界龙头企业。根据统计分析，高管和董事会知悉顾客维系和资产管理是影响自身经济结果的关键性指标（见图6-2）。此外，分析显示，顾客对投资顾问的满意度与顾客委托给公司的资产呈正相关关系。

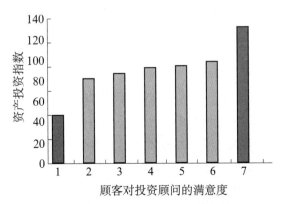

图6-2　顾客满意度与资产投资指数的关系

在董事会的要求下，管理者进行了进一步的统计分析，以便更好地理解是什么因素影响了顾客对投资顾问的满意度。他们发现了以下几个因素，包括投资顾问的诚信、响应性以及知识储备等，其中一个特别重要的因素是投资顾问的流动率。顾客希望不同时期内都能跟同一个投资顾问共事，当他们被迫不断变换投资顾问时，他们明显会不满，即使新的投资顾问更优秀（见图6-3）。

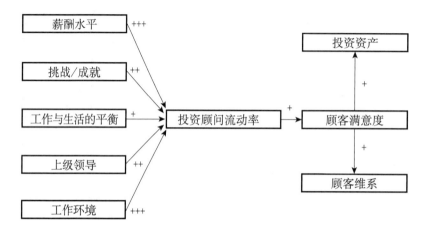

图6-3   影响顾客满意度因素的统计分析

管理者基于分析结果探索影响投资顾问流动率的因素，发现按重要性降序排列这些因素分别是薪酬水平、工作环境、具有挑战性的职业发展机会、分支机构管理质量以及工作与生活的平衡。该公司据此开发了人力资源计划以解决薪酬问题（改变短期和长期薪酬的水平和比例）。更重要的是，高管和董事会现在建立了一个严格的商业模式来遴选战略规划决策和关键绩效指标，以追踪管理绩效。进一步地，董事会对公司绩效的评估不再限于传统的盈利能力指标和资产管理（assets under management，AUM）指标，还加入了新设计的顾客满意度、投资顾问满意度和投资顾问流动率等指标。

➡ 6.4 关键绩效指标

正如前面两个例子所强调的，商业模式可以作为识别关键绩效指标的基础，董事会据此评估管理绩效并发放奖金。**关键绩效指标**（key performance indicators，KPI）既包括财务指标，又包括非财务指标，能有效反映公司当前及未来的绩效。例如，在金融服务公司的例子中，商业模式强调将投资顾问流动率、投资顾问满意度及顾客满意度作为关键绩效指标，对传统财务指标进行补充。

关键绩效指标还可以用来评估管理绩效和设定奖励薪酬。例如，如果一个公司从以下几个方面衡量新产品推出是否成功，即市场份额、品牌知名度、毛利率和销售量，那么董事会在评估管理绩效和设定奖励薪酬时要考虑这些指标。

KPI 大致可分为两类：财务 KPI 和非财务 KPI。**财务 KPI**（financial KPI），例如股东投资回报率、收益增长率、每股收益、息税折旧及摊销前利润（EBITDA）、资本回报率、经济增加值（EVA）以及自由现金流量。**非财务 KPI**（nonfinancial KPI），例如顾客满意度、员工满意度、次品率和返工率、准时交货、工人安全、环境安全、研发（R&D）生产力。某些 KPI 普遍具有有效性，被广泛应用于许多企业。其他 KPI 同样包括财务 KPI 和非财务 KPI，但仅被少数企业采用，因其具有特殊性。这类 KPI 包括每平方英尺销售额（零售业）、研发生产力（科学技术产业）、工厂停工期（制造业）等。不论企业选择使用哪些 KPI，重要的是要将这些 KPI 跟企业的商业模式紧密联系起来（表 6-1 展示了常用的 KPI）。

表 6-1　衡量公司绩效的 KPI（2010—2017 年）

	盛行率
公司数量	750
会计 KPI	
盈余	21.2%
销售额	11.6%
边际利润	2.2%
资产收益率	1.2%
股本回报率	2.6%
投资回报率	4.4%
现金流	16.5%
经济增加值	0.6%
其他	9.3%
股票价格 KPI	
股东回报率合计	12.7%
其他 KPI	
顾客相关	1.3%
个体	6.8%
运营指标	3.2%
员工相关	1.3%
其他	5.0%

注：绩效指标过去用于奖励年金和长期绩效回报。

资料来源：Incentive Labs performance measures for S&P 750 firms (2010—2017). Summarized by the authors.

现有研究表明，企业倾向于使用多元的绩效指标，既包括财务指标，又包括非财务指标。de Angelis 和 Grinstein（2015）研究发现，与高管奖金奖励相关的 KPI 多是财务指标，特别是与企业利润相关的指标，例如每股收益、净利润增长率及息税前利润（EBIT）。[9] Ittner，Larcker 和 Rajan（1997），Kim 和 Yang（2012）研究发现，企业在给予高管奖金时会同时考虑定量因素和定性因素，其中定性因素包括战略、个人业绩、顾客满意度、员工满意度和工作场所安全等。[10] Cornelli，Kominek 和 Ljungqvist（2013）研究发现，在评估 CEO 绩效时，相较于定量指标，定性指标（例如领导风格和能力）发挥的作用更大。[11]

非财务指标很重要，董事会仍需明确指标使用过程中涉及的风险。本质上，非财务指标更易受到测量误差或人为操纵的影响，他人也很难对其进行精确追踪。以下是董事会在使用绩效指标时需要考虑的一些关键因素。

- 敏感度——指标对企业绩效的敏感度如何？指标对管理活动的敏感度如何？
- 精确度——指标存在多少测量误差？潜在的蓄意操纵是什么？
- 可验证性——指标能否通过审计或独立验证？
- 客观性——指标是客观的（例如安全事故的数量）还是主观的（例如员工忠诚度）？这些不同类型的指标是否具有相似的敏感度、精确度和可验证性？
- 维度——结果如何表示，是通过百分比、测量量表、事件发生数，还是二元制结果？用不同方式表示时，指标是否会呈现不同的解释？
- 解释——指标的具体含义是什么？（例如，产品故障率衡量的是产品的制造质量还是设计质量？）
- 成本——开发及追踪指标的成本多大？指标能否为董事会提供与成本相匹配的价值？[12]

相关研究证明了衡量这些指标的重要性。Ittner 和 Larcker（2003）研究发现，相比于其他企业，那些基于 KPI 开发了因果商业模式的企业，在五年内资产收益率和股本回报率均显著更好。[13]他们指出这有三个好处：加强战略规划过程中的内部交流，促进对战略价值驱动因素的识别和测量，改善资源配置及目标设置。Gates（1999）研究发现，拥有一套正式的战略绩效评估指标的企业相比于其他企业，股票价格收益往往更好。[14]如果管理层能定期与董事会成员、投资者和分析师沟通且共享这些指标信息，那么相对而言，公司的绩效会更好。

此外，对企业来说，同时使用财务指标和非财务指标是很重要的。学者已反复证明非财务 KPI 是未来财务绩效评估的主导指标。例如，Ittner 和 Larcker（1998）研究发现，在银行和电信公司样本中，顾客满意度是公司未来财务绩效的主导指标。[15] Banker，Potter 和 Schroeder（1993）验证得出，在酒店行业中顾客满意度和未来财务绩效之间存在类似的关系。[16] Nagar 和 Rajan（2001）研究揭示了制造业公司中生产质量和未来收益增长之间的关系。[17]

非财务指标的重要性取决于公司战略和操作环境。例如，Ittner，Larcker 和 Rajan（1997）研究发现，当企业追求创新战略（例如现金流为负的初创企业）或质量战略（如实行全面质量管理（TQM）或精益生产）时，运用非财务指标显得更为重要。[18]Said，HassabElnaby 和 Wier（2003）支持以上观点，他们发现非财务指标在下列企业中运用得更为普遍——追求创新战略和质量战略的企业、产品开发周期较长的企业（例如飞机制造商）、受到严格管制的企业（例如铁道运输公司）以及处于财务危机的企业。[19]以上研究表明，当现有战略不能保证实现短期财务目标时，非财务指标的运用显得尤为重要。

6.5 董事会在绩效评估与商业模式上的表现如何

德勤会计师事务所就这一主题进行了最为详细的分析，报告名为《董事会和高管所不知道的公司状况》（In the Dark：What Boards and Executives Don't Know about the Health of Their Business）（2004 年和 2007 年）。[20]基于大型跨国公司的250 个董事及高管的样本数据，报告发现令人惊讶的是，董事会和高管所认可的企业绩效的重要驱动因素指标和公司实际运用的 KPI 之间不存在相关关系。

超过 90％的受访者表示，财务和非财务因素对于公司的成功来说都至关重要，普遍使用的非财务指标包括顾客满意度、产品或服务质量以及员工忠诚度。然而，当被要求评估不同测量方式下的信息质量时，受访者明显认为相对而言财务指标的信息质量更好，非财务指标的信息质量更差。

董事会成员似乎并没有给出没能获取这类信息的解释。最常提及的理由是公司"尚未完全开发好指标的分析工具"。也就是说，绩效指标信息之所以不能获取，是因为没人花时间制定合适的系统追踪指标。如果确实如此，董事会监管存在重大失误的事实就昭然若揭。研究结果表明："在认知与行动之间、豪言与现实之间存在鸿沟。"

> 除非缩小这个差距，否则董事、经理和投资者将无法很好地了解公司真实的状态。非财务指标为董事会和管理层提供了重要指南，来引导公司获得长期成功。然而，大多数企业将注意力集中于财务数据，关注非财务数据的企业少之又少。

Ittner，Larcker 和 Randall（2003）研究得出了类似的结论，在考虑组织获得长期成功的驱动因素时，重要性强的指标更容易受到低测量质量的不利影响（见图 6-4）。研究结果表明，不太重要的短期财务指标测量质量较高；相反，更重要的非财务指标（例如顾客满意度、产品质量、创新和其他重要驱动因素等）测量质量较低。[21]

来自 NACD 的调查数据表明，近年来的情形几乎没有变化。目前，只有 2/3 的公司（64％）开发前瞻性指标来监控绩效，60％的公司测试关于关键战略决策的管

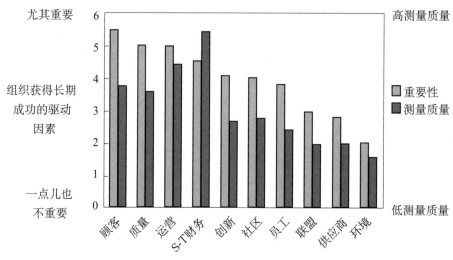

图6-4 指标的重要性与指标的测量质量

资料来源：Adapted from Christopher D. Ittner，David F. Larcker，and Taylor Randall（2003）.

理假设，只有20%的公司从事情景分析。[22]

上述研究表明，尽管许多董事会监督企业战略和绩效时可能不会恪尽职守，但它们可以通过获取更为详细的整套KPI信息来弥补这一缺陷。这些信息可以帮助企业在未来获取成功，追踪这些指标信息还可以帮助董事会评估管理绩效。运用这些信息，董事会能够更好地理解影响企业成败的因素，也能够更好地管理组织风险。

6.6 风险与风险管理

前面的讨论基本上没有涉及风险概念。我们关注的是期望出现的结果而不是一系列可能发生的结果。尽管强调了合理的战略和有效的商业模式可能带来的积极结果，但我们没有考虑事情偏离计划时的价值损失，也没有考虑企业为减轻损失可能会实施的战略和措施。接下来，我们对此展开讨论。

首先，我们通过考虑风险与企业战略、商业模式之间的关系来定义风险；接着讨论什么是风险管理；最后考虑董事会在识别和管理组织风险并实施相关措施时所担任的角色。

有必要强调的是，当我们在这一章谈论风险管理时，并不是简单地要求企业遵守法律法规，我们只是将法律法规作为一个最低标准，即组织应在政府和联邦机构建立的指导方针下处理业务。实际上，风险管理涉及的范围更大，包括可能降低公司盈利能力、导致严重的新股弱势以及威胁组织成功或生存的各种事件。

2008年的金融危机导致大量企业破产，可见风险管理的重要性。金融危机中有许多受害者，例如美国国际集团、贝尔斯登和雷曼兄弟，它们显然没有发现自身商业模式的风险。如果这些公司能提前识别相关风险，则它们可能会采取不同的商业模式，保护自身免于破产。遗憾的是，最近的一项调查表明，只有不到一半的高管确信其组织已经了解所面临风险的范围、严重性、发生的可能性及潜在影响。[23] 考虑到可能出现金融危机，美国国会也主动加入风险管理的讨论之中——风险委员会提出了《多德-弗兰克法案》，尽管该法案最终被忽略了。[24] 风险管理相比之前有了更广泛的定义，包括 CEO 继任计划和高管薪酬结构（我们将在第 7 章、第 8 章、第 9 章对此展开详细讨论）。

6.7 风险与风险承受能力

风险（risk）是指组织遭受意想不到或无法控制的损失的可能性和严重性。这既包括常规业务流程中的损失，又包括极不可能和不可预知事件产生的损失，即所谓的**"黑天鹅"**（black swans）或**离群值**（outliers）。风险既可能来源于公司业务，又可能来源于公司实现目标的方式。风险是公司制定决策的组成要素，不能与公司战略和运营相分离。

每个企业必须考虑在既定战略下愿意承担多大风险。无风险战略是不存在的，风险管理也不能消除企业所有风险。如果管理者要消除企业所有风险，则其只能获取不超过无风险利率的收益，这显然是不符合股东利益的。然而，如果某企业相比于竞争对手能够更好地管理风险，它就能够获得成功。

进行风险管理决策时，每个公司都必须确定自身的**风险承受能力**（risk tolerance）。这项决策需要董事会成员的积极参与。如果董事会（作为股东代表）愿意接受更大的不确定性和未来现金流的不稳定，以换取获得潜在更高的经济回报，那么高风险战略可能是适当的，否则，企业应采取更为保守的战略或制定全新的战略。公司必须在激进主义和保守主义间达成平衡，只有当公司正确理解战略和商业模式的风险时，这种平衡才能实现。对于公司愿意承受的风险，需要结合战略进行适当管理，当公司不能自行处理或不擅长处理时，公司应该进行风险对冲或将风险转移给第三方。公司管理层和董事会成员需要理解风险的本质、成本、不良影响以及意外结果，并相应对风险进行管理。

专栏　　**风险偏好型 CEO 会造就风险型企业吗**

有些企业 CEO 因在个人生活中乐于追求风险而名声在外。例如理查德·布兰森（Richard Branson），维珍唱片公司（Virgin Records）和维珍美国航空公司（Virgin America airlines）的创始人，在跳伞、热气球和航行等项目中试图挑战世界纪录。甲骨文公司（Oracle Corporation）的 CEO 拉里·埃利森（Larry Ellison）是一个狂热的水手，曾获得美洲杯帆船赛的冠军。美国美光（Micron）的前任 CEO 史蒂夫·阿普尔顿（Steve Appleton）生前痴迷于驾驶小型飞机。

这些高管的个性会影响组织的风险承受能力吗？关于 CEO 的性格类型与公司治理之间关系的研究尚处于起步阶段，尽管如此，一些证据仍表明 CEO 的个性会影响组织活动。Bernile，Bhagwat 和 Rau（2017）研究发现，年轻时经历过自然灾害但没有经受过极端负面后果的 CEO 会领导组织承担更大的风险（在收购活动和资本结构方面），相反，遭受过自然灾害极端负面后果的 CEO 在管理公司时会更加保守。[25]同样地，Davidson，Dey 和 Smith（2013）研究发现，如果 CEO 个人生活奢侈，组织的内部控制就更为松散，更易出现内部员工欺诈和非故意的材料报告错误。[26]Bushman，Davidson，Dey 和 Smith（2018）研究了导致金融危机的金融机构的绩效。他们发现，由享乐主义 CEO 领导的公司（以那些有购买奢侈品兴趣的 CEO 为衡量标准，例如昂贵的汽车、船只或房产）的风险管理程序更弱，在金融危机期间，这些公司激进内幕交易的发生率更高。[27]

6.8 商业模式的风险

董事会和高管通常关注企业面临的常规风险。[28]然而，事实上所有的企业活动都存在风险，包括：

● 运营风险——这反映了公司运营中断的可能性。运营风险反映在下列因素中：供应商集中度、客户集中度、供应链冗余以及公司对供应链的监控程度。

● 财务风险——这反映了公司依赖外部融资的程度（包括资本市场和私人借贷）。财务风险反映在下列因素中：财务杠杆、表外工具、合同义务、债券到期表、偿债能力以及其他降低财务流动性的限制因素。公司依靠外部融资的风险比使用内部资金运作的风险大。

● 声誉风险——这反映了公司保护无形资产价值的程度，包括公司声誉。声誉风险反映在下列因素中：对产品品牌发展的投资、对公司品牌发展的投资、监督品牌的使用情况、监督供应商和客户的商业行为、拓展社区服务与处理利益相关者之间的关系。

● 合规风险——这反映了公司遵守法律法规的程度。合规风险反映在下列因素中：劳动措施、环境合规以及企业产品、流程或上市有价证券是否符合相关的监管要求。

为了理解与组织战略相关的风险，董事会必须进行更深入的探索而非局限于常规风险。调查数据表明，公司知悉自身面临的金融风险、政治风险、监管风险和经济风险，同时也了解人力资本流失所带来的风险。然而，在某种程度上，公司对其商业模式自身所固有的风险的防范意识相对较低。[29]

 风险管理的失败案例

露露乐蒙

2013 年 3 月，露露乐蒙（Lululemon）将门店中库存的女式黑色露安（luon）瑜伽裤全部撤回，其零售价接近 100 美元一条。该公司解释，这种裤子过度"透明"且"达不到我们的高质量标准"。[30]撤回时，公司最初将责任归咎于供应商面料不达标，随后承认问题在于自身检测不足。6 月，露露乐蒙将裤子重新上架，并声称"经改进，我们现在的质量检测体系比过去好得多"。[31]

然而，这件事尚未结束。博客和社交媒体上陆续出现了质量投诉。在一篇帖子里，有个消费者透过布料拍摄了一张照片，以此证明露安瑜伽裤仍很透明。创始人奇普·威尔森（Chip Wilson）此时火上浇油，他在一次电视采访中说问题不在于裤子的质量，而在于某些消费者购买了不适合她们穿的裤子："坦率地说……对于某些女性的身材来说，这些裤子并不合适，关键要看裤子与大腿摩擦时要承受多大的压力以及她们使用裤子的频率。"[32]威尔森后来就此事道歉，但消费者仍不买账。12 月，由于顾客大大减少，该公司下调了利润指标。CEO 克里斯蒂娜·戴（Christina Day）和 CFO 约翰·柯里（John Currie）相继辞职，威尔森也从董事会中辞职。2014 年夏，该公司的股票交易水平相比最初撤回产品时下降了 50%。

富国银行

2016 年 9 月，富国银行（Wells Fargo）与监管机构和洛杉矶市、县达成和解，承认其在 5 年内未经客户授权开设了多达 200 万个账户，同意偿还与这些账户相关的 260 万美元费用，并支付 1.85 亿美元和解费。[33]

尽管罚款金额对于富国银行这样规模的银行来说无足轻重（该公司当年盈利 220 亿美元），但所谓的"交叉销售"丑闻并没有就此结束，而是进一步发酵，最终严重损害了富国银行的声誉。一项独立调查发现，交叉销售违规行为在本质上并非孤立，而是代表公司的激励制度、组织结构和控制以及领导能力造成的系统性故障。CEO 约翰·斯顿夫（John Stumpf）被迫辞职。[34]该公司从他那里追回了近 7 000 万美元的薪酬，从负责零售银行业务的高管那里追回了 6 900 万美元的薪酬，这是金融服务行业史上追回高管薪酬最多的一次。在股东和监管机构的压力下，超过一半的董事会成员被撤换。美联储（Federal Reserve）对银行的规模设定了前所未有的资产上限，在其管理系统和控制得到实质性改善之前，银行的资产规模不得超过 1.95 万亿美元。在随后的一段时间里，该银行的股价表现明显低于 KBW 银行指数，导致 24 个月内其相对市值潜在损失 1 400 亿美元。2020 年，斯顿夫与美国货币监理署（Office of the Comptroller of the Currency）就民事指控达成和解，并同意终身不进入银行业。[35]

前面讨论的商业模式为理解组织风险提供了一个严格的框架。对商业模式中的关键因素和假设进行压力测试，能使董事会和管理层更好地识别和判断公司战略存在的问题及其可能招致的后果。在因果商业模式中，高管在进行风险管理时，主要应考虑一个区域或职能部门的瓦解如何在整个组织中产生连锁反应。据此，公司可制定相关政策和措施来降低风险。

如果公司有成熟的商业模式，则董事会和管理层可能会针对关键问题进行非常详细的风险管理分析。公司应力图将风险降到符合成本效益原则的程度，不愿承担的风险，要么对冲掉，要么通过保险或衍生品合同转移给第三方。然而，其他可能与公司竞争优势相关的风险则需保留，例如涉及劳动力人才、制造流程、品牌、专利和知识产权等的风险。显然，良好的公司治理要求董事会和管理层向股东合理地披露风险。

➡ 6.9　风险管理

风险管理（risk management）是公司评估并降低风险的过程，包括管理层通过采取一系列行动、政策和措施，降低不良后果发生的可能性和严重程度，提高积极结果发生的可能性和受益程度。为了实现这一目标，组织必须定义并开发**风险文化**（risk culture）。风险文化定下了组织承担风险的基调，并确保企业在所有决策中都将考虑风险。调查数据表明，为了达到这一目标，组织必须具备三个条件：强有力的领导、明确的风险衡量指标以及可获得的潜在风险信息。[36]

在风险管理过程中，可以运用各种专业框架对公司进行指导。例如，1990 年建立的发起组织委员会（Committee of Sponsoring Organizations，COSO）框架，已成为一个备受推崇的风险管理框架。[37] COSO 建议将风险管理纳入战略规划、运营评估、内部报告和合规程序。对于风险的考量应从企业、部门和业务单位三个水平上进行。COSO 风险管理过程分为八步：

1. 内部环境——为企业风险管理和风险文化建立组织哲学。

2. 目标设定——评估企业战略，基于管理层和董事会的风险承受能力设置组织目标。

3. 风险识别——检测每个潜在商业机会的风险。

4. 风险评估——确定每项风险产生的可能性和严重性。

5. 风险应对——确定防止和应对风险的组织行动。

6. 控制活动——制定政策和措施确保风险应对活动按计划进行。

7. 信息和交流——建立信息系统来追踪并报告组织的风险管理过程。

8. 监控——对数据信息系统中的数据进行审查并采取适当行动。

需要注意的是，该框架的第一步与我们的讨论是一致的，我们认为应基于企业的战略和运营来讨论风险。同样需要注意的是，信息和交流、监控步骤与我们运用 KPI 进行绩效评价的方式是一致的。总而言之，风险管理过程应整合公司战略、商业模式以及绩效评价的发展和监督过程。

专 栏	"交易"风险管理

我们注意到有一项针对富国银行交叉销售丑闻的独立调查，将富国银行的违规行为部分归咎于组织结构和内部控制的失败。这到底是什么意思，它告诉我们风险的组织本质是什么？报告强调了两个文化缺陷和五个结构缺陷。

文化缺陷

1. 畏于挑战。控制职能保持了"一种极其尊重业务单元的文化"。

2. 未能将问题视为系统性问题。"当问题出现时，控制职能部门通常采取一种狭隘的'交易'方式来处理问题。他们专注于具体的投诉或个人诉讼，错过了把它们融合在一起加以应对的机会。"

结构缺陷

1. 权力下放。"风险管理通常发生在业务部门，业务人员和集团风险官直接向业务部门领导报告，并在点线基础上向中央风险办公室报告。"

2. 中央风险。首席风险官"没有将查看销售实践作为其授权范围内的事，而认为这是业务部门的职责……她认为销售游戏是一个众所周知的问题，已经得到了很好的管理和控制，而且影响很小"。

3. 法定权。法律部门主要关注的是"可量化的货币成本——损害赔偿、罚款、罚金、赔偿（这些都是相对温和的）"。

4. 人力资源。人力资源"在其系统中记录了大量的信息，但没有开发出整合销售实践和问题信息并报告它们的方法"。

5. 内部审计。内部审计"通常发现旨在发现、调查和纠正销售行为违规的过程和控制是有效的……然而，一般来说，审计并没有试图确定不道德销售行为的根本原因"。

由于公司的激励机制强调交叉销售目标，加之 CEO 乐观地"将问题最小化"，在双重压力下，富国银行的交叉销售丑闻引发了一场风暴，公司的所有控制职能都未能意识到这一系列看似无关紧要的违规行为实际上反映了风险管理的系统性崩溃。[38]

研究表明，如果适当实施风险管理，风险管理职能就可以降低组织的风险水平。例如，Ellul 和 Yerramilli（2013）研究发现，风险管理功能较强的银行控股公司的风险更低。[39] 同样地，Ormazabal（2010）研究发现，实施可观察的风险管理活动

（例如风险委员会、企业风险管理职能、首席风险官、风险管理政策或其他与风险监管相关的组织结构）的公司在金融危机期间的波动性较小。[40]

其他研究表明，有效的风险管理不仅关乎操作，还有文化因素的影响。Liu（2016）认为文化失败是许多治理失败的根本原因。她发现，拥有"高度腐败文化"的公司更有可能进行盈余操纵、会计欺诈、股票期权回溯和投机性内幕交易。[41]相反，Guiso，Sapienza 和 Zingales（2015）研究发现，当员工认为高管值得信任和有道德时，公司绩效往往会提升。[42]

然而，一个公司的领导和控制职能促进使风险最小化的组织文化得以形成的过程，并没有得到充分的理解。对董事而言，开发出一个有效的组织风险管理程序，仍然是一项核心的、持续的挑战。

➡ 6.10 对风险管理的监督

虽然管理层最终负责实施和加强风险管理，但董事会也必须确保这些活动能够有效开展。董事会将如何落实这个责任？对风险管理进行监督又是什么意思？

董事会的风险监督责任大致可以分为四类。

第一，董事会负责进行公司风险预测。正如前面所讨论的那样，这包括对宏观经济、相关行业及公司特有风险的考量。董事会在咨询管理层、股东和其他利益相关者的过程中，应进行企业风险预测。针对那些受到严格管制的行业，例如金融服务业、保险业和公用事业，董事会应将监管机构纳入讨论范围。此外，董事会应权衡下行风险成本与长期市场机会，并同时考虑企业成功或失败的可能性。

第二，考虑到公司的风险偏好，董事会应当负责评估公司战略和商业模式。具体来说，董事会应识别战略风险和商业模式风险并进行有效管理；董事会应确保已经制订可行的应急计划，以处理潜在的财务或业务问题；董事会应当考虑是否实施了适当的对冲和保险措施来应对公司尚未解决的风险。

第三，董事会负责确保公司在适当的风险水平上持续运行。公司文化是鼓励还是规避风险行为？跟预期相比，公司运用战略和商业模式后是否承担了更多风险？开发获取风险数据的内部报告系统有助于回答上述问题。风险指标应包括董事会所使用的监控公司绩效的关键绩效指标。董事会应合理解释这些指标数据并关注新的变化趋势。

第四，董事会应当确认管理层是否实施了必要的内部控制，以确保风险管理程序的有效运行。许多活动，例如确保报告关系定义明确、沟通渠道运行有效、报告数据检测结果精确，看似普通，但对于确保风险管理实践的有效性来说至关重要。高管薪酬除了与战略绩效指标相关之外，还与公司的风险测量挂钩，这有助于确保上述工作的适当执行（我们将在第8章和第9章对此进行详细讨论）。

管理风险是委员会的职责还是全体董事会的职责

根据 NACD 的调查，31% 的企业将风险管理交给审计委员会负责，16% 的企业将风险管理交给专门的风险委员会负责，51% 的企业将风险管理交给董事会负责。[43]

公司将风险管理交由审计委员会负责可能有以下几个原因。近年来，监管机构关注的风险集中于财务报表风险和信息披露问题。事实上，纽约证券交易所的上市要求中规定审计委员会应审查公司的风险政策。[44]公司被要求披露能够明显影响财务绩效的风险因素，审计委员会则被要求监督年度报表（10 - K）的披露过程。通常公司内部的风险管理职能部门是向 CFO 汇报，进而向审计委员会报告，因此审计委员会应当精通业务活动。最后，CFO 和审计委员会还应熟悉公司用来保护资产价值的金融对冲和保险合同。

然而，由于审计委员会成员需要承担较大的工作量，公司可能选择建立一个独立的风险管理委员会。如果公司面对的是运营风险而非财务风险，那么将监督权交给风险管理委员会是有意义的，该委员会主要通过运营绩效和公司绩效而非财务结果和会计报表来审查风险。审计委员会可能受到过多的监管要求，以至于无法有效监控运营风险。此外，很多风险本质上具有专业性，需要运用专业知识进行评估。因此，许多公司例如荷兰全球人寿保险（Aegon）（保险业）、杜克能源（Duke Energy）（公用事业）、摩根大通（JP Morgan Chase）（银行金融业）等，都设立了专门的风险管理委员会。[45]

然而，设立风险管理委员会并没有解决本章强调的一个关键问题：公司的风险职能不应被孤立地考量。任何关于财务风险和运营风险的考量都应结合公司战略、商业模式和绩效评估来全面进行。因此，风险管理最好是由董事会负责，而不是交给独立的风险管理委员会。

某些研究支持这一观点，Ittner 和 Keusch（2014）对来自 29 个国家的 676 个上市公司、私募公司和非营利组织的风险管理进行了详细分析。他们发现，将风险管理工作分配给董事会而非委员会时，董事会能够对于组织的首要风险及风险偏好的量化达成共识，并且在降低风险的过程中进行更为广泛和频繁的报告。[46]

➡ 6.11 评估董事会风险管理绩效

鲜有研究评估风险管理项目的有效性以及这些项目的表现。调查数据表明，企业在这一领域还有改进空间。

2019 年，美国注册会计师协会（American Institute of Certified Public Accountants，AICPA）和特许管理会计师协会（Chartered Institute of Management Accountants，CIMA）的一项研究结果表明，许多公司并不重视风险管理。只有 1/4（23%）的公司认为它们的风险管理流程成熟或稳健，相比之下，38% 的公司认为其风险管理还不成熟或处于发展阶段。[47]只有 1/3（35%）的公司声称它们拥有系统的风险监管流程并定期向董事会报告。其余公司则表示，其风险监督和报告过程要么是非正式的要么是临时的（30%），以最少的汇总报告单独跟踪风险（18%），或者没有结构化的过程来识别风险和向董事会报告最高风险（17%）。[48]

NACD 2018 年的一份报告也指出了董事会层面风险监管的缺陷。调查显示，只有 3/4 的董事会评估了公司战略面临的风险（76%），或者与管理层沟通了董事会需要的风险信息（79%）。很难解释为什么这些回应不是 100%。尽管大多数董事会对特定风险主题进行了深入审查（67%）或评估了新出现的风险（61%），但很少有董事会对组织风险进行实质性的深入评估，而这对测试项目的可靠性至关重要。例如，只有一半（49%）的董事会测试了关于关键风险的管理假设，45% 的董事会审查了公司风险管理系统的有效性，30% 的董事会评估了风险的相互依赖性，只有 29% 的董事会检查了公司的风险文化。[49]

这些数据突出了一个非常现实的问题。董事会应确保其成员具有足够的风险专业知识，公司要有严格的程序来衡量和监控组织风险。

> **专栏** ▓▓▓ **风险管理与 2008 年的金融危机**

2008 年的金融危机揭示了许多公司风险管理的失败。大多数金融机构——包括雷曼兄弟、贝尔斯登以及花旗集团之所以破产或损失惨重，部分原因是，事实上它们的企业战略和贸易战略所承担的风险远比董事会或管理层所认为的多得多。参考 OECD 的一个总结报告：

> 当面临考验时，许多金融服务公司的治理程序没有起到防卫过度风险的作用。在许多情形下，风险管理系统的失败并不是因为风险计量模型的不足，而是要归咎于公司的治理程序：一方面，披露的信息无法上报给董事会甚至高管层；另一方面，风险管理通常被当作日常事务而非重大事务。以上这些都是董事会的失职。在其他情形下，董事会尽管批准了公司战略，但没有设置合适的指标对战略实施进行监控。公司对可预见风险因素的披露以及对监控、管理风险系统的披露还远远不够，尽管这在 OECD 原则里属于关键性因素。在某些领域，会计准则和监管要求也被证实存在不足，这导致相关标准制定者要进行复查。同样重要的是，在许多情形下，薪酬体系和公司战略、风险偏好以及公司长期利益并不紧密相关。[50]

正如安德鲁·罗斯·索尔金（Anderew Ross Sorkin）在 2009 年出版的《大而不倒》（*Too Big to Fail*）中所说的那样，一些组织的管理层根本不了解业务风险。更糟糕的是，他们对风险管理不感兴趣，在某些重要的讨论中甚至将风险官排除在外：

> 格雷戈里（Gregory）（雷曼兄弟的 COO）和富尔德（Fuld）（雷曼兄弟的 CEO）本质上进行的是固定收益交易，自 20 世纪 80 年代以来，世界已经发生了翻天覆地的变化，但他们没有紧跟时代步伐。最开始，公司交易的都是商业票据，这大概是公司交易中风险最小的。后来，固定收益交易再也不像富尔德和格雷戈里所认为的那样。银行创造了日益复杂的产品，它们在很多层面上与基础资产有所不同，这导致风险水平提高，然而事实上人们并不了解这一情况，也不热衷于了解这方面的信息。公司虽然聘请了一位德高望重的首席风险官，曾在高盛工作过的经济学博士马德琳·安东西奇（Madelyn Antoncic），但她的贡献几乎为零。在执行委员会会议上，当涉及风险问题时，她常常被要求离开会议现场，到 2007 年底，她被彻底赶出了委员会。[51]

6.12 网络安全

公司数字信息的安全（包括客户数据和公司系统，通常称为**网络安全**（cyber-security））已成为董事、经理、股东和利益相关者关注的重要问题。在过去 10 年中，数据盗窃的频率显著上升。根据身份盗窃资源中心（Identify Theft Resource Center）的数据，从 2009 年到 2018 年，数据泄露事件的数量增加了两倍。这一增长的主要原因是黑客、银行卡盗刷和钓鱼计划。[52]

数据盗窃的代价是巨大的。根据波耐蒙研究所（Ponemon Institute）的数据，在美国，一次数据泄露的平均直接组织成本为 700 万美元。这包括识别和控制泄露的成本、通知客户以及业务损失的成本。[53] 集体诉讼也增加了这一成本，处理成本则从中等规模数据泄露的 100 万美元到大规模数据泄露的超过 1 亿美元不等。[54] 一项研究发现，公司在披露泄露信息后，其股价平均下跌 5%，并在随后的 90 天内表现消极。[55] 显然，网络安全是公司及其股东面临的一个重要风险。

调查数据显示了这一挑战对公司董事的重要性。NACD 称，绝大多数董事会已经审查了管理层保护其数字资产的方法以及组织面临的重大威胁，并讨论了网络应对计划。董事认为，他们对网络安全的理解在过去两年有了显著提高，他们从管理层那里收到的有关这一主题的信息的质量也在这段时间有所提高。[56] 另外，普华永道的调查数据发现，董事们相信网络安全正受到适当的董事会监督，并得到有意义的指标和必要的外部专家支持。[57]

不过，由于网络攻击的严重性和意外性，管理层和董事们很难完全防止黑客入侵。最近的攻击说明了这一事实：

● 塔吉特。2013 年，在假日购物季的三周时间里，有 4 000 万个账户被盗。塔吉特支付了 2 000 万美元的索赔，并分别向维萨（Visa）和万事达卡（Mastercard）支付了 8 600 万美元的费用。[58]

● 雅虎（Yahoo!）。2013 年和 2014 年，该公司遭遇了两次大规模数据泄露，影响了 30 亿账户，最终以 1.17 亿美元了结了索赔。[59]

● Equifax。2017 年，黑客窃取了 143 名客户的个人信息。该公司支付了 3.8 亿美元的索赔。[60]

为了降低网络威胁的风险，一些专家对董事们提出了如下建议：

● 在公司风险框架内提升网络安全。董事会应该确保管理层和员工认真对待网络安全问题。他们应该定期审查公司的潜在风险和网络安全政策。

● 制订行动计划以应对客户数据泄露。该计划应概述员工和董事会的职责，应与谁联系，何时联系，公司将如何与公众沟通，以及如何评估泄露行为。

● 采取额外的保护措施来保护公司数据。管理层和董事会应该审查谁可以访问关键公司数据和商业机密，并围绕这些信息在公司内部对于如何记录、存储、访问和共享制定政策。董事会应该有自己的网络安全政策，以保护董事的通信、文件和对话。[61]

注　释

1. Financial Reporting Council, "The UK Corporate Governance Code," (2018). Accessed August 13, 2019. See www.frc.org.uk/getattachment/88bd8c45-50ea-4841-95b0-d2f4f48069a2/2018-UK-Corporate-Governance-Code-FINAL.pdf.

2. National Association of Corporate Directors, "2019–2020 NACD Public Company Governance Survey," (Washington, D.C., 2019).

3. Lockheed Martin, "Ethics," (2015). Accessed February 10, 2015. See www.lockheedmartin.com/us/who-we-are/ethics.html.

4. Adapted from Gerry Johnson, Kevan Scholes, and Richard Whittington, *Exploring Corporate Strategy: Text & Cases*, 8th ed. (Essex: Pearson Education Limited, 2008).

5. Garth Saloner, Andrea Shepard, and Joel Podolny, *Strategic Management* rev. ed. (New York: John Wiley & Sons, 2005). And Michael E. Porter, *Competitive Strategy* (New York: Free Press, 1998).

6. Forbes Insights, "The Powerful Convergence of Strategy, Leadership, and Communications: Getting It Right," FD Corporate Communications (June 2009). Accessed November 8, 2010. See http://images.forbes.com/forbesinsights/StudyPDFs/PowerfulConvergenceofStrategy.pdf.

7. Eric Olsen, Frank Plaschke, and Daniel Stelter, "The 2008 Value Creators' Report: Missing Link Focusing Corporate Strategy on Value Creation," Boston Consulting Group (2008). Accessed December 8, 2008. See www.bcg.com/documents/file15314.pdf.

8. This is similar to the insightful work done by James L. Heskett, W. Earl Sasser, and Leonard A. Schlesinger, *The Service Profit Chain* (New York: Free Press, 1997).

9. David De Angelis and Yaniv Grinstein "Performance Terms in CEO Compensation Contracts," *Review of Finance* 19 (2015): 619–651. doi:10.1093/rof/rfu014 Advance Access publication: April 8, 2014.

10. See Christopher D. Ittner, David F. Larcker, and Madhav V. Rajan, "The Choice of Performance Measures in Annual Bonus Contracts," *Accounting Review* 72 (1997): 231–255. Also see Daniel Sungyeon Kim and Jun Yang, "Behind the Scenes: Performance Target Setting of Annual Incentive Plans," *Social Science Research Network* (2012). Accessed June 24, 2014. See http://ssrn.com/abstract=1361814.

11. Francesca Cornelli, Zbigniew Kominek, and Alexander Ljungqvist, "Monitoring Managers: Does It Matter?" *Journal of Finance* 68 (2013): 431–481.

12. Adapted in part from Christopher D. Ittner and David F. Larcker, "Extending the Boundaries: Nonfinancial Performance Measures," in *Handbook of Management Accounting Research*, edited by Christopher S. Chapman, Anthony G. Hopwood, and Michael D. Shields (Oxford: Elsevier, 2009).

13. Christopher D. Ittner and David F. Larcker, "Coming Up Short on Nonfinancial Performance Measurement," *Harvard Business Review* 81 (2003): 88–95.

14. Stephen Gates, "Aligning Strategic Performance Measures and Results," The Conference Board, research report 1261-99-RR (October 1999). Accessed March 15, 2010. See www.conference-board.org/publications/publicationdetail.cfm?publicationid=438.

15. The function linking customer satisfaction to financial performance is "S-shaped" and not a simple linear relation. There are likely to be diminishing returns to increases in customer satisfaction and other similar measures. See Christopher D. Ittner and David F. Larcker, "Are Nonfinancial Measures Leading Indicators of Financial Performance? An Analysis of Customer Satisfaction," *Journal of Accounting Research* 36 (1998): 1–35.

16. Rajiv D. Banker, Gordon Potter, and Roger G. Schroeder, "Reporting Manufacturing Performance Measures to Workers: An Empirical Study," *Journal of Management Accounting Research* 5 (1993): 33–55.

17. Venky Nagar and Madhav V. Rajan, "The Revenue Implications of Financial and Operational Measures of Product Quality," *Accounting Review* 76 (2001): 495–514.

18. Ittner, Larcker, and Rajan (1997).

19. Amal A. Said, Hassan R. HassabElnaby, and Benson Wier, "An Empirical Investigation of the Performance Consequences of Nonfinancial Measures," *Journal of Management Accounting Research* 15 (2003): 193–223.

20. Deloitte Touche Tohmatsu, "In the Dark: What Boards and Executives Don't Know about the Health of Their Businesses. A Survey by Deloitte in Cooperation with the Economist Intelligence Unit" (2004). Last accessed June 24, 2014. See www2.deloitte.com/. Also see Deloitte Touche Tohmatsu, "In the Dark II: What Many Boards and Executives Still Don't Know about the Health of Their Businesses. Executive Survey Results from Deloitte and the Economist Intelligence Unit" (2007). Accessed September 7, 2010. See www2.deloitte.com/content/dam/Deloitte/in/Documents/risk/Board%20of%20Directors/in-gc-in-the-dark-noexp.pdf.

21. Christopher D. Ittner, David F. Larcker, and Taylor Randall, "Performance Implications of Strategic Performance Measurement in Financial Services Firms," *Accounting, Organizations & Society* 28 (2003): 715.

22. National Association of Corporate Directors (2019).

23. Anonymous, "Beyond Box-ticking: A New Era for Risk Governance; A Report from the Economist Intelligence Unit Sponsored by ACE and KPMG," *Economist* (2009).

24. Ormazabal (2010) found a positive stock market response to these legislative events for companies that had not disclosed risk-management activities. See Gaizka Ormazabal, "An Examination of Organizational Risk Oversight," Ph.D. dissertation, Stanford University, Graduate School of Business (2010).

25. Gennaro, Bernile, Vineet Bhagwat, and P. Raghavendra Rau, "What Doesn't Kill You Will Only Make You More Risk-Loving: Early-Life Disasters and CEO Behavior," *The Journal of Finance* 72 (2017): 167–206.

26. Robert Davidson, Aiyesha Dey, and Abbie Smith, "Executives' 'Off-the-Job' Behavior, Corporate Culture, and Financial Reporting Risk," *Journal of Financial Economics* (August 1, 2013).

27. Robert M. Bushman, Robert H. Davidson, Aiyesha Dey, and Abbie Smith, "Bank CEO Materialism: Risk Controls, Culture and Tail Risk" *Journal of Accounting and Economics* 65 (2018): 191–220.

28. Public companies give a laundry list of "risk factors" in the annual 10-K. It is unclear whether these are the real risks the company faces or disclosures that provide the basis of a legal defense in case something bad happens to the firm. The challenge for the board is to push management to precisely articulate the fundamental risks that can have a devastating impact on shareholders and stakeholders.

29. *Economist* (2009).

30. Lululemon Athletica, "Black Luon Pants Shortage Expected," press release (March 18, 2013). Accessed June 3, 2013. See http://investor.lululemon.com/news-releases/news-release-details/black-luon-pants-shortage-expected. For more on this topic, see David F. Larcker, Sarah M. Larcker, and Brian Tayan, "Lululemon: A Sheer Debacle in Risk Management," Stanford Closer Look Series (June 17, 2014). See www.gsb.stanford.edu/faculty-research/publications/lululemon-sheer-debacle-risk-management.

31. Lululemon Athletica, "Black Luon Pants—FAQ," (March 2013, updated November 5, 2013). Accessed November 5, 2013.

32. Bloomberg Television, "Lululemon Pants Don't Work for Some Women: Founder," (November 5, 2013). Accessed November 5, 2013.

33. For more on this topic, see Brian Tayan, "The Wells Fargo Cross-Selling Scandal," Stanford Closer Look Series (January 8, 2019). See www.gsb.stanford.edu/faculty-research/publications/wells-fargo-cross-selling-scandal.

34. Wells Fargo, "Independent Director of the Board of Wells Fargo & Company: Sales Practices Investigation Report," (April 10, 2017). Accessed April 10, 2017. See www.wellsfargo.com/assets/pdf/about/investor-relations/presentations/2017/board-report.pdf.

35. Kevin Wack, "OCC Drops Hammer on Stumpf, Seven Other ex-Wells Fargo Execs," *American Banker* (January 24, 2020). Accessed February 23, 2020. See www.americanbanker.com/news/occ-drops-hammer-on-stumpf-seven-other-ex-wells-fargo-execs.

36. *Economist* (2009).

37. The Committee of Sponsoring Organizations of the Treadway Commission, "About Us." Accessed May 3, 2015. See www.coso.org/aboutus.htm.

38. Wells Fargo and Company, "Independent Director of the Board of Wells Fargo & Company: Sales Practices Investigation Report," (April 10, 2017), Accessed April 10, 2017. See www.wellsfargo.com/assets/pdf/about/investor-relations/presentations/2017/board-report.pdf.

39. Andrew Ellul and Vijay Yerramilli, "Stronger Risk Controls, Lower Risk: Evidence from U.S. Bank Holding Companies," *Journal of Finance* 68 (October 2013): 1757–1803.

40. Ormazabal (2010).

41. Xiaoding Liu, "Corruption Culture and Corporate Misconduct," *Journal of Financial Economics* 122 (November 2016): 307–327.

42. Luigi Guiso, Paola Sapienza, and Luigi Zingales, "The Value of Corporate Culture," *Journal of Financial Economics* 117 (July 2015): 60–76.

43. National Association of Corporate Directors (2019).

44. New York Stock Exchange (NYSE) regulations require that the audit committee discuss risk-management policies and practices. However, the NYSE allows companies to assign primary responsibility for risk management to another committee, as long as the audit committee plays a continuing role in the process.

45. Financial companies, in particular, are likely to have a risk committee because financial risk is almost the same as operational risk for these companies. Even energy companies such as Duke Energy are exposed to commodity price risk, which is both financial and operational.

46. Christopher D. Ittner and Thomas Keusch, "The Determinants and Implications of Board of Directors' Risk Oversight Practices," *Social Science Research Network* (2014). Accessed April 3, 2014. See http://ssrn.com/abstract=2482791.

47. American Institute of Certified Public Accountants (AICPA), "2019 The State of Risk Oversight: An Overview of Enterprise Risk Management Practices," 10th edition (2019). Research conducted by the ERM Initiative at North Carolina State University on behalf of the American Institute of CPAs Business, Industry & Government Team. Accessed February 4, 2020. See www.aicpa.org/content/dam/aicpa/interestareas/businessindustryandgovernment/resources/erm/downloadabledocuments/aicpa-erm-research-study-2019.pdf.

48. Ibid.

49. National Association of Corporate Directors, "2018 NACD Public Company Governance Survey," (Washington, D.C., 2018).

50. Grant Kirkpatrick, "The Corporate Governance Lessons from the Financial Crisis," *OECD Journal: Financial Market Trends* (2009): 1–30.

51. Andrew Ross Sorkin, *Too Big to Fail: The Inside Story of How Wall Street and Washington Fought to Save the Financial System—and Themselves* (New York: Penguin, 2009).

52. Identify Theft Resource Center, "End-of-Year Data Breach Report (2018)." Accessed November 15, 2019. See www.idtheftcenter.org/2018-data-breaches/.

53. Ponemon Institute, "2016 Cost of Data Breach Study: Global Analysis," (June 2016). Benchmark research sponsored by IBM Independently conducted by Ponemon Institute LLC. Accessed October 18, 2017. See www.ibm.com/downloads/cas/7VMK5DV6.

54. Alexander H. Southwell, Eric Vandevelde, Ryan Bergsieker, and Jeana Bisnar Maute, "Gibson Dunn Reviews U.S. Cybersecurity and Data Privacy," The CLS Blue Sky Blog (Columbia Law School), (February 3, 2017). Accessed February 26, 2020. See https://clsbluesky.law.columbia.edu/2017/02/03/gibson-dunn-reviews-u-s-cybersecurity-and-data-privacy/.

55. Ponemon Institute, "The Impact of Data Breaches on Reputation and Share Value," (May 2017). Sponsored by Centrify Independently conducted by Ponemon Institute LLC. Accessed October 18, 2017. See www.centrify.com/resources/the-impact-of-data-breaches-on-reputation-and-share-value/.

56. National Association of Corporate Directors (2019).

57. PwC, "2019 Annual Corporate Directors Survey: The Collegiality Conundrum: Finding Balance in the Boardroom," (2019). Accessed January 31, 2020. See www.pwc.com/us/en/services/governance-insights-center/library/annual-corporate-directors-survey.html.

58. Robin Sidel, "Target to Settle Claims over Data Breach," *Wall Street Journal Online* (2015). Accessed February 18, 2020. See: www.wsj.com/articles/target-reaches-settlement-with-visa-over-2013-data-breach-1439912013.

59. Scottie Andrew, "Yahoo Could Pay You $358 for Its Massive Data Breach Settlement. Here's How to Claim It," *CNN Online* (October 15, 2019). Accessed February 18, 2020. See www.cnn.com/2019/10/15/business/yahoo-data-breach-settlement-trnd/index.html.

60. Lindsey O'Donnell, "Equifax Settles Class-Action Breach Lawsuit for $380.5M," Threat Post Online (January 15, 2020). Accessed February 18, 2020. See https://threatpost.com/equifax-settles-class-action-lawsuit/151873/.

61. Adapted from: Peter Reiss, "Cybersecurity and the Board," presentation made at the Directors' Consortium at Stanford Graduate School of Business (April 7, 2017).

第 **7** 章　CEO 选聘、更替与继任计划

在本章，我们将研究董事选聘、评估和计划更换 CEO 的过程。我们从评估 CEO 的劳动力市场开始，并解释这个市场的效率对选聘和绩效的影响。接下来，我们对 CEO 群体进行概述，包括他们的背景和属性。然后，我们探讨公司对替换表现不佳的 CEO 的反应（即 CEO 离职对绩效的敏感性）问题，以及关于 CEO 的内部和外部替换方式的相对绩效的研究证据。最后，我们评估董事会用于管理 CEO 继任过程的各种模型以及各种选择的利弊。

7.1　CEO 人才市场

公司需要能力优异的高管将公司的管理水平提升至更高水准，那些具备优秀管理技能的高管作为公司的生命之泉，肩负着此等使命与责任。**CEO 人才市场**（labor market for chief executive officers）的继任进程是指平衡公司 CEO 人才需求与 CEO 人才供给的动态过程。为了保证 CEO 人才市场能够真正发挥作用，市场上的需求信息（公司需要引进的高管）与供给信息（人才市场上存在的能够经营管理公司的高管人才）必须是公开可获得的。

CEO 人才市场的有效性对公司治理质量具有重大影响。[1]当人才市场有效时，董事会将根据市场信息对 CEO 的才能进行评估与定价。市场信息有助于改善雇用决策、合理化薪酬方案以及约束管理者的行为，这就意味着当管理者得知自身表现不佳会面临失业危机时，他们就会努力工作。当人才市场低效时，管理层面对的压力较小，CEO 与董事会之间的权力分配会出现失衡，CEO 的薪酬会过度膨胀。当管理层的能力与职位匹配错位时，会出现人才市场效率低下以及股东价值受到损害。[2]

目前还不清楚 CEO 人才市场是否有效。对于初次担任 CEO 的管理者而言，其管理技能可能很难评估。在某一公司表现出色的高管，不一定保证在另一家公司能有同样出色的表现。即使某些高管具有必备的任职资格，公司董事会在决定聘用他们之前，也需要考虑行业差异、公司目前的经营和财务状况、他们与企业文化的契合度、其工作风格、风险偏好和竞争意识等影响因素。鉴于此，高管候选人能否成功当选难以预见。这种情形与其他类型的人才市场形成鲜明对比，例如在会计人员或生产工人的人才市场上，雇员所掌握的技能更容易被辨识，也更容易在公司间流动。

此外，CEO 人才市场的有效性受限于市场规模以及高管在公司间流动的能力。公司销售经理职位的空缺可能会吸引成百上千的求职者，这些求职者都拥有销售经理所需的必备技能并愿意任职。如果公司青睐的候选人因工资不高而拒绝这份工作，那么公司会考虑提高薪酬或考虑第二、第三候选人。然而，寻找一家公开上市的、国际性的、价值数十亿美元的公司的负责人，情形会有所不同。有多少高管有能力管理一家规模庞大、结构复杂的美国大公司？根据一项研究，这样的人才并不是很多。

斯坦福大学洛克公司治理中心（2017）对《财富》250 强公司董事进行的一项调查发现，在美国那些最大的公司中，CEO 人才非常稀缺，劳动力市场上 CEO 人才供给严重不足。研究发现，董事们认为只有四个人——包括公司内外部高管——有能力立即担任 CEO 一职，且至少与现任 CEO 管理公司一样出色。董事们也持有类似的观点，认为缺乏能够应对其最大竞争对手的人才，或者能够扭转一家在业内陷入困境的公司的颓势局面的人才。此外，董事们还持有其他认为 CEO 人才市场供给不足的观点。例如，他们认为 CEO 拥有难以复制的特定技能，他们发现在寻找 CEO 的过程中很难评估那些潜在 CEO 的才能，他们相信他们所在行业中的 CEO 拥有的能力高于其薪酬。[3]

需要强调的是，这些均为感知数据。实际上我们并不知道某一 CEO 职位的人才市场的数量和效率。然而，由于这些数据代表了直接负责作出招聘决定的人的看法，它们对公司治理具有重要的影响：

● 薪酬。对于 CEO 人才来说，人才市场的供不应求可能有助于解释为何其薪酬水平较高，尤其是在美国那些最大的公司中。如果只有少数的管理者有资格经营这些公司——如果杰出的 CEO 人才对于公司的成功至关重要，那么可以合理地预期，董事会将拿出大笔资金来吸引他们的最佳候选人或留住现任 CEO。让他们流失到竞争对手那里去的代价是非常高昂的。

● 绩效评估。董事们认为有能力的 CEO 候选人极其稀缺，这可能会影响他们对 CEO 绩效的评估，因为任何意味着 CEO 应该被替换的评估都有需要董事会承担寻找替代者的风险。这种对风险的厌恶可能会导致董事会在存在大量高素质候选人的情形下容忍当前 CEO 糟糕的业绩和行为。

● 继任计划。如果董事们认为高管需要一些不同寻常的特殊和稀有的特质（包括承担一系列正确的职能、行业和管理经验，以及领导能力和文化契合度），确定潜在候选人就变得更加重要，对继任计划的需求也更强烈。这是风险管理中一个越来越重要的因素。

● 人才培养与留任。对于大多数公司来说，内部高管仍然是最有希望的接班人人选。考虑到董事会对他们的熟悉程度、其业绩的可查度以及久经考验的文化契合度，对大多数公司来说，投资并留住最好的内部人才是最划算的。[4]

目前尚未开发出用于评估 CEO 人才市场数量和效率的严谨数据。然而，一项研究表明，对股东来说，搜索过程是代价高昂的。Nickerson（2013）估计，当人才市场低效时，公司聘任新 CEO 平均会花费公司市值的 4.8%。[5]

最后，上市公司 CEO 人才市场受到竞争性需求来源的影响，包括私营企业、私募股权公司和风险投资公司在内的公司都在争夺同样的人才。

专栏　　　　　　　　　　**"人才外流"至私募公司**

近几年，成功的 CEO 开始从上市公司向私募公司转移，这可能打破了高管人才市场的供需平衡。这一变化可能会进一步扭曲人才市场，但我们难以准确地衡量其实际影响。

尽管如此，仍存在一些显著的实例表明这种变化趋势具有重大意义。詹姆斯·基尔茨（James Kilts），美国卡夫食品（Kraft Foods）以及纳贝斯克控股公司（Nabisco Holding Company）的前高管，后任职于吉列公司（Gillette），带领吉列成功蜕变。2005 年吉列被宝洁并购之后，众多消费品公司都有意聘请詹姆斯·基尔茨担任 CEO。与预期相反的是，詹姆斯·基尔茨离开了消费品行业，反而加入了私募公司 Centerview Partners 的咨询委员会。通用电气的前任副董事长戴维·卡尔霍恩（David Calhoun）在 CEO 人才市场上同样很受欢迎，但他拒绝了众多公司的邀请，最终选择任职于私募公司 VNU，一家由尼尔森（Nielsen）与尼尔森媒介研究公司（Nielsen Media Research）控股的市场研究公司。据报道，他的薪酬每年高达 1 亿美元，这个数字明显高于大多数上市公司 CEO 的薪酬。[6] 2014 年，据传迈克尔·卡瓦诺（Michael Cavanaugh）将接任杰米·戴蒙（Jamie Dimon）而成为摩根大通公司的新任 CEO，可是事实上，卡瓦诺担任了私募公司凯雷集团（Carlyle Group）的联合首席运营官。这些都表明，公司董事会在招聘高管时，不仅要与上市公司竞争，而且要与私募公司竞争。

➡ 7.2　CEO 人才储备

在美国，大约有 3 700 名上市公司 CEO。[7] 在大多数情形下，上市公司仅有 1 名高管担任 CEO；在任意年份，任命联席 CEO 的上市公司都不到 10 家。[8]依据世界大型企业联合会给出的数据，CEO 的任期一般为 7～11 年（见图 7-1）。[9]

图 7-1　离任 CEO 的任期（2000—2013 年）

资料来源：The Conference Board，CEO Succession Practices（2019）.

依据经验背景对 CEO 进行划分，可以发现，成为 CEO 的标准化职业道路并不存在。根据海德思哲国际咨询公司的数据，大型美国公司中 29% 的 CEO 具备金融背景，22% 的 CEO 具备综合管理背景，14% 的 CEO 具备业务运营背景，12% 的 CEO 具备制造或工程背景，8% 的 CEO 具备销售和营销背景，其余 CEO 具备法律、学术或其他方面的背景。只有 1/4 的美国 CEO 具有海外经历，即国外工作经验。[10]

依据教育背景对 CEO 进行划分，可以发现，一大半（56%）的 CEO 具有高等学历，1/3（34%）具有 MBA 学历。[11]最常见的本科院校是哈佛大学、普林斯顿大学、斯坦福大学、得克萨斯大学和威斯康星大学。仅有一小部分 CEO 具有军队经历。[12]基于访谈数据，人力资源主管相信 CEO 的教育背景是影响其个人能力的重要指标，个人能力主要体现为处理复杂事件的能力以及作为公司核心领导制定决策的能力。他们同样认为 CEO 的个人特质也能反映其领导能力，例如候选人在大学期间是否参与团队运动，或者是不是家中的长子或长女（当然，这些个人特质能否转变成更佳的业绩表现尚不清楚）。不过，他们关注的重点仍是高管的专业能力与管理风格。

相关证据表明，CEO 的个人及职业经历与企业未来绩效相关。Cai，Sevilir 和 Yang（2015）研究了 1992—2010 年美国大型公司 CEO 的任职履历，发现 20.5% 的 CEO 曾在高绩效的公司任职，这些高绩效公司称为"CEO 工厂"（如表 7-1 所示）。此外，研究还表明，市场支持公司聘任具有这种任职经历的 CEO。他们还发现，聘任这类 CEO 的公司会表现出较好的长期经营绩效，CEO 也可获得较高水平的薪酬奖励。他们得出的结论是，某些公司"在培养领导技能和 CEO 特定人力资本方面很有效"，因为"它们能够让高管接触广泛的行业，帮助他们培养可以迁移至不同商业环境中的技能"。[13]随着时间的推移，"CEO 工厂"的名单可能会发生变化，但培养与分配人才的基本概念会保持不变。近来，微软和亚马逊等公司以培养管理人才而闻名。[14]

表 7 - 1   "CEO 工厂"（1992—2010 年）

公司名称	CEO 数量	CEO 工厂等级
通用电气	49	1
IBM	47	2
宝洁	28	3
美国电话电报公司（AT&T）	21	4
惠普	21	4
百事	21	4
福特汽车	19	7
霍尼韦尔国际（Honeywell International）	19	7
摩托罗拉	18	9
朗讯科技（Lucent Technologies）	14	10
通用汽车	13	11
强生	13	11
施乐	13	11
埃克森（Exxon）	13	11

资料来源：Cai，Sevilir and Yang（2015）。

同样地，Falato，Li 和 Milbourn（2015）研究指出，新任命 CEO 的薪酬与其资历（声誉、年龄与受教育程度）之间具有内在联系，这些资历与公司的长期绩效之间呈正相关关系。[15]Wang，Holmes，Oh 和 Zhu（2016）研究发现，CEO 的特征（例如教育、经验和自我概念）与他们的战略选择显著相关，并因此影响公司未来的绩效。[16]

Kaplan，Klebanov 和 Sorensen（2012）研究了与 CEO 社交能力、领导能力以及工作技能相关的 30 项特质。他们发现，CEO 的工作技能特质（例如工作效率、进取精神、坚持不懈的精神、职业道德与自我要求）与社交能力特质（例如倾听、团队意识、正直与接受批评的程度）相比，更能预测 CEO 的未来绩效表现。因此，研究者认为，有关 CEO 特质的研究具有一定局限性，"依据研究结果得出的结论仍需实证检验"。[17]

其他研究证明了 CEO 性格与公司绩效之间可能存在的关系。Gow，Kaplan，Larcker 和 Zakolyukina（2016）研究发现，性格特征与融资选择、投资选择和经营绩效相关。[18] Adams，Keloharju 和 Knüpfer（2018）探讨了 CEO 是否具有某种天赋，使得他们能够升至高层。他们研究了瑞典公司的大量样本，发现大公司的 CEO 在认知能力（以归纳、语言、空间和技术技能加以衡量）、非认知能力（身体）和身高方面都处于该国人口的前 5%。（数据来自瑞典军队记录，该记录评估了所有

18 岁男性在服兵役期间的领导潜能。）CEO 的排名甚至高于其他成功的职业群体，例如医生、律师、工程师和金融专业人士。[19]

7.3　CEO 离职

CEO 可能会因为多种原因离职，包括退休、跳槽、因业绩不佳被解雇、与董事会在公司战略上存在分歧或公司被收购。2018 年，全球 CEO 离职率为 17.5%。在过去 10 年中，这个数字保持在 11%~18%（见图 7-2）。[20]

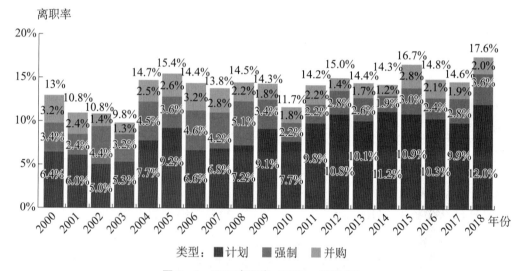

图 7-2　CEO 离职率（2000—2018 年）

资料来源：Peter Gassman, Martha D. Turner, and Per-Ola Karlsson, "Succeeding the long-serving legend in the corner office," strategy+business（May 15，2019）.

大量研究验证了 CEO 更替与公司经营绩效之间的关系。[21]研究表明，CEO 更替与公司的经营情况及股票市场的表现成反比。[22]换言之，公司经营绩效不佳的 CEO 相较于公司经营绩效优秀的 CEO 更可能提出辞职。我们也期待人才市场能够奖励成功，惩罚失败。但是，也有文献发现 CEO 离职对绩效并不是特别敏感，或者没有一些治理评论员希望的那么敏感。一些 CEO 在任期内无论绩效如何，也不可能被免职。[23]

这种观点在 Huson，Parrino 和 Starks（2001）的研究中得到了清晰的说明。该研究的样本是 5 年内不同公司的经营绩效，根据绩效结果将公司划分成四个等级，针对不同等级的公司，将 CEO 被迫更替（离职）的频率进行横向比较。他们发现，尽管最高等级与最低等级的公司在经营绩效上存在相当大的差异，但 CEO 的离职率并无实质性差异。举例说明，1983—1988 年，绩效最低等级公司的年平均资产收益率（ROA）为 -3.7%，绩效最高等级公司的年平均资产收益率达到 12.0%，存在近 16 个百分点的差距。尽管如此，绩效最低等级公司的 CEO 离职率每年不到 2.7%，相对而言，绩效最高等级公司的 CEO 离职率为 0.8%。换言之，尽管绩效最低等级公司的经营能力相当糟糕，但 CEO 的离职率也只增加了 2 个百分点。当按照股票市场回报率对公司进行划分时，所获得的结论相近。[24]

就研究目的而言，这项研究表明人才市场的市场力量在罢免高管方面并非总是有效。CEO 离职率可能与公司经营绩效相关，但相关度较低。其他研究也得出了类似的结论。在博斯公司（Booz & Co）的研究中，研究者按照股票收益对公司进行评级划分，发现尽管最低等级的公司在两年内股票收益低于同行业水平 45 个百分点，但其 CEO 被迫辞职率仅提高了 5.7%。博斯公司的研究表明，随着时间的推移，尽管公司治理水平日益精进，但高管离职率与公司绩效的相关性并没有多大改变。[25]

Jenter 和 Lewellen（2019）最近研究发现，公司绩效与 CEO 被迫离职之间存在密切的相关性。他们发现，按照经营绩效对公司进行排名，在排名后 20% 的公司内，59% 的 CEO 会在第一个五年任职合约期内被辞退，在排名前 20% 的公司中，仅有 17% 的 CEO 被辞退。对于高质量的董事会（即存在较少内部人控制的小型董事会，并且董事拥有较高的股权）而言，这种差异甚至更大。这些研究结果与之前的相关研究结果存在差异，原因是 Jenter 和 Lewellen 的研究时间跨度更长，CEO 离职率的指标数据更有效。[26]

Fee，Hadlock，Huang 和 Pierce（2017）检验了模型假设对 CEO 离职率与公司绩效之间关系的影响。他们以 17 年间近 7 000 个离职事件为样本，考虑了以前被排除在外的变量（例如遣散费和解雇后的结果），将离职划分为自愿离职和非自愿离职。他们发现，加入这些变量后，公司绩效与 CEO 离职可能性之间的关系更显著。更重要的是，他们的研究表明，报告所呈现的 CEO 离职对公司绩效的敏感性高度依赖于模型的选择。[27]

同样地，该公司还开发了一个名为"推出评分"（Push-out Score）的模型，以系统地评估 CEO 和 CFO 离职前后的情形。与将高管离职严格划分为自愿离职和非自愿离职的模型不同，推出评分模型会给出 0～10 分的评分，0 分表示高管"完全不可能"被解雇，10 分表示高管的离职"显而易见"。该模型包含了一系列公开可获得的数据，包括离职公告的形式、公告的语言、离职的官方理由、实际离职距离公告的时间、高管的年龄和任期、近期股价以及其他可能的因素。这种模型的结果是，高管离职很少被严格划分为自愿离职和非自愿离职。离职会被赋予一个分数，这个分数相当于 CEO 被迫离职的置信水平。来自交易所的样本数据显示，随着时间的推移，推出评分模型在 0～10 分的评分系统中分布得相当均匀，这反映了大多数 CEO 离职前后的模糊性，有助于解释为什么研究人员难以确定 CEO 绩效与离职之间的关系（见图 7-3）。[28]

此外，有证据表明，公司治理系统完备的公司更易辞退业绩不佳的 CEO。

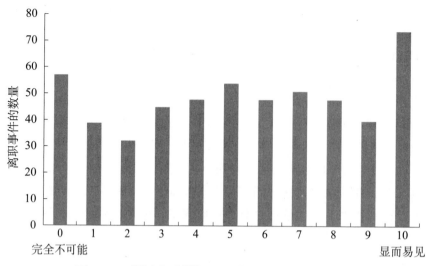

图 7 - 3　"推出评分"™ (2017 年 1 月至 2019 年 2 月)

资料来源：数据来源于交易所，作者计算得到。

Mobbs (2013) 研究发现，如果公司董事会中有可靠的 CEO 候选人，那么公司更有可能因为不良的业绩表现而强制替换 CEO。[29] Fich 和 Shivdasani (2006) 研究指出，"繁忙"董事会（董事会中绝大部分的外部董事兼任三个甚至更多董事会的董事，很难有精力有效地监督股东）更不可能因为一段时间内企业经营业绩不佳而将 CEO 辞退。[30] 以上研究与第 5 章得出的结论不谋而合，即"繁忙"董事会与其他董事会相比，更少关注公司的经营业绩。

同样有研究发现，拥有高比例外部董事的公司、董事持有大部分股权的公司以及大股东是少数机构投资者的公司，更有可能辞退表现不佳的 CEO。这一研究结果恰恰印证了一个管理观点：独立监督能够降低代理成本，并打破管理层壁垒。公司治理质量低下的公司趋向于留住长时间表现不佳的 CEO。对公司而言，强有力的监督（无论是通过董事会还是通过控股股东）有助于留住表现良好的 CEO。例如，Guo 和 Masulis (2015) 研究发现，离职与绩效的敏感性随着董事会和提名委员会独立性的增加而增加。[31] 恰恰相反的是，当 CEO 持有大量股权或 CEO 是公司创始成员时，CEO 更不可能被辞退。[32]

如果资本市场与人才市场有效，那么当业绩不佳的 CEO 被外部候选人取而代之时，股东的投资意愿更强。Huson，Parrino 和 Starks (2001) 研究发现，在公司公开此类信息后，公司股票的超额回报率可能达到 2%～7%。[33]

相反，我们观察到股票市场对因个人不当行为而解雇 CEO 一事反应消极。

专栏　　　**CEO 不当行为**

最近，我们发现因不当行为而被解雇的 CEO 的数量有所增加。根据普华永道的数据，2007—2016 年因道德缺失被解雇的 CEO 增加了 36%。[34] 来自 Temin & Company

和交易所的数据显示，公司会更快地解雇被控有不当行为的 CEO，并公开承认个人不当行为是他们离职的原因。[35]

调查数据显示，美国公众对具有这种行为的 CEO 持批评态度。根据 2017 年的一项研究，近一半的公众认为，具有道德或伦理不当行为的 CEO 应该被解雇，即使他们的行为没有违法，即使在某些情形下他们的行为没有对股东、员工或公众造成明显伤害。该研究的一位参与者表示，"私人事务与公司事务之间的界限比我们认识到的界限模糊得多"。[36]

研究表明，那些在道德或伦理方面存在不当行为的 CEO 所在公司的绩效更差。例如，Cline，Walkling 和 Yore（2018）收集了 1978—2012 年 325 起 CEO 不当行为事件的样本，其中大约一半与性丑闻（非犯罪的婚外情或性关系）有关；另一半与不诚实、药物滥用或暴力有关。他们发现，如果公司的 CEO 被指控有这些不当行为，那么公司的市值和经营业绩会随之下降。这些公司更有可能面临与之无关的股东诉讼和 SEC 调查。这些状况表明，个人的轻率行为可能预示着更广泛的文化、道德或治理失败。[37]

专业投资者同样担忧他们所投资公司的 CEO 的个人行为。正如一位投资者用生动的语言所解释的那样，"投资评估和公司评估过程的关键部分是衡量管理的有效性、质量、品质和价值。我对那些没完没了地与前妻纠缠、混乱不堪的高调离婚、与品行不端的女人结婚、去脱衣舞俱乐部、酗酒的高管敬而远之"。[38]显然，董事会成员也是如此。

➡ 7.4　新任 CEO

大多数新任 CEO 曾是公司的内部高管。依据世界大型企业联合会给出的数据，70%～80% 的继任 CEO 来自公司内部。[39]股东与利益相关者更倾向于任命内部人作为新任 CEO 有多种原因。对于熟悉公司的内部高管而言，董事会可以直接评估其经营业绩、领导风格以及文化适应度，内部高管在公司多年的工作经验给予了他们更多的自信来满足董事会的期待。公司内部人任职 CEO 可以保证公司整体运作的连续性，换言之，如果公司已经发展得相对成功，内部高管直接晋升 CEO 能够避免公司更改人员配置或中断公司运作，确保公司业务平稳过渡。鉴于以上原因，良好的管理团队会激励公司内部的人才开发，当 CEO 意外离职时，关键位置的管理者可以得到有效填补。

在其他情形下，外部候选人更适合继任 CEO。当董事会对近期经营绩效不满，或认为公司需要改变战略，同时公司内部恰好没有合适的 CEO 人选时，公司董事会可能会倾向于聘请经验丰富的外部候选人（例如，这一外部候选人能够平稳改变战略、操控财务重组、监管调查以及实现海外扩张）。面临以上状况的公司聘任外部人士的原因在于：外部管理者并不拘泥于公司已经形成的业务模式与管理团队，更注重通过改变为公司带来业绩提升。

通常公司董事会决定聘用外部候选人需要付出一定的代价。根据 Equilar 公司的数据，外部聘任 CEO 第一年的总薪酬相较于内部候选人的总薪酬大约高出 35％。[40]当控制公司规模时，这种薪酬差异在各公司中保持一致（如图 7－4 所示）。薪酬部分溢价是因为外部候选人往往是经验丰富的 CEO，内部候选人则是第一次担任 CEO。此外，聘请外部候选人担任 CEO 往往是由于公司正处于财务困境，因此，这些候选人需要部分风险溢价以弥补潜在的较高的失败风险。最后，公司还必须买断外部候选人现有的雇用合约，其中涉及候选人之前所在公司的价内期权，而价内期权的含金量很高。举例说明，2018 年，当连锁快餐公司齐泊理（Chipotle）聘请布莱恩·尼科尔（Brian Niccol）担任 CEO 时，该公司为其提供了价值近 3 000 万美元的股权激励，其中一部分是为了补偿他在前雇主塔可钟（Taco Bell）那里失去的股权。[41]

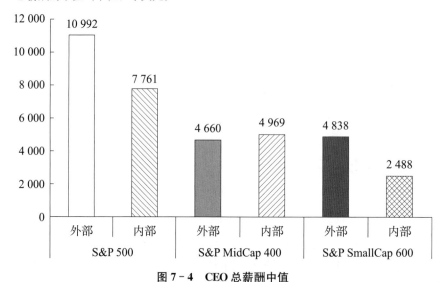

图 7－4　CEO 总薪酬中值

资料来源：Equilar Inc.，"In With the New：Compensation of Newly Hired Chief Executive Officers"（February 2015）.

近年来，从公司外部聘任 CEO 的趋势有所上升。Murphy（1999）在研究中发现，20 世纪 70 年代，在标准普尔 500 指数公司中，仅有 8.3％的新任 CEO 是公司外部人士。截止到 20 世纪 90 年代，这一数字增至 18.9％。[42]有研究表明，外部管理者继任 CEO 的可能性与公司绩效呈负相关关系。Parrino（1997）研究指出，在被迫离职的 CEO 中，大约有一半是因为经营绩效差而被外部人替代，相比之下，仅有 10％的 CEO 是自愿辞职或退休。[43]

尽管有许多公司引入外部人士继任 CEO，但众多证据表明，外部继任者的表现劣于内部继任者。例如，博斯公司 2010 年的一项研究发现，当内部人继任 CEO 时，在其 10 年任期内有 7 年能够获得更高的市场收益。[44] Huson，Malatesta 和 Parrino（2004）研究发现，在 CEO 被迫离职后，经营业绩（指标为 ROA）会得到改善，但股票价格并没有显著提升。[45] 然而，由于需要聘请外部 CEO 的公司往往处于财务危机中，研究结果会因此受到干扰。不过，即便公司聘请了外部候选人，公司的经营业绩也可能表现不佳。

最后，研究表明，如果将招聘所需的薪酬溢价考虑在内，聘请外部 CEO 可能并不划算。例如，Cazier 和 McInnis（2010）研究发现，外部聘用所需的薪酬溢价与未来公司绩效之间存在负相关关系，这表明董事们为外部人才支付的薪酬过高。[46] 招聘外部高管的实践也会影响该高管被挖走的公司的薪酬惯例。Gao，Luo 和 Tang（2015）研究发现，公司失去一名高管后会大幅提高剩余高管的薪酬以留住他们。由于这些高管具有一定的技能或行业竞争力，当他们拥有更好的就业前景时，加薪幅度会更大。[47] 这些数据与我们之前看到的数据一致，说明 CEO 人才市场需求的紧张和潜在的低效。

7.5 CEO 的继任模式

概括而言，CEO 的继任模式一般有四种[48]：
- 外部候选人；
- 总裁/COO；
- 竞聘制；
- 内外部模式。

外部候选人

第一种 CEO 的继任模式是聘任外部候选人。当公司缺乏合适的内部继任者时，外部候选人更为合适。从外部招聘的候选人往往拥有担任 CEO 的经验，从而降低了他们没有准备好承担责任的风险。此外，由于外部候选人没有参与前任 CEO 的决策过程，因此他们在改变战略、运营模式或企业文化时拥有更大的自由裁量权。然而，外部候选人并没有被证明更符合组织的要求。外部候选人在之前工作中所谓成功的工作风格不一定能够使其很好地适应新环境，外部候选人被招聘至一个新行业工作，情况更是如此。正如前面提到的，外部候选人的薪酬更高，因为公司需要买断其之前的雇用合同。当没有内部候选人与其竞争时，外部候选人在薪酬谈判时便拥有了更强的议价能力。

专栏　　　　　　　　　　CEO 挑选与文化适应

耐克公司

2004 年 11 月，耐克公司任命威廉·佩雷斯（William Perez）兼任总裁与 CEO，公司创始人菲尔·奈特（Phil Knight）依然担任董事长一职。

奈特在精心掌管公司的 30 余年间，曾多次寻找继任者。1994 年，他提拔内部高管托马斯·克拉克（Thomas Clarke）担任公司总裁一职，如此一来，奈特便可以兼任董事长与 CEO，关注公司的长期战略。可是到了 2000 年，公司的经营绩效目标显然难以保证，业绩大幅下滑，奈特才开始重新管理公司的日常运营。

许多人乐观地认为这次佩雷斯的任命会给公司带来改变。首先，佩雷斯在家族企业庄臣公司（SC Johnson & Son）获得了巨大的成就，他于 1970 年加入庄臣公司并在 1996 年成为公司领导者。奈特认为佩雷斯在消费者营销方面的丰富经验能够帮助公司赢得品牌忠诚，同时佩雷斯具备海外经历，能够带领耐克公司开拓新市场。

可是，一些分析人员对这一任命提出警告，认为佩雷斯可能难以融入耐克公司"强烈热爱运动"的企业文化。特别值得关注的是，佩雷斯能否与奈特相处融洽。公司的人事经理格里·罗奇（Gerry Roche）对此进行了数据分析，他认为："佩雷斯与奈特相处得非常融洽，他们一拍即合。"[49]

尽管如此，佩雷斯却在一年后宣布辞职。佩雷斯发表官方声明："在如何更好地领导公司长期发展方面，奈特与我难以达成共识。显然，为了公司的长期利益，我应该选择辞职。"奈特对此申明："在任何一个公司，高管的继任都存在挑战，佩雷斯一年前加入公司时，我们制定了期望目标，遗憾的是，在一年后佩雷斯并未实现我们的预期目标。"[50]这是双方对彼此十分坦率的评价。

许多公司也曾出现过与耐克公司同样的情况，即公司创始人或 CEO 离职时，不能将公司的控制权全部交给继任者。这一矛盾可能阻碍继任者实施新战略，达成新目标。佩雷斯在随后的采访中谈及这一点：

> 根本问题非常简单，那就是奈特并没有退休。当我加入耐克公司时，我理所当然地认为奈特将要退休了。坦率地讲，我以为他会放手，委托我将公司的船驶向正确的方向……公司不需要两个 CEO，其中一个是多余的，我正好是多余的那一个。[51]

佩雷斯辞职后，耐克公司的内部高管马克·帕克（Mark Parker）接任 CEO，与佩雷斯相比，他与奈特的关系更良好。佩雷斯后来成为家族企业箭牌公司（Wrigley）的 CEO 并成功地带领公司发展，直到 2008 年箭牌公司被私募公司玛氏（Mars）收购。与此同时，帕克作为耐克公司的 CEO，开启了自己的职业成功之路。自 2014 年起，在他的领导下，耐克公司的股价表现超过了标准普尔 500 指数几乎200 个百分点。

总裁/COO

第二种 CEO 的继任模式是，首先提拔一位主要候选人担任总裁/首席运营官（COO），之后让该候选人继任 CEO 职位。在其接任 CEO 之前，这种模式可以帮助公司考察该高管的表现。然而，在 CEO 更替过程中采取这种任命 COO 的模式同样存在风险。因为 COO 的角色定位并无标准，其自身职责需要提前明确定义和规划，并且与 CEO 的职责作出明确合理的区分，否则会影响公司决策的制定。此外，COO 角色的引入会增加组织结构和文化的复杂性。如果在没有解释清楚 CEO 和 COO 职责的情况下就直接采用该领导模式，那么会在公司内部形成分歧，阻碍 COO 的成功。最后，公司需要制定一个清晰明了的继任时间表，这样就不会因为 CEO、COO、高管和董事会的不同期望而导致内部紧张。

| 专 栏 | 总裁与 COO 被选定为继任者 |

迪士尼

2010 年，迪士尼的高层管理团队重新洗牌，任命汤姆·斯塔格斯（Tom Staggs）为 CFO，杰伊·拉苏洛（Jay Rasulo）为主题公园与度假村的负责人，公司通过这种任命方式帮助二人转变角色，为公司培养 CEO 罗伯特·艾格（Robert Iger）的继任者。该方式可以为高管提供学习新技能的机会，斯塔格斯能够从高战略视角去了解公司的运作，拉苏洛则能从工作中掌握战略与财务技能。

2015 年，斯塔格斯被任命为 COO，负责公司所有的运作决策——涵盖电影、电视、顾客消费品、主题公园以及度假村。尽管这种职位调动未将斯塔格斯推至 CEO 的位置，但这项任命被公司的分析师视为一种暗示：2018 年，当艾格按计划退休之后，斯塔格斯将是接任 CEO 职位的第一人。[52]

然而，斯塔格斯没有得到这份工作。晋升不到一年，他突然辞职，因为他显然不会成为 CEO。[53]迪士尼先后将艾格的合同延长至 2019 年和 2021 年。2020 年，迪士尼宣布，主题公园和度假村前主管鲍勃·查佩克（Bob Chapek）将担任 CEO，艾格将继续担任执行董事长，直到他的合同期满——将有 22 个月的合同期限让查佩克更好地了解公司的创意。一位招聘人员表示："在很多方面，就好像艾格任命了一名 COO。"[54]

竞聘制

第三种 CEO 的继任模式是**竞聘制**（horse race）。2001 年，当通用电气最终决定由杰克·韦尔奇（Jack Welch）担任 CEO 时，采用的就是这一模式。该模式随后被葛兰素史克（GlaxoSmithKline）、强生、微软和宝洁等公司采用。在竞聘制中，存在两个及以上的内部候选者，他们正式竞选下一任 CEO 职位。每一个竞争者均会被给予一个提升特定才能的职业发展计划。竞争者的进步程度被按照预先制定的时间表进行评估，在评估期末，胜出者会被任命为 CEO。和 COO 的任命一样，CEO 竞聘制允许董事会在高管晋升之前对主要候选人进行测试，但是在此模式中，董事会不会提前确定首选继任者。竞聘制具有高度的公开性，会引来媒体不必要的关注。这会营造一种政治化的氛围，在该环境下，董事会成员、高级管理人员以及 CEO 会利用手段助推他们所青睐的候选人上位，从而有助于他们分权管理公司。除此之外，竞聘制还会导致人才流失。竞聘失败者通常会离开公司，一方面，他们难以向击败自己的 CEO 汇报工作；另一方面，他们认为辞职离开是合理的，因为这样做可以使他们有机会去竞聘其他公司的 CEO。[55]

专栏　　　　　　　　　　**继任"失败者"**

　　董事会在选择"正确的"CEO 方面效果如何？一种方法是考察那些未能赢得 CEO 职位的高管。当大公司举行继任活动时，许多专家会猜测哪些高管会成为"主要竞争者"。然而，最终只有一位高管获得了这个职位。那些没有被选中的人——也就是那些继任"失败者"——会怎么样呢？

　　一项非正式研究表明，那些在 CEO 继任竞争中落败的候选人在随后的职业生涯中表现欠佳。以 2005—2015 年《财富》100 强公司 121 位 CEO 的变更事例为样本，研究发现，只有少数高管在继任 CEO 失败后转而成为另一家公司的 CEO，而那些最终成为 CEO 的高管在新公司的表现并不如原来输给的那位继任成功者。在另一家公司当上 CEO 的继任失败者，其 3 年的累计亏损相当于标准普尔指数公司的 13%，而那些在 CEO 继任竞争中的胜出者，其业绩比标准普尔指数公司高出近 10%——这是一个巨大的差距。研究者总结道："董事会成员在评估 CEO 级别的人才方面可能比广泛的研究文献所显示的更擅长。"[56]

内外部模式

　　第四种 CEO 的继任模式是**内外部模式**（inside-outside model）。顾名思义，董事会确定有前途的内部候选人并进行培养，同时进行外部搜寻以确定公司外部最有前途的候选人。这种方法的主要好处是，它允许对整个劳动力市场的人才进行最彻底的评估。主要缺点是，它需要大量的时间、努力和多方协调，以确保公平和有效地进行。对于董事会来说，将他们熟悉的内部候选人与不太熟悉的外部候选人进行有效比较是相当困难的。这可能会导致严重的偏见。例如，董事会成员对于内部高层管理人员存在固有偏见，原因在于董事会对内部高管的认知仍停留在其最初入职时。但对于外部候选人董事会可能没有类似的认知，因此可能会不公平地判定其是更优秀的人才。董事会要谨防心理上偏向外部候选人，这一点非常重要。调查数据显示，董事会评估内部人才的主要数据来源是过去的表现、过去的培养需求和全面评估，而评估外部候选人的主要数据来源是参考资料、过去的表现和面试，因此不公平评估的可能性是显而易见的。[57]

7.6　CEO 继任进程

CEO 继任计划的进程取决于董事与高级管理层的参与程度。继任计划是一个长期持续的行为活动，包括准备计划内与计划外的转换过程，其中的关键要素在于内部人才的可持续发展。在任何时候，公司都会主张培养一些候选人，以便发生紧急情况时，公司能够向他们求助。公司同样会确定主要候选人，以便在 CEO 继任过程中按顺序接任。

53％的公司董事会全权负责 CEO 的继任，19％的公司将 CEO 继任的职责指派给提名与治理委员会，14％的公司将其分配给薪酬委员会，7％的公司将其分配给董事长或首席董事，仅有 5％的公司依靠专门的继任委员会。[58]

当 CEO 继任计划提上日程时，董事会就可能召开特别委员会专门负责相关事宜。特别委员会一般由最高级别的独立董事负责主持。专家建议委员会的董事应根据董事的资历和参与公司管理的程度来挑选而非根据董事的繁忙程度，合格的董事应监督继任进程。[59]新任 CEO 的最终确定需要整个董事会投票决定，在此之前，委员会应将继任进程报告给所有感兴趣的董事。

| 专栏 | **董事会主导 CEO 的选聘** |

福特汽车

2006 年，兼任福特汽车董事长与 CEO 的小威廉·福特（William Ford, Jr.），其曾祖父亨利·福特（Henry Ford）创建的福特汽车已有 100 年之久，聘请了高盛的前任高管对公司的运营进行审查。审查结果表明，福特汽车目前的战略无法帮助公司止损，同时高管团队可能不具备公司发展所需的经验。因此，小威廉·福特决定主动辞去 CEO 一职，并引入外部经理人加速转变公司的发展战略。

小威廉·福特的行为引起关注，作为创始人家族一员的 CEO 主动寻求自己的继任者，这是非常罕见的做法。正如小威廉·福特自己所言："我自身对这个公司倾注了太多，但这不是真正的我。"[60]他寻找继任者的过程同样值得关注，因为这次招募没有任何一个人事主管参与，完全由董事会负责寻找和筛选候选人。与预期不同，董事会确定波音公司的艾伦·穆拉利（Alan Mulally）作为小威廉·福特的接班人。许多董事认为这种做法存在一定的风险，因为没有让第三方专家来检验董事会的这项决策是否正确。

当时，穆拉利正担任波音公司商业航空部的负责人。尽管穆拉利没有汽车行业的工作经验，但他拥有在波音公司工作的丰富经历，曾经主持公司777机型的研发。董事会认为两个公司存在相似之处：两者的产品生产周期长，均属资本密集型产业，与顾客、供应商以及工会之间也有相似的管理关系。

首先，约翰·桑顿（John Thornton），福特汽车的董事、高盛的前任总裁，表示公司应该利用第三方来考察穆拉利。由于前国会领袖理查德·格普哈特（Richard Gephardt）曾与穆拉利共同处理过劳工事件，因此，桑顿先与格普哈特通话，再与穆拉利对话。穆拉利对这份工作感兴趣，同时，他也指出，自己在波音公司已经工作了37年，并乐于研发公司的节能机型——787"梦幻客机"，但他同意与小威廉·福特进一步商讨和交流。

最后，穆拉利接受了小威廉·福特的邀请，并由公司的人力主管敲定细节，这对穆拉利而言非常重要，因为这是对他离开波音公司的补偿。同时，他还要求福特给予激励奖励，如果他能帮助公司获得成功，他就能获得奖励。穆拉利第一年的薪酬是2 800万美元，包括200万美元的年薪（按比例给予70万美元），1 850万美元的签约奖金，100万美元的股权激励，780万美元的股票期权。[61]

2009年，福特汽车是美国三大汽车公司中唯一没有破产的企业，这表明任命穆拉利为CEO的最终决定是正确的。2014年，穆拉利从CEO的职位退休，按照制订好的继任计划，CEO职位将由前任COO马克·菲尔兹（Mark Fields）接任。

即将离任的CEO在CEO继任进程中扮演着非常重要的角色。CEO的职责在于通过培训与辅导来培养优秀人才，指派高管到不同的组织领域任职，高管需要接受工作轮岗、完成项目等挑战以掌握新的技能。尽管CEO的作用重大，但董事会保持主要控制仍十分重要，这是因为董事会需要对CEO继任计划负责。这可以保证CEO既不能拥护他支持的候选人，又不能排斥他不支持的候选人，从而避免其破坏或影响结果的客观性。

专栏　　　　**即将离任CEO的行为**

Larcker，Miles和Tayan（2014）的研究结果发现，即将离任的CEO的个性对CEO继任有重大影响。为此，他们依据离任CEO在继任进程中的表现将其分成六种类型。

● 积极顾问型——现任CEO已做好离职准备。在挑选候选人时，CEO会提供建设性意见，但不会越权。也就是说，CEO会谨慎建言，不会把意见强加给董会。这种类型的 CEO 自知、自律并认可董事会的最终决策。

● 直接攻击型——现任 CEO 企图影响公司挑选新 CEO 的决策。这种类型的 CEO 在继任进程中看重的是"参与其中"，在决策的关键时刻，他们试图选择个人青睐的候选人，并破坏其他候选人的继任。CEO 将在董事会中占据强势地位，迫使董事会作出令自己满意的选择。

● 间接攻击型——现任 CEO 试图以隐蔽的方式干扰挑选过程。在选择过程中，现任 CEO 通过将既定候选人安置在董事会的其他位置，暗中阻挠其任职。此时，被安排的候选人将失去控制权，仅担任顾问的角色。如果这种行为直到继任进程的最后阶段才被发现，那么董事会将不得不重新挑选 CEO。

● 让步屈服型——当董事会即将作出关于继任者的最终决定时，CEO 会改变自己退休的想法，要求延长在职时间。这种行为实际上相当于给董事会施压，迫使董事会在公司的现任领导者与未来领导者之间作出选择。此时，非执行董事需要会见 CEO 并坚定地告知他董事会正在寻找新的接班人。

● "救世主"型——现任 CEO 并不真心想要退休，为此，现任 CEO 会积极提拔与自己相似的候选人，或者，现任 CEO 可能会提拔一些难以胜任 CEO 的经理人，由此一来，公司董事会为了"拯救"公司不得不继续聘请现任 CEO。

● 公开妨碍型——现任 CEO 的本意同样是不想离职，他会减缓或破坏 CEO 继任进程。公开妨碍型的 CEO 在攻击方法上有别于"救世主"型。"救世主"型的现任 CEO 是隐蔽操控，公开妨碍型的现任 CEO 是公开表现。他会争取董事会的支持，直接表达自己的个人诉求，要求留下继续任职。

Larcker，Miles 和 Tayan 建议，公司不应该忽视即将离任的 CEO 的个性，基于即将离任的 CEO 是否试图影响选择过程及评估结果，公司应对继任计划进行部分调整。[62]

继任进程的下一步是创建关于 CEO 技能-经验的个人档案，这份档案是公司基于前瞻性想法建立的。如果公司未来的需求不同于现阶段的需求，下一任 CEO 的战略构想将完全不同于即将离任的 CEO。这份档案是衡量内外部候选人的标尺。当公司需要考虑 CEO 继任时，都应列出候选人名单，并按优先顺序排列。[63]

新任 CEO 被整个董事会投票认可之后，其任职交接正式开始。从对董事会与猎头顾问的采访结果中可以看出，这种交接过渡可以通过既定 CEO 与董事会之间公开且真诚的谈话来推进。谈话的焦点包括董事会与管理层应如何在公司运作中相互配合，各部门对其他部门的期待是什么，沟通交流需要注意的地方有哪些，各部门是否喜欢前任管理者，以及董事会在 CEO 的交接过渡时期与 CEO 任职期间如何支持 CEO。这种安排可以建立信任，同时保证信息对称，为创建一种建设性的关系奠定基础。最后，即将离任的 CEO 可以在幕后帮助新任 CEO 解决可能出现的问题，从而推进交接进程。

Evans，Nagarajan 和 Schloetzer（2010）研究发现，36％的公司邀请即将离任的 CEO 继续担任公司董事。[64] 研究指出，当即将离任的 CEO 满足以下条件时，公司更愿意挽留其作为董事留在公司：（1）CEO 是自愿离职的；（2）CEO 是创始人或创始人家族成员；（3）之前通过内部继任方式当选 CEO。如果公司在 CEO 交接过渡时期的股价表现优异，那么公司同样有可能返聘即将离任的 CEO。[65]（关于保留非创始人 CEO 进入董事会对绩效的影响，已在第 4 章进行了充分讨论。）

⇒ 7.7 董事会是否准备了 CEO 继任计划

调查数据显示，企业通常没有为继任活动做好准备。美国斯坦福大学洛克公司治理中心与海德思哲国际咨询公司最近的一项研究发现，仅有 50％的受访者表示，如果被要求立刻完成 CEO 继任计划，那么他们会任命一个长期的 CEO 继任者。39％的受访者认为，聘任内部候选人的可行性为零。然而，也有受访者表示，要想找到一个合适的 CEO，公司平均需要花费 90 天的时间。这说明董事会应在这方面投入更多的精力。[66]

董事会对 CEO 继任计划缺乏关注会引发种种问题。董事会平均每年只会在公司的 CEO 继任计划上花费两个小时。对大多数公司而言，公司更倾向于寻找临时候选人而非长期继任者。70％的公司确定，如果现任 CEO 必须马上被替换，公司会挑选紧急候选人担任临时 CEO 以应对当前情况；68％的公司宣称，紧急候选人仅仅是临时担任 CEO。

Ballinger 和 Marcel（2010）针对紧急（临时）CEO 的任命进行了研究。研究发现，CEO 的临时继任不仅与公司绩效呈负相关关系，而且会增加公司失败的风险，当非董事长担任临时 CEO 时，这种风险更大。研究人员指出，"在公司 CEO 继任期间，任命临时 CEO 对继任计划而言是一种不佳的补救，董事会应尽量避免采用这种方式"。[67]

专栏 ▨▨▨ **当现任董事变成 CEO**

当公司的 CEO 辞职且被现任董事替代时，便会出现一种有趣的情况，这种情况曾在美国运通、惠普、耐克等公司出现。任命现任董事担任 CEO 的优势在于他是一个熟知内外部情况的 CEO，他精通公司各方面的工作，包括公司战略、商业模式以及风险管理的实施。同时，现任董事还会与高层管理团队以及其他董事会成员维持良好的人际关系。此外，他并未参与到高管团队中，因此不会涉及内部人所存在的遗留关系问题。然而，任命现任董事担任 CEO 存在潜在隐患，其中，最明显的是，它反映出公司在培养内部人才方面缺乏准备，也表明董事会在严格执行审查方面缺乏准备。因此，任命董事担任 CEO 实际上是一种伪装的紧急继任。

Hoitash 和 Mkrtchyan（2018）研究发现，股东对紧急任命一名董事担任 CEO 持消极态度，那些任命董事担任 CEO 的公司的市场表现较差，而且这些董事的任期短于平均任期。然而，当董事按继任计划成为 CEO 时，其公司的表现与同行一致。[68]

此外，有调查数据强有力地证明，公司在内部人才开发方面存在欠缺。研究发现，仅 2/3 的公司安排内部候选人轮岗，以此作为培训过程的一部分来评估能力、促进发展。[69] 此外，董事会仍有空间提高其参与率。一项研究表明，只有一半（55%）的董事了解高层管理团队的优势和劣势。不足 1/4 的董事一般只参与高管的绩效评定，只有 7% 的董事会成员在其中扮演专业的引导者。如果不能定期披露信息，董事会就难以全面挖掘内部候选人的领导潜力。[70] 这些数据或许还有助于解释，为什么当 CEO 突然离职时，那么多公司准备不足。

7.8 猎头公司

在《财富》500 强公司中，每年有 10～20 个有关外部搜寻新任 CEO 的成功案例。大多数董事会聘请第三方猎头完成此项工作。

美国的外部搜索市场具有高度集中的特点。主要的猎头公司包括海德思哲国际咨询公司、史宾沙管理顾问公司、罗盛咨询（Russell Reynolds）、亿康先达和光辉国际。此外，搜寻工作主要集中在这些公司中几个有影响力的顾问身上。

潜在优势源自公司与猎头公司、咨询公司之间良好的合作关系。如果个人具有良好的社会关系，就能够通过其个人的社会和专业网络有效收集信息，包括公司的需求信息和高管人员的能力信息。依赖特定的猎头顾问，公司将会限制候选人的规模。外部搜寻市场的其他潜在缺点如下：

● 猎头顾问可能会过度影响候选人的选择。

● 猎头顾问进行初步面试，董事会一般接触不到这些候选人。

● 董事会很有可能尚未看到全部竞争者便已经作出决定；通常只有 3～4 个候选人与董事会见面。

● 面试过程可能不足以使董事会作出充分知情的决策；董事会往往在几次面试之后便作出决定，每次面试仅持续短短几个小时。

● 确定公平薪酬的过程可能并不高效；猎头顾问（有时与候选人的个人薪酬顾问或律师一起）就完成交易所需的薪酬向公司提供意见。双方都知道，因为搜寻过程会耗费大量时间，一旦确定了心仪的候选人，董事会就不太可能因为薪酬原因而让交易失败。

尽管存在以上缺陷，一些研究证据表明第三方猎头公司能够积极影响 CEO 招募过程。Rajgopal，Taylor 和 Venkatachalam（2012）研究发现，雇用第三方猎头公司与公司的未来绩效及股价表现正相关。Rajgopal 等证明第三方猎头公司会代表候选人与公司谈判，为其积极争取更高的薪酬待遇，但这种薪酬待遇以股权激励为主。他们认为，"有能力的 CEO 可以吸引猎头公司以彰显自身能力，并且 CEO 的高薪酬与猎头公司的服务费用并无关联"。[71]

| 专　栏 | **遣散协议** |

在**遣散协议**（severance agreements）的规定中，CEO 辞职或被解雇可享有额外补偿。协议的条款通常包含更广泛的就业协议，并且必须向 SEC 提交备案文件并公开信息。例如：

> 美国电力公司（American Electric Power）：如果 CEO 的离职是公司遣散协议以外的原因所致，那么迈克尔·莫里斯（Michael Morris）将会收到相当于两年基本年薪的遣散费……2005 年 1 月，董事会采纳了这个政策，并寻求股东的支持，通过以下议案：未来高管离职时，公司为其提供 2.99 倍于工资和奖金的补偿。[72]

关于遣散协议的使用存在相当大的争议。评判者认为，由于遣散费与工作绩效无关，因此不具备激励价值，有时甚至是**为失败买单**（pay for failure）。遣散协议可能会减缓或阻止公司解雇表现不佳的 CEO。

然而，遣散协议也能为公司带来益处。通过承诺给即将离任的 CEO 提供经济补偿的方式，遣散协议能够阻碍管理层壁垒的产生（也就是说，奖金激励有助于高管自愿离职）。公司通过遣散协议向 CEO 承诺，即使他努力后失败而被辞退，公司仍会给予他遣散费用，如此一来 CEO 就会愿意适当承担风险，从而增加股东价值。这种激励对于尚未积累一定财富与社会声望且不愿承担更多风险的年轻 CEO 而言，尤其具有特殊意义。当公司打算辞去表现不佳的 CEO 时，遣散协议也代表公司需要支付巨额费用。如果不存在这样的协议，辞退 CEO 可能会因不明确的财务结果而引发诉讼。

Yermack（2006）调查了世界 500 强企业对遣散协议的使用情况，结果表明，有 80% 的高管接受遣散协议，平均价值为 540 万美元。遣散协议以不同的形式进行支付：继续提供咨询及相关服务（30%）、一次性支付（21%）、增加养老金固定收益计划（18%）、股权激励调整（16%）和其他形式的遣散费（13%）。Yermack 发现，股东不太支持公司与 CEO 签订遣散协议，因为他们认为遣散协议会破坏公司价值。[73]

为了平衡遣散协议的利弊，一种可能的解决方式是限定 CEO 的任期（例如，新任 CEO 的第一个任期为三年）。这种"日落条款"（sunset provision）可以保护 CEO 免受合规风险，例如公司被收购或被无理辞退，一旦高风险时期结束，公司会取消"日落条款"。

注 释

1. We loosely define an efficient labor market as one in which the right candidates are recruited into the right positions at the right compensation levels.

2. One method for estimating the efficiency of labor markets is to look at stock price performance following the unexpected death of a CEO. If the "right" executive is in the CEO position, the stock price should go down following an unexpected death. If the "wrong" executive is in the CEO position, the stock price should go up. Johnson, Magee, Nagarajan, and Newman (1985) found no uniform pattern across a sample of sudden deaths but did find evidence that inappropriate appointments might take place at the company-specific level. Salas (2010) found similar results. See W. Bruce Johnson, Robert P. Magee, Nandu J. Nagarajan, and Harry A. Newman, "An Analysis of the Stock-Price Reaction to Sudden Executive Deaths—Implications for the Managerial Labor Market," *Journal of Accounting and Economics* 7 (1985): 151–174. Also see Jesus M. Salas, "Entrenchment, Governance, and the Stock Price Reaction to Sudden Executive Deaths," *Journal of Banking and Finance* 34 (2010): 656–666.

3. Stanford Rock Center for Corporate Governance at Stanford University, "CEO Talent: America's Scarcest Resource? 2017 CEO Talent Survey," (2017). See www.gsb.stanford.edu/faculty-research/publications/ceo-talent-americas-scarcest-resource-2017-ceo-talent-survey.

4. Nicholas E. Donatiello, David F. Larcker and Brian Tayan, "CEO Talent, A Dime a Dozen, or Worth Its Weight in Gold?" Stanford Closer Look Series (September 2017). See www.gsb.stanford.edu/faculty-research/publications/ceo-talent-dime-dozen-or-worth-its-weight-gold.

5. Jordan Nickerson, "A Structural Estimation of the Cost of Suboptimal Matching in the CEO Labor Market," *Social Science Research Network* (November 18, 2013). Accessed February 10, 2015. See https://ssrn.com//abstract=2356680.

6. Rik Kirkland, Doris Burke, and Telis Demos, "Private Money," *Fortune* 155 (2007): 50–60.

7. Based on listings of companies trading on the NYSE (1,800) and NASDAQ (3,100). See NYSE, "NYSE Composite Index." Also see NASDAQ, "Get the Facts."

8. Based on Equilar data. Calculations by the authors.

9. Matteo Tonello, Jason Schloetzer, and Gary Larkin, "CEO Succession Practices 2019 Edition," The Conference Board (November 2019). Accessed January 6, 2020. See www.conference-board.org/ceo-succession-practices.

10. Heidrick and Struggles, "Route to the Top 2018, CEO and Board Practice (December 9, 2018). Accessed February 8, 2020. See www.heidrick.com/Knowledge-Center/Publication/Route_to_the_Top_2018.

11. Ibid.

12. Efraim Benmelech, Carola Frydman, Military CEOs," *Journal of Financial Economics*, Volume 117 (July 2015): 43–59.

13. Cai, Ye and Sevilir, Merih and Yang, Jun, "Made in CEO Factories," *Social Science Research Network* (September 5, 2015), Kelley School of Business Research Paper No. 15-13. See https://ssrn.com/abstract=2549305.

14. Dana Mattioli, "Amazon Has Become America's CEO Factory," *Wall Street Journal Online* (November 2, 2019).

15. Antonio Falato, Dan Li, and Todd Milbourn (2015), "Which Skills Matter in the Market for CEOs? Evidence from Pay for CEO Credentials," *Management Science* 61 (2015): 2845–2869.

16. Gang Wang, R. Michael Holmes Jr., In-Sue Oh, and Weichun Zhu, "Do CEOs Matter to Firm Strategic Actions and Firm Performance? A Meta-Analytic Investigation Based on Upper Echelons Theory," *Personnel Psychology* 69 (Winter 2016): 775–862.

17. Steven N. Kaplan, Mark M. Klebanov, and Morten Sorensen, "Which CEO Characteristics and Abilities Matter?" *Journal of Finance* 67 (2012): 973–1007.

18. Ian D. Gow, Steven Neil Kaplan, David F. Larcker, and Anastasia A. Zakolyukina, "CEO Personality and Firm Policies," *Social Science Research Network* (July 6, 2016). Accessed August 10, 2017. See https://ssrn.com/abstract=2805635.

19. Renée Adams, Matti Keloharju, and Samuli Knüpfer, "Are CEOs Born Leaders? Lessons from traits of a million individuals," *Journal of Financial Economics* 130 (2018): 392–408.

20. Peter Gassman, Martha D. Turner, and Per-Ola Karlsson, "Succeeding the Long-serving Legend in the Corner Office," strategy+business (May 15, 2019). Accessed January 23, 2019. See www.strategy-business.com/article/Succeeding-the-long-serving-legend-in-the-corner-office?gko=90171.

21. James A. Brickley, "Empirical Research on CEO Turnover and Firm Performance: A Discussion," *Journal of Accounting and Economics* 36 (2003): 227–233.

22. Srinivasan (2005) found that more than half of CEOs step down following a restatement that requires the company to reduce net income. Similarly, Arthaud-Day, Certo, Dalton, and Dalton (2006) found that CEOs are almost twice as likely to be terminated in the two years following a major financial restatement; CFOs are almost 80 percent more likely to be terminated. See Suraj Srinivasan, "Consequences of Financial Reporting Failure for Outside Directors: Evidence from Accounting Restatements and Audit Committee Members," *Journal of Accounting Research* 43 (2005): 291–334. Also see Marne L. Arthaud-Day, S. Trevis Certo, Catherine M. Dalton, and Dan R. Dalton, "A Changing of the Guard: Executive and Director Turnover Following Corporate Financial Restatements," *Academy of Management Journal* 49 (2006): 1119–1136.

23. It is difficult to determine from public sources whether a CEO has been terminated or has voluntarily resigned. Most public announcements refer to CEO departures as retirements, and some "educated guesses" are needed to determine whether a departure was involuntary.

24. Mark R. Huson, Robert Parrino, and Laura T. Starks, "Internal Monitoring Mechanisms and CEO Turnover: A Long-Term Perspective," *Journal of Finance* 56 (2001): 2265–2297.

25. Per-Ola Karlsson, Gary L. Neilson, and Juan Carlos Webster, "CEO Succession 2007: The Performance Paradox," strategy+business (Summer 2008), (originally published by Booz & Company). Accessed April 6, 2015. See www.strategy-business.com/article/08208.

26. Dirk Jenter and Katharina Lewellen, "Performance-Induced CEO Turnover," *Social Science Research Network* (June 14, 2019). Accessed November 15, 2019. See https://ssrn.com/abstract=1570635.

27. C. Edward Fee, Charles J. Hadlock, Jing Huang, and Joshua R. Pierce, "Robust Models of CEO Turnover: New Evidence on Relative Performance Evaluation, *Social Science Research Network* (2017). Accessed September 6, 2016. See https://papers.ssrn.com/sol3/papers.cfm?abstract_id=2616738.

28. Ian D. Gow, David F. Larcker, and Brian Tayan, "Retired or Fired: How Can Investors Tell if a CEO Was Pressured to Leave?" Stanford Closer Look Series (May 25, 2017). See www.gsb.stanford.edu/faculty-research/publications/retired-or-fired-how-can-investors-tell-if-ceo-was-pressured-leave. Also see https://exchange.com/.

29. Shawn Mobbs, "CEOs under Fire: The Effects of Competition from Inside Directors on Forced CEO Turnover and CEO Compensation," *Journal of Financial and Quantitative Analysis* 48 (2013): 669–698.

30. Eliezer M. Fich and Anil Shivdasani, "Are Busy Boards Effective Monitors?" *Journal of Finance* 61 (2006): 689–724.

31. Lixiong Guo and Ronald W. Masulis, "Board Structure and Monitoring: New Evidence from CEO Turnovers," *Review of Financial Studies* 28 (2015): 2770–2811.

32. Brickley (2003).

33. Huson, Parrino, and Starks (2001).

34. Strategy&, "2016 CEO Success Study," Part of the PwC Network (2016). Accessed May 30, 2018. See www.strategyand.pwc.com/ceosuccess.

35. Jeff Green, "Corporate Boards Are No Longer Afraid to Say a CEO Was Fired," *Bloomberg. com* (July 2018).

36. Stanford Rock Center for Corporate Governance at Stanford University, "Punishing CEOs for Bad Behavior: 2017 Public Perception Survey" Stanford Survey Series (February 2017). See www.gsb.stanford.edu/faculty-research/publications/punishing-ceos-bad-behavior-2017-public-perception-survey.

37. Brandon N. Cline, Ralph A. Walkling, and Adam S. Yore, "The Consequences of Managerial Indiscretions: Sex, Lies, and Firm Value," *Journal of Financial Economics* 127 (2018): 389–415.

38. Brandon N. Cline, Ralph A. Walkling, and Adam S. Yore, "The Market Price of Managerial Indiscretions." *Journal of Applied Corporate Finance* 30 (Fall 2018): 78–88.

39. The Conference Board (2019).

40. Equilar Inc., "In With the New—Compensation of newly Hired Chief Executive Officers," (2015). Accessed February 12, 2020. See www.equilar.com.

41. Chipotle Mexican Grill, Inc., Form DEF 14A, filed with the Securities and Exchange Commission March 29, 2019.

42. Kevin J. Murphy, "Executive Compensation," *Social Science Research Network* (April 1998). Accessed July 27, 2010. See https://ssrn.com/abstract=163914.

43. Robert Parrino, "CEO Turnover and Outside Succession: A Cross-Sectional Analysis," *Journal of Financial Economics* 46 (1997): 165–197.

44. Ken Favaro, Per-Ola Karlsson, and Gary L. Neilson, "CEO Succession 2000–2009: A Decade of Convergence and Compression," Strategy+business 59 (Summer 2010). Accessed May 5, 2015. See www.strategy-business.com/article/10208.

45. Comparisons were made to industry benchmarks. See Mark R. Huson, Paul H. Malatesta, and Robert Parrino, "Managerial Succession and Firm Performance," *Journal of Financial Economics* 74 (2004): 237–275.

46. Richard A. Cazier and John M. McInnis, "Do Firms Contract Efficiently on Past Performance When Hiring External CEO's?" *Social Science Research Network* (December 30, 2010). Accessed February 12, 2020. See https://ssrn.com/abstract=1732754.

47. Huasheng Gao, Juan Luo, and Tilan Tang, "Effects of Managerial Labor Market on Executive Compensation: Evidence from Job-Hopping," *Journal of Accounting and Economics* 59 (April–May 2015): 203.

48. Content in the following two sections is adapted with permission from David F. Larcker and Brian Tayan, "Multimillionaire Matchmaker: An Inside Look at CEO Succession Planning," Stanford GSB Case No. CG-21 (April 15, 2010).

49. Stephanie Kang and Joann S. Lublin, "Nike Taps Perez of S.C. Johnson to Follow Knight," *Wall Street Journal* (November 19, 2004, Eastern edition): A.3.

50. Joann S. Lublin and Stephanie Kang, "Nike's Chief to Exit after 13 Months: Shakeup Follows Clashes with Co-Founder Knight; Veteran Parker to Take Over," *Wall Street Journal* (January 23, 2006, Eastern edition): A.VIII. Also see Stephanie Kang, "He Said/He Said: Knight, Perez Tell Different Nike Tales," *Wall Street Journal* (January 24, 2006, Eastern edition): B.1.

51. Stephanie Kang, "He Said/He Said: Knight, Perez Tell Different Nike Tales," *Wall Street Journal* (January 24, 2006, Eastern edition): B.1.

52. Ben Fritz, "Disney Picks Staggs as No. 2 Executive," *Wall Street Journal* (February 6, 2015, Eastern edition): B.1.

53. Ben Fritz, Joe Flint and Joann S. Lublin, "Disney Succession Plan Falls Apart," *Wall Street Journal* (April 5, 2016, Eastern Edition). A1.

54. Joe Flint and R.T. Watson, "Described as All Business, Disney's New CEO Is a Number-Crunching Tactician," *Wall Street Journal Online* (February 26, 2020). Accessed February 28, 2020. See www.wsj.com/articles/described-as-all-business-disneys-new-ceo-is-a-number-crunching-tactician-11582751599.

55. See also James M. Citrin, "Is a 'Horse Race' the Best Way to Pick CEOs?" *Wall Street Journal Online* (August 3, 2009). Accessed November 10, 2010. See https://online.wsj.com/article/SB124898329172394739.html.

56. David F. Larcker, Stephen A. Miles, and Brian Tayan, "Succession "Losers: What Happens to Executives Passed Over for the CEO Job?" Stanford Closer Look Series (October 2016). See www.gsb.stanford.edu/faculty-research/publications/succession-losers-what-happens-executives-passed-over-ceo-job.

57. Center for Executive Succession, "CEO Assessment and Onboarding," (2014). Accessed December 12, 2019. See https://sc.edu/study/colleges_schools/moore/documents/ces_research/ceo_assessment_onboarding.pdf.

58. Calculations by the author based on data in The Conference Board, "CEO Succession Practices 2019 Edition," (2019). Accessed February 6, 2020. See www.conference-board.org/topics/ceo-succession-practices.

59. Author interview with Stephen A. Miles, Vice Chairman of Heidrick & Struggles, September 30, 2009.

60. Monica Langley and Jeffrey McCracken, "Designated Driver Ford Taps Boeing Executive as CEO; Alan Mulally Succeeds Bill Ford, Who Keeps Post of Chairman; A Board Swings into Action," *Wall Street Journal* (September 6, 2006, Eastern edition): A.1.

61. Ford Motor Company, Form DEF 14A, filed with the Securities and Exchange Commission April 4, 2008.

62. David F. Larcker, Stephen A. Miles, and Brian Tayan, "Seven Myths of CEO Succession," Stanford Closer Look Series (March 19, 2014). Accessed May 3, 2015. See www.gsb.stanford.edu/sites/gsb/files/publication-pdf/cgri-closer-look-39-seven-myths-ceo-succession.pdf.

63. The board should not presume that its favored candidate, internal or external, will accept the job. For this reason, multiple candidates should always be considered, and contingency plans should be in place in case events do not unfold as anticipated. Recruiters recommend that companies engage in regular communication with internal candidates, but survey results suggest that only half of companies do so. A majority (65 percent) have not asked internal candidates whether they want the CEO job or, if offered, whether they would accept. See Heidrick & Struggles and the Rock Center for Corporate Governance at Stanford University (2010).

64. This study is based on John Harry Evans, Nandu J. Nagarajan, and Jason D. Schloetzer, "CEO Turnover and Retention Light: Retaining Former CEOs on the Board," *Journal of Accounting Research* 48 (2010): 1015–1047.

65. Jason D. Schloetzer, "Retaining Former CEOs on the Board," The Conference Board, Director Notes, no. DN-015 (September 2010). Last accessed October 1, 2010. See www.conference-board.org/publications/publicationdetail.cfm?publicationid=1854.

66. Heidrick & Struggles and the Rock Center for Corporate Governance at Stanford University (2010).

67. Gary A. Ballinger and Jeremy J. Marcel, "The Use of an Interim CEO during Succession Episodes and Firm Performance," *Strategic Management Journal* 31 (2010): 262–283.

68. Udi Hoitash and Anahit Mkrtchyan, "Recruiting the CEO from the Board: Determinants and Consequences," *Journal of Financial and Quantitative Analysis* 53 (2018): 1261.

69. Heidrick & Struggles and the Rock Center for Corporate Governance at Stanford University (2010).

70. The Conference Board, the Institute of Executive Development, and the Rock Center for Corporate Governance at Stanford University, "How Well Do Corporate Directors Know Senior Management?" (2014). Accessed May 3, 2015. See www.gsb.stanford.edu/faculty-research/publications/2014-how-well-do-corporate-directors-know-senior-management.

71. Shivaram Rajgopal, Daniel Taylor, and Mohan Venkatachalam, "Frictions in the CEO Labor Market: The Role of Talent Agents in CEO Compensation." *Contemporary Accounting Research* 29 (2012): 119–151.

72. American Electric Power, Form DEF 14A, filed with the Securities and Exchange Commission March 14, 2005. The IRS prohibits the tax deductibility of severance agreements that exceed 2.99 times the executive's base salary and bonus. Also see Internal Revenue Code Section 280G, "Golden Parachute Payments."

73. David Yermack, "Golden Handshakes: Separation Pay for Retired and Dismissed CEOs," *Journal of Accounting and Economics* 41 (2006): 237–256.

第 8 章 高管薪酬与激励

在本章，我们主要研究高管薪酬与激励。高管负责开发公司战略和商业模式，同时监督公司的日常管理工作。与其他职员一样，高管也应该获得劳动报酬。公司支付给高管的薪酬必须足够高，并符合高管的职位层级，这样才能吸引、挽留人才，激励其为公司股东及其他利益相关者创造价值。

薪酬计划需要经薪酬委员会和独立董事批准执行。薪酬计划从理论上看很简单，所谓适当的薪酬支付是指用最少的资金吸引并挽留最为合适的人才。毕竟，公司为其他职位设置薪酬时也是基于同一原理。然而，薪酬计划的推行受到一些因素的影响。正如在上一章所说的那样，CEO 人才市场似乎并不高效。因供求的潜在失衡以及评估候选人时面临的相关阻碍，公司董事会难以找到合适的管理者，并且难以确定足够吸引人才的工资。此外，在薪酬计划实行期间，董事会成员可能对高管的监督不足（因董事会缺乏独立性、参与度不高，或者相对于 CEO 而言缺乏权力）。无论是从高管薪酬的规模层面还是结构层面考虑，这些因素都会潜在地对薪酬计划造成扭曲。

在美国，来自媒体、代理咨询公司、国会和公众的大量关注和审查使得高管薪酬与激励方案更为复杂。[1]适度关注是必要的，但许多观察者的立场过于强硬，这已经影响了讨论的基调，并使得董事会难以作出理性决策来确定合适的高管薪酬水平。对 CEO 薪酬方案进行客观评估很重要，因为薪酬设计在激励高管创造企业价值方面发挥着关键作用。

8.1 高管薪酬争议

高管薪酬在美国企业中一直是一个有争议的话题。20 世纪 30 年代，在经济萧条的大环境下，美国证券交易委员会加强了信息披露的规制力度，这引起了对一些高管薪酬待遇问题的公愤，尤其令公众愤怒的是支付给工业及金融行业巨头的高管的薪酬均超过了 100 万美元，包括伯利恒钢铁公司（Bethlehem Steel）、通用汽车、美国烟草公司（American Tobacco）以及美国国民城市银行（National City Bank）等的高管们。巡回上诉法院（Circuit Court of Appeals）的托马斯·斯旺（Thomas Swan）法官曾说："没有人的身价可以达到每年 100 万美元。"这或许最佳地表达了时代情绪。[2]

然而，在第二次世界大战后的几十年间，这场关于高管薪酬的争论趋于缓和。主要原因在于：20 世纪 50 年代到 70 年代，与较高的通货膨胀率及一般工资增长率相比，高管薪酬的增长率处于适当水平。[3]高边际收入税率（最高收入者超过 70%）有助于降低高管薪酬的总体水平。如此一来，很少有高管的年薪能够超过心理预期的 100 万美元。

20 世纪 80 年代，形势出现了逆转。这段时期内，首先出现了高通货膨胀，接着经济快速发展，高管薪酬也随之快速增长。与这一趋势相一致的是新的可变薪酬模式的出现，即在固定工资加年度奖金模式的基础上，加入了长期绩效目标与股票期权。[4]于是，一些高管获得了丰厚的收入。举例说明，1987 年，玩具反斗城公司（Toys R Us）、优利系统公司（Unisys）以及克莱斯勒公司（Chrysler）的 CEO 都获得了超过 1 000 万美元的奖金。[5]投资银行家、华尔街交易员和私募合作方的工资也有相似的增长趋势。

20 世纪 90 年代及 21 世纪初，股票期权的普及加速了这一趋势。公司利润的增加以及强劲的牛市使得高管获得了可观的收入。根据《华尔街日报》的报道，1992—2005 年有 16 位大型公司的高管获得了超过 5 亿美元的股票期权薪酬激励，包括南方保健公司的 CEO（21 亿美元）、甲骨文公司的 CEO（15 亿美元）、花旗集团的 CEO（9.8 亿美元）以及迪士尼公司的 CEO（9.2 亿美元）。[6]除此之外，总薪酬中还增加了附加奖励（除了基本工资和奖金之外），这部分奖励对于投资者来说并不总是透明的。附加奖励包括递延报酬、"黄金降落伞"和补充高管退休计划（supplemental executive retirement plans，SERP），其中最著名的例子是家得宝的 CEO（2.1 亿美元）、辉瑞的 CEO（8 300 万美元）、埃克森美孚（ExxonMobil）的 CEO（4.05 亿美元）及纽约证券交易所的 CEO（1.875 亿美元），这些奖励将在他们退休时支付。[7]

在 2008 年金融危机及随后的经济衰退中，高管薪酬水平逐渐下降。这一变化在银行业中体现得尤为明显，例如，摩根大通的 CEO，他的薪酬水平从 2007 年的 2 800 万美元下降到 2010 年的 2 100 万美元，以及美国运通的 CEO，这段时期内，他的薪酬从 3 400 万美元下降到 1 700 万美元。[8]一些新规定，包括《多德-弗兰克法案》授予公司股东"薪酬话语权"的条款，致力于遏制高管薪酬上涨的浪潮。然而，当经济衰退期结束时，高管薪酬的下行压力随之消失，薪酬水平又达到了一个新的高度。

尽管许多治理问题并没有引起全国的关注，但 CEO 的薪酬引起了全国的关注——而且大部分是负面的。绝大多数美国公众认为 CEO 的薪酬过高。例如，2019 年的一项调查（在年龄、种族、性别、居住州和政治派别方面均具有全国代表性）发现，绝大多数美国人（86％）认为大型上市公司的 CEO 薪酬过高，只有 14％的人认为不高。每个人口群体都持有这种观点。此外，虽然典型美国人认同 CEO 的薪酬应随公司规模而变化，但他们认为两者之间的关系应该远低于实际情形。例如，一般人认为，一家收入比同行多 1 000 倍的公司的 CEO 薪酬应该只比较小公司的 CEO 高 50％，而实际上，较大公司 CEO 的薪酬是较小公司 CEO 的 13 倍以上。[9]

CEO 的薪酬公平吗？为了回答这一问题，我们回顾了薪酬制度所涉及的规模及结构。我们认为某些特定的薪酬要素具有激励价值，例如年终奖和基于股权的分红。接着，我们将评估薪酬、绩效和风险的关系。最后，我们将基于股东视角讨论高管薪酬及其披露。

➡ 8.2 关于 CEO 薪酬的竞争性理论

在美国，有两种相互矛盾的理论用来解释 CEO 的薪酬。

第一种是**最优合同**（optimal contracting）。这种理论认为，CEO 的薪酬是通过一个有效的过程给予的，并由竞争的市场力量驱动。董事们拥有准确评估和定价 CEO 人才所需的信息，他们会从股东利益最大化出发，通过独立谈判确定经济有效的薪酬方案。CEO 与高管之间的薪酬差距能够通过在晋升事项中为高管提供大量奖励来激励高管更加努力（"锦标赛理论"），结果是，最有价值的高管人才上升到他可以为股东、利益相关者和 CEO 创造公平分享的价值的位置。

第二种解释 CEO 薪酬的理论是**抽租**（rent extraction）。这种观点的支持者认为，薪酬水平并非有效经济过程的结果，而是市场失灵的表现。CEO 对董事会施加影响，以获取超过其在竞争过程中所能获得的薪酬。Bebchuk 和 Fried（2006）简明扼要地表述了这一观点：

> 有缺陷的薪酬安排并非仅仅局限于少数差的公司，而是一种普遍的、持久的、系统性的存在。另外，导致这些问题的并非董事会可自行修正的暂时性错误或判断失误，而是治理结构中的结构性缺陷，这种缺陷能使高管对董事会产生巨大影响。[10]

哪种观点是正确的呢？正如你将要看到的那样，答案并不明确。大量证据支持这两种理论。当你阅读下面内容时，你可以作出自己的判断。在本章的最后，我们将回到这个问题，总结研究文献对这两种理论的看法。

8.3 薪酬的构成

董事会薪酬委员会针对公司CEO及其他高管的薪酬给出建议。这项工作通常由人力资源部、财务部以及第三方薪酬顾问共同商讨进行。薪酬计划必须通过全体董事会中独立董事的投票批准。股东的投票批准基于股权的薪酬计划（例如股票期权计划和限制性股票奖励）。正如我们稍后所讨论的，整个薪酬计划取决于年度股东委托投票（称为"薪酬话语权"）。

薪酬计划的细节——包括需要股东批准和无须批准的各项事宜——都在年度委托书中进行了具体描述，其中包括前三年给予CEO及其他高管的总薪酬的公允价值，以及高管股权的行权价值或兑现价值。证券交易委员会要求公司在代理委托书中进行薪酬讨论与分析（compensation discussion & analysis，CD&A）。CD&A包含有助于股东评估薪酬计划的信息，具体包括公司的薪酬理念、薪酬构成、总薪酬、设计薪酬与评估绩效时可比较的同行业水平、可变薪酬激励的绩效指标、CEO与其他高管报酬的公平性、股权准则、高管及董事的保证、收回政策、遣散协议、"黄金降落伞"与退休补偿。[11]

薪酬计划需要达到三个目的。[12]首先，薪酬计划必须能够吸引合适的人才——那些具备相关技能、经验和胜任资格证明的人。其次，薪酬计划必须足以留住人才，否则，一旦有其他公司提供更好的薪酬待遇，高管人才就会跳槽。最后，薪酬计划必须能够激励高管，包括鼓励高管采取与公司战略及组织风险预测相一致的行为，并抑制他们的自利行为。

高管的薪酬结构大致涵盖以下几部分：

● 年薪——公司在一年中发放的固定现金。《国内税收法》（Internal Revenue Code）第162条规定，除非薪酬与绩效有关，否则，高管薪酬的应纳税扣除额不得高于100万美元。固定薪资通常是在年初发放。

● 年度奖金——如果公司的年度绩效超过既定的财务目标与非财务目标，那么公司将会给予高管额外的现金奖励。奖励金额通常是基本工资的某个百分比，介于公司保证的最小值与限定的最大值之间。

奖金的计算也可能涵盖可自由裁量的部分。这种方式是可取的，因为董事会无法对高管工作的所有方面进行充分预测（例如当宏观经济或行业因素消极变动时，目标即使合理也可能难以实现）。如果经济环境对高管绩效的影响与最初设置绩效目标时的预期相一致，那么董事会将奖励一年中表现优异、辛勤付出的高管。[13]如果公司激励高管时不考虑其经营绩效，那么可自由裁量的奖金将会带来消极结果。在这种情形下，可自由裁量的奖金可能表明董事会已被管理层控制。因此，薪酬委员会必须在公式化的奖金计划和主观的奖金计划中作出决策，并有必要在 CD&A 中进行披露。除此之外，可自由裁量的现金红利需要在当期报表（8-K 表）中予以披露。[14]

- 股票期权——在未来特定时间以特定的行权价格买进或卖出股票的权利，行权价格一般等于期权授予日的股票价格。通常股票期权有行权条件（换言之，高管的股票期权是分批或分次行权的，例如每四年行权 25%），并在十年后到期（七年是第二受欢迎的行权期限）。一些公司进行股权奖励时，要求高管"持有至退休"或是"退休后继续持有"。股票期权的这些特征能够带来长期股权激励，促使高管利益与股东保持一致。

- 限制性股票——一种直接授予高管的股票，但该股票限制转让，且受限于高管的工作年限。一旦高管被授予这种股票，那么其经济价值等价于直接投资公司股票。

- 绩效股票（单元）——高管只有在3～5年内实现了财务与非财务目标，绩效股票（或是现金）的奖励才会被授予。绩效股票与绩效单元机制一样，两者的区别在于最终的支付方式是股票支付还是现金支付。奖金金额一般是基本工资的一定百分比，与年度现金红利的计算方法相似。奖金限额通常是目标金额的 200%。从诸多方面来看，这种绩效计划简单而言就是长期的年终分红。绩效标准通常包括不同类型的利润指标（例如每股收益增长率或投资回报率）或股东总回报。

- 额外津贴——公司提供的其他便利设施或服务，例如公司汽车或飞机的使用权、俱乐部会员、家庭住房或公寓。

- 契约协议——就业协议中规定的其他现金或股票支付，例如离职协议、退休后咨询协议与"黄金降落伞"协议（奖励依据可控的变动而定）。

- 福利——例如在职健康保险、退休健康保险、养老金固定缴款退休金（401（k）计划）、补充高管退休计划、人寿保险、支付给个人理财规划师的费用以及应纳税收入的返还税款。

专栏   **持有至退休**

埃克森美孚公司

绩效股票奖励在自授予日期起的 5 年内授予 50%，在 10 年或退休（以较晚的日期为准）后授予另外的 50%。绩效股票奖励不得加速，即使在退休时也不得加速，但死亡的情形除外。这些限制期远远超过了所有行业的相关限制期，并更好地与我们业务的长期投资提前期和影响我们行业长期股东价值的决策一致……

- 埃克森美孚公司较长的限制期确保了高管在大宗商品整个价格周期内都需要持有股票。

- 另一种基于公式的方案，包括短期目标设定和 3 年封闭期，将使高管们能够以更快的速度将绩效股票变现。

● 较长的限制期能够激励埃克森美孚公司的高管在决策时以长远的眼光看待问题。[15]

高管薪酬也可能受到一些合同的限制：

● 股权准则——高管在任职期间需要持有的股权的最低额度，一般为高管基本工资的倍数。（将在第9章对高管股权准则进行讨论，已在第4章对董事所有权准则进行了充分讨论。）

● 对冲限制——利用衍生品合约锁定或限制既定股票价值的变化。《多德-弗兰克法案》要求公司披露它们是否允许高管和董事对冲其股票头寸。（我们将在第9章讨论套期保值。）

● 质押条件——股权可以作为个人贷款、通过经纪账户进行的保证金贷款或其他金融交易的质押物。《多德-弗兰克法案》要求公司披露高管及董事的质押活动（详见第9章）。

● 奖励收回与延期支付——如果未来几年内有确切证据表明一开始就不应该授予高管薪酬奖励，那么根据合同条款，公司有权收回薪酬奖励。《萨班斯-奥克斯利法案》第304条规定，如果最终证明奖金奖励是高管通过利润操纵获得的，那么公司将有权收回CEO与CFO的奖金奖励。[16]《多德-弗兰克法案》要求公司制定、实施、披露奖励收回政策，以使该政策被更多公司采用。据Equilar公司的研究，公司收回奖励最常发生在以下情况中：财务重述、伦理失范以及高管违背非竞争性条款。[17]一些公司决定推迟奖金的发放，因为它们需要足够的时间来确定薪酬奖励在经济上是否合理。

| 专 栏 | 奖励收回与延期支付条款 |

花旗集团

"花旗集团强有力的追回政策适用于向指定高管和其他符合条件的员工发放的激励奖金。收回条款使花旗集团有权在一系列不利结果下取消未被授予的递延激励薪酬：

● 对花旗集团任何业务运营造成损害，导致或可能导致监管制裁的不当行为或重大轻率的判断，包括未能监督从事此类行为的员工，或未能改善此类行为。

● 对重大不利后果承担重大责任，所谓重大不利后果是指对花旗集团造成严重的财务或声誉损害。

● 基于公布的不准确的财务报表获得奖金。

● 员工故意提供与公开披露的财务报表有关的重大不实信息。

● 违背高级管理层或风险管理部门制定或修订的风险限制性条款。

● 严重的不当行为。

● 需要财务重述的故意不当行为或欺诈行为。"[18]

研究表明，奖励收回是降低代理成本的一种有效工具。Iskandar-Datta 和 Jia（2013）研究发现，在高管薪酬合约中设置了奖励收回条款的公司，在宣布这一条款后能获得超额收益。他们认为产生这一结果的原因是，股东认识到奖励收回能够减少财务报告风险。[19]

Chan，Chen，Chen 和 Yu（2012）研究发现，采用奖励收回条款能够减少后续会计重述行为。他们还发现，采用了奖励收回条款的公司，其审计师披露重大内部控制缺陷的可能性更小，收取的审计费用更低，审计报告处理更迅速。Chan 等得出结论，"奖励收回条款可以降低高管操纵利润的可能性……并且能够提高财务报告的真实性"。[20]

不过，很少有奖励收回条款被触发。富国银行是个例外，该行前 CEO 和零售银行业务的前负责人因交叉销售丑闻而分别被没收近 7 000 万美元和 6 900 万美元的既定股权奖励。[21]（参见第 6 章相关内容。）

8.4　薪酬的影响因素

薪酬委员会和董事会负责确定 CEO 和其他高管的薪酬水平。它们需要综合考虑长期因素和短期因素，以使制定的薪酬结构与公司战略相一致。理论上，高管获得的总薪酬要与其服务所创造的价值相一致。薪酬决策工作具体如下：首先，确定公司在一个合理的时间范围（例如五年）内预期创造的价值；然后，确定这些价值中有多少归功于 CEO 的努力；最后，确定 CEO 薪酬占所创造价值的百分比。尽管许多董事会已采用这一方法，但衡量特定高管在公司价值创造中的贡献还是极其困难的。（研究人员对公司价值创造在多大程度上归功于 CEO 的评估差异很大，估计值从 4％到 35％不等。[22]《财富》500 强公司的董事们估计，CEO 对公司业绩的贡献率为 40％。[23]）

大多数董事会通常会比较相同规模、相同行业及相同地理区域内的公司 CEO 的薪酬水平，即**参照组**（peer group），以此作为确定本公司 CEO 薪酬水平的基准。公司为高管提供的现金薪酬（基本工资和年度奖金）水平通常位于参照组水平的中值或更低，长期激励（主要是股权激励）则处于参照组的第 75 百分位上。这些数字代表董事会对市场上 CEO 与其他高管的工资水平的考量。薪酬委员会也需要确保依据标杆制定 CEO 薪酬与为高管量身定制薪酬的风险水平相同。

虽然标杆薪酬法可能会使公司在薪酬水平方面保持竞争优势，但仍存在一些明显的缺点。首先，公司为了保证薪酬水平与参照组持平而为高管加薪，随着时间的推移，这可能导致高管薪酬水平不断上涨。当多个公司试图达到或超过薪酬水平的中值时，薪酬中值本身也会提高，这就是著名的**棘轮效应**（ratcheting effect）。其次，根据标杆确定高管薪酬的做法没有明确考量价值创造过程。这可能激励高管的非经济性行为，例如纯粹为了扩大公司整体规模而收购竞争对手，从而导致董事会所选择的参照组发生变化，最终导致 CEO 薪酬的水平发生变化。最后，由于参照组中所包含的公司不同，公司通过标杆薪酬法确定的薪酬水平会有很大差异。

高管是否通过精心挑选参照组公司来攫取超额薪酬？学者对此展开研究，结论不一。Bizjak，Lemmon 和 Naveen（2008）研究指出，参照组的选择是一种确定高管工资的实用机制，不存在所谓高管对薪酬的操纵。[24] 然而，Faulkender 和 Yang（2010）研究发现，参照组中包含了一些不相关的公司，而这会使得高管薪酬水平提高。[25] 同样地，Larcker，McClure 和 Zhu（2019）估计，大约 40％的公司以抽租的方式选择参照组公司，其余 60％的公司如此操作则是为了吸引高质量的 CEO 人才。[26]

专　栏 **标杆薪酬法在丘博公司和旅行者公司的运用**

丘博（Chubb）和旅行者（Tralevers）是两家保险公司，二者是直接竞争关系，并且拥有颇为相似的公司战略，但两家公司在运用标杆薪酬法时采用了不同的参照组。旅行者公司的参照组规模较小，包括几乎所有的保险公司；丘博公司的参照组规模较大，包括为一系列商业银行、投资银行、投资管理服务公司提供服务的大型金融服务公司。仅有 5 家公司同时位于两家公司的参照组（见表 8-1）。[27]

表 8-1　丘博公司与旅行者公司的比较分析

	丘博公司	旅行者公司
CEO 薪酬总额	2 040 万美元	1 460 万美元
公司收入	301 亿美元	303 亿美元
公司净收益	39 亿美元	25 亿美元
参照组公司	好事达保险（Allstate） 美国运通（American Express） 美国国际集团（AIG） 怡安（Aon） 美国银行（Bank of American） 纽约梅隆银行（Bank of New York Mellon） 贝莱德（BlackRock） 信诺保险（CIGNA） 花旗集团（Citigroup） 高盛投资公司（Goldman Sachs） 达信公司（Marsh & McLennan） 美国大都会人寿保险公司（MetLife） 摩根士丹利（Morgan Stanley） 保德信金融（Prudential Financial） 旅行者公司（Travelers）	安泰保险（Aetna） 好事达保险（Allstate） 美国运通（American Express） 丘博公司（Chubb） 信诺保险（CIGNA） 哈特福德金融服务公司（Hartford Financial） 宏利金融（Manulife Financial） 美国大都会人寿保险公司（MetLife） 前进保险（Progressive） 保德信金融（Prudential Financial）

资料来源：Chubb, Form DEF 14A, filed with the SEC April 4, 2019；Travelers, Form DEF 14A, filed with the SEC April 5, 2019.[28]

处于同一行业的两家公司采用了不同的参照组。究竟哪家公司采用的参照组更恰当？其中的原因又是什么？这些是很有趣的问题。

8.5 薪酬咨询公司

另一个被广泛关注的问题是，在制订薪酬计划的过程中是否应寻求第三方薪酬咨询公司的帮助。最受欢迎的薪酬咨询公司包括 Compensation Advisory Partners（CAP）、Meridian、Pay Governance、Pearl Meyer 和 Semler Brossy。尽管有小部分公司是由管理层作出决策（6%），但一般的公司通常由薪酬委员会确定选择使用哪家薪酬咨询公司。[29]

当薪酬咨询公司将过去用于制定 CEO 薪酬体系的方法应用于公司的其他服务（例如，福利计划的设计与养老金资产的管理）时，可能会引发利益冲突。这些薪酬咨询公司不太可能建议公司制定较低的工资薪酬，因为它们害怕失去为公司提供其他服务的机会。[30]如果薪酬咨询公司是由 CEO 而不是董事会雇用的，那么也可能会产生矛盾，因此有必要以互惠的方式提出更高的薪酬。

Conyon，Peck 和 Sadler（2009）以及 Cadman，Carter 和 Hillegeist（2010）研究发现，当薪酬咨询公司参与制定公司高管薪酬时，公司 CEO 的实际总薪酬水平高于基于经济要素预测的薪酬水平，但他们并未发现高薪酬水平与公司治理质量相关的证据。[31]Murphy 和 Sandino（2010）对 CEO 薪酬水平展开了研究，选取的样本公司都聘请了薪酬咨询公司。他们发现，随着 CEO 对董事会影响程度（通过 CEO 与董事长是否两职合一以及 CEO 在董事会中是否安置了较多董事来衡量）的加深，CEO 薪酬水平会提高。相似地，Chu，Faasse 和 Rau（2014）研究发现，与管理层聘请薪酬咨询公司相比，当薪酬咨询公司由董事会聘请时，公司制定的薪酬水平更低。[32]同样地，Chu，Faasse 和 Rau（2018）研究发现，与管理层聘请薪酬咨询公司相比，当薪酬咨询公司由董事会聘请时，公司制定的薪酬水平更低。[33]Armstrong，Ittner 和 Larcker（2012）研究发现，CEO 的薪酬水平取决于公司治理的质量而非是否聘用薪酬咨询公司。治理水平较低的公司更可能聘请薪酬咨询公司，并且其制定的薪酬水平更高。因此，Armstrong 等研究得出结论，薪酬水平的差异源于公司治理质量的不同，与是否聘用薪酬咨询公司无关。[34]Murphy 和 Sandino（2020）研究发现，与聘用薪酬咨询公司相关的更高薪酬可以用薪酬结构和复杂性来解释而不是利益冲突。[35]

8.6 薪酬水平

基于 3 000 家美国上市公司样本的研究表明，CEO 总年薪中值约为 410 万美元，大型公司（前 100 名公司）的 CEO 总薪酬中值约为 1 720 万美元（见表 8-2）。[36]
CEO 薪酬随着时间推移稳定增长（见图 8-1）。总薪酬包括基本工资、现金红利、
股权激励的公允价值、养老金、福利及额外津贴。需要注意的是，表 8-2 中数据指
的是中值而不是平均值。平均值易受异常值的影响，因此，中值能够更好地描述总
体薪酬的平均水平，它代表每组中一家典型企业的薪酬金额。

表 8-2　美国公司 CEO 薪酬水平

公司分组（根据规模）	CEO 总薪酬中值（美元）	市值中值（百万美元）
前 100	17 209 000	111 394
101～500	11 125 000	21 819
501～1 000	7 212 000	6 017
1 001～2 000	4 022 000	1 789
2 001～3 000	1 849 000	378
1～3 000	4 098 000	1 789

注：薪酬总额包括工资、年度奖金、其他奖金、股票期权的预期价值、绩效计划、限制性股票授予、养老
金、福利和 DEF 14A 中报告的津贴。市值是指财务年度末已发行普通股的价值。

资料来源：Equilar，截至 2017 年 12 月财务年度的专有薪酬和股权所有权数据信息。

中值：样本包括标准普尔 500 指数公司的 CEO 薪酬。

资料来源：Equilar，CEO Pay Trends（2015—2019）；Murphy（2012）.

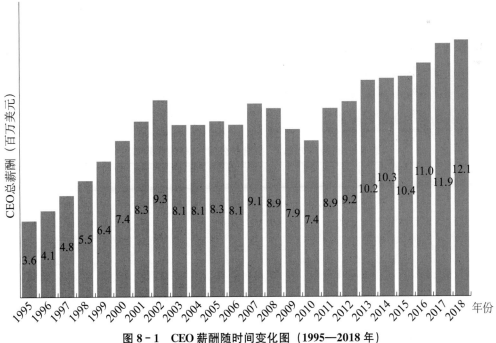

图 8-1　CEO 薪酬随时间变化图（1995—2018 年）

值得注意的是，以上薪酬反映的是高管当年薪酬的预期公允价值，而不是已实
现的价值，这是一个重要的区别。薪酬的公允价值是指在既定年份薪酬委员会预计

支付给高管薪酬的价值。它反映了股权激励的预期价值，包括限制性股票（用当前市场价格估值）和股票期权（用布莱克-斯科尔斯期权定价模型或二项式定价模型来估值）。高管最终在出售股票、行使期权之后获得的实际薪酬可能与预期所得存在显著差异。已实现薪酬是一种存在潜在缺陷的奖励方式，因为它反映的是多年内授予的股票和期权的总价值在某一特定年份兑现。

专 栏 　　　　　　　　**衡量薪酬的正确方法是什么**

有三种衡量高管薪酬的基本方法：

● 期望薪酬，指公司承诺在既定年份支付给高管薪酬的预期价值，其中包括基本工资、年度奖金、长期现金红利、股票期权奖励与限制性股票奖励。鉴于其中一些因素会随着未来绩效（例如公司的经营业绩与股票价格）的变化而变动，需要对薪酬的预期价值进行估计。估值的准确性取决于公司授予高管薪酬奖励的类型。

● 既得（可变现）薪酬，指的是当现金被支付、既得利益的限制被撤销时，高管持有可变现权利的总价值。在大多数情形下，一年内获得的总薪酬既包括当年被授予的部分，又包括以前年度被授予的部分，例如长期股权激励与绩效单元。换言之，高管现今获得的部分报酬是很久之前公司所承诺要支付的。

● 已实现薪酬，指高管在既定年份真正收入囊中的现金薪酬。以股权激励为例，高管出售手中股票、兑现或抛售期权最终获得的现金收入，即为已实现薪酬。与既得薪酬相似，已实现薪酬由多年内被给予的各种薪酬构成，而且已实现薪酬的多少取决于这段时期的公司绩效。

公司委托书中披露的总薪酬是结合多种薪酬衡量方法计算得出的。表8-3显示了这三种衡量方法之间的差异。

表8-3　2010年哈雷-戴维森公司CEO的薪酬情况 单位：美元

	期望薪酬	既得薪酬	已实现薪酬	综合值
工资	975 000	975 037	975 037	975 037
奖金	0	0	0	0
股票奖励	1 381 199	0	0	1 381 199
期权奖励	1 636 681	698 906	0	1 636 681
绩效计划	2 600 357	2 340 090	2 340 090	2 340 090
养老金	0	0	0	0
其他福利	83 490	83 490	67 289	83 490
合计	6 676 727	4 097 523	3 382 416	6 416 497

资料来源：Larcker，McCall，and Tayan（2011）。

以上哪种薪酬衡量方法最恰当？期望薪酬是高管可获得的预期报酬，可用于评估薪酬的激励价值。既得薪酬与已实现薪酬是公司高管实际获得的报酬，可用来评估高管的工作绩效。[37]

近年来，一些公司逐步开始披露高管薪酬的附加信息。一项关于标准普尔 100 指数公司信息披露的研究发现，56％的公司在 2018 年提供了已实现薪酬或既得薪酬的计算结果，2009 年这一比例为 9％。[38]另一项研究发现，在披露既得薪酬的公司中，既得薪酬的价值通常低于公司薪酬汇总表中列出的总薪酬，这表明公司可能会披露其他薪酬指标，以更好地解释或防止对其薪酬做法的批评。[39]

公司规模（以及行业规模）是决定高管薪酬水平的主要因素。Gabaix 和 Landier（2008）研究发现，近年来高管薪酬的增加几乎完全是公司规模扩大所导致的。例如，他们在研究中发现 CEO 薪酬在 1980—2003 年增长了 6 倍，公司的市场价值在此期间也增长了 6 倍。于是他们得出结论："自 20 世纪 80 年代以来，CEO 薪酬的上升反映了美国大型公司市场价值的增长。"[40]但是，薪酬增长与公司价值之间的相关性并不能证明公司薪酬水平本身是恰当的。

在相关研究中，Kaplan 和 Rauh（2010）发现，高管薪酬的增长与其他高收入专业人士薪酬的增长同步，这些人士包括对冲基金经理、私募股权公司经理、风险投资家、律师和职业运动员等。他们计算得出，1994—2005 年这些群体的收入大致保持了同一量级的增长。Kaplan 和 Rauh 得出结论，CEO 薪酬的增长是一些市场因素导致的，这些市场因素也推动了高收入群体工资的整体上涨。同时，他们还发现，薪酬的极端增长并不局限于商业圈。[41]

然而，也有例子表明，在公司规模与经营绩效既定的情形下，个别公司会给予 CEO 超过正常水平的薪酬。研究表明，薄弱的公司治理体系与过高的高管薪酬有关。Core，Holthausen 和 Larcker（1999）研究发现，董事会的监管质量与公司的薪酬水平存在负相关关系。[42]他们还发现，与同行业其他公司相比，薪酬奖励不断上涨的公司，其未来的股价或经营绩效表现不佳，进而得出结论："治理体系越薄弱的公司，高管薪酬水平越高；代理问题越严重的公司，经济业绩越差。"也就是说，公司治理质量对高管薪酬水平具有显著影响。

一些研究表明，声望较高的公司给予 CEO 的薪酬低于同行。Focke，Maug 和 Niessen-Ruenzi（2017）研究发现，在《财富》杂志最受尊敬的公司中，上榜公司 CEO 的总薪酬平均比同类公司 CEO 低 8％。作者认为，"CEO 们愿意在地位和职业福利与额外的金钱报酬之间寻求平衡"。[43]

最后，有些公司会给予 CEO 极端的薪酬——要么特别高，要么特别低，这些情形往往是特殊因素造成的。

以下是近年来一些公司向其CEO发放极端薪酬的例子。

特斯拉

2018年，特斯拉（Tesla）授予CEO埃隆·马斯克（Elon Musk）一个绩效股票期权包，根据他在10年内实现的一系列市值、收入和现金流目标，他最多可以获得560亿美元的收益，如果不能实现最低目标，则其收益为0。[44]特斯拉的董事长认为，该薪酬方案"正面你赢，反面你不输"——这意味着股东只在绩效非常好的情形下支付薪酬。[45]与此同时，批评人士认为，该计划会鼓励马斯克从事高风险、高收益的项目，而这些项目的失败可能会严重损害公司的利益。[46]

苹果公司

2011年，苹果公司CEO蒂姆·库克（Tim Cook）在接替史蒂夫·乔布斯（Steve Jobs）担任CEO的第一年就获得了价值3.76亿美元的一次性股权奖励，包括5年和10年的封闭期股权。董事会解释说："根据库克在公司的经验，包括他在乔布斯休假期间的领导能力，董事会认为，他担任CEO对公司的成功和领导层的平稳过渡至关重要。"[47]在随后的几年里，他的总薪酬在400万到1 500万美元之间。

美国航空

2016年，长期担任美国航空（American Airlines）CEO的道格·帕克（Doug Parker）要求董事会以限制性股票的形式支付他的全部薪酬。[48]从那以后，他放弃了固定工资、年度奖金甚至401（k）缴费计划。他还要求董事会将他的薪酬水平设置为低于两家主要竞争对手的20%。"我这么做是因为这样感觉更好。"[49]

一美元CEO

近年来，谷歌母公司Alphabet、脸书、色拉布（Snapchat）和推特等公司CEO的总薪酬均为一美元。他们都是公司的创始人和重要股东，这种安排被视为一种荣耀。根据一位专家的说法，"对他们来说，一美元工资意味着他们在公司拥有很大的股份……作为最大的股东之一，（他们）全身心投入"。[50]

8.7　CEO薪酬同其他高管薪酬的比率

对高管薪酬水平持批评态度的学者利用两个统计结果来支持他们的观点：一是支付给CEO的薪酬与支付给其他高管的薪酬之间存在巨大差异；二是CEO的薪酬与普通员工的薪酬之间存在巨大差异。

| 专栏 | 高管薪酬差异 |

阿贝克隆比 & 费奇公司

2008年，代表州和市政工人管理退休资产的美国康涅狄格州退休计划与信托基金 (Connecticut Retirement Plans and Trust Funds) 向阿贝克隆比 & 费奇公司 (Abercrombie & Fitch) 提交股东决议，要求公司给予其他任命执行官 (named executive officer, NEO) 与CEO同等的薪酬。[51]据美国财政部长丹尼斯·纳皮尔 (Denise Nappier) 所言："CEO薪酬与其他NEO薪酬之间的巨大差距可能暗示着在公司支付给高管的薪酬中CEO薪酬占据了超额比例，或者说CEO薪酬与公司绩效无关，这正是股东们十分关注的问题。这种巨大差异揭示出CEO为公司所做的贡献与其自身能力之间存在显著背离，这表明CEO继任计划存在不足，从而使股东感到困扰。"[52]

2006年，阿贝克隆比 & 费奇公司的董事长兼CEO迈克尔·杰弗里斯 (Michael Jeffries) 的总薪酬为2 620万美元，相比之下，公司其他NEO的总薪酬在240万美元～430万美元之间。[53]与财政部长纳皮尔协商后，公司同意相较于其他NEO，加强对CEO薪酬的信息披露。随后，康涅狄格州的退休计划与信托基金撤销了股东决议。

CEO几乎总是公司里薪酬最高的高管。只有3%的公司CEO的薪酬不是最高的。表8-4表明，美国上市公司CEO的薪酬收入大约是薪酬水平排第二位高管的2.1倍。[54]薪酬水平排第二位高管的薪酬收入大约是薪酬水平排第三位高管的1.2倍，薪酬水平排第三位高管的薪酬收入大约是薪酬水平排第四位高管的1.1倍。这些数据不会因公司规模的不同而发生显著变化。

表8-4 高管间的薪酬比率

公司分组 （根据规模）	CEO薪酬与排第二位 高管薪酬之比	排第二位与排第三位 高管薪酬之比	排第三位与排第四位 高管薪酬之比
前100	1.89	1.16	1.07
101～500	2.32	1.19	1.12
501～1 000	2.36	1.21	1.15
1 001～2 000	2.12	1.24	1.14
2 001～3 000	1.84	1.18	1.14
1～3 000	2.05	1.20	1.13

注：基于每组比率的中值。

资料来源：Equilar，截至2017年12月财务年度的专有薪酬和股权所有权数据信息。

一些因素会导致高管团队内部薪酬分配不均。单纯从经济角度考虑，相对薪酬可能只简单地反映了公司中价值创造的不同水平。一个大型公司的成功可能更多地取决于CEO的努力，因此，公司扩大CEO与其他高管之间的薪酬差距从而吸引更有能力的领导者的做法似乎是恰当的。

此外，巨大的薪酬差异也能反映公司内部的竞争态势，这称为**锦标赛理论**（tournament theory）。这一理论由 Lazear 和 Rosen（1981）提出，他们指出，高管不仅要承担公司当前的运营职能，而且要参与竞争以获得晋升机会。[55] 依据他们的观点，不公正的薪酬是一种激励，可以促进高管在晋升过程中更加积极地参与竞争。如果晋升成功，那么他们将获得巨额的薪酬。因此，高管当前的薪酬并非唯一能够激励其努力表现的方式。潜在的晋升机会本身就是一种激励，当高管的当前职位与潜在职位之间的薪酬差距很大时，这种激励的作用便会得到加强。随着高管在公司地位的不断提升，这种差距也在不断扩大，最大的差距出现在 CEO 与 CEO 下一级之间。此时，最少的高管去竞争最大的奖项。

另外，薪酬的不平等可能预示公司内部确实存在问题。巨大的薪酬差距表明公司中存在**管理层壁垒**（management entrenchment）（管理层保护自己的一种能力，避免受到市场力量的影响以及来自董事会、股东与利益相关者的经营压力）。[56] 巨大的薪酬差异表明 CEO 可能存在抽租行为，而抽租行为的发生意味着公司治理体系的失效。

学者关于薪酬不公正的研究结论不一。Kale，Reis 和 Venkateswaran（2009）通过测量公司的经营收益与市净率，发现竞争激励与公司绩效正相关。[57] Burns，Minnick 和 Starks（2017）对薪酬不公正进行了全球分析。他们发现，薪酬差异会随着公司与国家的文化特征而发生系统的变化（例如霍夫斯泰德提出并在第 2 章描述的那些文化特征）。他们还发现，即使控制了这些变量，薪酬差异也与公司价值正相关。他们观察到，在社会收入差距较大的竞争性国家，"锦标赛更加激烈，也似乎更有效"。[58] 然而，Bebchuk，Cremers 和 Peyer（2011）的观点与之相悖，认为高管薪酬不公正与较低的公司价值及较高的代理风险相关。[59] Kini 和 Williams（2012）通过测量公司的杠杆作用、业务集中度以及研发支出，发现竞争激励与公司风险之间存在正相关关系。他们的结论是，"基于晋升的激励机制可以促使高管在工作上花费更多的精力，同时也可能导致他们承担更大的风险"。[60]

为了减少内部薪酬不公正可能带来的负面影响，一些公司对 CEO 薪酬与其他 NEO 薪酬的比率进行了限制。例如，医疗卫生信息技术类公司塞纳（Cerner）规定 CEO 的现金薪酬不能超过其他高管最高薪酬的 3 倍，如果有例外情况，则须经董事会事先批准。[61]

➡ 8.8 CEO 薪酬同普通员工薪酬的比率

高管薪酬的批判者指出，CEO 薪酬与普通员工工资之间亦存在巨大差距。其中一位学者指出："如果 CEO 的薪酬比普通员工工资高出 100 多倍，我们需要探究这种差距产生的原因……我们会发现 CEO 与普通员工间存在经济不平等。这种不平等对公司的长期绩效无益，它会降低高管与下属员工之间的信任感。"[62]《多德-弗兰克法案》要求公司在年度委托书中披露 CEO 薪酬同普通员工薪酬的比率。

各公司报告的这一比率数据大相径庭。基于 2018 年 1 700 家样本上市公司的数据，比率最高的是慧优体公司（Weight Watchers）的 5 900（位于中值的员工是一名兼职前台，每周工作 10 小时，其 CEO 获得了一次性奖励），最低的是麦克尤恩矿业公司（McEwan Mining）的 0.07（其 CEO 只获得 1 美元的薪水以及 2 500 美元的健康福利）。[63]

在整个样本中，薪酬倍数的中值为 66，平均数为 138。行业、规模、位置和劳动力组成的差异都助推了该差距的扩大（见图 8 - 2）。由于披露薪酬倍数的公司远少于《多德-弗兰克法案》颁布时的预期值，CEO 薪酬与普通员工薪酬的比率并没有像一些人预期的那样引发愤怒和改革压力。

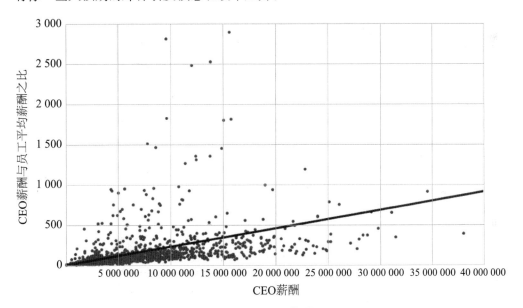

图 8 - 2　CEO 薪酬

注：样本包括 2018 财年的 1 700 家公司。比率较大的公司称其在低工资国家雇用了大量员工。

资料来源：数据由 Equilar 公司提供，作者计算得到。

尽管如此，一些企业担心内部薪酬不公平的现象会对公司发展产生危害，因此要求限制 CEO 薪酬。例如，有机食品公司全食（Whole Foods）规定任何高管（包括 CEO）的现金薪酬不得超过全职员工平均工资的 19 倍。该公司解释，这一薪酬计划"反映了公司的平等主义理念"。[64]

8.9　薪酬组合

除了确定公司的薪酬水平，薪酬委员会还必须决定如何构建薪酬组合，以确保公司采取的激励措施与公司目标保持一致。最终公司将从短期与长期两个层面来吸引、留住、激励合格的高管，其薪酬由现金、股票以及其他与绩效目标相关的薪酬福利组合而成。

从表 8-5 的数据可以看出，在公司支付给 CEO 的薪酬中，工资占 23%，奖金占 16%，股票期权占 14%，股票奖励和长期激励计划占 38%，养老金及其他薪酬占 9%。有趣的是，规模较小的公司似乎会降低奖金和绩效薪酬的占比，提高基本工资的占比。出现这一现象可能是因为个人消费问题（也就是说，由于总薪酬较低，高管们要求薪酬中现金占比较高，以满足他们的生活支出）。

这些薪酬组合是否恰当？这个问题的答案取决于薪酬委员会试图实现的目标，包括风险与收益之间的平衡，以及随着时间推移并根据相关经营业绩、股价以及其他财务和非财务指标变化而兑现的支付奖励的承诺。

表 8-5　美国公司 CEO 薪酬组合

公司分组（根据规模）	工资	资金	股票期权	股票奖励和长期激励计划	养老金及其他薪酬
前 100	10.4%	18.2%	13.1%	46.5%	11.8%
101~500	11.7%	19.8%	13.9%	46.5%	8.1%
501~1 000	15.2%	18.9%	13.1%	44.8%	8.0%
1 001~2 000	21.0%	17.7%	11.9%	40.4%	9.0%
2 001~3 000	33.1%	12.5%	16.0%	28.2%	11.2%
1~3 000	22.5%	16.4%	13.8%	38.0%	9.3%

资料来源：Equilar，截至 2017 年 12 月财务年度的专有薪酬和股权所有权数据信息。

专栏　　激进的 CEO 薪酬观

对于董事会、投资者、媒体和公众来说，理解 CEO 的薪酬计划是一项持续的挑战。一家对冲基金开发了一个框架，该框架可以重构年度委托书中提供的薪酬数字，并且将向 CEO 支付可变薪酬的条件以及这种薪酬与经营业绩和股价表现的关系考虑在内。[65] 其目标在于更深入地了解整个薪酬体系中是否存在真实的绩效薪酬。

第一步是区分固定薪酬与绩效挂钩薪酬。固定薪酬包括基本工资和限制性股票价值（保持股价不变）。

第二步是计算 CEO 在获得目标水平绩效奖金后将获得多少增量薪酬。

第三步是计算获得最高水平奖金的增量价值（同时保持股价不变）。

最后一步是测量假设股价合理升值（例如 50%）的增量薪酬。

总的来说，这一框架提供了一种分析 CEO 薪酬规模和结构的方法，包括薪酬有保证或有风险的程度，薪酬受经营业绩和股价表现驱动的程度，以及 CEO 薪酬待遇中的潜在风险。

如果将这一分析框架应用到零售公司中，可以看到薪酬结果不仅与薪酬汇总表中报告的有所不同，相关行业的公司之间也存在差异（见图8-3）。[66]

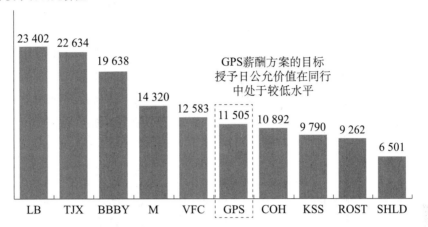

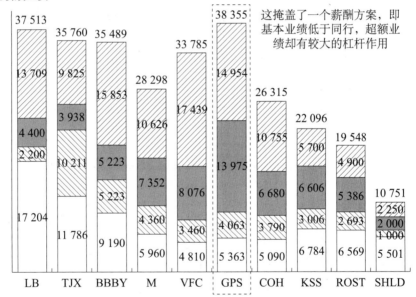

图8-3 零售公司的目标价值与预期绩效薪酬

注：* 假设股票升值0%，乘数以目标值的50%支付

** 假设股价升值0%，乘数以目标值的100%支付

*** 假设股价升值0%，所有乘数均按最大值支付（包括相对TSR）

**** 假设股价升值50%，乘数以最大值支付

资料来源：Activist View of CEO Compensation.

➡ 8.10　短期激励

短期激励是指公司为激励高管实现既定的绩效目标所支付的年度奖励（通常是现金）。公司通常是以**目标奖励**（target award）来衡量短期激励水平。大多数公司将目标奖励的数值定义为基本工资的倍数值（例如，目标奖励是高管基本工资的200%）。高管最终获得的实际薪酬，可能在制定的最低薪酬与最高薪酬（最低薪酬金额约为目标奖励的50%，最高薪酬金额约为目标奖励的200%）的范围内波动。在这种限定下，高管获得的现金奖励将呈阶梯式逐步上升（如图8-4所示）。

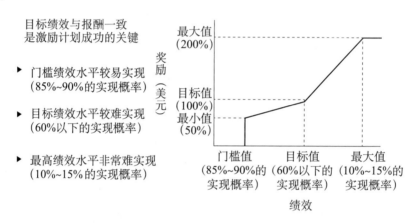

图8-4　短期奖励计划中的最低奖励、目标奖励与最高奖励

资料来源：Michael Benkowitz，Mark A. Borges，and Thomas G. Brown，"Mastering Performance-Based Equity：New Frontiers in Executive Pay，" Compensia，Inc.（2008）。

如果公司制定的年度绩效目标得以实现，那么公司会发放奖励。这种绩效考核标准由薪酬委员会制定。薪酬委员会根据与公司战略和商业模式成功相关的运营、股票价格和非财务指标来确定绩效标准。这样一来，奖金计划能够对高管产生明确的物质激励，并能通过实现有利于股东价值增加的经营目标改善公司的短期绩效。

奖励计划的一个隐患在于年度绩效目标可能不难实现。2005年，一家大型薪酬咨询公司的专项调查显示，平均而言，公司实际发放的奖励薪酬是目标水平的103%，只有20%的高管实际获得的薪酬奖励低于目标水平的75%。换言之，奖励计划似乎并非基于"多年性"目标制定的。后续研究得出了类似的结论。Merchant和Manzoni（1989）研究指出，用于绩效奖励而设定的内部预算目标在规定期间内能实现80%～90%。[67] Indjejikian，Lenk和Nanda（2000）研究发现，在规定时间内绩效目标实现了60%。[68] Bloomfield，Gipper，Kepler和Tsui（2020）研究发现，董事会选择绩效指标是为了保护高管不受他们无法控制的成本和需要较长回报期的成本的影响。[69]Guay，Kepler 和 Tsui（2019）研究发现，在 CEO 任期的最初几年，现金薪酬占总薪酬收入的比重较大，但随着 CEO 持股比例的增加，现金奖励的重要性会下降。这表明现金奖励计划主要是作为 CEO 薪酬的补充为其提供流动性，但最终 CEO 激励的主要来源是股票和期权。[70]

此外，奖励计划可能会促使高管做出一些不良行为。例如，年度奖励计划因其性质会促使高管过度关注公司的短期财务指标而忽视长期价值的创造。举例说明，为了提升当期净收益，高管会推迟投资净现值为正的重要项目。尤其在其任职的最后几年，高管在年度奖励的驱使下，不太可能关注长期投资所产生的经济效益。[71]这是那些提倡对 ESG（环境、社会与治理）活动加大投资的人特别关心的问题。（我们将在第 13 章详细讨论这种权衡。）

同样地，限额弹性年度奖励计划也可能诱发高管产生不当行为。Healy（1985），Holthausen，Larcker 和 Sloan（1995）研究发现，高管在获得最大限额的薪酬奖励后，更加可能实施操纵行为，从而导致公司收益下降。[72]由于公司收入不再与高管的当前奖励相关，所以高管会推迟为公司增加收入。

最后，奖励计划可能诱发管理者操纵会计结果，以实现原本难以达成的目标。Bennett，Bettis，Gopalan 和 Milbourn（2017）研究发现，与那些以微弱差距没有达到目标的公司相比，有较大比例的公司只是勉强超过了目标。当公司使用单一绩效指标来决定是否支付绩效薪酬时，这一结果最为明显。[73]（我们将在第 9 章更详细地讨论操纵收益和股权奖励。）

专栏　　**年度奖励**

诺斯罗普·格鲁曼公司

2018 年，诺斯罗普·格鲁曼公司（Northrop Grumman）采用下列财务指标为公司的 CEO 和其他高管计算年度绩效奖金[74]：

● 养老金调整后的营业利润率是经过净 FAS/CAS 养老金收入或费用调整后的营业利润率（营业毛利除以销售额）。净 FAS/CAS 养老金调整是指基于美国财务会计准则（Financial Accounting Standards，FAS）下的养老费用与美国政府成本会计准则（Cost Accounting Standards，CAS）下的养老费用之间的差异。

● 自由现金流转换率的计算公式为：将经营活动产生的自由现金流（在扣除可自由决定的养老金缴纳后的税后影响之前）除以持续经营活动的净收益。

● 调整后的养老金净收入是将净收入按税后 FAS/CAS 养老金收入或费用进行调整后得到的。

公司也会采用以下非财务指标，但要注意的是，这些非财务指标只能降低而不能提高奖金。

● 顾客满意度，衡量顾客的反馈情况。

- 质量，依据每个部门的项目特定指标进行测定。

- 参与度，依据全公司范围内的员工调查结果。

- 多元化，依据中级与高级管理层中的女性及少数族裔员工的任职情况测定。

- 安全度，依据可记录的损伤以及相关的工作日损失率测度。

- 环境可持续性，依据温室气体排放的减少、石油浪费程度与水资源利用率进行测定。

这是一个复杂的年度奖励计划。是否有必要在年度奖励计划中采用如此多的财务与非财务指标？年度奖励计划何时变得如此复杂？

➡ 8.11　长期激励

将长期激励加入到高管的薪酬组合中是为了激励高管为公司进行恰当的长期投资，从而增加股东价值。长期激励有助于延长高管的任期，同时减轻风险厌恶型高管的风险投资规避行为。从表 8-5 的数据中可以看出，长期激励的价值（以股票期权、股票和绩效计划的形式）比短期激励的价值稍高——一般公司中长期绩效占比 52%，短期绩效占比 39%。[75]

长期激励通常采取限制性股票、股票期权或绩效奖励的形式。如前所述，限制性股票是一种直接授予的股票，通常遵循三年的授予时间表，一旦授予，实质上等同于直接授予公司股票。公司利用股票奖励让高管的利益和股东的利益保持一致，因为股票价格每上涨 1%，高管所持股票奖励的价值就会增加 1%。

股票期权可以用来鼓励额外的冒险行为。期权的价值增加通过股价的上涨以及股票价格波动变大来实现，这促使高管接受有风险的净现值（NPV）为正的投资，而如果薪酬计划改为直接股权奖励，这些投资可能就会被放弃。因此，股票期权往往适用于那些拥有大量高风险投资机会的公司。股票期权能够吸引那些有能力且愿意承担适度风险的高管，这些高管希望分享他们的工作所创造的价值。公司是否需要这种类型的员工取决于公司的战略。处于稳定且可预测环境下的公司可能更多依赖限制性股票奖励，处于快速变动和高风险行业中的公司则可能更多地依赖股票期权奖励。

研究证据表明，股票期权鼓励冒险行为。Rajgopal 和 Shevlin（2002）研究发现，股票期权是增加风险承担行为的有效工具。高管们清楚地知道股票期权的预期价值会随着股票价格的波动而变动，因此他们倾向于投资高风险项目，从而增加股票期权的价值。[76]Sanders 和 Hambrick（2007）研究发现，取得股票期权的高管更有可能增加对高风险项目的研发、资本性支出和收购项目的投资。此外，这些公司的股东总回报更有可能出现极端结果（即非常积极或非常消极的结果）。他们总结道："较多的股票期权将促使 CEO 承担较高风险……甚至孤注一掷。"[77]（我们将在

第 9 章详细讨论股权和股票期权的积极结果和消极结果。）

除了风险属性之外，股票期权的另一个潜在缺点是，当股价变动源于众多的市场因素而非高管个人原因时，股票期权为高管带来的奖励薪酬是不确定的。20 世纪 90 年代，无论公司经营业绩如何，市场增长都会使大多数拥有期权的高管获得回报。相反，20 世纪 90 年代末当市场行情严重下跌时，即使薪酬中已包含与经营业绩相关的成分，大多数股票期权的行权价值也为零。基于这方面的担忧，一些公司将薪酬激励中的股票期权替换为限制性股票与长期绩效奖励。

绩效奖励将高管的长期激励价值与预定目标或绩效指标的实现联系起来。绩效奖励通常以股权形式支付，或以现金支付（这种情况较少）。近年来，绩效奖励（长期激励计划或 LTIPs）成为最常见的长期薪酬形式。

De Angelis 和 Grinstein（2014）研究了标准普尔 500 指数公司中使用绩效奖励的情况。研究发现，采用绩效奖励的公司至少会使用一个会计指标，采用市场指标的公司较少——约为 30％；40％的公司采用非财务指标。在财务指标中，87％与收入相关（例如每股收益或净收益增长率），39％基于收益，37％基于回报（例如股本回报率或资产回报率），23％基于现金流量，9％基于利润，6％基于成本降低目标，5％基于经济增加值。样本中超过一半的公司会选择采用 2～4 个不同的测量指标。包含短期绩效及长期绩效的加权平均水平的测算时长略低于两年。[78]

绩效指标的使用和质量在公司之间并不统一。De Angelis 和 Grinstein（2019）研究发现，在竞争行业中，绩效指标常被用于留住高质量人才。当人才在一个行业流动性较低时，或者当 CEO 是专家或创始人时，绩效指标的使用频率就会降低。[79] Abernethy，Kuang 和 Qin（2015）研究发现，CEO 权力较大的公司，其绩效目标的挑战性较小。他们的结论是，CEO 权力对薪酬设计具有重要影响，董事会层面强有力的公司治理是创造适当激励的必要条件。[80]

8.12 福利与津贴

CEO 的薪酬通常是包括福利、津贴及其他或有支付的混合薪酬。这些福利与津贴的价值不可忽视，平均而言，其在高管总薪酬中占 9％（如表 8-5 所示）。本章开头涉及的一些极端实例，也证明了它们是颇具价值的。

在研究中不同的学者对福利与津贴的激励价值持有不同的看法。Rajan 和 Wulf（2006）研究发现，一些公司一贯采用额外津贴福利来激励高管提升工作效率。他们发现，为高管配备飞机或专属司机之类的额外津贴福利，可以满足高管在空闲时间获益最大化的需求。[81] Sundaram 和 Yermack（2007）研究指出，养老金固定收益计划（类似于工资，是从公司获得的一项固定收入）可以被视为降低风险的薪酬补偿，这种薪酬形式能够降低股权激励的风险。[82]

　　然而，一些研究者认为，这些福利与津贴其实是一种隐性薪酬，即以股东利益为代价增加了高管的财富。因此，它们被视作一种代理成本，而这种代理成本正是公司治理体系试图消除的。Yermack（2006）研究发现，对于高管被允许出于个人目的使用公司飞机的行为，股东持否定态度。[83] Grinstein，Weinbaum 和 Yehuda（2010）研究指出，2006 年，在美国证券交易委员会加强了信息披露的政策要求后，公司报告的福利与津贴的价值增加了 190%，这大概是因为 CEO 初次看到并进而要求获得与他们同行一样的额外收入。研究人员还发现，股东对这些新利益反应消极，因此推论，有关福利与津贴的信息披露"传递了公司存在代理冲突的负面信号"。[84] 相对于公司的市值而言，额外收入可能不是特别大的一笔钱，但它们为了解董事会的运作和公司治理质量提供了一个窗口。

➡ 8.13　薪酬披露

　　先前的讨论表明，高管薪酬支付计划是十分复杂的。近年来，美国证券交易委员会已经采取措施，提高年度委托书中向投资者披露的信息的质量。在薪酬支付计划中，最重要的一个环节是薪酬讨论与分析（CD&A），这一部分详细阐述了公司的薪酬理念、薪酬计划的构成元素、公司所能提供的总薪酬、用于衡量可变薪酬的绩效指标以及公司薪酬计划中的其他细节。SEC 要求公司在 CD&A 这一环节用简明的语言进行描述。

　　然而，研究表明，在提高高管薪酬信息披露的清晰程度方面，公司还有很大的提升空间。Beucler 和 Dolmat-Connell（2007）研究发现，公司信息披露篇幅的中值几乎是美国证券交易委员会预期值的 5 倍（相对于 1 000 字的预期值，信息披露的篇幅可达 4 726 字）。因此他们得出结论，普通投资者并不能很好地理解公司披露的信息。[85]

　　研究数据还表明，在年度委托书中，机构投资者对于所接收到的关于高管薪酬信息的质量并不满意。依据 2015 年的一项调查，只有 38% 的机构投资者认为高管薪酬信息在年度委托书中进行了清晰有效的披露。对于薪酬元素的信息披露则一直不太清晰。65% 的受访者认为薪酬与风险的关系完全不清晰，48% 的受访者认为薪酬规模根本不合理，43% 的受访者表示不能确定薪酬计划是否基于严格的目标。很大一部分投资者不能确定高管薪酬结构是否合适，不能理解薪酬与绩效之间的关系，不能确定薪酬是否与股东利益很好地保持一致。投资者对长期绩效计划下的高管薪酬信息披露表达出强烈不满。[86]

　　由于公司高管难以与公司股东坦率交流，因而产生了严重的代理问题。股东希望公司高管解释信息而非仅仅披露信息。投资者认为公司仅仅是运用代理工具回应披露要求，而不愿向一个典型的甚至老练的投资者提供清晰易懂的信息。一个显而易见的挑战是，如何以一种高度可读的方式为复杂的薪酬项目提供解释和理由。

| 专 栏 | 股东参与薪酬计划 |

安进公司

安进公司（Amgen）采用独特的方法来征求股东对高管薪酬的反馈意见。公司的代理人邀请公司股东填写一份关于高管薪酬的调查表，期望从调查结果中获得股东对高管薪酬的反馈意见，并将结果呈递给薪酬委员会。[87]

调查问卷涉及的问题如下：

● 高管的薪酬计划是基于绩效制定的吗？

● 高管的薪酬计划是否与公司战略相关？

● 公司对薪酬计划的评价指标、目标以及实施障碍的披露是否清晰？

● 这种激励能否有助于公司应对商业挑战，无论是短期的还是长期的？

● 高管的薪酬计划是不是公司整体薪酬计划的补充？是否加强了内部持股、有助于整个企业取得成功？

● 高管的薪酬计划能够促进公司的长期价值创造，实现公司确立的基本目标吗？

● 薪酬计划是否符合公司的薪酬理念，同时被股东接受？[88]

针对这些问题，股东可以进行开放式回答。每个问题附有补充说明，以便股东充分理解。

这类调查反映了许多重要问题。股东是否具备足够的信息正确回答这些问题？如果股东声称自己不喜欢薪酬计划中的某一部分，那么公司如何应对？董事会何时有必要更改薪酬计划？要开展这项调查，薪酬委员会应该与投资者保持怎样的关系？

8.14 薪酬话语权

薪酬话语权（say-on-pay）是指在年度股东大会上，股东拥有对公司高管及董事的薪酬计划投票的权利。薪酬话语权是近些年刚刚发展起来的，2003 年首次在英国采用，随后被荷兰、澳大利亚、瑞典以及挪威采纳。不同国家对薪酬话语权的采用与期限存在差异（如表 8-6 所示）。

表 8-6 全球薪酬话语权

国家	年份	董事或高管	约束型或咨询型	频率	强制性或自愿性
英国	2003	董事	咨询型	每年一次	强制性
荷兰	2004	高管	约束型	弹性变化	强制性

续表

国家	年份	董事或高管	约束型或咨询型	频率	强制性或自愿性
澳大利亚	2005	董事	咨询型	每年一次	强制性
瑞典	2006	高管	约束型	每年一次	强制性
挪威	2007	高管	约束型	每年一次	强制性
丹麦	2007	高管	约束型	弹性变化	强制性
美国	2011	高管	咨询型	每年一次/ 每两年一次/ 每三年一次	强制性
瑞士	2014	董事	约束型	每年一次	强制性
加拿大	提议	高管	咨询型	每年一次	自愿性
德国	（无）	高管	咨询型	每年一次	自愿性

注：由于 CEO 通常也是董事会成员，针对董事薪酬的薪酬话语权投票反映了股东对 CEO 薪酬及董事薪酬的主张。

依据《多德-弗兰克法案》的要求，美国公司自 2011 年起开始采用薪酬话语权。《多德-弗兰克法案》要求公司股东针对薪酬问题每三年至少进行一次顾问式投票（不具约束力）；要求公司每六年至少进行一次决议，确定使用薪酬话语权的频率（可每年一次、每两年一次或每三年一次，但不能过于频繁）。薪酬话语权的拥护者认为，董事会向股东提交高管的薪酬计划并希望获得股东的认可，这一行为能够增强董事对股东的责任感，同时，还会提高薪酬计划的签订效率，使高管的薪酬与公司目标及绩效产生关联。

尽管股东期望利用薪酬话语权对高管薪酬水平表达不满，但投票结果并未达到他们的预期。2011 年，大约有 2 700 家上市公司在股东投票前就制定了高管的薪酬计划，其中仅有 37 家公司（1.4%）没有得到多数股东的支持。在所有公司中，股东的平均支持率可达 90%。2014 年，结果几乎没有变化：大约 2 600 家公司中仅有 60 家公司（约 2.3%）未能获得大多数股东的支持，平均支持率高达 91%（如图 8-5 所示）。[89] 尽管高管的平均薪酬水平持续上升，但薪酬话语权的投票结果始终保持稳定。如果薪酬计划与股东的预期严重不符，预计薪酬话语权的支持率会更低。

薪酬话语权能否使薪酬计划更加合理，目前研究结论不一。Ertimur，Ferri 和 Muslu（2011）研究了美国公司中股东投反对票以及股东提出的薪酬议案对高管薪酬的影响。研究发现，如果 CEO 薪酬高于市场平均水平，那么股东提出的薪酬议案将有更高的支持率。此外，研究还发现，股东投反对票将会导致 CEO 薪酬减少 230 万美元——但这种情况只有当机构投资者提出议案时才会发生。[90] 在美国众议院通过了薪酬话语权法令后，Cai 和 Walkling（2011）研究了股东收益的变化。他们发现，如果公司高管薪酬水平很高，这项法令将导致公司股价上升。[91] Ferri 和 Maber（2013）研究发现，在英国，薪酬话语权政策能够影响 CEO 的遣散费水平。在某些

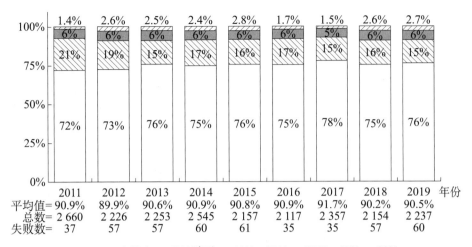

图 8 - 5　薪酬话语权投票结果（2011—2019 年）

资料来源：Semler Brossy Consulting Group，LLC.（2020）.

情形下，公司会放宽期权奖励的行权期限，以使高管有更多的时间达到绩效阈值，薪酬话语权政策减少了这种情况的发生。只有至少20％的股东投票反对薪酬计划时，以上效应才会显现。然而，没有证据表明，在英国薪酬话语权能够降低总薪酬水平。[92]Larcker，Ormazabal 和 Taylor（2011）研究发现，公司限制或调整高管薪酬会降低薪酬合同的签订效率，同时减少公司股东的财富。[93]然而，通过使用全球38个国家的样本数据，Correa 和 Lel（2016）研究发现，在存在超额支付以及股东异议的公司里，CEO 的薪酬增长率会下降，薪酬业绩敏感性会提高，这表明薪酬话语权在改革薪酬问题最严重的公司的薪酬支付方面可能是有效的。[94]

关于薪酬话语权能使高管获得更合理的薪酬，股东们持怀疑态度。根据前一节中所涉及的调查结果，仅有58％的机构投资者相信薪酬话语权能够有效影响高管的薪酬水平。[95]

最后，包括 ISS 和格拉斯·刘易斯公司在内的代理咨询公司，能够对薪酬话语权的投票结果产生重大影响。这些公司左右投票结果的能力会影响公司有关 CEO 薪酬的决策。这一内容我们将在第12章进行详细讨论。

8.15　再议关于 CEO 薪酬的竞争性理论

在回顾了薪酬设计的核心概念、薪酬确定的过程以及关于这些做法有效性的研究后，我们回到本章开始时提出的中心问题：美国上市公司的薪酬实践是否反映了最佳（即最经济、最有效）的合约，即公司为管理人才支付了适当的薪酬，抑或是权力较大的 CEO 利用其对董事会的影响力获取了超出他们应得的薪酬？

Frydman 和 Jenter（2010）考察了自 20 世纪 30 年代至 2005 年的 CEO 薪酬趋势，并对 20 世纪 70 年代至 2010 年的 CEO 薪酬研究文献进行了全面回顾。他们观察到两种截然不同的趋势。20 世纪 70 年代之前，CEO 薪酬的特征是薪酬较低，公司间的差异很小，薪酬与绩效之间的关系适中。从 20 世纪 70 年代开始到现在，CEO 薪酬的特点是高增长、不同公司之间的差异较大以及更紧密的绩效薪酬关系。此外，他们还发现，有证据表明，竞争性市场力量决定了 CEO 的薪酬，而 CEO 对董事会的影响力导致了抽租行为（过高的薪酬）。据他们估计，尽管存在许多治理不善导致抽租行为的例外情形，但多数证据表明 CEO 的薪酬通常是以一种有效的方式确定的。[96]

同样地，Murphy（2013）对同时期的 CEO 薪酬进行了广泛的评述。他证明薪酬规模和结构受到监管、会计和税法变化的极大影响。他展示了政府规则如何直接影响 CEO 薪酬中现金、股票期权、限制性股票和基于绩效的奖励的相对吸引力，以及这些规则随着时间的变化如何直接导致薪酬规模和薪酬结构的可观察到的变化。这些因素时至今日仍在影响着 CEO 薪酬。[97]

在下一章，我们将考察股权如何影响 CEO 的行为，特别考察其对绩效、风险行为和其他行为的激励。

注　释

1. A 2007 report prepared by Congressman Waxman (California) asserted that compensation consultants were a cause of excessive CEO compensation. However, the analysis did not control for other explanatory factors (such as size of the company). When properly controlled, these associations disappear. As a result, the causality attributed in this report was misleading, at the very least. See Henry A Waxman, et al., "Executive Pay: Conflicts of Interest among Compensation Consultants," U.S. House of Representatives Committee on Oversight and Government Reform (December 2007). Separately, Core, Guay, and Larcker (2008) found that while the media places a lot of attention on executive compensation, it actually has relatively little influence in affecting compensation levels. See John E. Core, Wayne Guay, and David F. Larcker, "The Power of the Pen and Executive Compensation," *Journal of Financial Economics* 88 (2008): 1–25.

2. See Harwell Wells, "No Man Can Be Worth $1,000,000 a Year: The Fight over Executive Compensation in 1930s America," *University of Richmond Law Review* 44 (January 2010): 689.

3. Carola Frydman and Raven E. Saks, "Executive Compensation: A New View from a Long-Term Perspective, 1936–2005," *Review of Financial Studies* 23 (2010): 2099–2138.

4. Amanda Bennett, "Executives Face Change in Awarding Pay, Stock Options: More Managers Find Salary, Bonus Are Tied Directly to Performance," *Wall Street Journal* (February 28, 1986, Eastern edition): 1.

5. Anonymous, "Highest Paid CEOs," *USA Today* (May 17, 1988).

6. Measured in terms of the amount realized through stock option exercises and the value of unexercised in-the-money options. See Standard & Poor's ExecuComp data, cited in Mark Maremont and Charles Forelle, "Open Spigot: Bosses' Pay: How Stock Options Became Part of the Problem; Once Seen as a Reform, They Grew into Font of Riches and System to Be Gamed; Reload, Reprice, Backdate," *Wall Street Journal* (December 27, 2006, Eastern edition): A.1.

7. David F. Larcker and Brian Tayan, "Executive Compensation at Nabors Industries: Too Much, Too Little, or Just Right?" Stanford GSB Case No. CG-5 (February 2, 2007).

8. JPMorgan Chase and American Express, Form DEF 14A, filed with the Securities and Exchange Commission during 2008 and 2011.

9. David F. Larcker and Brian Tayan, "Pay for Performance…But Not Too Much Pay: The American Public's View of CEO Pay," Stanford Closer Look Series (November 25, 2019). See www.gsb.stanford.edu/faculty-research/publications/pay-performance-not-too-much-pay-american-publics-view-ceo-pay.

10. Lucian A. Bebchuk and Jesse M. Fried, "Pay without Performance: Overview of the Issues," *Academy of Management Perspectives* 20 (2006): 5–24. Lucian A. Bebchuk and Jesse M. Fried, *Pay without Performance: The Unfulfilled Promise of Executive Compensation* (Cambridge, Mass.: Harvard University Press, 2006).

11. For examples of each of these, see Equilar, Inc., "CD&A Overview: An Examples-Based Review of Key CD&A Elements" (2009). Accessed June 23, 2009. See www.equilar.com.

12. When reading this section, it is useful to consider whether all the different components of compensation are really necessary. For a comparison of compensation packages paid today against those of 50 years ago, see David F. Larcker and Brian Tayan, "A Historical Look at Compensation and Disclosure," Stanford Closer Look Series (June 15, 2010). See www.gsb.stanford.edu/faculty-research/centers-initiatives/cgri/research/closer-look.

13. For an excellent analysis regarding the role of discretion, see Madhav V. Rajan and Stefan Reichelstein, "Subjective Performance Indicators and Discretionary Bonus Pools," *Journal of Accounting Research* 44 (2006): 585–618. Also see Christopher D. Ittner, David F. Larcker, and Marshall W. Meyer, "Subjectivity and the Weighting of Performance Measures: Evidence from a Balanced Scorecard," *Accounting Review* 78 (2003): 725–758.

14. U.S. Securities and Exchange Commission (SEC), Division of Corporate Finance, "Current Report on Form 8-K: Frequently Asked Questions" (November 23, 2004): Question 12. Accessed May 5, 2015. See www.sec.gov/divisions/corpfin/form8kfaq.htm.

15. ExxonMobil Corporation, Form DEF 14A, filed with the Securities and Exchange Commission April 11, 2019.

16. Sarbanes–Oxley Act of 2002 §304, 15 U.S.C. § 7243 (2006).

17. Equilar Inc., "Clawback Policy Report" (2013). Accessed February 18, 2015. See www.equilar.com.

18. Citigroup Inc., Form DEF 14A, filed with the Securities and Exchange Commission March 6, 2019.

19. Mai Iskandar-Datta and Yonghong Jia, "Valuation Consequences of Clawback Provisions," *Accounting Review* 88 (2013): 171–198.

20. Lilian H. Chan, Kevin C.W. Chen, Tai-Yuan Chen, and Yangxin Yu, "The Effects of Firm-Initiated Clawback Provisions on Earnings Quality and Auditor Behavior," *Journal of Accounting and Economics* 54 (2012): 180–196.

21. Wells Fargo Inc, "Wells Fargo Board Releases Findings of Independent Investigation of Retail Banking Sales Practices and Related Matters," Wells Fargo news release (April 10, 2017). Accessed May 14, 2018. See https://newsroom.wf.com/press-release/community-banking-and-small-business/wells-fargo-board-releases-findings-independent.

22. Alan Berkeley Thomas, "Does Leadership Make a Difference to Organizational Performance?" *Administrative Science Quarterly* 33 (1988): 388–400. Also see Donald C. Hambrick and Timothy J. Quigley, "Toward More Accurate Contextualization of the CEO Effect on Firm Performance," *Strategic Management Journal* 35 (2014): 473–491.

23. Heidrick & Struggles and the Rock Center for Corporate Governance at Stanford University, "CEOs and Directors on Pay: 2016 Survey on CEO Compensation," (2016). See www.gsb.stanford.edu/faculty-research/publications/ceos-directors-pay-2016-survey-ceo-compensation.

24. John M. Bizjak, Michael L. Lemmon, and Lalitha Naveen, "Does the Use of Peer Groups Contribute to Higher Pay and Less Efficient Compensation?" *Journal of Financial Economics* 90 (2008): 152–168.

25. Michael Faulkender and Jun Yang, "Inside the Black Box: The Role and Composition of Compensation Peer Groups," *Journal of Financial Economics* 96 (2010): 257–270.

26. David F. Larcker, Charles McClure, and Christina Zhu, "Peer Group Choice and Chief Executive Officer Compensation," *Social Science Research Network,* Rock Center for Corporate Governance at Stanford University Working Paper No. 240 and Stanford University Graduate School of Business Research Paper No. 19-15 (August 22, 2019). See https://ssrn.com/abstract=3333874.

27. Chubb Inc., Form DEF 14A, filed with the Securities and Exchange Commission April 4, 2019; also see The Travelers Companies, Inc., Form DEF 14A, filed with the Securities and Exchange Commission April 5, 2019.

28. Ibid.

29. The Conference Board, "CEO and Executive Compensation Practices 2019 Edition (2019). Accessed November 15, 2019. See https://conference-board.org/pdfdownload.cfm?masterProductID=20236.

30. A similar argument has been made about the same firm providing both audit- and nonaudit-related services to a client. We discuss this in greater detail in Chapter 10, "Financial Reporting and External Audit."

31. See Martin J. Conyon, Simon I. Peck, and Graham V. Sadler, "Compensation Consultants and Executive Pay: Evidence from the United States and the United Kingdom," *Academy of Management Perspectives* (2009): 2343–2355; also see Brian Cadman, Mary Ellen Carter, and Stephen Hillegeist, "The Incentives of Compensation Consultants and CEO Pay," *Journal of Accounting and Economics* 49 (2010): 263– 280.

32. Kevin J. Murphy and Tatiana Sandino, "Executive Pay and 'Independent' Compensation Consultants," *Journal of Accounting and Economics* 49 (2010): 247–262.

33. Jenny Chu, Jonathan Faasse, and P. Raghavendra Rau, "Do Compensation Consultants Enable Higher CEO Pay? A Disclosure Rule Change As a Separating Device," *Management Science* 64 (October 2018): 4915–4935.

34. Chris S. Armstrong, Christopher D. Ittner, and David F. Larcker, "Corporate Governance, Compensation Consultants, and CEO Pay Levels," *Review of Accounting Studies* 17 (June 2012): 322–351.

35. Kevin J. Murphy, and Tatiana Sandino, "Compensation Consultants and the Level, Composition, and Complexity of CEO Pay," *Accounting Review* 95 (2020): 311–41.

36. Equilar, proprietary compensation and equity ownership data information for fiscal years ending January through Fiscal Year End, December 2017.

37. David F. Larcker, Allan McCall, and Brian Tayan, "What Does It Mean for an Executive to Make a Million?" Stanford Closer Look Series (December 14, 2011). See www.gsb.stanford.edu/faculty-research/centers-initiatives/cgri/research/closer-look.

38. Equilar Inc., "Innovations in Proxy Design: The Compensation Discussion & Analysis," (February 2019). Accessed February 20, 2019. See www.equilar.com.

39. David F. Larcker, Brian Tayan and Youfei Xiao, "Pro Forma Compensation: Useful Insight or Window Dressing?" Stanford Closer Look Series (July 2015). See www.gsb.stanford.edu/faculty-research/publications/pro-forma-compensation-useful-insight-or-window-dressing.

40. Xavier Gabaix and Augustin Landier, "Why Has CEO Pay Increased so Much?" *Quarterly Journal of Economics* 123 (2008): 49–100.

41. Steven N. Kaplan and Joshua Rauh, "Wall Street and Main Street: What Contributes to the Rise in the Highest Incomes?" *Review of Financial Studies* 23 (2010): 1004–1050.

42. Companies with weak board oversight are defined as those with dual chairman/CEO, boards with a large number of directors, boards with a large percentage of "gray" directors (directors who are not executives of the company but who have other financial connections to the company or management as a result of serving as a lawyer, banker, consultant, or other provider of services), boards on which a large percentage of outside directors are appointed by the CEO, boards with a large percentage of old directors, and boards with a large percentage of busy directors. See John E. Core, Robert W. Holthausen, and David F. Larcker, "Corporate Governance, Chief Executive Officer Compensation, and Firm Performance," *Journal of Financial Economics* 51 (1999): 371–406.

43. Florens Focke, Ernst Maug, and Alexandra Niessen-Ruenzi, "The Impact of Firm Prestige on Executive Compensation," *Journal of Financial Economics* 123 (February 2017): Pages 313–336.

44. Tesla Inc., Form DEF 14A, filed with the Securities and Exchange Commission April 30, 2019.

45. Andrew Ross Sorkin, "Tesla's Elon Musk May Have Boldest Pay Plan in Corporate History," *New York Times Online* (January 23, 2018). Accessed February 19, 2020. See www.nytimes.com/2018/01/23/business/dealbook/tesla-elon-musk-pay.html.

46. Adam Levine-Weinberg, "The Real Problem with Elon Musk's Massive Tesla Pay Package," *Motley Fool Online* (March 26, 2018). Accessed February 19, 2020. See www.fool.com/investing/2018/03/26/the-real-problem-with-elon-musks-massive-tesla-pay.aspx.

47. Apple Inc., Form DEF 14A, filed with the Securities and Exchange Commission January 9, 2012.

48. American Airlines Group Inc., Form DEF 14A, filed with the Securities and Exchange Commission May 1, 2015.

49. Sam Walker, "The Airline CEO Who Turned Down a Paycheck," *Wall Street Journal Online* (May 17, 2019). Accessed February 19, 2020. See www.wsj.com/articles/the-airline-ceo-who-turned-down-a-paycheck-11558085400?mod=searchresults&page=1&pos=2.

50. Emmie Martin, "10 top CEOs Who Earn Salaries of Less Than $50,000," *CNBC Online* (May 18, 2017). Accessed February 19, 2020. See www.cnbc.com/2017/05/18/10-top-ceos-who-earn-salaries-of-less-than-50000.html.

51. Named executive officer (NEO) is an SEC designation that includes the principal executive officer, the principal financial officer, and the three most highly compensated executive officers. See Securities and Exchange Commission, executive compensation and related person disclosure. Section II.C.6. SEC Release 33-8732A § II.C.3.A. Accessed December 9, 2008. See www.sec.gov/rules/final/2006/33-8732a.pdf.

52. The Office of State Treasurer Denise L. Nappier, Press Release, "Nappier Says Four Companies Agree to Connecticut Pension Fund Resolutions, Setting New Standard for Disclosure of Executive Compensation in 2008 Proxies" (April 16, 2008). Accessed June 22, 2020. See https://www.ott.ct.gov/pressreleases/press2008/pr04162008.pdf.

53. Abercrombie & Fitch, Form DEF 14A, filed with the Securities and Exchange Commission May 9, 2008.

54. Equilar, Inc., proprietary compensation and equity ownership data for fiscal years from June 2013 to May 2014.

55. Edward P. Lazear and Sherwin Rosen, "Rank-Order Tournaments as Optimum Labor Contracts," *Journal of Political Economy* 89 (1981): 841– 864.

56. Moody's reviews CEO compensation as one factor contributing to a company's credit rating. The rating agency finds that large performance-based compensation packages might be indicative of lax oversight and lead to increased risk taking that ultimately increases the likelihood of corporate default. See Chris Mann, "CEO Compensation and Credit Risk," Moody's Investors Service, Global Credit Research Report No. 93592 (2005). Accessed April 7, 2015. See www.moodys.com/researchdocumentcontentpage.aspx?docid=pbc_93592.

57. Jayant R. Kale, Ebru Reis, and Anand Venkateswaran, "Rank-Order Tournaments and Incentive Alignment: The Effect on Firm Performance," *Journal of Finance* 64 (2009): 1479–1512.

58. Natasha Burns, Kristina Minnick, and Laura Starks, "CEO Tournaments: A Cross-Country Analysis of Causes, Cultural Influences, and Consequences," *Journal of Financial and Quantitative Analysis* 52 (2017): 519–551.

59. Lucian A. Bebchuk, K. J. Martijn Cremers, and Urs C. Peyer, "The CEO Pay Slice," *Journal of Financial Economics* 102 (2011): 199– 221.

60. Omesh Kini and Ryan Williams, "Tournament Incentives, Firm Risk, and Corporate Policies," *Journal of Financial Economics* 103 (2012): 350–376.

61. Cerner Corporation, Form DEF 14A, filed with the Securities and Exchange Commission April 29, 2019.

62. Gretchen Morgenson, "Explaining (or Not) Why the Boss Is Paid So Much," *New York Times* (January 25, 2004): BU.1.

63. Weight Watchers International, Form DEF 14A, filed with the Securities and Exchange Commission April 5, 2018. Also, see McEwen Mining Inc., Form DEF 14A, filed with the Securities and Exchange Commission April 13, 2018.

64. Whole Foods, Form DEF 14A, filed with the Securities and Exchange Commission January 10, 2014.

65. For more information, see: Alex Baum, David Robert Hale, Mason Morfit, David F. Larcker, and Brian Tayan, "An Activist View of CEO Compensation," Stanford Closer Look Series (April 2017). See www.gsb.stanford.edu/faculty-research/publications/activist-view-ceo-compensation.

66. Ibid.

67. Kenneth A. Merchant and Jean-Francois Manzoni, "The Achievability of Budget Targets in Profit Centers: A Field Study," *Accounting Review* 64 (1989): 539–558.

68. Raffi J. Indjejikian, Peter Lenk, and Dhananjay Nanda, "Targets, Standards, and Performance Expectations: Evidence from Annual Bonus Plans," *Social Science Research Network* (2000). Accessed October 16, 2008. See http://ssrn.com/abstract=213628.

69. Matthew J. Bloomfield, Brandon Gipper, John D. Kepler, and David Tsui, "Cost Shielding in Executive Bonus Plans," *Social Science Research Network* (January 24, 2020). Accessed February 14, 2020. See https://ssrn.com/abstract=3525148.

70. Wayne R. Guay, John D. Kepler, and David Tsui, "What Is the Purpose of CEO Cash Bonuses?" *Journal of Financial Economics* 133 (August 2019): 441–471.

71. Chen, Cheng, Lo, and Wang (2015) found that contractual protections such as employment and severance agreements can counteract managerial tendencies toward short-termism. See Xia Chen, Qiang Cheng, Alvis K. Lo, and Xin Wang, "CEO Contractual Protection and Managerial Short-Termism," *Accounting Review* 90 (2015):1871–1906.

72. Paul M. Healy, "The Effect of Bonus Schemes on Accounting Decisions," *Journal of Accounting and Economics* 7 (1985): 85–107. Also see Robert W. Holthausen, David F. Larcker, and Richard G. Sloan, "Annual Bonus Schemes and the Manipulation of Earnings," *Journal of Accounting and Economics* 19 (1995): 29–74.

73. Benjamin Bennett, J. Carr Bettis, Radhakrishnan Gopalan, and Todd Milbourn, "Compensation Goals and Firm Performance," *Journal of Financial Economics* 124 (2017): 307–330.

74. Northrop Grumman Corporation, Form DEF 14A, filed with the Securities and Exchange Commission March 29, 2019.

75. Long-term performance plans appear to have a positive impact on managerial behavior and firm performance. For example, Larcker (1983) found that managers are likely to increase long-term capital investment following the adoption of a performance plan. He also found positive stock market response to the adoption of these plans, indicating that shareholders believe that they align managerial and shareholder interests. See David F. Larcker, "The Association between Performance Plan Adoption and Corporate Capital Investment," *Journal of Accounting and Economics* 6 (1983): 3–29.

76. Shivaram Rajgopal and Terry Shevlin, "Empirical Evidence on the Relationship between Stock Option Compensation and Risk Taking," *Journal of Accounting and Economics* 33 (2002): 145–171.

77. W. M. Sanders and Donald C. Hambrick, "Swinging for the Fences: The Effects of CEO Stock Options on Company Risk Taking and Performance," *Academy of Management Journal* 50 (2007): 1055–1078.

78. David De Angelis and Yaniv Grinstein, "Performance Terms in CEO Compensation Contracts," *Review of Finance* (2014): 1–33.

79. David De Angelis and Yaniv Grinstein, "Relative Performance Evaluation in CEO Compensation: A Talent-Retention Explanation," *Journal of Financial and Quantitative Analysis*, first view (2019): 1–25. DOI: https://doi.org/10.1017/S0022109019000504.

80. Margaret A. Abernethy, Yu Flora Kuang, and Bo Qin, "The Influence of CEO Power on Compensation Contract Design," *Accounting Review* 90 (2015): 1265–1306.

81. Raghuram G. Rajan and Julie Wulf, "Are Perks Purely Managerial Excess?" *Journal of Financial Economics* 79 (2006): 1–33.

82. Rangarajan K. Sundaram and David L. Yermack, "Pay Me Later: Inside Debt and Its Role in Managerial Compensation," *Journal of Finance* 62 (2007): 1551–1588.

83. David Yermack, "Flights of Fancy: Corporate Jets, CEO Perquisites, and Inferior Shareholder Returns," *Journal of Financial Economics* 80 (2006): 211–242.

84. Yaniv Grinstein, David Weinbaum, and Nir Yehuda, "The Economic Consequences of Perk Disclosure," *Social Science Research Network* (2010), Johnson School Research Paper, Series No. 04-09, AFA 2011 Denver Meetings Paper. Accessed October 24, 2010. See http://ssrn.com/abstract=1108707.

85. Erik Beucler and Jack Dolmat-Connell, "Pay Disclosure Rules: Has More Become Less?" *Corporate Board* 28 (2007): 1–5.

86. RR Donnelly, Equilar, and the Rock Center for Corporate Governance at Stanford University, "2015 Investor Survey: Deconstructing Proxies— What Matters to Investors" (2015). Accessed May 5, 2015. See www.gsb.stanford.edu/faculty-research/publications/2015-investor-survey-deconstructing-proxy-statements-what-matters.

87. Amgen Inc., Form DEF 14A, filed with the Securities and Exchange Commission April 8, 2019.

88. Amgen Inc., "2019 Proxy Statement and Notice of Annual Meeting of Stockholders," (2019). Accessed February 21, 2020. See www.amgen.com/executive compensation.

89. Semler Brossy Consulting Group, LLC, "2019 Say on Pay & Proxy Reports" (2019). Accessed February 21, 2020. See www.semlerbrossy.com/sayonpay.

90. Yonca Ertimur, Fabrizio Ferri, and Volkan Muslu, "Shareholder Activism and CEO Pay," *Review of Financial Studies* 24 (2011): 535–592.

91. Jie Cai and Ralph A. Walkling, "Shareholders' Say on Pay: Does It Create Value?" *Journal of Financial and Quantitative Analysis* 46 (2011): 299–339.

92. Fabrizio Ferri and D. Maber, "Say on Pay Votes and CEO Compensation: Evidence from the United Kingdom," *Review of Finance* 17 (2013): 527–563.

93. David F. Larcker, Gaizka Ormazabal, and Daniel J. Taylor, "The Market Reaction to Corporate governance regulation," *Journal of Financial Economics* 101 (2011): 431–448.

94. Ricardo Correa, Ugur Lel, "Say on Pay Laws, Executive Compensation, Pay Slice, and Firm Valuation around the World," *Journal of Financial Economics* 122 (December 2016): 500–520.

95. RR Donnelly, Equilar, and the Rock Center for Corporate Governance at Stanford University (2015).

96. Carola Frydman, and Dirk Jenter, "CEO Compensation," *Social Science Research Network*, Rock Center for Corporate Governance at Stanford University Working Paper No. 77 (March 19, 2010). Accessed February 22, 2017. See https://ssrn.com/abstract=1582232.

97. Kevin J. Murphy, "Chapter 4 - Executive Compensation: Where We Are, and How We Got There," *Handbook of the Economics of Finance* 2 (2013): 211–356.

第 **9** 章 高管持股

在本章，我们探讨高管持股与高管行为之间的关系。理论上，直接持有公司股权或是通过期权、限制性股票、绩效股票等形式间接持有公司股权的高管将受到更大的激励，进而去提升公司的经济价值。此外，让高管持有公司股份能够有效遏制其自利行为，因为如果高管的行为损害了公司价值，那么其个人财富也会随之受损（尽管这种损失并不是一对一等额的，因为高管薪酬中除了股权激励之外还有其他激励方式）。因此，高管持股是公司用于解决代理问题的重要工具。

需要关注的是，高管持股也可能会催生不良行为。举例说明，以股东价值损失为代价增加高管个人股权价值的不良行为包括高管的过度风险承担以及高管对公司盈余、信息或交易时间的操纵等。在本章，我们将探讨高管持股潜在的积极影响与消极影响。

9.1 高管持股与公司绩效

在公司任职多年的高管倾向于通过保留既定股权或购入公司股份的方式积累大量投资。

以美国规模最大的 3 000 家上市公司为样本的一项研究表明，CEO 股权财富的中值为 1 600 万美元（见表 9-1）。高管持股水平因上市公司规模不同而存在差异。在美国 100 家规模最大的上市公司样本中，CEO 股权财富的中值约为 8 700 万美元；在美国 1 000 家规模最小的上市公司样本中，CEO 股权财富的中值约为 550 万美元——这仍然是一笔可观的数目。

表 9-1　CEO 股权财富及其对股价变化的敏感性（中值）

公司分组 （按规模大小）	公司市值中值 （百万美元）	CEO 预期总薪酬 中值（美元）	CEO 股权财富 中值（美元）	财富变化 （股价变动 1%）
前 100	111 394	17 209 000	87 337 000	1.45% 1 270 000
101～500	21 819	11 125 000	45 807 000	1.45% 665 000
501～1 000	6 017	7 212 000	29 058 000	1.20% 349 000
1 001～2 000	1 789	4 022 000	15 649 000	1.06% 166 000
2 001～3 000	378	1 849 000	5 520 000	1.32% 73 000
1～3 000	1 789	4 098 000	16 223 000	1.10% 178 000

注：CEO 总薪酬为工资、年度奖金、授予股票期权的预期价值、授予限制性股票的预期价值、绩效计划所得价值以及其他年度薪酬的总和。薪酬计算不包括养老金变化。

资料来源：Equilar，截至 2017 年 12 月财务年度的专有薪酬和股权所有权数据信息。

如表 9-1 所示，CEO 股权财富的中值明显高于其年薪的中值。这意味着对于一般高管而言，公司股权激励至少等同于甚至高于年薪的激励。因此，高管通常会考虑作出的决策将如何影响自身总财富而不是仅仅关注一年的收益。[1]

一种测量财富激励价值的方法是计算其对股票价格变动的敏感度。如表 9-1 所示，如果股价提高 1%，那么高管将获得 178 000 美元的财富增值；如果股价上涨一倍，则高管的财富将增加一倍以上，即 1 600 万美元。这些财富对高管的激励作用十分显著。

许多研究普遍支持高管持股与公司绩效正相关。Morck，Shleifer 和 Vishny（1988）研究发现，CEO 持股与公司价值之间存在正相关关系，其中公司价值是通过市净率来计算的。然而，只有当高管持股水平较低（低于 5%）或较高（超过25%）时，才存在这种正相关关系。[2] McConnell 和 Servaes（1990）研究发现，当高管持股比例高达 40%～50% 时，高管持股水平与公司价值呈正相关关系。[3]

Elsilä，Kallunki 和 Nilsson（2013）采用了高管从公司获得的股权价值占其个人总财富的比重这一指标而非高管的持股份额来衡量股权激励效应。通过采用这种测量方式，研究者发现 CEO 持有的公司股权价值在其个人总财富中所占的比例会正向影响公司绩效及公司价值。[4]

最后，Lilienfeld-Toal 和 Ruenzi（2014）研究发现，CEO 持股水平较高的公司比 CEO 持股水平较低的公司所创造的股票市场回报价值更高，因而得出结论，"CEO 持股能够带来公司价值的提升，因为 CEO 持股可以抑制 CEO 建构'公司帝国'的动机，并促进 CEO 带领公司更加有效地发展"。[5]

以上研究证明，一旦公司的高管"将自身利益与公司利益绑定在一起"，那么管理激励会更加明显，高管追求的最终结果更能与股东利益保持一致。Collins，Marquardt 和 Niu（2018）的研究表明，股权比例（股票或期权）较高的薪酬计划通过薪酬话语权投票获得了更多的股东支持。[6]

为了使这种激励效应更大化，许多公司在高层管理团队中采用了股权激励的方式。

专　栏　　　　　　　　　　**目标股权计划**

目标股权计划要求高管持有的股份至少达到公司的最低要求。最低持股限制一般是高管年终薪酬的倍数。由于高管的资历不同，公司对高管要求的持股限额也会有所不同。例如，2019 年，雅培公司（Abbott Laboratories）要求 CEO 迈尔斯·怀特（Miles White）持有公司股份和期权的价值等同于其 6 倍的基本工资，高达 190万美元。高管与副总裁需要持有价值等价于 3 倍基本工资的股权，其他管理人员需要持有价值约为 2 倍基本工资的股权。[7]

根据 Equilar 公司的调查结果，在美国 100 家最大的公司中，88％的公司设有高管持股实施方案。在大约 4/5 的实施方案中，高管持股数量依照基本工资的倍数设定。剩余部分公司的高管持股实施方案为发放固定数量的股票或者采用保留现有股权的方式，要求高管保留一定百分比的股票或期权作为他们每年被授予的股权激励。[8]

研究人员发现，采用目标股权计划的公司普遍获得了良好效益。举例说明，Core 和 Larcker（2002）针对 195 家率先采用目标股权计划的公司的经营绩效进行测量，结果发现，采用计划之前，样本公司中高管的直接持股水平较低，同时公司股价相较于同行业而言表现低迷，但是采用目标股权计划之后，这些公司的经营绩效与股价表现都得到了显著改善。但是他们也认为，研究结果难以确定其中的因果关系。[9]

9.2　高管持股与风险

高管持股不仅可以为高管提供绩效奖励，而且可以激励高管勇于承担风险。正如我们在第 6 章详细讨论的那样，为了产生超过投入资本成本的价值回报，公司需要承担一定程度的风险。公司董事会有责任决定公司的风险承受程度，并制订出与其相符的薪酬计划。

　　股票投资组合的构成能够显著影响高管的风险偏好。如果高管的财富完全由直接的股票投资构成，即限制性股票或被授予的不能出售的股票，那么公司的股价发生变动时，高管就必须承担相应风险，也可能获取相应收益。许多董事青睐这种安排，因为这种做法将高管与普通投资者置于平等的投资位置上。但是，两者仍存在一个非常重要的区别：普通投资者持有的股份只是其多元化投资组合中的一部分，而高管持有的是比重较大且集中的单一股票，因而高管将面临更大的个人财务风险。鉴于此，高管自然会产生规避风险的倾向，随着时间的推移，风险规避会降低公司的绩效。有学者在研究中指出，部分高管拒绝开发一些对普通股股东有价值的新项目（即净现值为正的项目），因为与普通股股东相比，高管需要承担的损失风险更大。[10]

　　股票期权能够有效缓解高管的风险规避。股票期权的内在价值是股价的非线性函数值：当期权看涨（股票价格高于执行价格）时，期权价值会随着股价的变动增加；当期权看跌（股票价格低于执行价格）时，期权价值却不受股价变动的影响。这表明了股票期权的凸性（convexity），可以激励高管承担风险。因此，股票期权被用于激励管理者减少在管理过程中可能的风险规避现象。

专栏　　CEO 收益对股票价格的敏感度

　　通过对 2009 年一系列互为直接竞争对手的公司的相关情况进行考察，我们探究了支付薪酬、经营绩效与风险投资之间的关系。

　　● 食品公司——通用磨坊公司的 CEO 薪酬的凸性为 3.0，卡夫食品公司的 CEO 薪酬的凸性为 1.2，但通用磨坊公司的 CEO 是新任命的 CEO。尽管公司采用期权的方式帮助 CEO 以较快速度在公司内积累资产，但这一方式是否会对公司战略与风险产生不好的影响（如图 9-1 所示）？

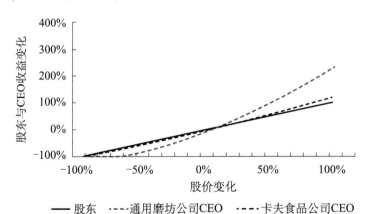

图 9-1　CEO 收益与股价的关系：通用磨坊公司与卡夫食品公司

　　● 制药公司——相较于辉瑞公司与默克公司 CEO 的薪酬凸性（分别为 1.8 和 1.7），强生公司与雅培公司的 CEO 拥有更高的薪酬凸性（分别为 2.3 和 2.1）。多元化的制药模式比单一的制药模式风险投入更大吗（如图9-2所示）？

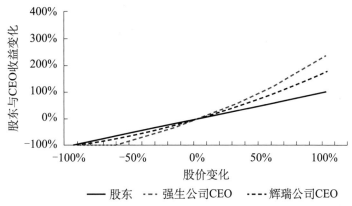

图9-2 CEO收益与股价的关系：强生公司与辉瑞公司

● 公用事业公司——如图9-3所示，如果南方电力公司（Southern Company）的股价增长了100%，那么其佐治亚电力分公司（Georgia Power）CEO的收益将增长235%（薪酬凸性是2.35）。相比之下，Exelon's ComEd公司CEO的薪酬凸性为1.2。如此看来，南方电力公司的薪酬似乎更能激励高管承担风险。在何种情境下，公用事业公司适合从事高风险的活动呢？

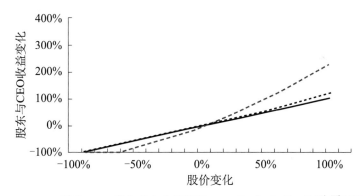

图9-3 CEO收益与股价的关系：南方电力公司与Exelon's ComEd公司

董事会应该综合考虑投资决策对高管财富产生的影响（包括正面影响与负面影响）。

研究普遍表明，薪酬受到凸性影响，凸性越大，高管会承担越多的风险。Coles，Daniel和Naveen（2006）研究发现，如果高管拥有大量的公司股票期权，那么他们会在研发方面投入更多的资金，降低公司多元化，提高公司的影响力——这些措施均能提高公司的风险收益。[11] 基于同样的研究视角，Gormley，Matsa和Milbourn（2013）研究发现，股票期权的披露程度越低，公司承担的风险越小。凸性较小，则管理者会降低公司影响力，减少公司的研发投入，持有更多的现金，参

与更多的多元化并购。[12]Armstrong 和 Vashishtha（2012）研究表明，股票期权会促使 CEO 增加系统风险（可以通过金融手段规避的风险）而非增加公司另类风险（公司特定的风险）。[13]Kim，Li 和 Zhang（2011）研究发现，如果在公司 CFO 持有的股权中，期权占有很大比例，那么公司遭遇股票价格暴跌的风险会更高（如果一周收益率低于均值 3.2 个标准差，就认为存在崩盘风险）。[14]Chircop，Tarsalewska 和 Trzeciakiewicz（2019）研究发现，CEO 薪酬计划 vega 值高的公司，工作场所不当行为（即违反健康和安全规定以及不遵守劳动法）的可能性会增加，表明高管激励计划有可能影响公司经营决策和文化惯例以及财务和投资决策。[15]

在制定高管薪酬时，股票期权是否应该和过度承担风险联系在一起，这需要董事会与股东们慎重考虑。自 2008 年金融危机以来，美国国会与媒体创造了**过度承担风险**（excessive risk taking）一词。遗憾的是，在过度风险与可承受风险之间没有明确的界限。过度风险指的是风险的影响效应太显著以至于公司在经济上难以承担。

专栏　　　　**高管薪酬与 2008 年的金融危机**

是高管的契约型薪酬结构导致了 2008 年的金融危机吗？传统观点给出的答案是肯定的。举例说明，毕马威（KPMG）在 2009 年所做的一项调查研究显示，52% 的大型金融机构的高层管理人员相信激励与报酬是造成信贷危机的罪魁祸首。[16]同样地，2008 年普华永道的金融服务专家发现，这场危机的诞生归因于三个最常见的因素，分别为文化与过度承担风险（73%）、风险的错误定价（73%）和奖励机制（70%）。[17]

著名经济学家以及政策制定专家也给出了同样的研究思路。正如美联储前主席本·伯南克（Ben Bernanke）所言，"一些银行机构的薪酬执行方案已经引发了错误激励与过度承担风险，进而导致了银行亏损与财政不稳定"。[18]经过国会的论证，前财政部长蒂莫西·盖特纳（Timothy Geithner）指出，"尽管这场金融危机由众多因素导致，但某些机构的薪酬与风险激励机制最终导致了这场金融危机"。[19]经济学家、美联储前副主席艾伦·布林德（Alan Blinder）将这场危机的产生归咎于以下原因："许多金融公司的薪酬计划中存在不当激励，这种激励会鼓励高管使用他人的财产进行过度风险投资。"[20]

然而，研究结果缺乏确凿的证据支撑。Larcker，Ormazabal，Tayan 和 Taylor（2014）研究表明，在金融危机爆发之前，银行内过度的风险激励显著增加，尤其是创建、出售证券化资产的银行。与 1992 年相比，2006 年证券化银行 CEO 的财富对股价波动的敏感度高出 15 倍；2006 年，与非银行 CEO 相比，这一敏感度高出 4 倍（如图 9-4 所示）。这表明这种激励很有可能推动了金融危机的发生。[21]DeYoung，Peng 和 Yan（2013）得出了相同的结论。[22]

Fahlenbrach 和 Stultz（2011）并未找到证据可以证明在金融危机时，银行 CEO

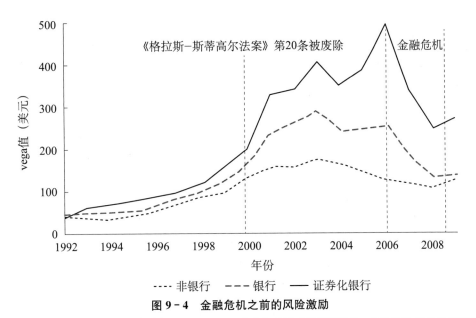

图 9-4　金融危机之前的风险激励

注：vega 值是基于高管薪酬资料库（ExecuComp）中有关 CEO 的数据计算的，代表 CEO 期权价格对于标的资产价格波动率的敏感度，即股价变化 1% 后期权价格的变化，单位为千美元。"银行"是指由银行持有的公司（132 家），"证券化银行"是指证券化资产持有期超过六个季度的银行（58 家），"非银行"是指所有其他公司（3 232 家）。1999 年 11 月，《格拉斯-斯蒂高尔法案》（Glass-Steagall Act）的第 20 条被废除，2000 年 3 月开始，允许银行扩大发行资产支持型证券（ABS）。

资料来源：Larcker，Ormazabal，Tayan，and Taylor（2014）。

的财富对股价波动的敏感度更高，企业经营业绩更差。他们断定，"在危机爆发前，银行 CEO 主要关注股东利益，并采取他们自认为良好的措施。危机发生后，这些措施不但为银行带来了沉重的经济压力，而且使得银行自身的经济资产受到了相当大的冲击"。[23]

为了缓和过度风险行为，在股价波动时，随着 CEO 个人财富披露强度的减弱，薪酬委员会可能会变更赠予 CEO 的股票与期权。董事会对此应该保持警觉，因为这种方式也将大幅度减少高管的绩效奖励。美国证券交易委员会（SEC）现在要求公司在年度委托书的薪酬讨论与分析部分加入有关薪酬计划与组织风险关系的讨论。

 专栏　　　　　　　　**薪酬披露与风险**

阿默普莱斯金融公司（Ameriprise Financial）

在与管理层及独立薪酬顾问讨论后，薪酬委员会最终得出结论，我们的激励薪酬设计与实施不会给公司带来实质性的风险。

在考虑激励薪酬体系的诸多特点后，薪酬委员会总结得出，设计激励薪酬体系是为了降低风险，但又不仅仅是为了降低风险。

● 我们采用不同类型的薪酬工具，不同的工具可以平衡长期激励与短期激励的特征、固定薪酬与可变薪酬的特征，同时强调长期绩效（不包括特定的销售与销售管理岗位，因为这些岗位的薪酬看重短期绩效，而且岗位中的业务控制会缓解风险）。

● 依据过去的业绩及市场条件，我们制定恰当的业绩目标。

● 在激励薪酬的安排下，我们的预算、内部控制与程序足以防止高管通过操纵业绩结果增加薪资。

● 为了使所有的高管能够掌握有价值的股权，确保高管利益与股东长期利益保持一致，我们确定了股权保留准则与持股周期。

● 当高管的故意过失导致公司财务面临重大重述时，高管薪酬回收政策允许董事会扣除该高管的特定现金奖励或股权激励。

● 委员会对所有 NEO 与其他高管采用薪酬追回政策，该政策指定委员会在可以行使自由裁量权的情形以及在法律允许的情形下，在 2011 年 1 月 1 日授予当天或之后的某个时间寻求现金或股权奖励的退还或没收。

● 在一整年中，我们的 CEO（不仅指那些称为执行官的管理者）为了应对业务环境的变化及突发事件，可以对计划进行调整。[24]

9.3 高管持股与代理成本

公司授予高管股权是为了激励高管提升公司业绩，但同时，高管持股也可能产生不良行为。当高管试图通过其他方式来增加股票价值而不是通过改进公司运营、金融与投资决策的方式时，就会产生不良行为。具体行为如下：

● 操纵会计结果以抬高股票价格或实现奖金目标。

● 操纵期权的行权期，以增加内在价值。

● 操纵股票公开信息的发布。

● 利用内幕信息获得股票出售或对冲的优势。

当以上行为出现时，会产生高昂的代理成本，这并非公司授予高管股权的本意。

9.4 会计操纵

有关财务问题的研究在本书第 10 章将得到更详细的论述。大量的证据表明，会计操纵行为的确存在。典型的例子如下：

● 安然公司利用资产负债表的表外工具虚报收益、隐瞒负债。

- 世通公司将资产负债表上的资本化支出视为经营成本。
- 荷兰皇家壳牌石油公司抬高储备石油的规模与价值。

董事会与股东需要思考的重要问题为：与高管持股比例小甚至是无持股的公司相比，会计操纵是否更有可能出现在高管持股比例高的公司？换言之，持股比例高的高管会为了提高收入而操纵市场、提升股票价格吗？

学者们对以上问题各执一词。例如，Harris 和 Bromiley（2007）研究发现，财务报表问题更容易出现在高管薪酬中包含期权激励的公司。[25]然而，Baber，Kang，Liang 和 Zhu（2015）研究发现，没有证据可以证明以上观点。[26]Johnson，Ryan 和 Tian（2009）研究发现，高管无限制地持股会提高会计舞弊的发生率。[27]然而，Erickson，Hanlon 和 Maydew（2006）没有发现两者之间存在联系。[28]Armstrong，Jagolinzer 和 Larcker（2010）也未找到证据证明股权激励与财务重述、SEC 监管行为或股东诉讼之间存在关系。[29]

研究结果之所以多样化，部分原因在于研究设计不同。正如上一章所提到的那样，高管持有大量的股票投资组合会引发激励冲突。高管持股可以激励高管提升公司价值，但会降低高管承担风险的意愿。如此一来，激励会产生反作用。然而，财富的组成可能会突然变动，例如被授予大量股票期权，这样能够激励高管承担风险。为此，Armstrong，Larcker，Ormazabal 和 Taylor（2013）找到有效证据表明，当股票价格波动引起 CEO 财富敏感度增加时，公司的财务错报也会增加。Armstrong 等结合研究结果指出，"股票投资组合可能会引发管理者财务错报，这是因为高管财富并非与股权价值相关，而是与股权风险相关"。[30]

因此，股东与利益相关者应该认识到会计操纵（做假账）能给管理层带来潜在私利。高管薪酬激励凸性越高，这个问题就会越明显。

最后，研究表明，追回条款可以有效降低会计操纵风险。Chan，Chen，Chen 和 Yu（2012）研究发现，采用追回条款与未来财务重述的减少有关，有追回政策的公司的审计师也不太可能报告内部控制存在重大缺陷。他们的结论是，追回政策"与报告完整性的真正改善是一致的"。[31]

9.5 股权操纵

高管持股也可能导致高管操纵股权授予以攫取价值增量，有两种方式：

- 操纵股权的授予日期——推迟股权的授予日，将股权的授予时间确定在股价下跌之后或是预期股价提升之前。
- 操纵股票公开发布信息的时机——公司将有利信息（新产品发布、新战略关系的缔结、销售额超过预期）的发布日期延迟至计划授予日期之后；当有利于公司的信息公布时，高管购买的股票会立即升值。同样地，在授予日之前发布不利信息，将会拉低股价，高管可以由此获利。

在以上两种情形下，高管通过采取转让股东权益的措施，在股权授予时获得最大化的利益。

当股权激励被随机授予高管时，在授予日前后不会出现可识别的股价变动。如果股票价格随机波动，那么股权授予时机往往是不可预测的。许多公司的股权激励采用的是这一模式。在某些公司中，股票价格的波动仍遵循授予日期可识别的模式，即在公司股价相对低迷时或在公司股价突然上涨之前，高管被授予股权，那么便形成了股权授予的V形模式。

相当多的研究成果表明，大多数公司都采用V形模式。Yermack（1997）研究证明，在股票期权授予日期前后，V形模式的确存在。样本中的股价在期权授予日期之前与市场水平相当，但在股票期权授予日期之后的50天，股价获得了高于市场平均水平的回报。Yermack经研究得出结论，财务操纵一般是通过控制信息发布或操纵股票期权授予日期进行的，但无法最终确定具体是哪一种操纵形式。[32]

为了验证高管可能会控制信息发布的假设，Aboody 和 Kasznik（2000）研究了既定期权授予日前后的股价变动情况。既定期权授予包括按预定时间表进行期权授予（例如，期权授予可能是董事会会议后的第二天）。这项研究成果正好验证了 Yermack（1997）的结论，他们得出的结论是，高管可能会依据期权授予日发布信息。[33]

Lie（2005）进一步验证了以上假设。他将样本分成期权按既定时间授予与随机授予两组，发现随机授予组的V形模式更加显著（如图9-5所示）。他提出，上市公司将股票期权的授予日期倒签至股价最低的一天，以此让高管获利，这称为**股票期权回溯**（stock option backdating）。[34] 在图9-5中，横轴中间的0代表授予日期，－10和10分别代表授予日期前和后10天，以此类推；纵轴代表股价变动率。

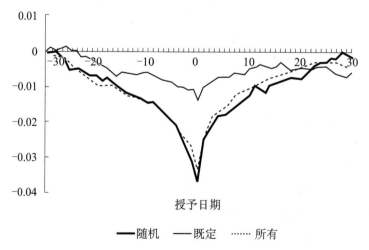

图9-5 授予日期（既定与随机）附近的股价变化

专 栏 **股票期权回溯**

《华尔街日报》在头条报道了 Lie（2005）的研究成果。这项研究很快引发了 SEC 的广泛调查。该研究成果表明，许多公司可能回溯期权。[35] 截至 2006 年底，多家公司参与了期权回溯。[36] 在一项单独的研究中，Bebchuk，Grinstein 和 Peyer（2010）预计股票期权回溯的实施会变得更普遍，大约 12% 的公司存在股票期权回溯行为。[37] 这种滥用行为的发生可追溯到 1981 年，尽管《萨班斯-奥克斯利法案》要求有关高管期权激励的信息必须在两天内披露，在一定程度上阻止了高管期权回溯的发生，但美国监管机构仍很难为该行为定罪。

Bernile 和 Jarrell（2009）研究发现，期权回溯的成本（依据减少的股东价值而定）远远超过相关的罚款和诉讼费用。[38] Biggerstaff，Cicero 和 Puckett（2015）研究发现，那些从期权回溯中受益的 CEO 所在公司更有可能从事其他不当行为。[39] 此外，期权回溯反映董事会在监督方面严重失职。

利用时机攫取利益的其他实例

试图从期权激励中获取额外价值的方式如下：
- 压紧弹簧——在影响股价的利好消息放出之前，公司派发期权给高管。
- 躲避子弹——在利空消息之后马上公布股权激励计划，避免其实施后股价下跌与实施前股价偏高。
- 行权价回溯——压低股票期权方案股权激励的行权价，使被授予股权激励计划的管理层能够立刻获得账面收益。[40]

Daines，McQueen 和 Schonlau（2018）的研究证明了这些做法确实存在。[41] 在某些情形下，以上行为只会导致高管边际收益价值的增长而对公司无益。[42] 高管由此获得的奖金额度也是非常巨大的。无论如何，高管都违背了管理理念，利用监督中的缺陷获取了个人利益。[43]

➡ 9.6 股权出售与内幕交易

高管可以通过向公开市场出售公司股票或通过期权行权、出售既得股份的方式实现持股多元化。然而，由于高管能够获取那些会对评估公司股票产生实质性影响的非公开信息，相对于公众股东，高管更有可能利用内幕消息进行不正当交易，以获取利益。

SEC 规定了高管出售股份的时间及方式。SEC 将有渠道获取公司尚未公开的重要财务信息与运营信息的人定义为**内部人**（insider）——公司管理者、董事、员工以及专业顾问。SEC 准则对内部人的证券交易（包括购买和出售）进行了限制，只有在他们对重大内部信息不知情时才可进行交易。利用非公开信息进行的交易被视为非法的**内幕交易**（insider trading），美国国会通过的各项法案都规定，实施内幕交易会被判处拘役或罚款（高管通过内幕交易获得利润或规避损失的次数达到三次）。[44]

内幕交易的诉讼案件部分会依据 SEC 的 10b‑5 规则，即"操纵与欺诈手段"进行判决。[45]检察官认为，如果内部人公开有关公司前景的虚假信息或是进行不正当的信息披露，那么在股票出售时内部人可以虚抬股价，这便构成了欺诈罪。例如，2007 年，SEC 控告约瑟夫·纳奇奥（Joseph Nacchio），奎斯特通信公司（Qwest）的前董事长兼 CEO，参与了内幕交易。2001 年初，纳奇奥拥有超过 1 亿美元的公司股份，同时掌握了公司重要的内部信息——公司不能完成既定的财务目标。纳奇奥以大约每股 35 美元的价格出售公司股票，在股票出售之后，股价跌至每股 10 美元。因此，他被判处 6 年有期徒刑，同时被责令支付 1 900 万美元的罚款并没收财产 4 460 万美元。[46]

为了确保高管遵守适用的规则，公司制定了内幕交易政策（insider trading policy, ITP），该政策规定了内幕人士交易公司股票的程序。[47]设计良好的 ITP 可以确保所有交易遵守法律，公司高管和董事履行对股东的受托责任。它还能最大限度地降低因交易产生的负面公众印象、声誉损失或法律后果的风险。有些交易虽然不违法，但可能碰巧以一种令人怀疑的方式进行。

典型的 ITP 指定禁止交易的时间段（交易**禁售期**（blackout periods））。交易禁售期通常出现在盈余公告和其他重要信息（例如待完成的收购或主要产品）发布之前。ITP 还规定了交易是否必须提前得到总法律顾问的批准。Jagolinzer, Larcker 和 Taylor（2011）研究发现，在交易前要求总法律顾问批准，能够减少高管相对于公众股东而言的交易优势。[48]

尽管最佳做法是公开披露 ITP，但目前的 SEC 规则不要求对其进行披露。

专栏　　交易窗口

好时公司

"个人和关键员工只能在好时公司（Hershey Company）的交易窗口打开时购买、出售或交易公司的股票。一般来说，交易窗口在本公司公布季度收益后的第二个完整交易日收盘后开放，直至当前季度的第二个月的最后一个交易日……尽管有上一节的规定，第 16 条规定的拥有该公司重要非公开信息的任何个人或关键员工不得在开放的交易窗口交易该公司的股票，直到公司广泛公开发布这类信息后的第二个完整交易日收盘……第 16 条规定个人不得买卖公司股票，除非个人在计划交易前至少三个工作日书面通知合规官计划交易的金额和性质，并在计划交易前不超过三个工作日内书面向合规官证明，他不知道关于公司的重要非公开信息……合规官可根据具体情形，因财务困难等而在适用交易窗口以外授权公司股票交易。"[49]

尽管存在以上限制，仍有大量证据证明高管利用非公开信息进行内幕交易。Lakonishok 和 Lee（2001）研究发现，内部人在公开市场上购买公司股票的行为发出了公司股价将上涨的信号，这种影响在小型公司中尤为明显。[50] Seyhun（1986）在研究中发现，内部人通常在股价上涨之前购买股票，在股价下跌之前出售股票。能够获知公司更有价值信息的内部人（例如董事长或 CEO），与其他内部人相比，具有更大的交易优势。研究表明，只需三年，内部人就可以此攫取大量利润回报。[51] Franco，Ittner 和 Urcan（2017）研究发现，外部董事通过选择性地将部分现金费用递延为权益，获得了大量异常回报。[52]

研究还显示了内部人在信息公开之前愿意在多大程度上利用信息进行交易。例如，Cohen，Jackson 和 Mitts（2015）研究表明，从"重大事件"发生到向 SEC 提交 8 - K 文件公开告知该事件的时间内，内幕交易活动急剧增加。[53] 同样地，Jagolinzer，Larcker，Ormazabal 和 Taylor（2020）研究发现，在政府救助计划披露之前，公司内部人的交易显著增加。[54] Arif，Kepler，Schroeder 和 Taylor（2019）研究发现，在审计师通知董事会他们将不会收到一份标准审计意见到在 10 - K 文件中公开发布该意见期间，内部交易增加。[55] Blackburne，Kepler，Quinn 和 Taylor（2019）使用 SEC 的非公开调查数据研究发现，一旦高管得知他们的公司正在接受调查，就会出现异常交易的证据。[56]

此外，公众往往对高管大规模出售股票持怀疑态度，无论这些行为是否违反内幕交易规则。

专栏　　　　　　　　**高管大量抛售股票**

以下是公司内部人在特殊时点进行大宗交易的例子。

波音公司

2018 年 10 月，一架波音 737 MAX 飞机因软件故障坠毁，造成 189 人死亡。2019 年 2 月，波音商用飞机部门 CEO 凯文·麦卡利斯特（Kevin McAllister）在单笔交易中出售了价值 500 万美元的股票，这是他自 2016 年加入该公司以来的首次交易。接下来的一个月，第二架 737 MAX 飞机因同样的故障坠毁，157 人丧生。第二天，世界各地的政府机构下令停飞波音 737 MAX 飞机，并下令进行安全检查。

强生公司

2018 年 12 月，路透社发表了一篇长文，声称强生公司几十年前就知道，其标志性产品婴儿爽身粉使用的滑石粉中可能含有石棉。[57] 强生否认了这一说法，并指出科学检测没有发现婴儿爽身粉中含有石棉。尽管如此，该公司的股价在文章发表后的两天内下跌了 14%。在这篇报道发表的三周前，强生公司 CEO 亚历克斯·高斯基（Alex Gorsky）出售了价值 3 860 万美元的股票和期权（税前净赚 2 210 万美元）——这是他自 2012 年担任 CEO 以来首次出售股票，占其股权的 10%。[58]

Equifax 公司

2017 年夏天，外国黑客侵入 Equifax 公司的服务器，获取了超过 1.43 亿人的个人信息。Equifax 公司于 7 月 29 日发现了这个漏洞。8 月 1 日，Equifax 公司 CEO 约翰·甘布勒（John Gamble）出售了价值约 100 万美元的股票。8 月 28 日，该公司首席信息官英俊（Jun Ying）卖出了 100 万美元股票。9 月 1 日，Equifax 公司软件工程经理苏达卡尔·邦图（Sudhakar Bonthu）购买了两周后到期的看跌期权，获得了 7.5 万美元的利润。当 Equifax 公司在 9 月 7 日公开披露安全漏洞时，其股价下跌了 14%。英俊和邦图被指控犯有内幕交易罪，甘布勒则未被指控。

诸如此类的例子引发了人们对公司为了禁止内幕股票交易而实施的政策和程序的有效性的质疑。此外，它们还引发了人们对董事会在监督内幕交易方面所扮演的角色的质疑。董事会是否定期审查了内部人的交易？董事会是否要求 CEO 解释他们的股票卖出行为——尤其是大宗的、一次性的卖出？

➡ 9.7 10b5-1 规则

由于内部人所处职位有助于他们定期获得重大非公开信息，因此，SEC 在 2000 年采用 10b5-1 规则保护内部人。

> 实际上，在大多数情形下，掌握内部信息的高管在购买、出售公司证券时，可以完全忽视内部信息，这一点绝对值得怀疑。引用第二巡回法院的观点，"人类大脑不会对重大信息视而不见"。的确，即使交易者自称他们没有依靠内部信息进行交易，但市场上的其他交易者不会相信。另外，高管获取内部信息的渠道（无论是主动的还是被动的）十分广泛。有时内部人在对重大非公开信息不知情时决定进行交易，却在实际交易之前获取了此类信息。[59]

为了保护这类高管，SEC 制定了 10b5-1 规则（针对"利用重大非公开信息进行内幕交易"），能够有效防范内幕交易违法行为的产生。[60]

根据 10b5-1 规则，公司允许内部人与第三方股票经纪人签订合约，委托经纪人购买或出售公司股票。只有在内部人难以获得重大非公开信息期间（即在禁售期之外），这份合约才可以通过。同时，内部人出售股票时，需要满足以下条件：限定股票数量，限定交易间隔时间或是限定每股股价。当第三方股票经纪人接受委托后，内部人不能对其施加影响。尽管高管可以随时修改或终止合约，但交易必须由第三方股票经纪人全权处理。[61]

大约 80％的公司根据 10b5－1 规则，允许高管参与股票交易。[62]但需要提前从法律顾问处获得批准：73％的公司要求高管在签订合约前获得批准，59％的公司要求高管在修改或取消合约前获得批准。[63]内部人不需要向公众透露他们已经遵循了 10b5－1 规则，但是他们需要在表格 4（Form 4）① 中披露每一笔交易。

专　栏　　　　　　　　　　**10b5－1 规则披露**

Datalink 公司

"2006 年 2 月 13 日，Datalink 公司董事长格雷格·梅兰（Greg Meland）在 10b5－1 规则下，建立了既定的个人股票交易计划，打算出售个人持有的部分普通股。梅兰指出，他打算利用该计划出售个人股票获取收益，以使其个人投资多元化。计划交易量为一年内 120 000 股的公司股票。在该计划下，梅兰的经纪人将以每股最低 3 美元的价格每月出售 30 000 股股票。股票出售只会在每月的前 10 个工作日发生。股票出售计划全部完成，经纪人卖掉计划内的所有股票后，梅兰仍将继续持有 3 330 690 股的普通股。"[64]

McDATA 公司

"2002 年 5 月 8 日，McDATA 公司的总裁兼 COO 小约翰·凯利（John A. Kelley，Jr.）与德意志银行（Deutsche Bank）的亚力克斯·布朗（Alex Brown）签订了 10b5－1 股票购买计划，布朗可以在以下日期购买价值 20 000 美元的 McDATA 公司 B 类普通股：2002 年 5 月 29 日、6 月 26 日、7 月 31 日、8 月 28 日以及 9 月 25 日，交易额合计 100 000 美元。"[65]

研究表明，10b5－1 规则可能不能实现 SEC 预期的结果。Jagolinzer（2009）研究发现，在每笔交易完成后的 6 个月内，根据 10b5－1 规则出售股票的内部人相对于市场水平而言，平均可多获利 6％。此外，与未遵循 10b5－1 规则的高管相比，遵循该规则获得的交易回报明显更高。最后，他发现高管会在公司股价下跌之前完成交易，或是在股价表现不佳时终止交易。[66]

为了减少内部人滥用 10b5－1 规则，专家建议公司披露 10b5－1 规则的实施情况，在该规则下，第一次交易前需要一个冷却期，根据表格 4 披露是否每笔交易都是按照一个计划进行的，并限制修改、暂停或者终止已实施计划的数量。[67]

---

① 表格 4（Form 4）是 SEC 的文件之一，涉及内幕交易。

→ 9.8　套期保值

公司高管可能决定**套期保值**（hedge）而非彻底出售股票、期权。套期保值通常是高管与个人投资顾问商讨的结果，也可能会受到多元化投资、税收计划或其他因素的驱动。股票的大量出售需要接受公众的监督，套期保值则使得高管可免受公众监督。

与此同时，高管套期保值也存在显而易见的问题。第一，董事会设置股权激励，旨在使管理层与股东利益一致，而套期保值会打破这一机制。第二，高管套期保值会增加公司成本。因为相对于无风险的现金补偿而言，股权激励的风险更高，高管要求获得更高的薪酬奖励，套期保值能够将股权的风险溢价转换成现金，这种结果会使公司支付给高管更高的薪酬。[68]第三，向股东解释为什么高管套期保值与股东自身利益相关是非常困难的。套期保值需要高管短期持有公司股份。尽管高管的卖空行为是违法的，但高管购买公司股票的看跌期权是合法的。显而易见，薪酬委员会与整个董事会需要探讨在何种情形下允许高管套期保值。

依据 ISS 的数据，罗素 3000 指数公司中 54％的公司与标准普尔 500 指数公司中 84％的公司禁止高管套期保值。[69]Bettis，Bizjak 和 Kalpathy（2015）调查得出，1996—2006 年有 911 家公司的 1 181 名高管曾套期保值。[70]最常见的套期保值工具是零成本期权（zero-cost collars）和可变预付远期合约（prepaid variable forward contracts）。[71]

> **专栏**　　　　　　　　　　　**套期保值实例**
>
> **零成本期权**
>
> 公司高管以行权价格或是略低于当前股价的价格购买看跌期权。高管一般以高于当前股票价格 10％～20％的行权价格出售看涨期权，以弥补购买看跌期权支付的成本。因此，高管有效降低了跌价风险，但也放弃了大部分的上涨收益。尽管期权到期及股票最终出售时高管才会交税，但从经济本质层面看，零成本期权与股权出售在本质上相似。高管也可以从零成本期权中获得资金，用于多元化投资。
>
> ［实例］
>
> 2005 年，Chattem 公司的董事长兼 COO 亚历山大·泰勒二世（Alexander Taylor Ⅱ）大约持有 200 000 股普通股，同时持有 50 000 份零成本期权，其中包括购买看跌期权（以每股 18.13 美元的价格出售股票），出售看涨期权（以每股 34.48 美元的价格购买股票）。该期权期限是两个月，截止时间为 3 月 22 日。[72]
>
> 与此同时，公司的普通股交易价格大约为每股 34 美元。股价从一年前的每股 19 美元上升了近 80％。
>
> **可变预付远期合约**
>
> 当高管购买期权时，公司承诺给予高管一份可以在未来交付期权的远期合约，高

管签订这份合约即表示所持有的公司普通股是其购买期权时支付现金预付款的回报。可变预付远期合约（prepaid-variable forward，PVF）可以从两个方面进行阐释。一方面，虽然高管在合约到期时（一般是2~5年）才可以正式交付股票，但高管可以预付股票所有权。由于股票延期交付，高管得到的现金通常会比当前股票公允价值低（降低15%）。高管可以提取现金，也可以进行多元化投资，因此，这种方式近似零利息贷款。高管直到合约到期时才会缴纳资本利得税。另一方面，远期合约是可变的，在合约中高管交付的股票数量应按浮动法计算。如果股票的价格已经低于某个阈值，则高管需要交付所有股票。如果股价上涨，则高管只需交付一小部分股票（按照预先确定的最小百分比）。在某些情形下，高管同意提取现金而非交付股票。PVF能够全面保护高管，防止其在股票价格下跌时利益受损，同时在股票价格上涨时允许高管部分参与。

［实例］

2002年，Quest软件公司的总裁戴维·多伊尔（David Doyle）持有1 280万股公司股票，价值约为1.5亿美元。[73] 2002年11月，他签订了周期为两年的PVF。在合约中，他预付了100万股股票（市值为1 190万美元），获得了960万美元的现金预付款。2005年1月，该合约要求多伊尔履行交付股票的义务，交付的股票数量取决于股价。

● 如果股价≤每股10.74美元（最低价格），则交付100万股。

● 如果股价介于最低价格（每股10.74美元）与最高价格（每股12.88美元）之间，则股票数量＝（最低价格/股价）×100万股。

● 如果股价≥最高价格（每股12.88美元），则股票数量＝［（股票价格-最高价格＋最低价格）/股票价格］×100万股。

如果多伊尔凭借960万美元的现金预付款在两年内能获得10%的总回报，那么PVF的税前价值将如图9-6所示。[74]

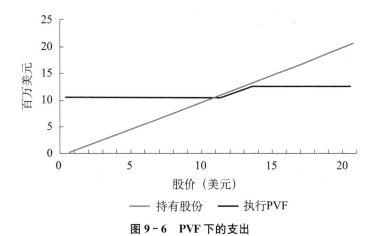

图9-6　PVF下的支出

注：假设提取现金用于投资的回报率为10%。

《多德-弗兰克法案》要求公司披露是否允许高管套期保值。此前，这种信息披露并非必须。内幕交易政策通常应该包含高管套期保值规则。

套期保值政策与信息披露

达美航空

"2012 年，达美航空（Delta Airlines）更新了内幕交易政策，就禁止高管参与短期交易或高杠杆交易条款进行了说明和补充。根据新政策，公司禁止员工参与公司证券交易，包括公开交易期权、卖空和套期保值交易，因为以上交易可能会导致非法内幕交易，在某些情形下，还会出现利益冲突。另外，达美航空还禁止员工将公司证券存入保证金账户或作为质押物进行贷款。"[75]

联合健康集团

"一般而言，SEC 准则禁止公司高管进行无保障的普通股卖空行为。因此，我们公司——联合健康集团（United Health Group）的内幕交易政策禁止所有员工和董事卖空股票，也不允许他们做对冲交易。如果董事、高管或其他管理人员想要质押普通股股份，就要提前获得薪酬委员会的批准。2018 年，没有高管或董事就质押交易寻求或获得薪酬委员会的事先批准，也没有高管有任何未兑现的质押。"[76]

许多学者针对高管套期保值行为的影响进行了研究。Bettis，Bizjak 和 Lemmon（2001）研究了零成本期权的应用，发现高管利用这种方式将自身持有股票的 36%进行了套期保值。与直接出售的股票数量相比，高管套期保值的股票数量大约多 10倍。当其他内部人大量出售股票时，高管的套期保值行为也会增加。然而，Bettis等研究发现，并没有证据表明套期保值交易表现优于市场交易，因此，高管并没有基于内幕信息进行套期保值交易。[77]

Jagolinzer，Matsunaga 和 Yeung（2007）研究了 PVF 的应用。他们研究发现，PVF 交易平均可以对冲 30%的高管股权。高管利用 PVF 预付的股票数量大约是上一年自身出售股票数量的 50 倍。他们还发现，PVF 一般发生在公司股票回报异常变动之前。由此可知，当公司在一段时间内表现出色，但预期股价下跌时，PVF 可以用来防范风险。[78]

Bettis，Bizjak 和 Kalpathy（2015）研究发现，在公司股票价格相对于市场价格急剧上涨时，高管往往采取套期保值。他们同样发现，在公司股价大幅度下跌之前，高管通常会采取零成本期权与 PVF 的形式进行套期保值，这说明高管可能利用内部信息进行交易。[79]

➡ 9.9 质　押

除了直接出售股票或套期保值之外，高管还可能**质押**（pledge）股权，以获得质押贷款，质押贷款可用于多元化投资、个人支出或开展新业务。相比直接出售股票而言，股权质押与套期保值一样，避税效率高。同时，质押贷款的利息率可能很低。此外，高管不必出售股份以获得贷款，因此他们仍然持有较高比重的股权。

董事会必须了解高管质押股权的目的。如果高管质押股权贷款是为了私人消费（例如，支付大学学费或装修房子等），那么董事会可以认为质押股权对管理层激励的影响很小。然而，如果高管将质押股权贷款用于创业或风险投资，那么董事会应如何评价高管呢？如果以上投资失败，高管破产，那么对公司又会有怎样的影响呢？董事会愿意给予高管额外的薪酬与股权来弥补损失吗？显而易见，董事会应慎重考虑高管质押股权的行为。

公司必须披露高管到底在经纪账户中质押股权，还是将股权作为质押物获取贷款。调查数据显示，约有20％的公司允许高管质押股权。[80]对委托书的一项电子搜索发现，有982名高管披露了自身的股权质押。平均而言，高管的股权质押比例占其所持股权的44.4％。对于质押股权，高管一般持积极态度。

 专　栏

高管质押股权

切萨皮克能源公司

2008年10月，奥伯里·麦克伦登（Aubrey McClendon）——切萨皮克能源公司（Chesapeake Energy）的董事长兼CEO——持有公司5.8％的股份，为了追加保证金，他不得不出售3 150万股股票（所持股票的94％）。仅仅几个月之前，当麦克伦登用保证金购买股票时，这些股票的价值为22亿美元，但他现在只能以5.69亿美元的价格卖出。[81]

在股票出售之后，董事会暂时停用股权激励办法（5倍年薪加现金红利）。虽然公司与麦克伦登在2007年曾签订5年合约，但2008年公司又与麦克伦登签订了新的5年合约。按照新合约的规定，麦克伦登得到了7 500万美元的现金红利。[82]

大陆资源公司

2013年3月，哈罗德·哈姆（Harold Hamm），大陆资源公司（Continental Resources）的董事长兼CEO，与妻子苏·安（Sue Ann）签订离婚协议，结束了长达25年的婚姻。当时，哈姆持有公司68％的股份，价值110亿美元。作为离婚协议的一部分，苏·安得到了9.75亿美元。几周后，哈姆质押6 870万股的股份（价值24亿美元）用于获取贷款。在向SEC备案时，该公司说明，"按照贷款的条款要求，用于质押的普通股必须满足贷款规模的最低价值要求，如果普通股股价下跌，哈姆先生可能需要拿出额外的股份进行质押"。[83]

甲骨文公司

关于高管的股权质押有一个有趣的例子。2019年，甲骨文公司的CEO拉里·

埃利森曾质押所持有的 3.05 亿普通股，价值约 160 亿美元，占其在该公司所持股份的 26%。目前尚不清楚为什么他需要金额如此庞大的贷款。公司仅披露，这些股权质押是为了解决个人债务，并且说明此举"不是为了转移或对冲持有甲骨文公司普通股的经济风险"。[84]

➡ 9.10 交换要约与重新定价

重新定价（repricing）或**交换要约**（exchange offer）是指员工用持有的股票期权交换新的股票期权、限制性股票或（少数情形下的）现金。当优秀员工股票期权的行权价格显著高于市场价格，以至于很难在短期内获利时，公司会发起交换要约。公司用市场价值低且回报价值高的期权替换员工目前持有的期权，以更好地激励员工为了达成公司目标而努力。

管理层在提出交换要约之前，通常会评估员工的期权持有状况、潜在激励和留任影响、股东利益以及执行成本。根据股权计划，如果交换要约无须经股东批准，那么董事会可自行决定并执行要约交换；如果交换要约必须经过股东批准，那么董事会必须在得到股东授权后才可执行要约交换，但这种授权的效力有时间限制。董事会可以在年度会议或特别会议中提案交换要约，如果提案通过，董事会就可以执行交换要约。如果高管或董事发生了变更，或者从提出交换要约到最终股东表决的期间市场条件发生了变化，那么董事会可能不会执行交换要约。此外，公司不会强制要求员工接受交换要约，如果员工愿意，他们可以继续持有原有期权。

交换要约的提案一旦批准，公司就可能出现公允价值溢价、公允价值平价或公允价值折价的现象。

● 公允价值溢价——公司对期权直接重新定价，仅降低期权的行权价格而不改变期权的其他条款（包括股票的数量）。另外，公司可能为员工提供公允价值超过缩水期权的限制性股票，激励员工接受交换要约。

● 公允价值平价——公司给予员工新的奖励，以使员工的股票期权价值正好等于缩水期权的公允价值。当存在多个未偿付的期权时（不同的行权价格和剩余条款），实现公允价值平价是很困难的。例如，应该交换所有期权，还是只交换内在价值为负的期权？

● 公允价值折价——公司给予员工新的奖励，使得员工的股票期权价值低于缩水期权的公允价值。

新的奖励通常会更改以往奖励的兑现条款，一些公司需要在奖励没收条款之外设立额外条款，以此延长员工的留任期。如果期权完全被交换，那么期权的最低兑换期限（例如六个月）通常与新股票相关。

 交换要约

星巴克

2009 年，星巴克提出了一项针对董事和高管之外员工的一次性交流计划：

"过去几年，我们的股价经历了大幅度下跌，这在很大程度上是由于经济持续疲软以及在我们控制范围内的其他因素的影响，这些因素对我们店的客流量产生了负面影响，进而对我们的财务业绩产生了不利影响……自 2008 年 1 月以来，我们采取了一系列行动，改革和振兴我们的业务，提高我们的业绩。然而，我们的努力尚未对公司的股价产生显著影响，目前股价仍处于相对较低的水平……我们相信交换要约计划对公司来说是重要的，因为它将允许我们为参与交换要约计划的合作伙伴提供新的激励。截至 2008 年 12 月 5 日，我们大约 62% 的未偿付股票期权成为"潜水"期权。这些"潜水"期权的加权平均行权价格为 23.12 美元，而我们的普通股在 2008 年 12 月 5 日的收盘价为 9.12 美元。因此，这些股票期权目前不能为我们的合作伙伴提供有意义的留任或激励价值。我们相信，交换要约计划将使我们能够通过为公司留住拥有经验并富有成效的合作伙伴提供更大的保证、改善合作伙伴的士气、使合作伙伴的利益更充分地与我们股东的利益相一致来提升长期股东价值……"[85]

一方面，股价大幅度下跌造成激励效用丧失，交换要约能够有效修复股权激励的激励价值。当一般性市场因素（例如经济衰退或金融危机）引起股价下跌或是公司发生特殊事件（例如公司业绩不佳）引起股价下跌时，交换要约的作用尤为显著。交换要约可以有效降低员工的跳槽率——关键员工跳槽去其他公司就职的概率。

另一方面，交换要约代表着一个公司的权益文化。频繁的重新定价让高管有所期待，即不管公司的绩效如何，风险激励都会兑现。重新定价将董事会置于尴尬之地，董事会不得不向股东作出解释，当股东遭受经济损失时，为什么员工可以获得补偿。一些股东将交换要约视为公司给予内部人的"赠品"。

有关交换要约的研究结论不一。Carter 和 Lynch（2001）研究发现，如果公司自身经营（不是行业）出现问题，那么公司会对期权重新定价。不过，他们并没有找到证据证明代理问题会引发交换要约，相反，他们发现交换要约可以有效修复员工的激励价值，降低员工的跳槽率。[86] Chidambaran 和 Prabhala（2003）也得出了类似的结论，他们发现重新定价多发生在 CEO 跳槽率特别高的公司，这表明 CEO 并非因为管理层壁垒跳槽。此外，在重新定价的公司中，超过 40% 的公司在交换要约中并未对 CEO 期权进行重新定价。[87]

其他研究表明，重新定价可能有利于公司或股东。Carter 和 Lynch（2004）研究发现，期权重新定价后，员工的流失率降低，但高管的离职率不变。[88]Brenner，Sundaram 和 Yermack（2000）研究发现，重新定价与公司的未来业绩呈负相关关系，甚至会影响产业环境。[89]Chance，Kumar 和 Todd（2000）研究发现，公司的规模越小、代理问题越严重且董事会中内部人控制越强，公司重新定价的可能性就越高。[90]最后，Callaghan，Saly 和 Subramaniam（2004）研究发现，重新定价往往发生于公司发布积极信息之前或是公开消极信息之后，此时，重新定价可能会使内部人获利（类似于操纵新股票发售的时间）。[91]

Larcker，McCall 和 Ormazabal（2013）研究发现，股东对于发布交换要约的声明反应积极，但这些交换要约的内容须遵循代理咨询公司的表述规范，具体内容详见第 12 章。[92]Gulen 和 O'Brien（2017）研究发现，授予股东批准股票期权重新定价计划的权利，改善了这些计划的治理，降低了由于管理者业绩不佳而重新定价的可能性，但不会改变由于市场总体下跌而重新定价的可能性。作者还发现，股东批准的重新定价会带来后续积极的业绩。[93]

以上证据表明，交换要约是好是坏及其对股东的影响都是不确定的。因此，重新定价和交换要约对董事会和股东而言都是有争议的。虽然交换要约不太常用，但这确实是一个需要持续商讨的议题，因为它能够为高管提供股权激励，当股市表现不佳时，情况更是如此。

注　释

1. Equilar, Inc., proprietary compensation and equity ownership data for fiscal years from June 2013 to May 2014.

2. The authors measured company performance using Tobin's Q, the ratio of market to book value. We discuss this ratio in Chapter 1, "Introduction to Corporate Governance." See Randall Morck, Andrei Shleifer, and Robert W. Vishny, "Management Ownership and Market Valuation: An Empirical Analysis," *Journal of Financial Economics* 20 (1988): 293–315.

3. John J. McConnell and Henri Servaes, "Additional Evidence on Equity Ownership and Corporate Values," *Journal of Financial Economics* 27 (1990): 595–612.

4. Anna Elsilä, Juha-Pekka Kallunki, and Henrik Nilsson, "CEO Personal Wealth, Equity Incentives, and Firm Performance," *An International Review* 21 (2013): 26–41.

5. Ulf von Lilienfeld-Toal and Stefan Ruenzi, "CEO Ownership, Stock Market Performance, and Managerial Discretion," *Journal of Finance* 69 (2014): 1013–1050.

6. Denton Collins, Blair B. Marquardt and Xu Niu, "CEO Equity-Based Incentives and Shareholder Say-on-Pay in the U.S.," *Social Science Research Network* (January 8, 2018). Accessed February 24, 2020. See https://ssrn.com/abstract=2803561.

7. Abbott Laboratories, Form DEF 14A, filed with the Securities and Exchange Commission March 15, 2019.

8. Equilar Inc., "2016 Stock Ownership Guidelines: Executive," (2016). Accessed February 25, 2020. See www.equilar.com.

9. John E. Core and David F. Larcker, "Performance Consequences of Mandatory Increases in Executive Stock Ownership," *Journal of Financial Economics* 64 (2002): 317–340.

10. See Clifford W. Smith and René M. Stulz, "The Determinants of Firms' Hedging Policies," *Journal of Financial and Quantitative Analysis* 20 (1985): Also see 391–405; Richard A. Lambert, David F. Larcker, and Robert E. Verrecchia, "Portfolio Considerations in Valuing Executive Compensation," *Journal of Accounting Research* 29 (1991): 129–149; and see Stephen A. Ross, "Compensation, Incentives, and the Duality of Risk Aversion and Riskiness," *Journal of Finance* 59 (2004): 207–225.

11. Jeff L. Coles, Naveen D. Daniel, and Lalitha Naveen, "Managerial Incentives and Risk-Taking," *Journal of Financial Economics* 79 (2006): 431–468.

12. Todd A. Gormley, David A. Matsa, and Todd Milbourn, "CEO Compensation and Corporate Risk: Evidence from a Natural Experiment," *Journal of Accounting and Economics* 56 (2013): 79–101.

13. Christopher S. Armstrong and Rahul Vashishtha, "Executive Stock Options, Differential Risk-Taking Incentives, and Firm Value," *Journal of Financial Economics* 104 (2012): 70–88.

14. Jeong-Bon Kim, Yinghua Li, and Liandong Zhang, "CFOs versus CEOs: Equity Incentives and Crashes," *Journal of Financial Economics* 10 (2011): 713–730.

15. Justin Chircop, Monika Tarsalewska and Agnieszka Trzeciakiewicz, "CEO Risk Taking Equity Incentives and Workplace Misconduct," *Social Science Research Network* (December 30, 2019). Accessed February 24, 2020. See https://ssrn.com/abstract=3511638.

16. KPMG, "Never Again? Risk Management in Banking beyond the Credit Crisis" (2009). Accessed August 11, 2014. See www.kpmg.com/LU/en/IssuesAndInsights/Articlespublications/Documents/Riskmanagementinbankingbeyondthecreditcrisis.pdf.

17. Tom Gosling and Jon Terry, "Reward: A New Paradigm?" PricewaterhouseCoopers September 2008). Accessed August 14, 2015. See www.pwc.com/gx/en/banking-capital-markets/pdf/reward.pdf.

18. Board of Governors of the Federal Reserve System Press Release (October 22, 2009). Accessed April 7, 2014. See www.federalreserve.gov/newsevents/press/bcreg/20091022a.htm.

19. Timothy Geithner, "Testimony to Senate Appropriations Subcommittee on the Treasury Department's Budget Request," *Reuters* (June 6, 2009).

20. Edited lightly for clarity. Alan S. Blinder, "Crazy Compensation and the Crisis," *Wall Street Journal* (May 28, 2009, Eastern edition): A.15.

21. David F. Larcker, Gaizka Ormazabal, Brian Tayan, and Daniel J. Taylor, "Follow the Money: Compensation, Risk, and the Financial Crisis," Stanford Closer Look Series (September 8, 2014). Accessed May 5, 2015. See www.gsb.stanford.edu/sites/gsb/files/publication-pdf/cgri-closer-look-43-risk-compensation-financial-crisis.pdf.

22. Robert DeYoung, Emma Y. Peng, and Meng Yan, "Executive Compensation and Business Policy Choices at U.S. Commercial Banks," *Journal of Financial and Quantitative Analysis* 48 (2013): 165–196.

23. Rüdiger Fahlenbrach and René M. Stulz, "Bank CEO Incentives and the Credit Crisis," *Journal of Financial Economics* 99 (2011): 11–26.

24. Ameriprise Financial Inc., Form DEF 14A, filed with the Securities and Exchange Commission March 15, 2019.

25. Jared Harris and Philip Bromiley, "Incentives to Cheat: The Influence of Executive Compensation and Firm Performance on Financial Misrepresentation," *Organization Science* 18 (2007): 350–367.

26. Baber, W. R., Kang, S.-H., Liang, L. and Zhu, Z. (2015), "External Corporate Governance and Misreporting," *Contemporary Accounting Research* 32: 1413–1442.

27. Shane A. Johnson, Harley E. Ryan, Jr., and Yisong S. Tian, "Managerial Incentives and Corporate Fraud: The Sources of Incentives Matter," *Review of Finance* 13 (2009): 115–145.

28. Merle Erickson, Michelle Hanlon, and Edward L. Maydew, "Is There a Link Between Executive Equity Incentives and Accounting Fraud?" *Journal of Accounting Research* 44 (2006): 113–143.

29. Chris S. Armstrong, Alan D. Jagolinzer, and David F. Larcker, "Chief Executive Officer Equity Incentives and Accounting Irregularities," *Journal of Accounting Research* 48 (2010): 225–271.

30. Christopher S. Armstrong, David F. Larcker, Gaizka Ormazabal, and Daniel J. Taylor, "The Relation Between Equity Incentives and Misreporting: The Role of Risk-Taking Incentives," *Journal of Financial Economics* 109 (2013): 327–350.

31. Lilian H. Chan, Kevin C.W. Chen, Tai-Yuan Chen, and Yangxin Yu, "The Effects of Firm-Initiated Clawback Provisions on Earnings Quality and Auditor Behavior," *Journal of Accounting and Economics* 54 (October–December 2012): 180–196.

32. David Yermack, "Good Timing: CEO Stock Option Awards and Company News Announcements," *Journal of Finance* 52 (1997): 449–476.

33. David Aboody and Ron Kasznik, "CEO Stock Option Awards and the Timing of Corporate Voluntary Disclosures," *Journal of Accounting and Economics* 29 (2000): 73–100.

34. Erik Lie, "On the Timing of CEO Stock Option Awards," *Management Science* 51 (2005): 802–812. Reproduced with permission of the Institute for Operations Research and Management Sciences in the format Tradebook via Copyright Clearance Center.

35. Charles Forelle and James Bandler, "The Perfect Payday—Some CEOs Reap Millions by Landing Stock Options When They Are Most Valuable; Luck—or Something Else?" *Wall Street Journal* (March 18, 2006, Eastern edition): A.1.

36. Alan Murray, "The Economy; Business: Will Backdating Scandal Thwart Effort to Roll Back Reforms?" *Wall Street Journal* (December 20, 2006, Eastern edition): A.2. Also see "Perfect Payday: Options Scorecard," *Wall Street Journal Online* (2007). Accessed September 4, 2007. See http://online.wsj.com/public/resources/documents/info-optionsscore06-full.html.

37. Lucian A. Bebchuk, Yaniv Grinstein, and Urs C. Peyer, "Lucky CEOs and Lucky Directors," *Journal of Finance* 65 (2010): 2363–2401.

38. The practice of granting in-the-money options to executives is not illegal. Companies may do so with the prior approval of shareholders and as long as the grants are properly reported. Retroactively manipulating a grant date, however, violates Generally Accepted Accounting Principles, IRS tax rules, and SEC regulations. For more on backdating, see Christopher S. Armstrong and David F. Larcker, "Discussion of 'The Impact of the Options Backdating Scandal on Shareholders' and 'Taxes and the Backdating of Stock Option Exercise Dates,'" *Journal of Accounting and Economics* 47 (2009): 50–58.; also see John Bizjak, Michael Lemmon, and Ryan Whitby, "Option Backdating and Board Interlocks," *Review of Financial Studies* 22 (2009): 4821–4847; and see Gennaro Bernile and Gregg A. Jarrell, "The Impact of the Options Backdating Scandal on Shareholders," *Journal of Accounting and Economics* 47 (2009): 2–26.

39. Lee Biggerstaff, David C. Cicero, and Andy Puckett, "Suspect CEOs, Unethical Culture, and Corporate Misbehavior," *Journal of Financial Economics* 117 (July 2015): 98–121.

40. Definitions from Mark Maremont and Charles Forelle, "Open Spigot: Bosses' Pay: How Stock Options Became Part of the Problem; Once Seen as a Reform, They Grew into Font of Riches

and System to Be Gamed; Reload, Reprice, Backdate," *Wall Street Journal* (December 27, 2006, Eastern edition): A.1. Note that exercise backdating works only for transactions that are executed through the firm, where there is a possibility of getting someone from within the firm to agree to retroactively change the exercise date. Exercise backdating does not work for cashless exercise through a broker.

41. Robert M. Daines, Grant R. McQueen, and Robert J. Schonlau, "Right on Schedule: CEO Option Grants and Opportunism," *Journal of Financial and Quantitative Analysis* 53 (2018): 1025–1058.

42. Dhaliwal, Erickson, and Heitzman (2009) found that CEOs who engage in exercise backdating realized average (median) tax savings of $96,000 ($7,000). It is difficult to believe that executives would be motivated by this somewhat trivial magnitude of savings, especially when there is some chance of getting caught by the board of directors or regulators. See Dan Dhaliwal, Merle Erickson, and Shane Heitzman, "Taxes and the Backdating of Stock Option Exercise Dates," *Journal of Accounting and Economics* 47 (2009): 27–49.

43. In 2008, the SEC investigated the stock option grant practices at Analog Devices. At issue was whether the company both backdated and spring-loaded options. Although the company agreed to pay a $3 million fine for backdating, no settlement was sought for spring-loading. An SEC commissioner indicated that spring-loading was not a form of illegal trading. See Kara Scannell and John Hechinger, "SEC, Analog Settle Case—'Spring-Loading' Options Complaint Isn't Included," *Wall Street Journal* (May 31, 2008, Eastern edition): B.5.

44. For most public purposes, the term *insider trading* refers to illegal conduct. The SEC, however, considers all trading by insiders to be insider trading and distinguishes between legal and illegal insider trading. See Securities and Exchange Commission, "Insider Trading" (last modified Jan. 15, 2013). Accessed August 15, 2015. See www.sec.gov/answers/insider.htm.

45. Securities Lawyer's Deskbook, "Rule 10b5: Employment of Manipulative and Deceptive Devices." Accessed May 5, 2015. See www.law.cornell.edu/cfr/text/17/240.10b-5.

46. Dionne Searcey, Peter Lattman, Peter Grant, and Amol Sharma, "Qwest's Nacchio Is Found Guilty in Trading Case; Ex-CEO's Conviction on 19 of 42 Counts Adds to Government's Wins," *Wall Street Journal* (April 20, 2007, Eastern edition): A.1. Also see, "Judge Cuts Ex-Qwest CEO's Sentence by 2 Months," *Reuters* (June 24, 2010). Accessed November 12, 2010. See www.reuters.com/article/2010/06/24/us-nacchio-idustre65n6fe20100624.

47. This discussion of Insider Trading Policies has been adapted with permission from: John D. Kepler, David F. Larcker, Brian Tayan, and Daniel J. Taylor, "Governance of Corporate Insider Equity Trades," Stanford Closer Look Series (January 2020). See www.gsb.stanford.edu/faculty-research/publications/governance-corporate-insider-equity-trades.

48. Alan D. Jagolinzer, David F. Larcker, and Daniel J. Taylor, "Corporate Governance and the Information Content of Insider Trades," *Journal of Accounting Research* 49 (2011): 1249–1274.

49. The Hershey Company, "Insider Trading Policy," www.thehersheycompany.com. Accessed February 27, 2020. See www.thehersheycompany.com/content/dam/corporate-us/documents/investors/insider-trading-policy.pdf.

50. Josef Lakonishok and Inmoo Lee, "Are Insider Trades Informative?" *Review of Financial Studies* 14 (2001): 79–111.

51. Nejat H. Seyhun, "Insiders' Profits, Costs of Trading, and Market Efficiency," *Journal of Financial Economics* 16 (1986): 189–212.

52. Francesca Franco, Christopher D. Ittner, and Oktay Urcan, "Determinants and Trading Performance of Equity Deferrals by Corporate Outside Directors," *Management Science* 63 (2017): 114–38.

53. Alma Cohen, Robert J. Jackson, Joshua Mitts, "The 8-K Trading Gap," *Social Science Research Network*, Columbia Law and Economics Working Paper No. 524 (September 7, 2015). Accessed February 24, 2020. See https://ssrn.com/abstract=2657877.

54. Alan Jagolinzer, David Larcker, Gaizka Ormazabal, and Daniel Taylor, "Political Connections and the Informativeness of Insider Trades," *Journal of Finance* 75 (2020): 1833–76.

55. Salman Arif, John D. Kepler, Joseph H. Schroeder, and Daniel Taylor, "Audit Process, Private Information, and Insider Trading," *Social Science Research Network*, Kelley School of Business Research Paper No. 18-85. (July 14, 2019). Accessed April 24, 2019. See https://ssrn.com/abstract=3264424.

56. Terrence Blackburne, John Kepler, Phillip Quinn, and Daniel Taylor, "Undisclosed SEC Investigations," *Social Science Research Network* (2019). Accessed February 26, 2020. See https://ssrn.com/abstract=3507083.

57. Lisa Girion, "Johnson & Johnson Knew for Decades That Asbestos Lurked in its Baby Powder," *Reuters News* (December 14, 2018). Accessed February 26, 2020. See www.reuters.com/investigates/special-report/johnsonandjohnson-cancer/.

58. Johnson & Johnson Services Inc., Form 4, filed with the Securities and Exchange Commission (November 16, 2018).

59. Securities and Exchange Commission, "Proposed Rule: Selective Disclosure and Insider Trading" (July 31, 1999; modified January 10, 2000). Accessed May 5, 2015. See www.sec.gov/rules/proposed/34-42259.htm.

60. Securities Lawyer's Deskbook, "Rule 10b5-1: Trading 'on the Basis of' Material Nonpublic Information in Insider Trading Cases." Accessed May 5, 2015. See www.law.cornell.edu/cfr/text/17/240.10b5-1.

61. The broker also is not permitted to execute trades under the 10b5-1 plan if he or she comes into possession of material nonpublic information.

62. Recent survey data found that only 30 percent of companies disclose their insider trading policies. See David F. Larcker and Brian Tayan, "Pledge (and Hedge) Allegiance to the Company," Stanford Closer Look Series (October 11, 2010). Accessed May 5, 2015. See www.gsb.stanford.edu/sites/gsb/files/publication-pdf/cgri-closer-look-11-pledging-hedging-company-allegiance.pdf.

63. Ibid.

64. Datalink Corporation, Form 8-K, filed with the Securities and Exchange Commission February 13, 2006.

65. McDATA Corporation, Form 8-K, filed with the Securities and Exchange Commission May 13, 2002.

66. Alan D. Jagolinzer, "SEC Rule 10b5-1 and Insiders' Strategic Trade," *Management Science* 55 (2009): 224–239.

67. Priya Cherian Huskins, "10b5-1 Trading Plans: The Next Stock Option Backdating Scandal?" Woodruff Sawyer and Co. (May 30, 2007). Accessed February 26, 2020. See https://woodruffsawyer.com/wp-content/uploads/2011/07/10b5-1_Trading_Plans_-_NEW.pdf.

68. Assume that a CEO requires compensation of $1 million. The board can offer either cash or equity. However, because equity has uncertain value, the executive will require a premium relative to cash (say, $1.2 million in expected value of stock options vs. $1 million riskless cash). Although the CEO might be indifferent between these two forms of payment, if he or she immediately hedges the options, the $1.2 million in risky compensation will be converted to $1.2 million in riskless cash (minus transaction costs). In this case, the board overpaid because

it could have satisfied the CEO with $1 million in cash instead of the $1.2 million in equity it gave up.

69. Cited in TheCorporateCounsel.net, "Hedging & Pledging Policies: Possible Approaches & Survey," TheCorporateCounsel.net Blog (February 18, 2015). Accessed May 5, 2015. See www.thecorporatecounsel.net/blog/2015/02/hedging-pledging-policies-possible-approaches-survey.html.

70. Bettis, Carr, John Bizjak, and Swaminathan Kalpathy," "Why Do Insiders Hedge Their Ownership? An Empirical Examination," *Financial Management* 44 (2015): 655–683.

71. Two other (less common) hedging devices are an equity swap and exchange-traded funds. An equity swap is an agreement between two parties to exchange cash flows associated with the performance of their specific holdings. The arrangement allows each party to diversify its income while still holding the original assets. An exchange-traded fund allows an investor to exchange his or her large holding of a single stock for units in a pooled (diversified) portfolio.

72. Chattem Inc., Form 4, filed with the Securities and Exchange Commission January 26, 2005.

73. Quest Software, Form DEF 14A, filed with the Securities and Exchange Commission April 30, 2002.

74. Quest Software, Form 4, filed with the Securities and Exchange Commission November 4, 2002.

75. Delta Airlines Inc., Form DEF 14A, filed with the Securities and Exchange Commission March 26, 2019.

76. UnitedHealth Group Incorporated, Form DEF 14A, filed with the Securities and Exchange Commission April 19, 2019.

77. J. Carr Bettis, John M. Bizjak, and Michael L. Lemmon, "Managerial Ownership, Incentive Contracting, and the Use of Zero-cost Collars and Equity Swaps by Corporate Insiders," *Journal of Financial and Quantitative Analysis* 36 (2001): 345–370.

78. Alan D. Jagolinzer, Steven R. Matsunaga, and P. Eric Yeung, "An Analysis of Insiders' Use of Prepaid Variable Forward Transactions," *Journal of Accounting Research* 45 (2007): 1055–1079.

79. Bettis, Bizjak, and Kalpathy (2015).

80. An analysis of ISS Governance QuickScore data finds that 54.3% of Russell 3000 companies have a policy prohibiting hedging of company shares by employees, while 84% of large capital S&P 500 companies have such a policy. Executive or director pledging of company shares was prevalent at just 14.2% of Russell 3000 companies, and, notably, 15.8% of S&P 500 companies. TheCorporateCounsel.net (2015). Source for survey data is Larcker and Tayan (2010).

81. Peter Galuszka, "Chesapeake Energy Not Alone in Margin Call Madness," BNET Energy (October 13, 2008). Accessed November 17, 2010. See www.bnet.com/blog/energy/chesapeake-energy-not-alone-in-margin-call-madness/313.

82. Posted by TraderMark on April 3, 2009: "Chesapeake Energy (CHK) CEO Aubrey McClendon with New Shady Compensation Deal; I Was Right in My Prediction." Accessed November 17, 2010. See www.fundmymutualfund.com/2009/04/chesapeake-energy-chk-ceo-aubrey.html.

83. Continental Resources, Inc., Schedule 13D, filed with the Securities and Exchange Commission January 13, 2015.

84. Oracle Corporation, Form DEF 14A, filed with the Securities and Exchange Commission September 27, 2019.

85. Starbucks Corporation, Form DEF 14A, filed with the Securities and Exchange Commission September 27, 2009.

86. Mary Ellen Carter and Luann J. Lynch, "An Examination of Executive Stock Option Repricing," *Journal of Financial Economics* 61 (2001): 207–225.

87. N. K. Chidambaran and Nagpurnanand R. Prabhala, "Executive Stock Option Repricing Internal Governance Mechanisms and Management Turnover," *Journal of Financial Economics* 69 (2003): 153–189.

88. Mary Ellen Carter and Luann J. Lynch, "The Effect of Stock Option Repricing on Employee Turnover," *Journal of Accounting and Economics* 37 (2004): 91–112.

89. Menachem Brenner, Rangarajan K. Sundaram, and David Yermack, "Altering the Terms of Executive Stock Options," *Journal of Financial Economics* 57 (2000): 103–128.

90. Don M. Chance, Raman Kumar, and Rebecca B. Todd, "The 'Repricing' of Executive Stock Options," *Journal of Financial Economics* 57 (2000): 129–154.

91. Sandra Renfro Callaghan, P. Jane Saly, and Chandra Subramaniam, "The Timing of Option Repricing," *Journal of Finance* 59 (2004): 1651–1676.

92. David F. Larcker, Allan L. McCall, and Gaizka Ormazabal, "Proxy Advisory Firms and Stock Option Repricing," *Journal of Accounting and Economics* 56 (November 2013):149–169.

93. Huseyin Gulen, and William J. O'Brien, "Option repricing, corporate governance, and the effect of shareholder empowerment," *Journal of Financial Economics* 125 (2017): 389–415.

第**10**章 财务报告与外部审计

在本章，我们考察董事会对财务报表的真实性的评估过程。财务报告的精确性之所以很重要，有下面几个原因。首先，财务报告中的信息对于资本市场的有效性、上市证券的合理估值都至关重要；其次，公司战略、商业模式及风险水平的评估取决于精确的财务报告和经营措施，内部报告数据和外部报告数据都将发挥作用；最后，董事会以实现既定财务目标的程度为基础，给予管理层与绩效挂钩的薪酬。精确的财务报告能够保证报告结果如实陈述，管理层没有因为个人私利而操纵结果。

审计委员会必须保证财务报告过程适时展开。审计委员会通过两种方式实现这一目的：第一，与管理层合作共同制定会计质量、透明度和内部控制的相关标准；第二，聘请外部审计师，检查财务报表中的重大错报。

在本章，我们讨论审计委员会的两种主要职责。首先，我们考虑审计委员会的一般责任，即监督财务报告的制定和披露过程。审计委员会应当采取什么措施保证所披露财务数据的精确性？如何降低重大错报和管理层操纵的可能性？这些措施的有效性如何？

接着，我们对外部审计师进行评估。外部审计的作用是什么？哪些预期能够实现？哪些无法实现？我们考虑了影响审计质量的不同因素，包括行业本身的结构、对审计公司的非审计服务的依赖、审计独立性、审计师轮换以及 2002 年《萨班斯-奥克斯利法案》。

➡ 10.1 审计委员会

审计委员会的职责范围很广，包括监督财务报告和披露、监督会计准则的选择、雇用外部审计师并监督其工作、监督内部审计职能以及公司的合规性、监控风险。

其中，很多职责都是证券监管法规及联邦法律规定的。例如，审计委员会对外部审计师的监督是由《萨班斯-奥克斯利法案》规定的，该法案还规定了审计委员会需要建立程序，以接受和处理有关公司会计、内部控制和审计问题的投诉（包括员工匿名意见书）。有些职责不是法律规定的，而是从历史实践中发展而来的，例如，很多公司自愿将企业风险管理工作委托给审计委员会，而这并非法律所要求的。[1]

为了保证审计委员会的工作不受管理层的影响，审计委员会必须完全由独立董事构成。此外，证券交易所要求上市公司审计委员会的所有成员都掌握一定的财务知识，而且至少有一位成员是**财务专家**（financial expert）。财务专家的定义如下：

> 财务专家是指在财务或会计部门有任职经历，获得必要的会计专业证书，或具有相当的财务方面的经历和背景，包括担任 CEO、CFO 或其他具有财务监督责任的高级管理人员。[2]

审计委员会可以聘请外部咨询顾问协助其履行职责，费用由公司承担。例如，审计委员会可以聘请一家与其外部审计不同的公司来审查其费用分配制度和其他程序。

10.2　会计质量、透明度和内部控制

审计委员会的工作始于建立指导方针，规定公司中使用的会计质量准则。**会计质量**（accounting quality）通常被定义为会计数据反映公司在报告期内的财务状况、收入和现金流变化的精确程度。[3]

外部监管者可能会认为会计质量不应该由公司自由裁量，但会计准则的规定如此。这是因为包括美国财务会计准则委员会（FASB）和国际会计准则理事会（IASB）在内的监管机构在会计准则的理解和应用方面给予了公司很大的灵活性。它们之所以这样做，是考虑到交易的估值方式以及交易成本和收入确认的时间有时是不明确的。在许多情形下，这取决于公司对会计准则的理解。例如，如果项目持续多年，公司应如何分摊成本？应该平均分摊吗？还有，公司应当积极地还是保守地确认相关收入？为了应对这些问题，不同公司会采取不同方式，会计结果也会不同。

此外，审计委员会必须建立公司的财务透明度标准。**透明度**（transparency）是指针对财务报表和其他公开文件中的账户、项目和事件，公司进行解释和补充的详细程度。透明度对于股东正确理解公司战略、经营、风险和管理业绩十分重要，也是股东对公司证券价值作出决策时需要考虑的必要因素。因此，信息透明披露对于

资本市场的有效运作至关重要。

财务透明可能会带来一定风险。当一家公司的财务透明度很高时，商业机密或专有信息可能会泄露，会置公司于不利的竞争地位。例如，竞争对手能够利用该公司所披露的与公司战略相关的信息（包括新产品推出时间、分销渠道、定价、营销和其他推广）来阻碍其获得成功。财务过于透明也会削弱一家公司的谈判优势。例如，对方可能利用公司所披露的潜在诉讼风险来获得更多筹码，使公司作出让步。基于这些原因，在建立财务报告和披露的指导方针时，审计委员会和整个董事会必须权衡财务透明的成本与收益。

最后，审计委员会负责监督公司的内部控制。《萨班斯-奥克斯利法案》第 404 条规定，管理层需要评估公司的内部控制，外部审计师则需要核实管理层的评估结果。**内部控制**（internal controls）是指为确保公司账户余额不受损失或被窃取而实施的一系列过程和程序。有效的内部控制可以被看作公司的"收银台"——通过会计系统记录收入和支出，确保公司内部资产的实际水平与其应有水平一致。

为了确保财务报表真实可信，审计委员会认为严格的内部控制是必要的。严格的控制系统有利于保护公司资产不被管理层或其他员工窃取、侵害和操纵。同时，对于监测潜在的违规行为或非法活动来说也至关重要，例如行贿行为——这一行为在 1977 年颁布的《反海外腐败法》中被认定为违法行为。[4]严格的内部控制有助于防范员工对公司账户作出不恰当的调整，以致产生伪造的结果。但是，过分关注公司内部控制也有弊端。过度控制会导致官僚主义、生产力损失、决策低效以及工作环境恶劣。因此，审计委员会必须在适度控制和过度控制之间寻求平衡。

调查数据显示，审计委员会对其履行这些职责的能力充满信心。根据毕马威和美国全国公司董事协会（National Association of Corporate Directors，NACD）所做的一项研究，绝大多数审计委员会成员认为他们能够有效监督管理层对公司会计的操纵（90％）、信息披露行为（93％）以及内部控制（87％）。大多数成员还认为他们能够有效监督内部和外部审计的职责表现（分别占 89％和 94％）。[5]

➡ 10.3 财务报告质量

公司通过实施一些控制机制来协助审计委员会，确保财务报表真实可信。公司聘请外部审计，以基于现行的会计准则检查财务报告中的重大错报。外部审计师直接向审计委员会报告调查结果，以保证审计过程不受管理层的影响。另外，公司会建立一个内部审计部门，负责检查会计处理和内部控制。根据《萨班斯-奥克斯利法案》，管理层要保证财务报告中不含误导性信息。违反会计法规的公司将受到股东和监管机构诉讼的风险。违规处罚一般是罚款，但在有些情形下，严重违规的高管将被禁止担任上市公司高管，甚至被处以刑罚。

检举者

《萨班斯-奥克斯利法案》要求公司为检举员工设置举报热线，使其能够绕过管理层直接向审计委员会报告会计违规行为。为了提高员工检举的积极性，《多德-弗兰克法案》为检举者提供了高度保护，同时规定，检举舞弊者有权获得100万美元以上的奖励或10%～30%的执法收益。截至2019年，个人检举者的最高奖励达到了5 000万美元，自2011年该项目启动以来，此类奖励累计支付超过3亿美元。SEC称，最常见的投诉涉及公司财务与披露（21%）、销售文件（13%）和财务操纵（10%）。[6]

审计委员会成员认为，会计控制是有效的。[7]Dichev，Graham，Harvey和Rajgopal（2013）通过对CFO进行调查发现，在任意时期内，约有20%的公司操纵盈余、扭曲绩效。这表明管理层经常避开内部控制以满足盈利目标。[8]其他相关研究也支持这一结论。例如，Burgstahler和Dichev（1997）研究发现，公司更愿意报告盈利上的微小增长而不太可能报告盈利上的微小减少，尽管从统计上看二者的分布无异。[9]Carslaw（1988）检验了净收入数字的从左数第二位数。他发现，0的出现频率偏高，9的出现频率偏低，这反映了公司将盈利四舍五入化为整数，以传达较好的盈利结果。[10]同样地，Malenko和Grundfest（2014）检验了每股收益，如果没有操纵发生，则4会和其他数字一样经常出现，但他们发现，4很少出现，因而认为经理很可能操纵结果以对外报告更高的每股收益金额。此外，他们还认为，存货的计价、应计项目和储备都是易被操纵的敏感项目。[11]

虽然这种行为可能有助于管理层实现短期目标，但通常不利于公司的长期发展，同时反映出公司的治理质量不佳。Bhojraj，Hribar，Picconi和McInnis（2009）研究发现，收益质量低但刚好达到预期盈利的公司，短期内其股价表现优于那些收益质量高但未实现预期盈利的公司，但在随后的三年间，这类公司往往表现不佳。Bhojraj等认为，这为"经理为达到分析师的盈利预测而进行短视决策，损害了企业的长期发展"提供了证据。[12]Kraft，Vashishtha和Venkatachalam（2018）研究发现，更频繁的财务报告（季度报告）与固定资产投资的大范围减少相关。他们还得出结论，这一结果暗示了管理者的短视行为。[13]为了减少管理层的短视行为，一些公司实施了相关政策，即不设置季度盈利目标。这些公司包括AT&T、埃克森美孚、福特汽车、迪士尼。

非公认会计原则报告

一个令人担忧的领域是，用以补充官方财务报表的非公认会计原则报告的扩散。**非公认会计原则指标**（non-GAAP metrics）——也称为核心、预估、运营或调整的结果——不包括在公认会计原则下要求的某些损益表或资产负债表项目。这些往往是非现金项目，例如重组费用、资产减值和无形资产的摊销。它们还可能包括资产出售的既得收益或损失，或公司打算持有至到期的投资或衍生品的市值变动。许多公司还剔除了与股票期权薪酬计划相关的成本。管理层可能更偏好非公认会计原则指标，因为他们认为这些项目的剔除为衡量公司在特定报告期间的业绩提供了更相关的基础。毫不奇怪，非公认会计原则下的收益往往高于公认会计原则下的收益。2003 年通过的美国证券交易委员会法规 G，要求公司将其提供的每种非公认会计原则衡量方法与最直接可比的公认会计原则财务衡量方法进行协调。[14]

一些公司特别积极地使用非公认会计原则。例如，在 2008—2014 年的 7 年时间里，威朗制药公司（Valeant Pharmaceuticals）（现为博士健康公司（Bausch Health Companies）），声称其基于非公认会计原则的累计利润是 80 亿美元，尽管其基于公认会计原则报告的净利润为零。[15]同样地，WeWork 这一办公共享公司在其债券发行文件中推广了一个名为"社区调整后 EBITDA"（Community Adjusted EBITDA）的指标，即"社区调整后息税折旧及摊销前利润"，该指标不仅剔除了利息、税收、折旧和摊销，还剔除了与大楼相关的费用，例如租金与租赁费用、公用事业费、互联网支出、大楼员工的工资，以及与拥有大楼和转租大楼相关的其他费用。根据这一指标，2017 年该公司将 9.32 亿美元的运营亏损转化为 2.33 亿美元的调整后利润。[16]

研究人员发现，非公认会计原则的使用在美国很普遍。2009 年，标准普尔 500 指数公司中仅有略多于一半的公司采用非公认会计原则报告。到 2014 年，这一比例上升到了 71%。非公认会计原则报告在所有行业都很普遍。使用非公认会计原则的公司平均剔除的项目为 3 个。[17]

Black，Christensen，Ciesielski 和 Whipple（2018）对非公认会计原则报告进行了文献综述。他们发现，在评估公司业绩时，投资者可能更关注非公认会计原则指标，而非标准的公认会计原则指标。无论是成熟的（机构）投资者还是不成熟的（个人）投资者都是如此。公司在应用非公认会计原则方面也变得更加积极，不仅剔除一次性项目（例如重组），也排除了经常性项目（例如基于股票的薪酬和无形资产的摊销）。作者发现，尽管分析师依赖于非公认会计原则指标，但他们在选择剔除项目时更有选择性，分析师的调整主要是为了降低公认会计原则的保守性。最后，他们认为美国证券交易委员会的法规（法规 G）对公认会计原则措施进行详细调整的要求，导致了更高质量的非公认会计原则披露。[18]

10.4 财务重述

如果公司发现此前公布的财务数据中存在重大错报，就会进行**财务重述**（financial

restatement）。当发现错报时，SEC 要求公司在四天内提交 8 - K 文件，要求公司进行财务重述，并提醒投资者不要再依赖此前公布的财务数据。如果错报并不重大，那么只需修改财务报表而无须重述。

根据审计质量中心的数据，每年发生 700～1 700 起财务重述事件，其中约 15％是由在美国上市的外国公司发起的。近年来，重大财务重述的数量和比例（即 8 - K 文件中所报告的）均在下降。在 2006 年的 1 800 起财务重述事件中，约有 2/3（63％）是重大的；在 2018 年的 500 起财务重述事件中，只有 25％是重大的。值得注意的是，财务重述的数量没有增加，事实上在 2008 年金融危机后的五年时间内，财务重述的数量在稳步下降。这表明与 20 世纪 90 年代末发生的会计丑闻促成 2002年《萨班斯-奥克斯利法案》的颁布不同，会计操纵并非 2008 年金融危机产生的主要原因。[19]

最常见的财务重述原因包括收入确认不当、与债务和股权融资有关的会计计量不当、不当费用的计提和准备金估计以及与应收账款、投资和现金有关的错误。（见表 10 - 1）。当财务重述导致净利润减少时，净利润减少的中值为 15％。[20]

表 10 - 1　财务重述的原因（2018 年）

错误类别	描述	频率
收入确认	与收入确认有关的错误，包括未能正确解释销售合同及处理销售退货和津贴	17％
负债和权益证券	与记录负债或权益账户相关的错误，包括转换期权的计算和金融衍生品的价值	16％
负债、应付、准备金和应计	与应计或资产负债表上负债的确认有关的错误，包括养老金债务、租赁负债、递延收入债务和其他应计	14％
应收、投资和现金	现金、应收账款、应收贷款、投资、坏账准备、应收票据和其他准备金方面的错误	12％
现金流量表	包括现金流量表中的错误，包括对经营、融资和其他投资的错误分类	12％
费用记录	包括与资产费用化或少报负债有关的错误。与工资费用或 SGA 费用有关的问题也属于这一类	11％
税费及递延费用	由与各种形式的税收义务或利益相关的错误组成，包括外国税、特殊税、税收筹划问题，以及税收与账面调整之间的差异	11％
存货、供应商和销售成本	由与影响库存、供应商关系（包括回扣）和销售成本的交易相关的错误组成。这种错误主要与存货的资本化或年末余额的估值有关	10％
递延薪酬、基于股票的薪酬或高管薪酬	包括与薪酬记录相关的错误，主要是由于期权、衍生证券或授予关键高管的权利的估值错误	8％
兼并、收购和重组	包括与兼并、收购、剥离、重组或终止经营会计问题有关的错误，包括未能正确记录项目，或未能正确重新评估与破产后重新经营有关的资产和负债	8％

续表

错误类别	描述	频率
其他	包括其他损益表项目的重述，费用资本化，租赁承诺，资产负债表分类，收益或损失确认，以及其他项目	41%

注：总和之所以不等于 100%，是因为很多重述并非仅由一个问题所致。

资料来源：Adapted from Audit Analytics, "2018 Financial Restatements：An 18 Year Comparison," (August 2019).

财务重述的发生可能是因为人为错误、会计准则的违规应用或是舞弊行为。需要对这三者进行区别，因为它们对内部控制质量和公司必须加强监督的步骤有一定的影响。例如，考虑以下三起重述事件：

● 1991 年，当发现甲骨文公司的销售收入被提前确认时，甲骨文公司对第二季度和第三季度的收入进行了重述。投资分析人士认为，销售收入被提前确认是因为管理层想要满足季度财务目标，这反过来又导致销售人员提前预订了合同。这种做法只发生在这两个季度，会计年度业绩不受时间变化的影响。

● 1999—2001 年，百时美施贵宝公司（Bristol-Myers Squilbb）使用财务激励说服批发商购买超过其实际需求的药物。最终，该公司因为"渠道填塞"（channel stuffing）减少 25 亿美元的报告收入，并缴纳罚款。

● 1998—2000 年，国际联合电脑公司（Computer Associates）的 CEO 和其他高级管理人员涉嫌篡改客户合同，并在销售记录中将销售收入的确认时间提前。当内部调查者、SEC 和 FBI 对其进行审查时，他们并没有如实相告。最终，这些人被送进监狱，其中 CEO 被判处 12 年有期徒刑。

甲骨文和百时美施贵宝等公司的以上行为是管理者的激进行为导致的，因此，公司应该改变激励计划，并实施更有效的内部控制。国际联合电脑公司的财务重述行为显然是一种舞弊行为，这种行为源于整个组织的道德崩溃。因此，该公司需要全面改革治理体系，包括更换高管成员、解雇外部审计师以及大范围更换董事会成员。

证据表明，投资者对不同程度的操纵反应不一。根据审计质量中心的调查，在公司公告重大财务重述后的两天内，股票价格下降了 2.3%，公告非重大财务重述的公司，其股价仅下降了 0.6%。因为不当收入确认而需要财务重述的公司的股价表现往往最糟糕。[21]

同样地，Palmrose，Richardson 和 Scholz（2004）研究发现，在公告财务重述后的两天内，公司股价平均下降了 9%（中值 5%）。舞弊行为、外部审计发起、上一年公司收益大幅度减少导致的财务重述会产生更严重的负面影响，股价分别下降了 20%、18% 和 14%。他们推测，舞弊行为和外部审计发起导致的财务重述将释放负面信号，由此提高投资者预期的监测成本；上一年公司收益大幅度减少造成的财务重述将导致公司修正未来的业绩目标。[22]

Badertscher，Hribar 和 Jenkins（2011）研究发现，如果高管在财务重述之前

是公司股票的净买家，那么股价对财务重述的反应不太消极，当高管是净卖家时，股价对财务重述的反应更为消极。这表明投资者会根据公司的内幕交易来判断财务重述的严重程度。[23]

| 专　栏 | 财务重述 |

Krispy Kreme 公司

2004 年 7 月，Krispy Kreme 公司宣布，SEC 正在对公司的会计实务进行非正式调查。[24]10 月，SEC 将调查转为正式调查。2005 年 1 月 4 日，由于公司在某些特许经营权处理方面存在会计差错，公司提交了 8 - K 文件，提醒投资者，公司准备进行财务重述。

公司的董事会认为，公司此前发布的截至 2004 年 2 月 1 日的年度及后三个季度的财务报告存在错误，应该进行重述，因此，这些财务报告不再可信。

调查结果显示，Krispy Kreme 公司为了增加报告收入，进行了许多不当活动。例如，公司没有支付与特许经营相关的某些项目费用，本应该被视为经营费用的项目却在资产负债表上被视作无形资产进行资本化，并称之为"重新获得特许经营权的项目"，资本化费用为 440 万美元，包括特许经营经理薪酬、特许经营费用和其他费用。另外，公司还操纵了收入账户，在一次交易中，公司在回购特许经营权之前就将设备出售给了其他特许经营商，公司将设备销售收入纳入收入项目，即所谓的"来回交易"（round-trip transaction）。该公司还将设备"卖"给没有需求的特许经营商，但设备没有被装运，而是储存在仓库中，特许经营商直到设备交付之后才付款。

调查开始之前，该公司的股价为每股 30 多美元，到 2006 年 4 月财务重述时，股价跌至每股 10 美元以下，公司董事长兼 CEO 从公司辞职。股东针对公司及高管发起了多次派生诉讼，诉讼费用高达 7 500 万美元。同时，公司的外部审计成本从 2004 会计年度的 44 万美元增加到 2006 年的 350 万美元。[25]

财务重述往往在公告日之后对公司造成负面影响。Karpoff，Lee 和 Martin（2008）研究发现，进行了重大财务重述的公司在后续交易中的估值较低，在调整财务重述对账面价值和盈利的影响后，估值依然较低。[26]Amel-Zadeh 和 Zhang（2015）研究发现，进行过财务重述的公司不太可能成为收购目标，收购要约的完成时间较长，或者收购方很可能撤回要约。他们还通过证据表明，较之于非财务重述公司而言，财务重述公司的交易价值较低。[27]其他研究证据表明，发起财务重述的公司更可能被起诉，也更容易受到其他负面影响，例如较高的高管离职率。[28]

有关证据表明，如果公司治理不善、监管控制较弱，那么公司可能发生财务重述。例如，Beasley（1996）研究发现，外部董事比例较低的公司更可能成为财务报告舞弊的主体。他还发现了其他治理特征，例如董事股权占比较低、董事任期较短以及董事事务繁忙等，都与舞弊行为有关。[29] Farber（2005）研究发现，存在舞弊行为的公司，通常外部董事较少，审计委员会会议召开次数较少，审计委员会中财务专家较少，董事长兼任 CEO 的比例较高。[30] Khanna，Kim 和 Lu（2015）研究发现，CEO 关联度——以现任 CEO 任期内任命的高管和董事的比例衡量——与更高的欺诈发生率和更低的被发现可能性正相关。[31] Correia（2014）研究发现，会计质量较低的公司在政治献金上花费更多，特别是赞助与 SEC 有紧密联系的国会议员。这些政治献金可能导致 SEC 对公司违法行为的执法力度较轻，处罚较少，因而她指出，存在金融欺诈风险的公司可能利用政治献金减少监管风险。[32]

然而，财务重述与公司治理特征是否相关，目前尚无定论。美国反虚假财务报告委员会下属的发起组织委员会对 1998—2007 年的欺诈调查进行了复审，发现欺诈行为与董事会规模、审计委员会会议频率以及有经验的董事比例无关。[33]

财务报告舞弊可能涉及行为要素。Magnan，Cormier 和 Lapointe-Antunes（2010）研究指出，高度的媒体关注和吹捧会导致 CEO 过度自信，从而使得 CEO 采取更加激进的欺诈行为却不担心被发现和责难。他们解释道："几乎所有的样本公司和公司 CEO 都是媒体或分析师的关注焦点，但也正是这些公司存在欺诈行为。在我们看来，这样的关注给予管理层更多的自信和抗压能力，导致高管自大。自大会使高管走上欺诈之路，或者导致监管者无法对公司进行有效监管。"他们建议，公司应该更多地关注 CEO 的行为表现，审计人员应谨慎评估公司的治理系统。[34] 同样地，Feng，Ge，Luo 和 Shevlin（2011）研究了 CFO 参与重大会计操纵的原因，认为 CFO 这样做是因为他们受到了来自 CEO 的压力，而不是因为潜在的个人经济利益。[35] Ham，Lang，Seybert 和 Wang（2017）研究发现，自恋型 CFO 所在公司的盈余管理频率更高，损失识别更不及时，内部控制更弱，财务重述概率更高。[36]

相反，Garrett，Hoitash 和 Prawitt（2014）研究发现，内部信任度较高的公司，其会计核算质量较高，错报较少，内部控制存在重大缺陷的可能性较低。[37]

Dyck，Morse 和 Zingales（2010）研究了 1996—2004 年的舞弊案件。他们发现，在识别舞弊行为方面，法律和监管机制（例如 SEC 和外部审计师）、财务当事人（例如股东、卖空者和分析师）比第三方低效，虽然第三方通常被认为是公司治理体系中不太重要的组成部分。第三方——公司员工、非金融市场监管机构和媒体揭露了 43％ 的舞弊事件，财务当事人揭露了 38％ 的舞弊事件，法律和监管机构仅揭露了 17％ 的舞弊事件。Dyck 等认为，第三方监督效率更高的原因有两点：员工和非金融监管机构有更多的机会获取内部信息且监督成本较低，因此更可能发现舞弊行为；媒体记者则是为了提高个人声誉而成为有效的监督者。[38]

| 专 栏 | 分权与内部控制 |

1983年，SEC专员詹姆斯·特雷德韦（James Treadway）发现财务报告舞弊公司有一个共同点，即公司组织结构为分权制结构，其原述为：

"导致公司出现舞弊行为的最重要因素就是公司的组织结构。我指的是分权制组织结构，即各部门拥有自主管理权。这种结构的目的在于激励组织成员承担相应职责、提高效率，从而增加企业利润，但分权制组织结构的弊端在于缺乏相应的问责机制。"

他指出了与财务舞弊行为相关的一些特征：

- 公司总部设置不切实际的利润目标而忽略各部门的实际情况；
- 总部对各部门施加压力，要求完成利润目标；
- 各部门认为如果不采取激进行为就无法实现利润目标；
- 总部过分关注销售和营销而忽视内部控制；
- 审计、会计和内部控制不受重视；
- 总部与各部门沟通有限。[39]

同时，部分采用分权制组织结构的公司经营得很成功。董事会成员必须权衡分权的风险与收益，并结合公司实际情况，考虑分权制组织结构是否合适。董事会不仅应当关注内部控制机制，而且应该重视无形因素，例如文化、管理质量、员工素质、员工激励、汇报和沟通机制以及潜在的机会主义行为等。与大多数治理机制一样，这些无形因素也是每个组织所特有的。

10.5 会计操纵的检测模型

研究人员和专业人士已将大量精力投入到开发检测财务报告操纵行为的工具上。这些工具不仅对审计师和审计委员会（一般是董事会）有用，而且被投资者、分析师和其他依赖财务报告的人使用。尽管在特定情形下这些工具能够预测财务重述是否会发生，但效果有限。

一种方法是基于权责发生制衡量会计质量。该方法的前提是收入和费用的确认应当以实际的发生为标准，而不是以现金收到或付出为标准，这样能更准确地衡量企业的盈利能力。权责发生制核算能够减少收付实现制核算所固有的波动性，从更标准化的角度衡量盈利。由于权责发生制比收付实现制更依赖于管理层设定，因而更容易产生操纵行为。如果管理层操纵结果，那么随着时间的推移，报告的盈利水平将逐步偏离现金流水平。权责发生制核算的盈利与现金流之间的差异（在调整会计处理过程中的典型或正常应计项目之后），称为**异常应计项目**（abnormal accruals），可能用于衡量盈余质量。

一些研究人员已经开发出利用异常应计项目预测财务重述的模型。其中一种被广泛使用的模型是由 Dechow，Sloan 和 Sweeney（1995）基于 Jones（1991）[40]模型修正并开发的。另一种是由 Beneish（1999）开发的，他的模型使用以下指标进行衡量：

- 应收账款占销售额的比重变化情况。
- 毛利率的变化情况。
- 除厂房和设备以外的其他非流动资产的变化情况。
- 销售额的变化情况。
- 相对于总资产来说，营运资本（除去折旧后）的变化情况。

Beneish（1999）利用财务重述公司和未财务重述公司的数据检验了自己的模型。他发现这些指标的大幅度变动有助于预测公司是否会财务重述，其检验结果在统计上是显著的。[41]然而，这些基于权责发生制的模型在预测未来财务重述可能性上的成功率不算太高。

GMI 评级机构（如今隶属于 MSCI）也开发了一个模型，在预测财务重述的可能性上比其他模型成功率稍高。该公司采用了会计和治理数据的复合度量方法，识别具有重述、舞弊、债务违约和诉讼等负面风险的公司。该机构计算各公司的会计与治理风险指标（AGR），指标范围是 0～100 分，低得分表示财务重述或不良结果产生的可能性更高。GMI 声称，根据其模型，在财务重述公司中，有 31％的公司得分位于最低等级，只有 3.1％的公司得分位于最高等级。此外，它声称，"相对于低风险公司，高风险公司更可能面临财务重述，利用该模型计算得出的重述概率与实际相当"。[42]

独立测试已经证实，GMI 评级模型具备一定的预测能力。Price，Sharp 和 Wood（2011）研究发现，在检测财务错报上，AGR 指标比前文提及的基于权责发生制建立的模型更有效。[43]Correia（2014）的研究也证实了这一结论。二者在统计上的差异十分微小。此外，两种模型的精确度相对较低，不超过 10％。[44]

最后，证据表明，增加基于语言的分析可以提高权责发生制模型的预测能力。Larcker 和 Zakolyukina（2012）研究了季度收益电话会议的问答部分。他们发现，某些语言倾向与未来财务重述相关：

- CEO 很少自我引用（亦即，他们很少使用代词"我"）。
- 他们更可能使用非人称代词（例如"任何人""没有人""每个人"）。
- 他们更常引用基本知识（例如"你们知道的"）。
- 他们更容易表达强烈的积极情绪（"极好的"而非"好的"）。
- 他们更少表达极端的负面情绪。
- 他们的语言中表现出更少的不确定性。
- 他们更少考虑股东价值。

使用这些信息后，模型的预测能力比权责发生制模型更好。因而他们得出结论："在评估财务报告质量时，研究人员对语言进行分析是有意义的。"[45]然而，这类研究仍处于起步阶段。

➡ 10.6　外部审计

外部审计（external audit）的职责在于评估财务报告信息的有效性和可靠性。股东依靠财务报表来评估公司业绩，并确定证券的公允价值。由于这些信息是由公司管理层提供的，因此股东期望有一个独立的第三方为信息的可靠性作出保证，即公司财务报表还需要进行外部审计。

外部审计流程如下[46]：

1. 审计准备——外部审计应考虑企业所处行业、业务性质以及企业的组织结构和流程。在审计之前，外部审计师和审计委员会应就审计范围进行讨论和确定。外部审计师应该运用自身的专业知识判断如何最好地实施审计程序，包括识别需要特别关注的领域、评估企业的会计环境、评估财务预测及管理层陈述的合理性，并对公司运用的会计原则和披露的充分性作出判断。

2. 审查会计估计和会计披露——在审查时，外部审计师采用抽样评估方法，最关注的项目是存在重大错报风险的项目，通常包括：

- 收入确认。
- 重组费用。
- 长期资产减值。
- 投资。
- 商誉。
- 折旧和摊销。
- 损失准备金。
- 回购义务。
- 存货储备。
- 坏账准备。[47]

在确定会计估计的合理性时，外部审计师对估计流程进行审查和测试，并独立计算出相应的估计值，回顾相关的交易或事件以便进一步比较。外部审计师还应评估关键因素和重要假设，以及容易受到管理认知影响的主观因素。

3. 评估舞弊——审计的主要目标在于检测财务报告的有效性和可靠性。外部审计师并不特别区分错报是无意的还是有意的（舞弊），但公众股东和许多董事会成员都希望外部审计师能够根除舞弊行为。审计准则鼓励外部审计师使用"职业怀疑"，判断公司内是否存在舞弊行为。[48]在审计范围内，外部审计师对管理层的激励和压力进行评估，同时，他们还审查舞弊产生的机会。尽管与公众期望不符，但识别舞弊行为并不是审计的首要目标。[49]

4. 评价内部控制——根据《萨班斯-奥克斯利法案》的第 404 条，外部审计师必须对公司的内部控制进行评价。[50]外部审计师应评估公司层面的控制机制、风险管理控制、重要账户及其披露、会计估计过程以及协助估计的外部专家的工作。为了找出可能导致重大错报的内部控制缺陷，外部审计师应该特别关注重大或异常交易、期末调整事项、关联交易、重大会计估计、可能导致管理层操纵财务结果的不当激励等。2018 年，约 6％的公司被外部审计师评价为内部控制较差。[51]

5. 与审计委员会沟通——外部审计师与审计委员会讨论其审查结果，其中包括评估公司运用会计准则的一致性、财务报告的清晰性和完整性以及披露的质量和完整性，尤其需要关注的是会计政策的变化、估计的适当性、特殊交易以及重大项目的时机。外部审计师可以直接向审计委员会报告，也可以与 CFO 及公司其他员工沟通和讨论其审查结果。

6. 发布审计意见——外部审计的最终目的在于对公司财务是否充分遵守了会计准则发布意见。如果外部审计师认为没有充分证据证明财务报告存在重大错报，那么应对该公司的年度财务报表出具**无保留意见**（unqualified opinion），或者外部审计师出具**保留意见**（qualified opinion）并解释原因。无保留意见通常认为，"财务报表公允地反映了某一会计年度内公司的财务状况、经营成果和现金流量，并遵守了美国一般公认会计原则"。外部审计师还认为应当关注公司能否**持续经营**（going concern）并获利。外部审计师出具保留意见、反对意见或者无法表示意见的情况很少。[52]

总之，外部审计师不对财务报表的数据或准确性负责，而是通过对管理和财务报告程序进行审查，来降低财务报表的重大错报风险。董事会及股东期望外部审计师发现所有重大错报和舞弊行为，但受限于审计过程，这是不切实际的期望。

根据审计分析公司（Audit Analytics）的数据，罗素 3000 指数公司的审计费用占公司收入约为 0.1％。[53]审计费用仅是用来确保财务报告和内部控制的完整性的总成本的一部分。一个完整的评估应包括审计委员会及内部审计部门的增量成本以及财务、会计和法律部门在报告相关问题上所花费的时间。

专栏　　舞弊与外部审计师

南方保健公司

在第 1 章我们提到了南方保健公司，其 CEO 理查德和其他高管声称在 1999—2002 年公司收益超过 14 亿美元，被指控为夸大收益。2003 年，他们的舞弊事件败露，外界人士对该公司聘用超过 10 年的安永会计师事务所未能查出舞弊行为表示愤慨。委员会中一名成员代表美国国会调查该事件后宣称："在审计职责方面，安永会计师事务所严重渎职。"[54]

安永为自己的行为辩护道："当个人决定犯罪时……人们不能期望审计师发现罪

行……南方保健公司的舞弊和金融诈骗公然辜负了投资者的信任，安永却成为众矢之的。"[55]要知道审计师在查找重大错报时，南方保健公司的管理层是通过调整审计师不可能检查的小额账户（收入账户金额不高于 5 000 美元）来实施舞弊的。虽然每一项调整都不大，但积累起来造成了收益的重大错报。为了满足季度盈利目标，管理人员每季度不得不进行120 000 次舞弊调整。[56]根据安永的说法，南方保健公司的会计人员对利润表和资产负债表设计了假账，以避免外部审计师发现舞弊。[57]安永声称，其审计师遵循了适当的审计程序，但"南方保健公司提供的是虚假信息，这是一场专门设计的用以防范审计的犯罪阴谋"。[58]

尽管如此，南方保健公司的股东还是起诉了安永，并声称该公司有意默许管理层的舞弊行为，并纵容其提前确认部分收入，以获得更多的非审计相关业务。[59]安永最终赔偿 1.09 亿美元。[60]

10.7　审计质量

考虑到外部审计的重要性，我们应该特别关注可能影响审计质量的因素。这些因素包括主要审计公司之间的合并、审计师同时提供审计和非审计服务是否合适、审计公司的员工兼任客户公司的高级金融分析师是否存在冲突，以及审计师轮换如何影响审计质量等。我们会在本章的余下部分进行相关讨论。

10.8　审计行业

审计行业集中度较高，主要包括德勤、安永、毕马威、普华永道四家会计师事务所，称为"四大"（Big Four）会计师事务所。美国大型公司 98％的审计业务均由四大会计师事务所处理，四大会计师事务所的审计和审计相关服务的收入占行业总收入的 94％。[61]除了"四大"，审计行业还包括一些中型会计师事务所，例如致同会计师事务所、BDO Seidman 以及处理当地业务的几千家小型会计师事务所。

20 世纪 80 年代末有八大会计师事务所，但在随后几年，几家会计师事务所进行了合并（见图 10-1）。

审计行业集中度较高的原因如下。首先，会计师事务所的规模应与国际公司的规模匹配。随着企业在全球范围扩张，企业需要更大和更有经验的会计师事务所来解决复杂的问题，这些会计师事务所具备处理复杂国际审计业务的能力。为了支持全球性的审计业务，公司会扩大对信息技术系统的投资。其次，由于审计公司对其客户的会计系统有深入的了解，因此客户也会聘请它们提供非审计服务，包括税务

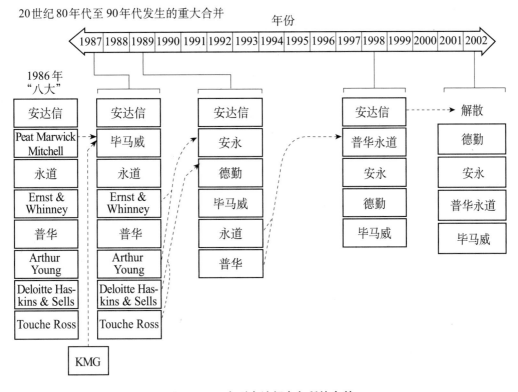

图 10 - 1　大型会计师事务所的合并

注：2002 年，司法部门以毁坏与安然公司有关的审计材料，妨碍司法公正起诉安达信，后来判决安达信会计师事务所有罪。安达信失去了 SEC 许可证，被迫解散。2005 年，美国最高法院以程序法原因推翻了原判决。然而，这对于拯救这家会计师事务所来说太晚了。

资料来源：U. S. Government Accountability Office, "Audits of Public Companies: Continued Concentration in Audit Market for Large Public Companies Does Not Call for Immediate Action," GAO - 08 - 163.

代理、咨询、信息技术系统等，这有助于审计公司的规模扩大和全球扩张。再次，审计师受到严格的法律审查。大公司有能力支付大额罚金，从而幸存；小公司无力支付，最终破产。例如，1992—2014 年四大会计师事务所在法律案件中共支付了 62 亿美元。[62]

大多数国家要求审计公司由注册审计师所有并管理。因此，"四大"并非由 CEO 管理并由董事会监督的公司。相反，"四大"包含许多分公司，分别在不同地区经营。[63]这些分公司得益于"四大"的声誉和全球资源，但必须深入了解特定国家的具体法规、会计准则和商业惯例。作为跨国公司，这种结构不仅能够满足不同地方的特定需求，而且能够保持规模经济，使"四大"在全球范围内保持竞争力。这也意味着在大多数时候，如果"四大"被股东或监管部门起诉，那么诉讼对象仅为当地分公司。[64]

"四大"拥有极高的市场占有率，这是否会导致竞争减少和审计质量降低？关于此话题的争论一直存在。2008 年，美国审计总署（Government Accountability

Office，GAO）对此进行了研究，但未能发现审计行业集中和反竞争行为之间存在直接联系。然而在此研究中，60％的大型公司认为没有足够数量的审计服务公司供其选择，较小的公司则没有发现此类问题，75％的小型公司认为审计公司的数量已经足够。受访公司还表示，尽管近年来审计费用和相关服务费用显著增加，但它们不认为原因在于反竞争行为，相反，它们认为，审计费用的增加与公司受到更严格的监管（包括《萨班斯-奥克斯利法案》）、审计范围扩大以及招聘、培训和留住优秀人才的成本相关。

GAO（2008）进一步检验了"四大"分割成更小公司以增强市场竞争和选择的可能性。尽管大型公司的高管认同审计行业集中度太高将导致公司选择不足，但对分割"四大"也表示担忧，因为被迫分割后，四大会计师事务所拥有的专业知识和技能将下降，审计质量也会受到一定的影响。[65]

四大会计师事务所能否比其他会计师事务所提供更高质量的审计服务？这一研究尚无定论。Palmrose（1988），Khurana 和 Raman（2004）的研究为"四大"的审计服务质量更高这一结论提供了积极证据，即"四大"面临的诉讼风险较低。[66]然而，Lawrence，Minutti-Meza 和 Zhang（2011）研究发现，"四大"与非"四大"在会计服务质量和客户的权益资本成本方面并无显著差异。[67]以上关于"四大"和非"四大"的比较研究有一定的局限性，因为研究样本只包括中小型公司而缺少大型公司，大型公司的规模庞大，业务相对复杂，只能由"四大"进行审计。

最后，人们担心四大会计师事务所是否过于依赖非审计相关服务来获取收入，以及这些服务是否存在可能会损害其审计服务质量的利益冲突。在最近5年里，这些公司的建议与咨询服务的总收入增长了44％，而审计服务的总收入仅增长了3％。"四大"现在超过一半的收入（54％）来自非审计服务。[68]

为了降低发生冲突的可能性，2002年《萨班斯-奥克斯利法案》禁止审计师向其审计客户提供某些非审计服务（但他们可以向非审计客户提供这些服务）。几乎没有经验证据支持这一限制可以提高审计质量。[69]

10.9 《萨班斯-奥克斯利法案》的影响

在美国，审计行业历来是自主监管的。多年来，审计准则由美国注册会计师协会（AICPA）制定。这些准则称为公认审计准则（generally accepted auditing standards，GAAS），其规定了审计人员的专业和道德准则。在2001年和2002年安然、世通等公司的会计丑闻被揭发后，国会领导人认为有必要进一步规范审计行业，以增强投资者对财务报告的信心。[70]

因此，美国政府于2002年通过了《萨班斯-奥克斯利法案》。《萨班斯-奥克斯利法案》规定成立美国公众公司会计监督委员会（Public Company Accounting Oversight

Board，PCAOB）来规范审计行业。在《萨班斯-奥克斯利法案》颁布之前，审计公司每三年进行一次同行审查，由外部会计师检查其是否遵守了会计和审计质量控制体系。但是，同行评审制度存在一定缺陷，即审查力度取决于行业的自我管理，而且审查仅限于检查控制系统，没有检查审计公司的全部业务范围。[71]因此，这种制度随后被取代，审计师需要在公共监管机构即 PCAOB 注册，PCAOB 对大型会计师事务所每年检查一次，对小型会计师事务所每三年检查一次。PCAOB 审查与同行审查的不同之处在于：

● PCAOB 基于风险检验而构建（审查主体是那些很可能存在重大漏报或错报的会计师事务所）。

● PCAOB 审查审计公司可能违反审计准则或《萨班斯-奥克斯利法案》所涉的任何业务活动，审查范围进一步扩大。

● PCAOB "自上而下"进行检查（企业管理层对遵守法规的态度）。[72]

当 PCAOB 发现违规行为时，有权采取处分措施。除了检查权和执法权之外，PCAOB 还有权制定审计准则。在《萨班斯-奥克斯利法案》通过后，虽然 PCAOB 拟定了自己的审计标准，但它仍采用美国注册会计师协会制定的审计准则。[73]

有少量证据表明，PCAOB 的成立提高了审计质量。Carcello，Hollingsworth 和 Mastrolia（2011）发现的一些证据表明，PCAOB 对四大会计师事务所进行前两次检查后，它们的审计质量有所改善。[74]Lamoreaux（2016）研究发现，受 PCAOB 检查的审计师的审计质量更高，他们以提供持续经营不确定性审计意见、关注所涉报告的重大缺陷和盈余管理作为审计质量的测评维度。[75]DeFond 和 Lennox（2017）研究发现，PCAOB 的检查提高了内部控制审计的质量，但也提高了审计成本。[76]

《萨班斯-奥克斯利法案》还制定了相关措施，以减少审计师与客户之间的潜在利益冲突。该法案第 201 条规定，禁止审计师为审计客户提供非审计服务，包括记账、设计财务信息系统、发表公允意见以及其他评估和精算工作。这些措施的目的在于使审计师不必面对管理层的压力，无须费力维持可获利的咨询关系及担心相关资源损失，由此外部审计师的独立性大大提高。

如上文所述，几乎没有研究证据表明，限制会计师事务所提供非审计相关服务可以提高审计质量。有趣的是，早在《萨班斯-奥克斯利法案》通过之前，就已经有很多关于这个问题的研究。Romano（2005）对相关研究进行了文献综述，得出一致结论，发现市场因素（例如信誉担忧和争夺客户资源）能阻止审计师利用其职位从非审计服务中获得其他收入。[77]她说，美国国会在针对《萨班斯-奥克斯利法案》第201 条进行辩论时，基本上没有参考相关研究。国会辩论仅引用了一个研究结论，当时这个结论在很大程度上被证明是错误的。[78]即使学者和专业人士对其有深入了解，也没有人提出反对意见。Romano 将这种故意的无知归咎于匆忙应对安然倒闭的结果。她的结论是，《萨班斯-奥克斯利法案》中与治理相关的条款应该是可选的。[79]

　　然而，这并不是说《萨班斯-奥克斯利法案》不好。为了提高财务报告质量，《萨班斯-奥克斯利法案》集合了各方力量，包括内外部审计师、审计委员会成员、管理人员和股东等。

　　这些变化产生了相当大的成本。根据审计分析公司的调查，在《萨班斯-奥克斯利法案》制定后，遵循该法案的 3 000 家公司的审计成本在两年内几乎翻了一番，远超预期。[80]Maher 和 Weiss（2010）研究发现，在《萨班斯-奥克斯利法案》实施的四年内，遵循该法案的公司平均费用是每年 130 万～300 万美元。然而，SEC 对审计费用的初始估计仅为 9.1 万美元。[81]由于审计和内部控制的复杂性，金融机构在审计成本上的增幅最大。此外，相比于大型公司，小型公司的成本更高，因为它们的外部审计费用在固定成本中占较大比例（相对于收入而言）。致同会计师事务所调查发现，合规成本增加是内部审计部门的最大担忧。[82]

　　《萨班斯-奥克斯利法案》制定十多年后，其对成本收益的影响尚不明确。基于一项对 2 901 家公司内部人士的调查，Alexander，Bauguess，Bernile，Lee 和 Mari-etta-Westberg（2013）研究发现，80％的受访者认为该法案带来了一定好处，包括对公司内部控制的积极影响（73％）、审计委员会对内部控制的信心提高（71％）、财务报告质量提高（48％）以及防止和检测舞弊的能力提高（47％），但是大多数公司认为这些益处仍然难以弥补其成本。[83]

　　Coates 和 Srinivasan（2014）对《萨班斯-奥克斯利法案》的影响进行了综合述评。他们发现，法案通过后财务报告的质量得到改善，初始合规成本不断上升，在达到峰值后开始稳步下降。他们进一步发现，小型公司的直接成本持续大幅下降。另外，他们也注意到了一些间接成本，例如小型企业公开上市的数量的减少和企业投资的下降，但他们不能准确地衡量这些间接成本的大小以及《萨班斯-奥克斯利法案》对此的影响效应。他们认为《萨班斯-奥克斯利法案》的成本收益孰轻孰重尚不明确。[84]

　　2012 年，美国国会颁布了《创业企业快速启动法案》（《JOBS 法案》），以减轻创业公司筹集公共资本的监管负担。除此之外，《JOBS 法案》允许"新兴成长型公司"（年收入少于 10 亿美元的公司）在采用符合《萨班斯-奥克斯利法案》第 404（b）条规定的控制环境之前提交 IPO 申请，并在 IPO 后 5 年内不受第 404（b）条限制。研究证据和调查数据都表明，《JOBS 法案》在促进小型初创公司 IPO 方面是有效的，主要是降低上市的合规成本。[85]

➡ 10.10　担任 CFO 的外部审计师

　　一家公司可能会发现，聘请外部审计师到公司任职是有益处的，无论是到财务、会计、内部审计还是风险管理部门任职，都是如此。聘请一位前审计师有若干优点。首先，他们熟悉公司业务、内部操作和审计程序；其次，他们了解公司其他员工，很有可能与其保持良好关系；最后，公司有机会利用他们的工作风格、掌握的知识和专业技能。因此，聘请一位前审计师可以使公司受益于较低的培训成本和更可靠的文化适应。

但是，聘请一位前审计师也有潜在缺点。这些人可能会由于对之前会计师事务所的忠诚而不太愿意挑战其工作。此外，一名前审计师充分了解该公司的内部控制程序，更有可能躲避监管、实施操纵，因此，该公司可能更容易出现舞弊行为。为了解决这些问题，《萨班斯-奥克斯利法案》要求前审计师在"冷却期"后才可以为前客户工作，冷却期为一年。[86]

一些研究证据表明，当公司雇用前审计师后，其审计质量会下降。Dowdell 和 Krishnan（2004）研究发现，公司在聘用前审计师担任 CFO 后，盈利质量将降低。此外，他们还发现，冷却期的设置并没有提高盈利质量。审计师是不是在离开会计师事务所一年后被聘用，对于盈利质量下降程度来说没有实质性的不同。[87]

然而，其他研究没有显著证据表明聘请前审计团队成员会导致盈利质量下降。Geiger，North 和 O'Connell（2005）研究了 1989—1999 年的 1 100 多名财务高管（包括 CFO、内部控制人、财务副总监或首席会计师），其中 10% 来自外部审计公司。他们比较了这一群体与另外三个对照组的盈利质量，对照组分别是：（1）高管被公司录用前没有担任过审计师；（2）高管被录用前不是公司目前的审计公司的员工；（3）公司没有对外招聘而是留任现有的财务高管。他们发现，没有证据表明雇用来源会对盈利质量产生影响。他们的结论是，虽然"最近一些失败的上市公司中有所谓'旋转门'员工……但是，这种招聘方式与过度盈余管理之间似乎没有相关性"。[88]

同样地，Bird，Ho，Li 和 Ruchti（2015）调查了标准普尔 1500 指数公司的会计专业人员的就业历史，发现从公共会计师事务所聘用的人员在会计部门占比较大的公司，其财务错报更少，盈余质量更高。[89] 这表明他们的会计专业知识带来的好处超过了聘用他们的风险。

也就是说，即使公司雇用前审计师担任财务高管可能会有潜在风险（例如南方保健公司），但没有足够的证据表明这种做法会损害公司审计质量。

10.11 审计师轮换

相关学者建议公司定期轮换外部审计师，以确保其独立性和减少舞弊风险。这种做法的支持者认为，随着时间的推移，审计公司在审查同一账户时会变得麻木，新的审计公司可以为审计程序带来新的视角。此外，他们认为，如果审计团队成员与公司员工发展个人关系，将进一步降低他们的独立性。轮换审计公司或审计项目合伙人正是为了消除这些潜在的不利影响。但是，批评者对此进行了辩驳，他们认为更换审计公司或审计项目合伙人的成本过高，因为新的审计团队必须从头开始学习公司的政策和程序，这个过程通常耗时很久，也会降低审计质量。

在许多国家，监管机构倾向于认为审计师轮换是有利的。例如，《萨班斯-奥克斯利法案》要求审计公司在对所有上市公司进行审计时，每 5 年轮换关键项目合伙人。[90] 该法案并不强制要求公司定期更换审计公司。然而，部分国家有这样的规定。例如，意大利、巴西和韩国要求所有上市公司定期轮换审计公司；在印度和新加坡，只对国内银行和某些保险公司要求强制轮换审计公司；澳大利亚、西班牙和加拿大曾强制要求轮换审计公司，但最终取消了该项规定。

实证研究表明，审计师轮换很可能不会提高审计质量。Cameran，Merlotti 和 Di Vincenzo （2005） 对 26 份监管报告和 25 项针对审计师轮换的实证研究进行了综述。[91] 22 份监管报告认为，轮换的成本超出了收益；25 项实证研究中有 19 项不支持强制轮换。[92] Gerakos 和 Syverson （2015） 估计，如果要求每 10 年轮换一次，则美国强制轮换审计公司的成本为 27 亿美元，如果要求每 4 年轮换一次，则相应的成本为 50 亿美元。[93]

Bell，Causholli 和 Knechel （2015） 研究发现，在上市公司中，聘请同一名审计师的时间越长，审计质量就越高，这强调了随着时间的推移积累的信息效益。[94]

当然，有些公司可以通过正常的业务流程更换外部审计师。[95] 这种类型的公司可能已经发展到一定规模或公司业务复杂，需要更专业的或地域范围更广的审计公司，或者这些公司可能只是对当前审计公司提供的服务或索取的费用不满。如果公司决定更换外部审计，那么这一做法称为**解雇**（dismissal）。投资者关注解雇，可能是因为该公司正在寻求其他审计师支持自己的会计处理，来满足自身的财务报告需要，即**购买审计意见**（opinion shopping）。另外，审计师也可以向客户公司提出**辞职**（resignation）。对投资者而言，审计师辞职可能比解雇更加麻烦，因为审计师辞职更可能表明审计师与公司在会计准则运用、信息披露或公司内部控制的重大缺陷上存在分歧。如果外部审计师发现公司存在重大错报或舞弊行为，那么审计师可以自由决定辞职，或者就账户变化与管理人员继续进行沟通。不过，在此情形下，无论是解雇审计师，还是审计师辞职，都表明公司在治理监督方面存在缺陷。

公司更换审计师，必须向 SEC 提交 8-K 文件并进行公开披露。在文件中，公司应该说明更换审计师的原因。相应地，审计公司须报告其是否同意更换审计师的原因，还应就公司的内部控制或财务报告的可靠性发表意见。[96]

正如我们所预料的那样，市场对审计师辞职反应消极。Shu （2000） 研究发现，如果公司解雇外部审计师，那么公司股价不会下跌，但是，如果外部审计师主动提出辞职，那么公司股价将明显下跌，这是因为股东认为外部审计师辞职意味着公司未来收益可能会下降，或者公司可能面临财务重述风险。[97]Whisenant，San-karaguruswamy 和 Raghunandan（2003）研究得出了类似结论，当外部审计师因质疑财务报表的可靠性而非公司存在内部控制缺陷而终止审计业务时，市场将作出消极反应。他们推测，当审计师因对财务报表的可靠性产生疑问而终止审计业务时，会向投资者发出预警信号，而当公司内部控制有缺陷时，市场则难以对其作出精确反应。[98]

注　释

1. Under Sarbanes–Oxley, the audit committee is required to oversee the risks associated with internal controls and the preparation of financial statements but not to oversee enterprise risk management, as defined in Chapter 6.

2. Cited in: Diane E. Ambler, Lorraine Massaro, Kristen Larkin Stewart, and Jeffrey W. Acre, *Sarbanes-Oxley Act: Planning & Compliance* (New York: Aspen Publishers, 2006).

3. Considerable disagreement exists among academics regarding how to measure accounting quality. Dechow and Schrand (2004) measured earnings quality in terms of the precision with which business operating performance is reported. This approach is consistent with a view that large noncash accruals denote low-quality earnings, in that earnings diverge from reported cash flows. Francis, Schipper, and Vincent (2003) measured earnings quality in terms of the precision with which the change in corporate value is reported. This view prescribes that the earnings should reflect the change in the market value of the balance sheet during a reporting period. The American Accounting Association (2002) takes a holistic assessment of earnings quality, including operating results; balance sheet valuation; earnings management; and the perspectives of external auditors, analysts, and international organizations. See Patricia M. Dechow, and Catherine M. Schrand, "Earnings Quality," Research Foundation of CFA Institute (2004); Jennifer Francis, Katherine Schipper, and Linda Vincent, "The Relative and Incremental Explanatory Power of Earnings and Alternative (to Earnings) Performance Measures for Returns," *Contemporary Accounting Research* 20 (2003): 121–164; *Accounting Review Conference* (January 24–26, 2002); and a special issue of *Accounting Review* (Volume 77, Supplement 2002), edited by Katherine Schipper.

4. See David F. Larcker and Brian Tayan, "Baker Hughes: Foreign Corrupt Practices Act," Stanford Graduate School of Business Case No. CG-18 (August 31, 2010).

5. Audit Committee Institute, "The Audit Committee Journey, Recalibrating for the New Normal. 2009 Public Company Audit Committee Member Survey," KPMG and the National Association of Corporate Directors (NACD) (2009).

6. U.S. Securities and Exchange Commission, "2019 Annual Report to Congress on the Dodd–Frank Whistleblower Program," (May 1, 2020). Accessed March 21, 2017. See www.sec.gov/files/sec-2019-annual-report-whistleblower-program.pdf.

7. Audit Committee Institute (2009).

8. Ilia D. Dichev, John R. Graham, Campbell R. Harvey, and Shivaram Rajgopal, "Earnings Quality: Evidence from the Field," *Journal of Accounting and Economics* 56 (2013): 1–33.

9. David Burgstahler and Ilia Dichev, "Earnings Management to Avoid Earnings Decreases and Losses," *Journal of Accounting and Economics* 24 (1997): 99–126.

10. Charles A. P. N. Carslaw, "Anomalies in Income Numbers: Evidence of Goal-Oriented Behavior," *Accounting Review* 63 (1988): 321–327.

11. Nadya Malenko and Joseph Grundfest, "Quadrophobia: Strategic Rounding of EPS Data," Rock Center for Corporate Governance at Stanford University Working Paper No. 65; Stanford Law and Economics Olin Working Paper No. 388, *Social Science Research Network* (July 2014). Accessed May 5, 2015. See https://ssrn.com/abstract=1474668.

12. Sanjeev Bhojraj, Paul Hribar, Marc Picconi, and John McInnis, "Making Sense of Cents: An Examination of Firms That Marginally Miss or Beat Analyst Forecasts," *Journal of Finance* 64 (2009): 2361–2388.

13. Arthur G. Kraft, Raul Vashishtha, and Mohan Venkatachalam, "Frequent Financial Reporting and Managerial Myopia," *Accounting Review* 93 (2018): 249–75.

14. U. S. Securities and Exchange Commission, "Final Rule – Conditions for Use of Non-GAAP Financial measures," 17 CFR PA RTS 228, 229, 244 and 249 [Release No. 33-8176; 34-47226; FR-65; FILE NO. S7-43-02] RIN 3235-A 169. Accessed March 9, 2020. See www.sec.gov/rules/final/33-8176.htm.

15. David F. Larcker and Brian Tayan, "CEO Pay at Valeant: Does Extreme Compensation Create Extreme Risk?" Stanford Closer Look Series (April 28, 2016). See www.gsb.stanford.edu/sites/gsb/files/publication-pdf/cgri-closer-look-56-ceo-pay-valeant-extreme-pay-risk.pdf.

16. Sam Goldfarb, "WeWork's Bond Sale Raises $702 Million," *Wall Street Journal Online* (April 25, 2018). Accessed March 9, 2020. See www.wsj.com/articles/wework-raises-702-million-with-first-bond-sale-1524690190; and Alison Griswold, "Get Ready for Some Creative Accounting in WeWork's IPO Filing," *Quartz* (August 13, 2019. Accessed August 30, 2019; see https://qz.com/1685919/wework-ipo-community-adjusted-ebitda-and-other-metrics-to-watch-for/, and see Alex Wilhelm, "WeWork Files Its S-1: The Big Numbers," Crunchbase.com (November 22, 2019). Accessed March 9, 2020. See https://news.crunchbase.com/news/wework-files-its-s-1-the-big-numbers/.

17. Dirk E. Black, Theodore E. Christensen, Jack T. Ciesielski, and Benjamin C. Whipple, "Non-GAAP Reporting: Evidence from Academia and Current Practice," *Journal of Business Finance & Accounting* 45 (2018): 259–94.

18. Ibid.

19. Audit Analytics, "2018 Financial Restatements: An 18 Year Comparison" (August 2019). Accessed February 14, 2020. See www.auditanalytics.com/.

20. Susan Scholz, "Financial Statement Trends in the U.S.: 2003–2012," Center for Audit Quality (2014).

21. Ibid.

22. Zoe-Vonna Palmrose, Vernon J. Richardson, and Susan Scholz, "Determinants of Market Reactions to Restatement Announcements," *Journal of Accounting and Economics* 37 (2004): 59.

23. Brad A. Badertscher. Paul Hribar, and Nicole Thorne Jenkins, "Informed Trading and the Market Reaction to Accounting Restatements," *Accounting Review* 86 (2011): 1519–1547.

24. The information in this sidebar is adapted with permission from Madhav Rajan and Brian Tayan, "Financial Restatements: Methods Companies Use to Distort Financial Performance," Stanford GSB Case No. A-198 (June 10, 2008). See Krispy Kreme Doughnuts, Forms 8-K, filed with the Securities and Exchange Commission July 30, 2004; October 10, 2004; January 4, 2005; and August 10, 2005.

25. Krispy Kreme Doughnuts, Form 10-K, filed with the Securities and Exchange Commission October 31, 2006 and Form DEF 14A, filed April 14, 2004, and April 28, 2006.

26. Jonathan M. Karpoff, D. Scott Lee, and Gerald S, Martin, "The Cost to Firms of Cooking the Books," *Journal of Financial and Quantitative Analysis* 43 (2008): 581–611.

27. Amir Amel-Zadeh and Yuan Zhang, "The Economic Consequences of Financial Restatements: Evidence from the Market for Corporate Control," *Accounting Review* 90 (2015): 1–29.

28. Daniel Bradley, Brandon N. Cline, and Qin Lian, "Class Action Lawsuits and Executive Stock Option Exercise," *Journal of Corporate Finance* 27 (2014): 157–172; also see Hemang Desai, Chris E. Hogan, and Michael S. Wilkins, "The Reputational Penalty for Aggressive Accounting: Earnings Restatements and Management Turnover," *Accounting Review* 81 (2006): 83–112.

29. Mark S. Beasley, "An Empirical Analysis of the Relation between the Board of Director Composition and Financial Statement Fraud," *Accounting Review* 7 (1996): 443–465.

30. David B. Farber, "Restoring Trust after Fraud: Does Corporate Governance Matter?" *Accounting Review* 80 (2005): 539–561.

31. Vikramaditya Khanna, E. Han Kim, and Yao Lu (2015) found that organizational fraud increases and the likelihood of its detection decreases when the CEO has appointed a large fraction of board members and senior executives. See Vikramaditya Khanna, E. Han Kim, and Yao, "CEO Connectedness and Corporate Fraud" *The Journal of Finance* 70 (2015): 1203–1252.

32. Maria M. Correia, "Political Connections and SEC Enforcement," *Journal of Accounting and Economics* 57 (2014): 241–262.

33. Mark S. Beasley, Joseph V. Carcello, Dana R. Hermanson, and Terry L. Neal, "Fraudulent Financial Reporting 1998–2007: An Analysis of U.S. Public Companies," Committee of Sponsoring Organizations of the Treadway Commissions (May 2010). Accessed November 13, 2010. See www.aicpastore.com/°/InternalControls/COSO/PRDOVR~PC-990023HI/PC-990023HI.jsp.

34. Michel Magnan, Denis Cormier, and Pascale Lapointe-Antunes, "Like Moths Attracted to Flames: Managerial Hubris and Financial Reporting Fraud," CAAA Annual Conference 2010, *Social Science Research Network* (2010). Accessed May 5, 2015. See https://ssrn.com/abstract=1531786.

35. Mei Feng, Weili Ge, Shuqing Luo, and Terry Shevlin, "Why Do CFOs Become Involved in Material Accounting Manipulations?" *Journal of Accounting and Economics* 51 (2011): 21–36.

36. Charles Ham, Mark Lang, Nicholas Seybert, and Sean Wang, "CFO Narcissism and Financial Reporting Quality," *Journal of Accounting Research* 55 (2017) 1089–1135.

37. Jace Garrett, Rani Hoitash, and Douglas F. Prawitt, "Trust and Financial Reporting Quality," *Journal of Accounting Research* 52 (2014): 1087–1125.

38. Alexander Dyck, Adair Morse, and Luigi Zingales, "Who Blows the Whistle on Corporate Fraud?" *Journal of Finance* 65 (2010): 2213–2253.

39. Paraphrased SEC Commissioner James C. Treadway remarks made to the American Society of Corporate Secretaries, Inc., in Cleveland, Ohio, on April 13, 1983, titled "Are 'Cooked Books' a Failure of Corporate Governance?"

40. Patricia M. Dechow, Richard G. Sloan, and Amy P. Sweeney, "Detecting Earnings Management," *Accounting Review* 70 (1995): 193–225. Also see Jennifer J. Jones, "Earnings Management during Import Relief Investigations," *Journal of Accounting Research* 29 (1991): 193–228.

41. Other ratios in the analysis were not shown to have predictive power. These included leverage growth, the rate of change in depreciation, and changes in SG&A as a percent of sales. See Messod D. Beneish, "The Detection of Earnings Manipulation," *Financial Analysts Journal* 55 (1999): 24–36.

42. GMI Ratings, "The GMI Ratings AGR Model: Measuring Accounting and Governance Risk in Public Corporations" (2013). Accessed February 26, 2015. See www.msci.com/esg-investing.

43. Richard A. Price, Nathan Y. Sharp, and David A. Wood, "Detecting and Predicting Accounting Irregularities: A Comparison of Commercial and Academic Risk Measures," *Accounting Horizons* 25 (2011): 755–780.

44. Correia (2014).

45. David F. Larcker and Anastasia A. Zakolyukina, "Detecting Deceptive Discussions in Conference Calls," *Journal of Accounting Research* 50 (2012): 495–540.

46. Public Company Accounting Oversight Board, "PCAOB Staff Audit Practice Alert No. 3, Audit Considerations in the Current Economic Environment" (December 5, 2008). Accessed March 5, 2009. See https://pcaobus.org/Standards/QandA/12-05-2008_APA_3.pdf.

47. American Institute of Certified Public Accountants (AICPA), Overview of Summary Fraud Conference "Fraud …Can Audit Committees Really Make a Difference?" (New York, 2006).

48. American Institute of Certified Public Accountants (AICPA), Statements on Auditing Standards: SAS No. 99, AU §316.02 Consideration of Fraud in a Financial Statement Audit. (New York).

49. Still, many feel that the auditor should have greater accountability for rooting out fraud, and shareholder groups continue to press for liability.

50. Management, too, is required to produce an "internal controls report," which establishes that adequate internal controls are in place.

51. Audit Analytics, "SOX 404 Disclosures - Fifteen Year Review" (September 2019). Accessed September 26, 2019. See www.auditanalytics.com/.

52. Standard & Poor's Compustat data for fiscal years ending May 2009 to May 2014.

53. Audit Analytics, "Seventeen Year Review of Audit Fee & Non-Audit Fee Trends," (December 2019). Accessed March 11, 2020. See www.auditanalytics.com/.

54. Jonathan Weil, "HealthSouth Becomes Subject of a Congressional Probe," *Wall Street Journal* (April 23, 2003, Eastern edition): C.1.

55. Jonathan Weil and Cassell Bryan-Low, "Questioning the Books: Audit Committee Met Only Once During 2001," *Wall Street Journal* (March 21, 2003, Eastern edition): A.2.

56. Aaron Beam and Chris Warner, *HealthSouth: The Wagon to Disaster* (Fairhope, Ala.: Wagon Publishing, 2009).

57. Jonathan Weil, "Accounting Scheme Was Straightforward but Hard to Detect," *Wall Street Journal* (March 20, 2003, Eastern edition): C.1.

58. Carrick Mollenkamp, "HealthSouth Figure Avoids Prison," *Wall Street Journal* (June 2, 2004, Eastern edition): A.2.

59. Carrick Mollenkamp and Ann Davis, "HealthSouth Ex-CFO Helps Suit," *Wall Street Journal* (July 26, 2004, Eastern edition): C.1.

60. SCAC, "HealthSouth Corporation: Stockholder and Bondholder Litigation," Stanford Law School, Securities Class Action Clearinghouse in cooperation with Cornerstone Research. Accessed April 14, 2015. See http://securities.stanford.edu/filings-case.html?id=100835.

61. U.S. Government Accountability Office (GAO), "Audits of Public Companies: Continued Concentration in Audit Market for Large Public Companies Does Not Call for Immediate Action: Report to Congressional Addressees," Report no. GAO-08-163 (January 2008). Accessed May 20, 2010. See www.gao.gov/new.items/d08163.pdf.

62. These break down as follows: Deloitte ($1.1 billion), Ernst & Young ($2.6 billion), KPMG ($1.5 billion), and PricewaterhouseCoopers ($1.0 billion). In addition, Arthur Andersen paid settlements of $0.7 billion before ultimately dissolving following the Enron scandal. See Mark Cheffers and Robert Kueppers, "Audit Analytics: Accountants Professional Liability Scorecards and Commentary," paper presented at the ALI CLE Accountants' Liability Conference (September 11–12, 2014).

63. For a detailed history of the evolution of the Big Four, see Ian D. Gow, and Stuart Kells, *The Big Four: The Curious Past and Perilous Future of the Global Accounting Monopoly*, (Oakland, CA: Berrett-Koehler Publishers, Inc., 2018, 1–256, hardcover).

64. However, plaintiffs' lawyers have attempted to name the international office in liability lawsuits. In 2004, Parmalat shareholders named Deloitte Touche Tohmatsu (the international association) along with Deloitte's Italian office, in a lawsuit alleging that the auditors were liable for failing to detect or report management fraud. Deloitte Touche Tohmatsu asked a U.S. District Court judge to remove its name from the case, claiming that it is a legally separate entity and provides no services to the local office. In a 2009 ruling, the judge ruled that the international association should remain defendants. He cited the marketing, financial, and quality control ties that the international association provided to the local office as evidence that a substantial connection exists between the entities. According to Stanford Law School professor and former SEC commissioner Joseph A. Grundfest: "All of them have structures designed to build fire walls [between the local office and the international association]. The question is, will the dikes hold when you have this kind of a flood?" See Nanette Byrnes, "Audit Firms' Global Ambitions Come Home to Roost," *BusinessWeek Online* (February 3, 2009). Accessed November 13, 2010. See http://search.ebscohost.com/login.aspx?direct=true&db=bth&AN=36427167&site=ehost-live&scope=site. Also see Securities Class Action Clearinghouse, "Case Summary Parmalat Finanziaria, SpA. Securities Litigation," Rock Center for Corporate Governance and Cornerstone Research. Accessed April 10, 2015. See http://securities.stanford.edu/filings-case.html?id=102961.

65. U.S. Government Accountability Office (2008).

66. Zoe-Vonna Palmrose, "An Analysis of Auditor Litigation and Audit Service Quality," *Accounting Review* 63 (1988): 55–73; and Inder K. Khurana and K. K. Raman, "Litigation Risk and the Financial Reporting Credibility of Big 4 versus Non-Big 4 Audits: Evidence from Anglo-American Countries," *Accounting Review* 79 (2004): 473–495.

67. Alastair Lawrence, Miguel Minutti-Meza, and Ping Zhang, "Can Big 4 versus Non-Big 4 Differences in Audit-Quality Proxies Be Attributed to Client Characteristics?" *Accounting Review* 86 (2011): 259–286.

68. Michael Rapoport, "How Did the Big Four Auditors Get $17 Billion in Revenue Growth? Not From Auditing," *Wall Street Journal Online* (April 9, 2018). Accessed April 9, 2018. See www.wsj.com/articles/how-did-the-big-four-auditors-get-17-billion-in-revenue-growth-not-from-auditing-1523098800.

69. Richard M. Frankel, Marilyn F. Johnson, and Karen K. Nelson, "The Relation between Auditors' Fees for Nonaudit Services and Earnings Management," *Accounting Review* (2002): 71–105; And Mark L. DeFond, Kannan Raghunandan, and K.R. Subramanyam, "Do Non-Audit Service Fees Impair Auditor Independence? Evidence from Going-Concern Audit Opinions," *Journal of Accounting Research* 40 (2002): 1247–1274; And W. Robert Knechel, and Divesh S. Sharma, "Auditor-Provided Non-audit Services and Audit Effectiveness and Efficiency: Evidence from Pre- and Post-SOX Audit Report Lags," *Auditing: A Journal of Practice & Theory* 31 (2012): 85–114.

70. Dain C. Donelson, Matthew S. Ege, and John M. McInnis, "Internal Control Weaknesses and Financial Reporting Fraud," *Auditing: A Journal of Practice & Theory* 36 (2017): 45–69.

71. Public Oversight Board, "The Road to Reform—A White Paper from the Public Oversight Board on Legislation to Create a New Private-Sector Regulatory Structure for the Accounting Profession," (March 19, 2002). Accessed June 27, 2020. See http://3197d6d14b5f19f2f440-5e13d29c4c016cf96cbbfd197c579b45.r81.cf1.rackcdn.com/collection/papers/2000/2002_0501_POBAnnualReport.pdf.

72. Jerry Wegman, "Government Regulation of Accountants: The PCAOB Enforcement Process," *Journal of Legal, Ethical, and Regulatory Issues* 11 (2008): 75–94.

73. Louis Grumet, "Standards Setting at the Crossroads," The CPA Journal (July 1, 2003). Accessed November 13, 2010. See http://archives.cpajournal.com/2003/0703/nv/nv2.htm.

74. Joseph V. Carcello, Carl Hollingsworth, and Stacy A. Mastrolia, "The effect of PCAOB inspections on Big 4 audit quality," *Research in Accounting Regulation* 23 (2011) 85–96.

75. Phillip T. Lamoreaux, "Does PCAOB Inspection Access Improve Audit Quality? An Examination of Foreign Firms Listed in the United States," *Journal of Accounting & Economics* 61 (2016): 313–37.

76. Mark L. Defond and Clive S. Lennox, "Do PCAOB Inspections Improve the Quality of Internal Control Audits?" *Journal of Accounting Research* 55 (2017): 591–627.

77. Larcker and Richardson (2004) found that, for the subset of firms that have apparent accounting deficiencies, the problem is weak governance systems (such as low institutional holdings and higher insider holdings) rather than payments made to the auditor for nonaudit services. See Roberta Romano, "The Sarbanes–Oxley Act and the Making of Quack Corporate Governance," *Yale Law Review* 114 (2005): 1521–1612. Also see David F. Larcker and Scott A. Richardson, "Fees Paid to Audit Firms, Accrual Choices, and Corporate Governance," *Journal of Accounting Research* 42 (2004): 625–658.

78. That study is Richard M. Frankel, Marilyn F. Johnson, and Karen K. Nelson, "The Relation between Auditors' Fee for Nonaudit Services and Earnings Management," *Accounting Review* 77 (2002): 71–105.

79. Romano (2005) is referring to restrictions including audit committee independence, limits on corporate loans to executives, and executive certification of the financial statements.

80. Mark Cheffers and Don Whalen, "Audit Fees and Nonaudit Fees: A Seven-Year Trend," *Audit Analytics* (March 2010): 1–12.

81. Michael W. Maher and Dan Weiss, "Costs of Complying with SOX—Measurement, Variation, and Investors' Anticipation," *Social Science Research Network* (October 25, 2010). Accessed May 5, 2015. See https://ssrn.com/abstract=1699828.

82. Grant Thornton LLP, "Chief Audit Executive Survey 2014: Adding Internal Audit Value, Strategically Leveraging Compliance Activities," (2014).

83. Cindy R. Alexander, Scott W. Bauguess, Gennaro Bernile, Yoon-Ho Alex Lee, and Jennifer Marietta-Westberg, "Economic Effects of SOX Section 404 Compliance: A Corporate Insider Perspective," *Journal of Accounting and Economics* 56 (2013): 267–290.

84. John C. Coates and Suraj Srinivasan, "SOX after Ten Years: A Multidisciplinary Review," *Accounting Horizons* 28 (2014): 627–671.

85. See Michael Dambra, Laura Casares, and Matthew T. Gustafson, "The JOBS Act and IPO Volume: Evidence that Disclosure Costs Affect the IPO Decision," *Journal of Financial Economics* 116 (2015): 121–143; and Rock Center for Corporate Governance at Stanford University, "The Evolution of Corporate Governance: 2018 Study of Inception to IPO," (2018). See www.gsb.stanford.edu/sites/gsb/files/publication-pdf/cgri-survey-2018-corporate-governance-evolution.pdf.

86. Andrew Bird, Nam Ho, Chan Li, and Thomas Ruchti, "That's What Friends are For: Audit Quality and Accounting Employee Affiliations with Audit Firms," published on The Corporate Counsel.net (2015). Accessed March 7, 2020. See www.thecorporatecounsel.net/nonmember/docs/09_15_Bird.pdf.

87. Measured in terms of abnormal accruals. See Thomas D. Dowdell and Jagan Krishnan, "Former Audit Firm Personnel as CFOs: Effect on Earnings Management," *Canadian Accounting Perspectives* 3 (2004): 117–142. Beasley, Carcello, and Hermanson (2000) found that 11 percent of financial restatements due to fraud involved a CFO who had previously been employed at the company's audit firm. However, the authors do not provide descriptive statistics to determine whether this represents an above-average incidence rate. See Mark S. Beasley, Joseph Y. Carcello, and Dana R. Hermanson, "Should You Offer a Job to Your External Auditor?" *Journal of Corporate Accounting and Finance* 11 (2000): 35–42.

88. Marshall A. Geiger, David S. North, and Brendan T. O'Connell, "The Auditor-to-Client Revolving Door and Earnings Management," *Journal of Accounting, Auditing and Finance* 20 (2005): 1–26.

89. Andrew Bird, Nam Ho, Chan Li, and Thomas Ruchti (2015).

90. The SEC audit review partner (or "concurring reviewer") also rotates every five years.

91. Mara Cameran, Emilia Merlotti, and Dino Di Vincenzo, "The Audit Firm Rotation Rule: A Review of the Literature," *Social Science Research Network* SDA Bocconi research paper (September 1, 2005). Accessed February 20, 2009. See https://ssrn.com/abstract=825404.

92. The authors reviewed 34 "academic" studies, 25 of which were based on empirical data and nine of which were opinion based. Although the authors considered all 34 to be academic studies, we refer only to the 25 empirical studies here because the others did not test their conclusions against observable evidence. Interestingly, the authors noted that although 76 percent of the empirical studies concluded against mandatory auditor rotation, only 56 percent of the opinion-based reports opposed the practice. This is consistent with a general bias among thought leaders who advocate a best practice without regard to rigorous evidence.

93. Joseph Gerakos and Chad Syverson, "Competition in the Audit Market: Policy Implications," *Journal of Accounting Research* 53 (2015): 725–775.

94. Timothy B. Bell, Monika Causholli, and W. Robert Knechel, "Audit Firm Tenure, Non-Audit Services, and Internal Assessments of Audit Quality," *Journal of Accounting Research* 53 (2015): 461–509.

95. For example, in 2008, there were approximately 50 audit firm changes among companies that use Big Four or other national accounting firms. Among all publicly traded companies, there are approximately 1,000 auditor changes each year. Audit Analytics, "Where the Audit Gains & Losses Came From: January 1, 2008–December 31, 2008" (2009). Accessed May 5, 2015. See www.auditanalytics.com/doc/CY_2008_WhereTheyWent_1-12-09.pdf. Also see Lynn E. Turner, Jason P. Williams, and Thomas R. Weirich, "An Inside Look at Auditor Changes," *The CPA Journal* (2005): 12–21.

96. "Standard Instructions for Filing Forms under the Securities Act of 1933, Securities Exchange Act of 1934, and Energy Policy and Conservation Act of 1975 Regulation S-K," Cornell University Law School. Accessed April 10, 2015. See www.law.cornell.edu/cfr/text/17/part-229.

97. Susan Zhan Shu, "Auditor Resignations: Clientele Effects and Legal Liability," *Journal of Accounting and Economics* 29 (2000): 173–205.

98. J. Scott Whisenant, Srinivasan Sankaraguruswamy, and K. Raghunandan, "Market Reactions to Disclosure of Reportable Events," *Auditing* 22 (2003): 181–194.

第 **11** 章 公司控制权市场

在一个运作良好的治理体系中，既要有能够为公司提供监督的董事会，又要有可以确保财务报告真实可靠的外部审计，同时，这个体系还应包含所有应有的约束机制——法律、监管和市场等，这些约束机制会对管理层产生影响，激励他们维护股东利益。例如，在第 7 章，我们探讨了管理者面临的来自高管人才市场的竞争压力或可能被其他高管接替的风险，如果其他高管（内部的或外部的）能够为公司带来更好的绩效，那么这种接替很可能发生。

董事会（或在某些情形下的股东）可以决定将公司所有权转让给新的能够为其创造更多利润的所有者而不是解雇公司管理层。控制权的变化不仅会带来管理层的变更，而且可能会对公司战略、成本结构和资本结构产生巨大影响。理论上，只有当转让后的公司价值减去交易成本后仍然大于当前的公司价值时，公司控制权的变化才具有经济意义。[1]当这种情形发生时，收购方会尝试购买目标公司并获得经济收益。这一般称为**公司控制权市场**（market for corporate control）。

当然，以上讨论过于简单。显然，收购的发生也可能是因为非战略性因素。例如，管理层决定收购的目的可能在于通过扩大公司的经营范围来巩固自身的权力。在这种情形下，收购公司可能得不偿失。收购公司的管理层或许会因此获利，但股东会遭受经济损失。同样地，目标公司的管理层可能会为了保住当前的职位而阻止收购，即使这个收购会为公司带来经济利益。上述的管理层自利行为会降低公司控制权市场的效率。

本章首先研究公司控制权市场。在一般情形下，收购行为是否有益？收购是在创造价值还是毁灭价值？接下来，我们研究公司为保护自己不被敌意收购而采取的措施。公司何时采取反收购措施更为恰当？它们会增加还是损害股东价值？

11.1 公司控制权市场

亨利·曼尼（Henry Manne）简要地对公司控制权市场的概念进行了界定："公司股价越低，说明公司管理绩效的提升空间越大，对于那些自认为能够更有效地经营公司的收购方来说，这种公司更有吸引力。"[2] 其论点在于股票价格在一定程度上反映了公司的管理绩效。较低的股票价格表明当前管理层对公司资产的管理效率低下，因此外部投资者出于自身利益的考虑，会收购公司、更换管理层并充分利用公司资源。

我们认为，公司控制权市场囊括所有的兼并、收购、重组等行为，这些行为可能是由竞争企业或集团买家实施的，也可能是通过杠杆收购（leveraged buyout，LBO）、管理层收购（management buyout，MBO）或由私募公司实施的。提出要约的公司称为**收购方**（acquirer）或**投标人**（bidder），要约的主体是**目标公司**（target）。

收购意图既可以是友好的，又可以是敌意的。**友好收购**（friendly acquisitions）是指目标公司愿意接受收购公司提供的报价。如果目标公司拒绝收购公司的最初报价，但有信号表明收购公司愿意提高收购价格进行协商，这样的收购仍然可以被认为是友好的。**敌意收购**（hostile takeovers）是指目标公司拒绝任何合理价格水平上的收购请求。目标公司的管理层可能会采取某些防御机制，以保护自己不被收购。或者更可能的是，这样的防御机制已经形成，管理层利用已有的防御机制拒绝离职。以上这些称为**反收购保护机制**（antitakeover protections）或**反收购防御机制**（antitakeover defenses）。

收购要约主要有三种基本形式。第一种是**合并**（merger），是指两家公司直接协商收购事宜。合并往往是友好的。当合并事项被两个公司董事会和股东批准时，合并基本完成。第二种是**投标报价收购**（tender offer），即收购方公开报价购买目标公司的股份。投标报价收购通常是敌意的。在反收购防御机制缺乏的情形下，投标报价可以使敌意收购方绕过目标公司的董事会，直接寻求股东的批准。相反，如果目标公司制定了反收购防御措施，那么投标报价会引发收购要约的第三种形式——**代理权争夺**（proxy contest）。在代理权争夺之中，收购方要求目标公司的股东选举那些由收购方提议的董事候选人，以取代现任董事。一旦新董事会成立，他们将撤销反收购防御机制并推动收购进程。[3]

收购行为发生的原因很多，最常见的是收购公司认为自身可以提高目标公司的盈利能力，目标公司现有的股权结构抑制了其盈利能力的提升。因而，相对于目标公司整体而言，收购方更看重目标公司的资产。[4] 例如：

● 财务协同效应——收购方认为可以通过提高收入、降低成本或将两个公司的业务进行垂直整合的方式来增加企业利润。

- 多元化——如果两家公司的业务不相关（可能二者处于不相关或反周期的行业），那么它们可能通过合并获益。处于繁荣周期的业务能够带来大量资本，这些资本可以帮助那些资金匮乏的公司渡过难关，这是企业集团结构背后的逻辑。此外，集团企业的子公司之间还可以转让一些非现金资源，例如管理资源。[5]

- 股权的变化——一个新的股权结构可能通过获取资本、管理技能以及其他商业资源，来提高目标公司的盈利能力。例如，私募公司在收购目标公司后，会极大地改变目标公司原有的资本结构和激励计划。

Eckbo（2014）对企业并购研究进行了文献综述。他认为收购活动通过合并、不断增强的购买力、工厂淘汰、更高效的工厂运营以及其他重组活动提高了整个供应链的生产效率。他发现，有证据表明，一家大型公司在进行收购之后会减少其研发投入，相反，一个活跃的公司控制权市场会鼓励小企业进行创新，以提高其被收购的可能性。在上市公司参与的收购活动中，大约有一半是由卖方而不是买方发起的。[6]

Lel 和 Miller（2015）研究了减少收购障碍的国际收购行为的影响。基于 32 个国家 41 000 家公司的年度观察样本，他们研究发现，在收购法律通过后，表现不佳的公司被收购的可能性更高，CEO 离职率上升，董事会成员更有可能在收购后失去其董事职位。这种影响在投资者保护措施薄弱的国家更显著。作者得出结论："收购威胁会导致通过公司控制权市场激励董事会监督管理层。"[7]也就是说，为公司控制职能建立一个不那么受阻碍的市场，是对公司业绩的有效激励。

专栏　　　　　　　　　　　　**私募公司**

　　私募公司是公司控制权市场的积极参与者。私募公司是指私人持有的投资公司，主要保护散户和机构投资者的利益。一个私募公司的投资者会对公司管理的基金进行投资，投资的有效年限平均为 10～12 年。这个基金会用于收购公司，平均持续时间为 4～5 年，直至所收购公司被出售，投资资本被收回。因为私募公司代表机构投资者的利益来收购公司，它们被称为"金融买家"，一般企业进行收购时，会被称为"战略买家"。[8]私募公司在 4～5 年的投资期内会积极利用杠杆提高回报率。

　　关于私募公司是否具有较高的风险调整收益，相关研究尚未得出结论。Guo，Hotchkiss 和 Song（2011）研究发现，私募公司会产生较高的正回报率，然而，发生并购后，其经营业绩的收益与基准公司相差无几，或仅略高于基准公司。他们还发现，杠杆率越大的公司，其现金流收益越大，很大一部分的回报是源于债务的税收优势。[9]Kaplan 和 Schoar（2005）研究发现，私募公司的平均回报率比标准普尔 500 指数公司低 5%～10%。但是，经营业务时间较长的大型公司，其 17 年的平均回报率都比标准普尔指数公司高 60%～80%。[10]我们将在第 15 章详细讨论私募股权公司的公司治理问题。

此外，公司还会因非战略原因进行合并，例如建立企业帝国、高管自大、羊群行为以及薪酬激励。**建立企业帝国**（empire building）是指收购公司的管理层收购其他公司仅仅是为了扩大公司规模。**高管自大**（hubris）是指管理层过度自信，认为自己能够比目标公司当前所有者更有效地利用目标公司的资产、创造更多收入并节省更多成本。[11]**羊群行为**（herding behavior）是指高层管理团队模仿其他竞争对手进行收购的行为。[12]**薪酬激励**（compensation incentives）可能促使管理层开展不符合股东利益最大化的交易。收购公司的管理层可能因为能够从收购中获得更多报酬而进行交易。[13]目标公司的管理层则可能因为可以从收购中获得收益而接受要约。根据美国高管薪酬调查机构 Equilar 公司的研究，平均而言，公司控制权变更能使每位 CEO 获得 2 800 万美元现金，并加速股权授予。[14]

| 专　栏 | **合并背后的管理层特性** |

建立企业帝国

前花旗银行 CEO 桑迪·威尔（Sandy Weill）进行了一系列收购，原因可能是威尔企图建立企业帝国[15]，他通过收购美国盛世公司（Primerica，著名经纪公司美邦（Smith Barney）的母公司）、旅行者保险公司（Travelers Insurance）、所罗门兄弟公司，创建了当时世界上最大的金融机构——花旗集团。尽管每个收购事件背后的动机是不断改善服务，但扩大企业规模也是威尔考虑收购的重要因素之一。例如，威尔在宣布花旗银行和旅行者保险公司合并时说道：

> 花旗银行和旅行者保险公司的合并，汇集了金融服务行业最优质的员工，为客户带来独一无二的服务体验——多元化的全球消费者金融服务公司、全球领先的银行、资产管理公司、全球投资银行、交易公司以及全面的保障能力。我们为国内外消费者、企业、机构和政府部门提供的服务水平是其他公司难以企及的。我们的时代已经到来。[16]

高管自大

自大可能是 AT&T 的 CEO 迈克尔·阿姆斯特朗（Michael Armstrong）在 20世纪 90 年代进行大量收购的重要原因。[17]阿姆斯特朗先在 IBM 任职，随后担任休斯电子公司（Hughes Electronics）的 CEO，然后于 1997 年加入了 AT&T。在接下来的几年里，他采取较为激进的方式积累了大量电信行业资产，他花费了超过 1 000亿美元来收购 TCI 和第一媒体（MediaOne）两家有线通信公司。阿姆斯特朗认为，将一组差异化的电信资产放在同一个平台进行管理，能够有效地融合语音、数据和互联网技术，进而使公司受益。但是，这种战略最终失败了——AT&T 没有实现其收入和利润目标，并且背负了沉重的债务。公司逐步瓦解，最终在 2005 年被 SBC通信公司收购。

羊群行为

在制药业巨头辉瑞公司同意于 2009 年收购惠氏，以及默克公司宣布与先灵葆雅公司（Schering Plough）合并后，《华尔街日报》预测："公司出于对自身药物销售渠道的担心，不断收购，引发了收购浪潮。"[18]高管团队可能会从经济角度为他们的模仿行为进行辩护（例如"竞争格局发生变化"），但模仿行为也可能是因为受到了心理因素的影响，包括嫉妒、社会证明、渴望媒体关注及声誉因素。投资银行家也可能会利用这些心理因素推动交易。

薪酬激励

2005 年，吉列公司同意以 570 亿美元的价格将公司出售给宝洁。交易完成后，吉列公司的 CEO 詹姆斯·基尔茨（James Kilts）获得了 1.85 亿美元的遣散费以及一些其他福利。该交易的反对者认为，基尔茨同意收购，更多是出于对自身利益而非公司利益的考虑。根据纽约大学教授戴维·耶尔马克（David Yermack）的说法："当股东甚至董事能力有限时，许多 CEO 会这样做，并从中获得额外奖金，在最后一刻扩大他们的利益。"基尔茨为这项交易辩护道："这次收购不是为了我自己或管理层，而是为了维护股东和员工的利益。"[19]基尔茨还指出，他在这次收购中的大部分收益来自他在任职期间被授予的代替现金的股权报酬。

➡ 11.2　收购公司与目标公司的股票市场评估

大量文献研究了公司控制权市场以及收购行为对公司绩效的影响，下面我们进行简要讨论。

哪些公司会被收购

许多研究人员试图根据公司的财务和股价表现来构建模型，以预测哪些公司可能会成为被收购的目标公司。[20]Palepu（1986）发现，有证据表明，绩效较差、规模较小以及资源需求较大的企业更有可能成为被收购的目标，但他也表示精准地预测目标公司是非常困难的。[21]

专业性研究识别了被收购目标公司的一些共同特征：

● 绩效欠佳——公司能够以一个较低的价格水平（相对于资产）被收购，而且公司绩效能够通过更换管理层或注资的方式得到改善。

● 行业内并购频繁——行业内存在并购浪潮，企业不断开展收购行动，例如 21 世纪初的博彩业。并购浪潮的产生，可能是因为市场变化使得这些公司更具吸引力或更鼓励合并，也可能是因为某些心理因素的驱动，如前文讨论的羊群行为。

● 负债水平较低——负债水平较低的公司具有更大的财务灵活性。收购方把提高目标公司的负债水平作为企业财务战略的一个重要部分。

● 现金流充足——拥有充足现金流的公司，其财务灵活性会更高。战略买家能够利用公司内部产生的现金流来为其扩张计划提供财务支撑。金融买家可以依赖现金流来支撑其更重的债务负担。

● 有价值的资产——目标方的某些资产可能未得到充分利用，但这些资产可以弥补收购方的不足，抑或这些资产的价值对于公众股东来说并不明显（例如土地、知识产权以及专利等未能在资产负债表中以公允价值列示的项目）。[22]

如上所述，收购公司如果想要说服目标公司接受交易，就必须在当前股价的基础上为其提供收购溢价。正如在第 3 章提到的，董事会必须评估收购方所提供的、与企业独立长期价值相关的溢价，并作出符合股东利益的决定。Eckbo（2009）计算得出，1973—2002 年的平均收购溢价约为 45%（见图 11-1）。[23] Eckbo（2013）还研究发现，并购初期和最后确定的收购溢价并不会受到以下因素的影响：目标方是否对初始报价存在敌意、目标公司股票的流动性如何、是否存在若干竞标者，以及是否由同一行业的收购方或集团买家收购等。[24]

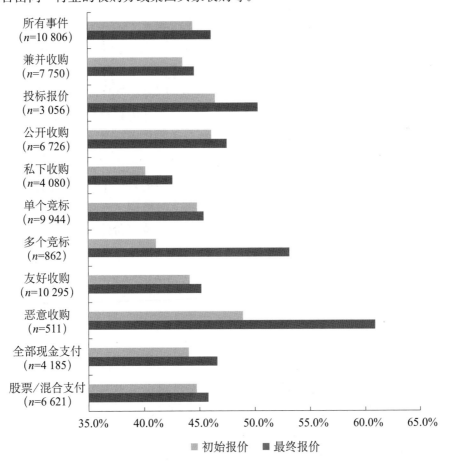

图 11-1　初始和最终报价溢价（1973—2002 年）

资料来源：Eckbo（2009）.

研究人员还研究了在控制权变动时公司为管理层提供一定报酬奖励这一做法，即"黄金降落伞"（golden parachutes），对收购活动的影响。Lambert 和 Larcker（1985）研究发现，如果高管雇用合同中采用了"黄金降落伞"条款，那么公司的股票市场反应会比较积极。他们认为，如果股东相信，"黄金降落伞"会使管理层更容易接受并购交易，或者会使管理层有更大的动力去谈判一个更高的收购溢价，那么股东会认为制定这样一项条款是有必要的。[25]Fich，Tran 和 Walkling（2013）研究了 1999—2007 年发生的 851 起收购事件，发现"黄金降落伞"显著提高了收购成功的可能性。但是，他们也发现，"黄金降落伞"会伴随着较低的收购溢价。[26]Bebchuk，Cohen 和 Wang（2014）研究发现，"黄金降落伞"提高了交易完成的概率，但与未来绩效呈负相关关系。[27]相反，Machlin，Choe 和 Miles（1993）研究发现，"黄金降落伞"条款显著提高了收购发生的可能性，并且管理层的奖励规模会对收购溢价幅度产生正向影响。他们认为没有证据可以表明，这样一种奖励方式是某种形式的租金抽取（即只有在交易达成后才会被给予奖励），相反，他们认为"'黄金降落伞'会激励管理层维护股东利益"。[28]

管理层可能会为了尽快拿到奖励而达成收购交易，为了降低这种可能性，大部分公司都为"黄金降落伞"条款设置了双边触发：首先，公司的控制权必须发生变动；其次，管理层的离职原因必须与收购无关。根据 Equilar 公司的数据，在收购交易中提供现金支付的公司，91％都会设置一个双边触发条款。[29]

最后，即使收购交易谈判成功，股东团体也通常会委托律师提起诉讼，声称他们没有得到足够的补偿。他们会提出一些指控，认为目标公司董事会制定的出售流程存在缺陷，未能实现股东价值最大化。这些指控可能包括：收购过程缺乏竞争性、反收购保护降低了交易价格、进行交易谈判的管理层或董事会成员之间存在冲突（例如，在潜在补偿方面），或交易过程没有得到充分披露。根据基石研究所（Cornerstone Research）的数据，2018 年有 82％的并购交易（价值超过 1 亿美元）被提起诉讼。每笔交易的平均诉讼数为 3.1 起。33％的案件在交易结束前就解决了。在那些诉讼中，70％的诉讼草草了事，只有 8％的诉讼最终达成和解。[30]

谁是收购的受益者

收购公司和目标公司无法平等享有所有权变更带来的收益。已有研究发现，合并后的预期价值增量主要向目标公司流动，这种增量主要表现为当前股价相对于过去股价的溢价。Jensen 和 Ruback（1983）对 12 起成功的要约收购进行了研究。他们发现，目标公司在收购宣布到合并完成期间，会表现出两位数的超额股票价格回报率。[31]股票的超额表现会因交易性质的不同而变化。例如，Servaes（1991）研究发现，敌意收购发布收购公告后，被收购方的股价表现会超过上个月市场表现的 32％，友好收购则仅超过 22％。[32]此外，公司通过收购获得的收益也随着交易结构的不同而有所差异。Andrade, Mitchell 和 Stafford（2001）研究发现，与全现金报价相比，企业以股权融资进行收购，目标公司会获得较低的超额收益。[33]

同时，收购公司通过所有权变更获得的收益则相对较低。Martynova 和 Renneboog（2008）研究发现，收购公司发布收购公告后，其股价没有上升，并且收购公司的股票收益率与市场的一般表现并没有差别。[34]研究还发现，股价的相对表现取决于收购的性质。Goergen 和 Renneboog（2004）研究发现，与友好收购相比，敌意收购将会导致收购公司的股价表现更差。[35]同时，通过股权融资进行的收购与以现金进行的收购相比，将更加损害收购公司的价值。[36]

然而，这些研究主要是基于公告日附近的股价变化对并购作出的市场预测。并购交易会为公司带来怎样的长期经济效益呢？这方面的研究证据十分欠缺。通过对公司长期经营绩效指标进行测量（例如 1~3 年内每股盈利增长或现金流），研究人员发现，在并购之后，公司的表现往往比同行要差。[37]特别是在并购浪潮中发起收购的公司，其在收购后的表现会低于长期平均水平。[38]一种解释是，收购只不过是一次不理想的投资，其中收入和成本的协同效应没有达到预期。如果一个目标公司有多个竞价方，那么成功收购的公司可能会经历"赢者诅咒"，因为最后的成交价格实在太高。收购公司有时会在收购交易完成后削减公司的营运资本和资本支出，这些举动可以改善现金流，但会破坏公司价值。此外，相对于收购非相关行业的目标公司来说，收购同一行业的目标公司并不会获得绩效优势。然而一些证据表明，进行现金收购的公司，其绩效表现要优于进行股权融资收购的公司。[39]

尽管人们主要关注的是并购带来的经济效益，但并购过程本身也十分重要。拟议并购对目标公司和收购公司都具有高度破坏性。这在敌意收购中表现尤甚，因为相当多的资源会被用于防御敌意收购。首先投标公司必须获得股东名单，其次它要与大股东取得联系，并评估大股东的出售意愿，投标公司还要向各方邮寄代理材料。为了应对敌意收购，目标公司必须联系股东并说服他们不要出售公司股份。如果目标公司确信存在威胁，它就可能采取破坏公司价值的方式来阻止收购。所有这些行动都偏离了公司日常运行的重点，而且董事会需要为此付出大量的精力。

专栏　　　　　　　　　　**敌意收购的斗争**

艾尔建公司

2014 年 4 月，总部位于加拿大的制药商威朗制药国际（Valeant Pharmaceuticals International）（下称威朗公司）主动提出以 460 亿美元（以现金和股票的组合）收购保妥适（Botox）的生产商艾尔建公司（Allergan），报价为每股 153 美元，该报价比当前股价高出 30%。在投标时，威朗公司与激进投资者威廉·阿克曼（William Ackman）及对冲基金潘兴广场（Pershing Square）合作。在当月初，潘兴广场公开了其在艾尔建公司持有 9.7% 的股权。艾尔建公司的董事会拒绝了要约，认为公司的价值被严重低估。公司 CEO 戴维·派奥特（David Pyott）认为威朗公司试图通过削减研发支出和营销预算，大幅降低艾尔建公司的成本结构。"我们对如何保持艾尔建公司的销售增长提出质疑，尤其在考虑到威朗公司提出大幅降低成本之后。"[40]

威朗公司随后将出价提升至每股 166 美元，一周后，它再次提价至每股 179 美元，但艾尔建公司的董事会都拒绝了。随后，威朗公司宣布了要约收购，直接从艾尔建公司的股东手中收购股票，并利用收购到的股份召开了特别会议，在这个会议上，威朗公司提名了一些支持收购协议的新董事，以取代艾尔建公司现有的董事。

对此，艾尔建公司提起诉讼，声称威朗公司与潘兴广场的联合竞标违反了内幕交易法，因为潘兴广场在投标事项公开前就已经得知威朗公司的竞价。同时艾尔建还与 Salix 制药公司达成联盟以阻碍威朗公司的投标。威朗公司再次上调出价至每股 186 美元。11 月，艾尔建公司同意被爱尔兰的阿特维斯公司（Actavis）收购，交易估值为 660 亿美元，每股 219 美元。威朗公司的 CEO 迈克尔·皮尔逊（Michael Pearson）离开时说："威朗公司无法说服股东支付每股 219 美元或更高的价格。"[41]

一年后，国会对威朗公司的药品定价展开调查，并对其债务水平表示担忧，威朗公司的股价暴跌。[42] 该公司随后更名为博士健康（Bausch Health）。

即使收购交易成功，也会导致收购公司发生很大的波动。例如，收购通常会引发裁员，因为收购公司试图通过降低劳务费用来提高公司运营效率。同时收购还会导致高管离职，因为公司要重组高管团队。Krug 和 Shill（2008）研究发现，近 10 年来，高管离职率不断攀升。他们指出："领导体系长期不稳定……不利于公司的整合和长期绩效。"[43] 其他研究也表明，公司如何管理一体化进程是影响收购能否最终产生经济效益的一个关键性因素。[44]

根据现有研究，对于收购公司而言，并购活动是不是一个好的决策仍然存在很大争议。我们已达成基本共识，即并购活动的交易价值一般会流向目标公司的股东。此外，经验表明，幸存下来的公司往往无法实现其经济价值。因此，董事会应慎重考虑是否允许管理层进行大规模收购。尽管在一些案例中，这样的交易会创造大量价值，但一般而言（正如前面所讨论的那样）很少会得到股东的支持。

目标公司往往会付出极大的努力，以保护自己不被收购。既然目标公司可以从收购中获得潜在的经济回报，那么目标公司为什么要在反收购保护上花费如此多的精力呢？这仍是一个未解之谜。在本章的后半部分，我们将讨论目标公司为了保护自己不被敌意收购而采取的行动以及这些行动对股东价值的影响。

11.3　反收购保护

为了避免成为要约收购的目标，公司可以采取相应的防御机制，以阻止或劝阻潜在投标人进行正式收购。以下几个重要的经济因素证明了这种做法的合理性。

● 长期价值保护——一个具有良好发展前景的公司，却以较低的市场价格出售其股票，可能是意欲阻止另一家公司恶意压低价格。例如，该公司可能已经开发了一项新技术，但出于市场竞争的考虑，选择不向公众披露这一信息，因此，当前的股票价格将不会反映这一创新价值。通过避免被收购、保持独立，公司可以将这项技术商业化，并向现有股东提供长期价值。

● 收购方短视——保护自己不被要约收购的公司，可以在那些能够获得较好收益并具有风险性和长期性的项目中保持更大的灵活性。管理层能够通过降低现有收益来保证投资的净现值为正而不必担心公司在这些投资取得成功前被收购。

● 强议价能力——当公司实施反收购措施时，潜在收购者更可能被迫参与经营管理而非进行敌意收购。这增加了管理层的谈判筹码，并使得目标公司有机会获得更高的交易价格。

然而，反收购条款也可能是代理问题的一种表现，例如**管理层壁垒**（management entrenchment）。管理层壁垒是指管理层建立壁垒以保证其权力地位不受市场力量的影响。管理层壁垒可以帮助管理层从公司抽租（通过持续受雇或过高薪酬及津贴），这些收入与公司的绩效并无关联。

董事会必须考虑，公司的反收购条款是否真的维护了股东利益。即使公司制定了反收购条款，董事会也有义务去评估所有的收购要约，无论是友好的，还是敌意的。

11.4 反收购措施

最常见的反收购措施是**毒丸计划**（poison pill），也称为**股东权利计划**（shareholder's rights plan）。许多公司都准备了这一防御手段，即使未准备该计划的公司，在面临被收购的危机时也能毫无迟疑地采用该计划而无须得到股东批准。[45]一旦启用毒丸计划，股东就能够以远低于公平市场价值的价格，例如每股 0.01 美元，购买额外股份。如果一个股东或股东团体积累的股份超过了阈值（通常为 15%～20% 的股份），毒丸计划将被启用。一旦股权持有水平超过阈值，公司就会向市场投放新股，从而稀释潜在收购方的股权，因此，收购公司无论是想在公开市场上购买股票还是进行要约收购，都会面临极高的成本。由于会面临极其不利的局面，收购公司不会主动触发毒丸计划，相反，收购公司会对目标公司实施压力，使其不能实施毒丸计划，以保证收购行动的开展。同时，收购公司会发起代理权争夺，用一个愿意与其进行交易且反对毒丸计划的新董事会取代现任董事会。[46]

第二层的反收购防御包括那些防止敌意收购公司以新董事会取代现任董事会的

措施。其中最有力的保护措施就是双重股权制，这种制度给予管理层或控股股东足够的表决权来控制董事会选举。正如在第3章所解释的那样，一家**双重股权制**（dual-class shares）公司拥有不止一种类型的普通股。每类股票在公司都拥有平等的经济利益，但它们的投票权是不平等的。例如，A级股可能是每股1票，B级股则是每股10票。具有更大投票权的股票通常是不会公开交易的，而是由内部人、创始家族或是与管理层关系密切的其他股东持有。双重股权制意味着入侵者虽然可以积累公司的大部分股份，但仍然无法获得大多数表决权以取代现任董事会。

一家公司也可能采用**交错选举董事会**（staggered board）或**分类选举董事会**（classified board）的方式来限制股东替换现任董事会。正如在第3章所讨论的那样，在交错选举董事会中，董事通常分为三组，每组任期三年，每年只会改选一组董事。交错选举董事会结构能够防止入侵者在一年内获得大多数董事席位。即使收购公司想要通过更换董事的方式来争夺代理权，也至少需要两年的时间。交错选举董事会与毒丸计划的结合是一种非常强大的反收购防御手段。

拥有年度选举董事会的公司，往往会限制股东在非股东大会期间更换现任董事会，以此来保护自己。这些公司通常会在章程中作出规定，限制股东召开特别会议（在这个会议上股东会进行投票），并禁止股东通过书面决议的方式进行投票（这种方式使那些无法亲自参加会议的股东仍然可以就某项议题进行投票）。相反，如果这些途径被目标公司的股东利用，那么他们也可以利用选举来替换现任董事会。不过，这些防御措施的效果要弱于之前讲过的防御措施，因为它们只能保护现任董事会连任至下一届年度股东大会。

最后，目标公司所在州可能会通过法律提供收购防御保护。然而，正如第3章所讨论的那样，它们提供的保护是有限的。这些条款通常被认为是无关紧要的，因为公司设有更强有力的反收购条款。

绝大多数美国公司都采取了一定的保护措施。在罗素3000指数公司中，42％的公司设置了交错选举董事会，10％的公司设置了双重股权制，尽管仅有2％的公司拥有有效的毒丸计划，但毒丸计划可以在任何时候被董事会采纳。同时，74％的公司不允许股东采取书面决议的形式进行投票，51％的公司限制股东召开特别会议（见表11-1）。[47]

表11-1　反收购措施

措施	公司比例
毒丸计划（有效的）	2.1％
双重股权制	9.9％
交错选举董事会	41.9％
不累积投票	96.3％
限制股东召开特别会议	51.2％

续表

措施	公司比例
不允许股东采用书面决议投票	74.0%
合并需要绝对多数投票通过	16.9%
董事变更需要绝对多数投票通过	32.4%
因正当理由才能变更董事	45.8%
董事会填补空闲的董事席位	83.3%
全权优先股	94.7%
增加选举的规定或许可条款	8.2%

资料来源：Computed using 2019 data for 2 787 companies in the Russell 3000 Index covered by SharkRepellent，FactSet Research Systems，Inc.

董事会面临的问题是，公司是否应该实施反收购措施呢？在下面的内容中，我们将研究四种常见的防御机制：毒丸计划、交错选举董事会、公司注册所在州（的法律）以及双重股权制。我们将研究这些保护措施的有效性以及它们对公司治理质量的影响。

毒丸计划

正如前面所解释的那样，毒丸计划是一种可以阻止敌意收购的有效手段（特别是当毒丸计划与交错选举董事会相结合时）。毒丸计划最早在 1982 年被通用美国石油公司（General American Oil）采用，用来抵御布恩·皮肯斯（Boone Pickens）的敌意收购。1985 年，特拉华州最高法院承认了这种防御手段的合法性，随后毒丸计划被其他公司相继采用。[48]毒丸计划还会被目标公司用来拖延收购进程，从而使其他公司有机会参与竞价。在少数情形下，公司还会采用毒丸计划来限制所有权权益，抵制那些可能会鼓动出售公司的激进投资者。例如，2013 年，苏富比公司（Sotheby's）采用一项独特的毒丸计划来约束被动投资者，例如持股 20% 以下的共同基金和持股 10% 以下的激进股东。[49]

近年来，许多美国公司已经放弃使用毒丸计划了。根据 SharkRepellent 的数据，2002—2019 年，拥有毒丸计划的公司数量下降了 97%（见图 11-2）。[50]正如本章前面所述，当目标公司察觉到对方的收购意图后，可以迅速采用毒丸计划来进行抵御。为此，一些已经放弃了毒丸计划的公司，明确表示它们会保留在未来使用毒丸计划的权利。然而，一些股东团体对公司的这一权利进行了限制，并要求公司在实行任何新计划之前，都必须征得股东的同意。[51]

公司是否应该采用毒丸计划，机构投资者对此观点不一。美国劳工联合会-产业工会联合会（The American Federation of Labor and Congress of Industrial Organizations，AFL-CIO）支持"股东计划的合法使用"，并规定只支持"股东有机会对

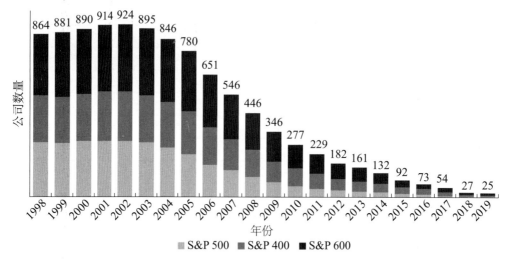

图 11 - 2   使用毒丸计划的标准普尔 1500 指数公司数目（包括非美国注册公司）

资料来源：Adapted from SharkRepellent，FactSet Research Systems，Inc.

该计划进行投票表决的情况"。[52]摩根士丹利投资管理公司（Morgan Stanley Invest-ment Management）则认为要视具体情况而定："在维护股东长期价值的前提下，公司是否有必要采取防御措施；公司制定的防御措施是否符合公认的治理原则；在面临收购或控制权争夺时，应该考虑该计划实施的特定环境。"[53]通过定期对毒丸计划进行投票，股东们有机会表达自己的看法，即毒丸计划究竟是为股东提供了合法的经济保护，还是作为管理层壁垒存在。

Cremers 和 Ferrell（2014）研究发现，毒丸计划与公司价值呈负相关关系。其中，公司价值用市净率来衡量。他们估计，采用毒丸计划后，公司价值会下降 5%。[54]

Brickley，Coles 和 Terry（1994）研究发现，如果公司董事会中外部董事占大多数，那么该公司在采用毒丸计划时，市场反应会比较积极。他们认为，如果董事会是独立的，那么股东会认为毒丸计划是可以维护股东经济利益的，相反，如果内部人控制董事会，则毒丸计划会被股东视为管理层壁垒。[55]Ryngaert（1988）得出了类似的研究结论。在大量公司样本中，他发现，是否采用毒丸计划对公司价值不会产生统计意义上的显著影响。然而，当样本仅包括那些被当作收购目标的公司时，他发现这二者之间存在显著的负相关关系。他还发现，当法院裁定该计划有效时，公司股价平均下跌 2.2%，当裁定无效时，股价则上升 3.4%。[56]

毒丸计划通常能够有效阻止敌意收购。Ryngaert（1988）研究发现，实施毒丸计划的公司，阻止敌意收购的可能性是不实施毒丸计划的公司的两倍。[57]此外，准备了毒丸计划的公司，一般能够获得大约 5%～10% 的收购溢价。[58]但是，这些统计数据存在一定的误导性，因为没有考虑到，当一家公司成功运用毒丸计划抵御了收购时，其股价会下降。Ryngaert（1988）还发现，成功抵御收购的公司，其股价会下跌 14%。[59]也就是说，如果收购成功，毒丸计划会使得目标公司的股东受益，反之则不然。

毒丸计划在美国已有很长的历史，但在其他国家并不常见。例如，在日本，主动收购的事件很少发生，日本公司没有准备毒丸计划。然而近年来，随着全球资本市场的扩张，国际投资者要求日本公司的管理层采取积极行动提高企业绩效，这促使日本公司采用毒丸计划来保持其自主性。这也反映出，当西方资本主义被用于社会价值观不同的国家时，会产生问题。

专栏　日本的毒丸计划

英斗调味品公司

2007 年，美国对冲基金 Steel Partners 以每股 1 700 日元的价格发出要约，试图收购日本的食品制造商英斗调味品公司（Bull-Dog Sauce）。这一收购价格要比该公司最近 30 天的平均收盘价高出 27%。当时，Steel Partners 已经在公开市场上购买并累积了 10% 的英斗调味品公司股份。Steel Partners 认为，对英斗调味品公司进行更好的管理和更积极的国际分工，可以很好地提升英斗调味品公司的价值。

为了抵御 Steel Partners 的收购，英斗调味品公司采用了毒丸计划。毒丸计划授予股东（包括 Steel Partners）每股 3 份认股权证。然而，毒丸计划禁止 Steel Partners 行使其认股权证，并要求其以每股 396 日元（3.33 美元）的价格转换成现金（23 亿日元或 1 930 万美元）。该计划是经股东投票批准的，其中 80% 的股东投了赞成票。[60]

Steel Partners 因此起诉英斗调味品公司，声称该毒丸计划具有歧视性且违反了日本法律，但日本地方法院支持英斗调味品公司的毒丸计划，并裁定其不具有歧视性，理由是这项计划得到了股东的批准。随后，日本最高法院也维持原判，认定 Steel Partners 为敌意收购者。[61]

在英斗调味品公司股东行使了他们的认股权证后，Steel Partners 的股权被稀释至 3%（但确实得到了现金补偿）。Steel Partners 后来卖掉了它所持有的全部股份。

交错选举董事会

交错选举董事会为敌意收购设置了一个重要障碍，因为公司入侵者无法在一年内通过代理权争夺获得董事会的控制权，相反，入侵者必须至少赢得两场选举，才能获得大多数董事会席位。虽然连赢两场选举不是完全不可能，但成本极高，也较难成功（因为目标公司有机会在第二年中平息股东的不满）。[62]近年来，采用交错选举董事会结构的公司的数量急剧减少。2002 年在标准普尔 1500 指数公司中，有 935 家公司采用了交错选举董事会结构，但到 2019 年这一数字下降到了 415 家（见图 11-3）。[63]

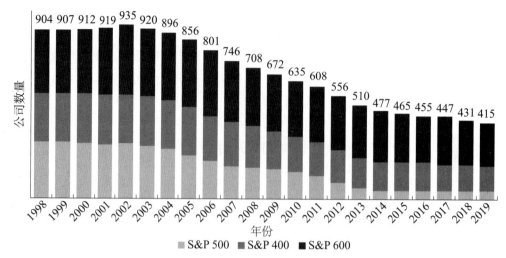

图 11-3 标准普尔 1500 指数公司中的交错选举董事会（包括非美国注册公司）

资料来源：Adapted from SharkRepellent，FactSet Research Systems，Inc.

交错选举董事会对主动要约收购具有较强的威慑力。Bebchuk，Coates 和 Sub-ramanian（2002）研究了 1996—2000 年发生的并购行为，并未发现有收购公司通过代理权争夺获得交错董事会控制权的情况。此外，他们还发现，具有交错董事会结构的公司更有可能击败主动要约并保持独立（已成功抵制了收购的公司中，有 61% 的董事会是交错选举董事会，只有 34% 是年度选举董事会）。同时，收到要约收购的具有交错选举董事会结构的公司，获得的溢价与单一董事会的公司获得的溢价相差不大。他们得出结论，交错选举董事会结构并没有提供一个更高的成交价格来补偿其较低的收购可能性。[64]

Pound（1987）也得出了类似结论。他研究了 100 个具有交错选举董事会结构和绝对多数条款的公司样本（拥有绝对多数条款的公司要求并购必须经半数以上的股东同意，这个比例通常是 66%～80%）。研究发现，在具有这些保护措施的公司中，只有 28% 的公司收到了收购要约，在没有设置这些保护措施的公司中，这个比例则达到了 38%。此外，他还发现，制定了这些条款的公司在最终接受投标后，并没有得到显著的溢价，以补偿其较低的收购可能性（51%：49%）。他认为，"这些修正案增强了管理层损害股东财富的议价能力……"。[65]

Guo，Kruse 和 Nohel（2008）研究发现，宣布取消交错选举董事会结构的公司，其股票价格会上涨 1%。此外，拥有良好治理结构的公司更倾向于放弃交错选举董事会制度。[66]Faleye（2007）研究发现，交错选举董事会结构会带来较低的 CEO 离职率、较低的 CEO 薪酬绩效敏感度以及较少的代理权争夺和股东提案。[67]

然而，关于交错选举董事会结构的研究结论并非都是负面的。Cremers，Litov 和 Sepe（2017）对 1978—2011 年的相关数据进行了时间序列分析（而非横截面分析），检验了交错选举董事会结构与非交错选举董事会结构对公司的影响。他们发现，公司采用了交错选举董事会结构后，其市值与账面价值会提高，相反，采用非交错选举董事会结构的公司，其价值会下降。他们的研究"支持这样一种观点，即交错选举董事会有助于让股东和董事会致力于更长远的目标，并对有关交错选举董事会不利于股东的解读提出挑战"。[68]同样地，Johnson，Karpoff 和 Yi（2015）研究发现，当公司保护长期业务关系（例如关键客户、供应商或战略业务伙伴）时，采用交错选举董事会结构会提高公司未来的经营绩效。[69]

Ge，Tanlu 和 Zhang（2016）研究了近年来由积极股东推动的非交错选举董事会结构，发现这种结构会导致公司经营绩效（ROA）恶化，且不会提升公司的市场价值。[70]Larcker，Ormazabal 和 Taylor（2011）也得出了与此一致的研究结论，他们通过研究禁止采用交错选举董事会结构的规定被提出后的市场反应，发现拥有交错选举董事会的公司会面临消极的市场反应。[71]

因此，交错选举董事会既可能对股东产生积极影响，又可能产生消极影响，这取决于具体情境。交错选举董事会给外部董事提供了更大的独立性，保护他们不受管理层和股东的影响，从公司的长远利益出发进行决策。因而，许多创新型及快速发展的公司，包括新上市公司，都会采用这一结构。同时，交错选举董事会也存在一些风险，因为它使得董事脱离了股东的影响，并且更低的选举频率会削弱董事的责任感。为此，很多机构股东反对交错选举董事会。2019 年，股东发起的取消交错选举董事会的提案平均获得 76％的支持。[72]

公司注册所在州

在美国的上市公司中，约有 60％是在特拉华州注册登记。[73]其余则主要是在其成立地或总部所在地注册登记。由于州法律规定了大多数的公司治理权，因此对注册地所在州的选择尤为重要。一家面临敌意收购威胁的公司可以在一个反收购法更加完善的州重新注册。例如，Barzuza（2009）在对各州反接管法的研究中发现，尽管特拉华州倾向于立法保护股东价值，但也有一些州通过了非常严格的保护条款，进行"逐底竞争"（race to the bottom）。[74]

大多数机构投资者反对公司为了抵御要约收购而进行重新注册。它们认为这种举动是试图以牺牲股东利益为代价来扩大董事会的权力，并且股东权利会因此被削弱。为此，激进投资者提出，股东在与"联邦法允许股东以绝对多数表决制形式，将公司的注册地转移到另一个州"相关的问题上，应获得更多发言权。[75]

注册所在州的法律对公司治理质量具有重要影响。股东认为限制性州立法律会带来消极影响。例如，Szewczyk 和 Tsetsekos（1992）考察了《宾夕法尼亚州参议院议案》（Pennsylvania Senate Bill（PA-SB 1310））带来的影响，PA-SB 1310 增强了对宾夕法尼亚州公司的保护。具体条款如下：

● 公司董事在评估收购提议时，可以考虑收购对所有利益相关者的短期和长期影响。这使得董事在作决策时更加灵活，而非仅仅专注于依靠收购溢价实现股东价值最大化。

- 拥有公司 20％或以上股份的股东在收购事宜上无表决权，除非大多数无利害关系的股东投票恢复他们的表决权。因此，公司入侵者虽然积累了大量股份，却不能为他们自己的收购提议进行投票，除非其他股东允许如此。

- 控制集团在获得控制权的 18 个月内，通过处置股权获得的收入会被没收。这可以防止入侵者故意抬高股票价格，然后抛售股票来获得短期收益。

- 在控制权发生变更后，公司必须在 24 个月内为每位离职员工提供相应的遣散费（长达 26 周）。

- 收购方在控制权变更后不得解除现有劳动合同。

- 但是，公司可以选择采用所有或部分条款。

Szewczyk 和 Tsetsekos（1992）考察了总部位于宾夕法尼亚州的公司样本，主要研究这些公司在 PA-SB 1310 条款从提出到正式签署后的六个月内，其股票价格的变化。他们发现，这些公司的股价表现明显要比在非宾夕法尼亚州注册的公司差。通过对这段时间内证券价格的异常变化进行测量，他们发现，宾夕法尼亚州的样本公司因这项法律的执行损失了近 40 亿美元的市场价值。此外，随后放弃使用一些或全部 PA-SB 1310 条款的公司，其股价在宣告日前后出现了增长。Szewczyk 和 Tsetsekos 认为"这种积极的股价表现"再次证实了董事对股东的受托责任。[76]

同样地，Subramanian（2003）研究了如果收购最终成功，公司能否得到更高的收购溢价作为遵循反收购法的补偿。他发现那些在反收购法完善的州成立的公司获得的溢价并没有比其他公司高很多。因此，他得出结论，限制性的州法律并不能增强管理层对潜在收购者的谈判能力。[77]

Catan 和 Kahan（2016）认为，金融研究人员使用的经济模型错误地描述了州法律，并夸大了州法律对收购活动的重要性。因此，他们认为，州反收购法与收购结果之间是伪相关关系。[78]

双重股权制

拥有双重股权制的公司会拥有不止一类普通股。通常每类股票在公司拥有平等的所有权利益，但它们的投票权是不平等的。经济利益与投票权之间存在的差异称为"楔子"（wedge）（例如，如果 B 类股票有 10％的所有权利益和 30％的投票权，"楔子"为 20％）。具有较高投票权的一类股票通常不会在公开市场交易，而是由内部人、创始家族或是与管理层关系密切的其他股东持有。

在双重股权结构中，企业入侵者可以积累大多数股权以获得可观的经济回报，却无法获得较高的投票权。例如，道琼斯公司（Dow Jones Company）在被出售给新闻集团（News Corp.）之前，它有两类股票：A 类股票，可以公开上市交易；B 类股票，由班克罗夫特家族（Bancroft）持有。这两类股票享有平等的所有权利益，包括利润、股息和认购公司资产，然而，B 类股票被授予的每股投票权是 A 类股票的十倍。这意味着即使班克罗夫特家族拥有不到 10％的所有权利益，他们仍然控制了 64％的选票（54％的"楔子"）。因此，新闻集团想要成功收购的唯一途径就是说服班克罗夫特家族的成员投票支持这一交易，最终它做到了。[79]

多数机构投资者反对双重股权制。摩根士丹利投资管理公司的指导方针指出："它通常支持旨在消除不平等投票权的管理层和股东提案，支持不同类别的股票享有公平的经济待遇。"[80]同样地，ISS 投票"反对公司发行具有优先投票权的股票，同时也反对具有双重股权结构的公司增加发行具有优先投票权的股票"。[81]这些立场是可以理解的，因为事实上机构投资者通常拥有的是较低投票权的股票。

在某些情形下，创建双重股权结构也可能是有意义的。例如，一个高速增长的公司可能需要通过筹集资金来开展一个前景可观的新项目，但考虑到发行新股可能会稀释控制权，公司不想直接发行普通股（公司担心失去控制权，宁愿放弃新项目可能带来的可观收益）。因此，公司可能会决定发行一类拥有较低投票权的股票，即选择双重股权结构，以维护管理层和董事会的独立性，尤其当创始人持有公司相当大比例的所有权时，这种情况更为明显。一些创始人拥有较多股权的著名科技公司，例如阿里巴巴、脸书和谷歌都在首次公开发行股票后选择了多重股权结构。

专 栏 ## 受控公司

受控公司是指个人或团体持有 50％以上的选举董事的投票权的上市公司。双重股权制可能会使公司受到控制，但采用单一股权制的公司，如果超过 50％的投票权被某单一股东或股东集团控制，那么这个公司也会受到控制。受控公司不受纽约证券交易所的一些上市公司治理标准约束，这些标准包括要求公司设置独立董事、独立的薪酬委员会以及独立的提名与治理委员会。根据最近的一项统计，大约有 200家公司是受控公司。[82]

受控公司的股东对公司事务的影响力要弱于单一股权结构公司的股东。例如，石油钻探集团（Oil-Dri Corporation）提出，股东"不可能获得与上市公司股东一样的利益和信息，因为上市公司受到纽约证券交易所制定的公司治理规范的约束"。[83]同样地，阿里巴巴在首次公开发行股票的招股说明书中作出警示，作为公司的控股股东，"阿里巴巴的合伙人或其董事提名人可能作出与你意见相左的决定，这些决定可能涉及薪酬、管理层继任、并购战略、业务战略和财务战略等重要议题"。[84]

鲜有研究考察受控公司的治理问题。不过，本章有关两类股票的研究以及第 5章有关外部董事的研究均提到，受控公司很可能面临内部所有者滥用职权的风险，并且治理质量根据控制实体制定的标准而有所不同。

有证据表明，实行双重股权制的公司，其治理质量往往较低。Masulis，Wang 和 Xie（2009）研究发现，经济权利与投票权之间的较大楔子与股东对收购公告的负面反应和资产负债表上较低的现金价值（即股东期望现金的使用价值降低）有关。[85] McGuire，Wang 和 Wilson（2014）研究发现，楔子较大的公司支付的有效税率更高，这与地位稳固的经理所面临的增加利润的市场压力较小这一假设是一致的。[86] Gompers，Ishii 和 Metrick（2010）研究发现，较大的楔子与较低的市场价值相关。[87] Smart，Thirumalai 和 Zutter（2008）研究发现，采用双重股权结构的公司不仅在 IPO 后价值较低，而且这一价值缩水会持续 5 年。他们还发现，股东对自愿取消双重股权结构的决定反应积极。[88] Lauterbach 和 Pajuste（2015）也研究发现，自愿取消双重股权制后，公司价值会增加。[89]

Cremers，Lauterbach 和 Pajuste（2018）研究发现，双重股权结构并没有对股东造成伤害，而且这些公司的长期业绩与单一股权结构公司相似。[90] Anderson，Ottolenghi 和 Reeb（2017）研究发现，治理质量取决于股权结构之外的其他因素，例如谁持有大量具有投票权的股份。[91]

➡ 11.5 避免不必要的收购

研究表明，反收购措施普遍降低了公司的治理质量和股东价值。这是因为反收购措施增加了与成功收购相关的交易成本，并庇护了管理层不受有效资本市场的约束。然而，也有一些证据表明，反收购措施能够被合理运用。

Daines 和 Klausner（2001）根据反收购措施的保护力度对公司进行了排序（从最难收购至最易收购）：

1. 具有双重股权结构或交错选举董事会结构，并且禁止股东召开特别会议或采取书面决议的形式进行投票的公司。

2. 具有交错选举董事会结构，但未对股东召开特别会议或采取书面决议的权利进行限制的公司。

3. 采取年度选举董事会结构，并禁止股东召开特别会议或采取书面决议形式进行投票的公司。

4. 采取年度选举董事会结构，并允许股东召开特别会议或采取书面决议形式进行投票的公司。

5. 没有反收购措施的公司。[92]

同样地，Klausner（2013）对 IPO 章程中的反收购措施进行了研究，得出结论："具备更多的收购防御措施意味着公司能够更好地应对收购威胁……这个观点是不正确的。一旦公司采用了交错选举董事会结构，其他防御措施就几乎不起作用，如果公司没有采用交错选举董事会结构，那么即使配备多重防御措施也是多余的。"[93]

Johnson，Karpoff 和 Yi（2017）研究发现，反收购措施具有黏性。许多在 IPO 时采取反收购措施的公司后来都没有取消反收购措施。事实上，他们发现 90% 的公司在上市 15 年后从未取消过任何防御措施。他们还发现，这些在公司初创期保护价值的反收购措施随着时间的推移变得昂贵，而且反收购措施与公司价值之间的关系变得消极。[94]

董事会需要考虑的关键问题是公司为了保留控制权而努力抵御收购的行为是否符合股东利益。遗憾的是，关于该问题的研究，结论不一。Atanassov（2013）研究发现，反收购措施会导致管理层采用管理层壁垒，并减轻公司的创新压力——强大的反收购措施会导致更少的专利申请和专利引用数量。[95] Bhojraj，Sengupta 和 Zhang（2017）的研究发现则与其相悖，他们指出，拥有更强反收购措施的创新型公司，不太可能只注重短期效益，例如减少研发支出及专利申请。他们的结论是，"反收购措施可以给公司带来收益"。[96]

同样地，关于公司能否从抵制敌意收购中获益，目前尚无定论。Bradley，Desai 和 Kim（1983）研究发现，拒绝了收购要约且最后没有被收购的公司，其股票价格会下跌。[97] 同样地，Safieddine 和 Titman（1999）研究发现，因为要约"出价不足"而拒绝被收购的公司，其股价会在公告日下跌 3.4%，不过，如果目标公司真正致力于增加股东价值，有证据表明它们也可以成功地做到这一点。Safieddine 和 Titman（1999）研究发现，在拒绝要约后，如果目标公司提高了财务杠杆，在随后五年内其绩效将比同类公司高出 40%[98]；相反，如果未提高财务杠杆，其绩效将比同类公司低 25%。也就是说，债务负担越重，越能激励管理层增加公司现金流和提升股东价值（管理层的职责所在）。[99] 因此，在公司拒绝被收购后，一些重要的环境因素可能影响公司股价的波动。然而，董事会也应考虑到，当公司成功抵御收购后，其股票价格可能永远也不会恢复到被收购前的水平。

专栏　　　　　　　　　　　**雅虎与微软**

2008 年 1 月，微软公司以 446 亿美元的现金及股权（每股 31 美元）要约收购雅虎。该收购价格要比雅虎原先的股价（每股 19 美元）高出 63%。[100] 在收购雅虎的同时，微软试图提高其网络广告的市场份额，以更好地与行业领导者谷歌展开竞争。

雅虎以"价值被低估"为由拒绝了该要约。为了抵御微软收购，雅虎选择与美国在线公司（American Online，AOL）、谷歌及其他公司进行战略合作。同时，雅虎实施了**"锡降落伞计划"**（tin parachute）：在公司控制权发生变更后的两年内，所有无故离职的员工都能在指定的数月内领取到年薪，并可以立即兑现所有尚未兑现的股票期权和限制性股票。但这一计划并未获得广泛关注。[101] 此举是为了使微软的收购交易成本变得昂贵。因此，微软撤回了收购要约。雅虎的股票价格回落至每股 20 美元，一些投资者保留了股票，并期望交易最终得以实现。

5 月，激进投资者卡尔·伊坎（Carl Icahn）购买了 5 000 万股雅虎股份（通过股票和期权的组合），发起了代理权争夺战，想要变更雅虎董事会。在一次采访中，伊坎说道："我对创始人兼 CEO 杨致远（Jerry Yang）的任职时间以及对董事会不断巩固自身地位的行为感到震惊。"如果代理权争夺战取得成功，伊坎将利用其地位恢复与微软的收购谈判。[102]

在公司的年度会议上，雅虎的现任董事会获得连任，但支持率较低。CEO 杨致远仅获得 66% 的支持票，董事长罗伊·博斯托克（Roy Bostock）获得了 60% 的支持票。[103] 会议后，杨致远提出辞职，雅虎邀请由伊坎提名的两位候选人进入董事会。即便如此，雅虎和微软最终还是未能实现合并，只是进行了一个小型的广告交易。雅虎的股价跌至每股十几美元，被威瑞森（Verizon）以 48 亿美元（每股 53 美元）的价格收购。

在评估公司的反收购措施时，股东和董事会成员可能需要考虑以下几个问题。首先，在特定公司治理结构中，公司控制权市场作为一种约束机制，其重要性如何？公司治理体系的其他特征是否足以缓解代理问题？其次，潜在收购者的动机是什么？这些动机符合公司股东或利益相关者的长期利益吗？最后，反收购措施能否真正保护股东利益，抑或只是一种"管理层壁垒"？

注　释

1. Transaction costs can be substantial. The various parties bidding for RJR Nabisco racked up $203 million in investment banking fees before KKR ultimately emerged as the winner, taking the firm private in 1988.

2. H.G. Manne, "Mergers and the Market for Corporate Control," *Journal of Political Economy* 73 (1965): 110–120.

3. On average, 60 proxy contests were initiated at U.S. public companies each year for the period 2001–2005 and 112 for the period 2006–2010. See Warren S. De Wied, "Proxy Contests," *Practical Law: The Journal* (November 2010). Accessed November 13, 2010. See https://content.next.westlaw.com/Document/I4cf81e4eef2a11e28578f7ccc38dcbee/View/FullText.html?contextData=%28sc.Default%29&transitionType=Default.

4. Note that this is not inconsistent with efficient markets. The market price of the firm can be correct as a freestanding entity, even though the sale of the firm to a different owner can still merit a substantial premium because it can more effectively use the assets.

5. Many researchers question the logic behind this argument. They argue that if shareholders value diversification, they can achieve it on their own through a diversified stock portfolio. To this end, the research literature has shown that companies organized in a conglomerate structure trade at a discount to a portfolio of similar monoline companies that exist as standalone entities.

6. B. Espen Eckbo, "Corporate Takeovers and Economic Efficiency," *Annual Review of Financial Economics* 6 (2014): 51–74.

7. Ugur Lel, and Darius P. Miller, "Does Takeover Activity Cause Managerial Discipline? Evidence from International M&A Laws," *Review of Financial Studies* 28 (June 2015): 1588–1622.

8. Steven N. Kaplan and Antoinette Schoar, "Private Equity Performance: Returns, Persistence, and Capital Flows," *Journal of Finance* 60 (2005): 1791–1823.

9. Shourun Guo, Edith S. Hotchkiss, and Weihong Song, "Do Buyouts (Still) Create Value?" *Journal of Finance* 66 (2011): 479–517.

10. Kaplan and Schoar (2005).

11. Jeffrey Pfeffer, "Curbing the Urge to Merge," *Business* 2.0 (2003): 58.

12. Researchers have long noted that acquisitions occur in waves. See Michael Gort, "An Economic Disturbance Theory of Mergers," *Quarterly Journal of Economics* 83 (1969): 624–642.

13. As we saw in Chapter 8, the size of compensation packages tends to be correlated with company size. It is commonly alleged that this correlation encourages managers to seek growth via acquisitions. Lambert and Larcker (1987) and Avery, Chevalier, and Schaefer (1998) did not find this simple relationship to be true. By contrast, Fich, Starks, and Yore (2014) found that CEO compensation is positively related to deal activity. See Richard A. Lambert and David F. Larcker, "Executive Compensation Effects of Large Corporate Acquisitions," *Journal of Accounting and Public Policy* 6 (1987): 231–243; also see Christopher Avery, Judith A. Chevalier, and Scott Schaefer, "Why Do Managers Undertake Acquisitions?" An Analysis of Internal and External Rewards for Acquisitiveness." *Journal of Law, Economics, & Organization* 14 (1998): 24–43; and see Eliezer M. Fich, Laura T. Starks, and Adam S. Yore, "CEO Deal-Making Activities and Compensation," *Journal of Financial Economics* 3 (2014): 471–492.

14. Alvarez and Marsal, "Executive Change in Control Report: Analysis of Executive Change in Control Arrangements of the Top 200 Companies" (2017–2018), Data provided by Equilar Inc. (2017–2018). Accessed March 17, 2020. See www.alvarezandmarsal.com/sites/default/files/article/pdf/50890_tax_executive_change_in_control_report_13_interactive.pdf.

15. Carol Loomis, "Sandy Weill's Monster," *Fortune* (April 16, 2001).

16. "Mega-Merger Mania Strikes U.S. Banks," *The Banker* (May 1, 1998).

17. Janice Revell, "Should You Bet on the CEO?" *Fortune* 146 (November 18, 2002): 189–191.

18. Avery Johnson and Ron Winslow, "Drug Industry Shakeout Hits Small Firms Hard," *Wall Street Journal* (March 10, 2009, Eastern edition): A.12.

19. Mark Maremont, "No Razor Here: Gillette Chief to Get a Giant Payday," *Wall Street Journal* (January 31, 2005, Eastern edition): A.1.

20. Michael A. Simkowitz and Robert J. Monroe, "A Discriminant Analysis Function for Conglomerate Targets," *Southern Journal of Business* (November 1971): 1–16. Also see Donald L. Stevens, "Financial Characteristics of Merged Firms: A Multivariate Analysis," *Journal of Financial and Quantitative Analysis* 8 (1973): 149–158. See A. D. Castagna and Z. P. Matolcsy, "Financial Ratios as Predictors of Company Acquisitions," *Journal of the Securities Institute of Australia* (1976): 6–10. See Ahmed Belkaoui, "Financial Ratios as Predictors of Canadian Takeovers," *Journal of Business Finance and Accounting* 5 (1978): 93–108. J. Kimball Dietrich and Eric Sorensen, "An Application of Logit Analysis to Prediction of Merger Targets," *Journal of Business Research* 12 (1984): 393–402.

21. Krishna G. Palepu, "Predicting Takeover Targets: A Methodological and Empirical Analysis," *Journal of Accounting and Economics* 8 (1986): 3–35.

22. Paul Tracy, "How to Find Probable Takeover Targets," StreetAuthority Market Advisor (February 1, 2007). Accessed November 14, 2010.

23. B. Espen Eckbo, "Bidding Strategies and Takeover Premiums: A Review," *Journal of Corporate Finance* 15 (2009): 149–178.

24. Eckbo (2014).

25. Richard A. Lambert and David F. Larcker, "Golden Parachutes, Executive Decision Making, and Shareholder Wealth," *Journal of Accounting and Economics* 7 (1985): 179–203.

26. Eliezer M. Fich, Anh L. Tran, and Ralph A. Walkling, "On the Importance of Golden Parachutes," *Journal of Financial and Quantitative Analysis* 48 (2013): 1717–1753.

27. Lucian Bebchuk, Alma Cohen, and Charles C.Y. Wang, "Golden Parachutes and the Wealth of Shareholders," *Journal of Corporate Finance* 25 (2014): 140–154.

28. Judith C. Machlin, Hyuk Choe, and James A. Miles, "The Effects of Golden Parachutes on Takeover Activity," *Journal of Law and Economics* 36 (1993): 861–876.

29. Alvarez and Marsal (2017–2018). Equilar data.

30. Cornerstone Research, "Shareholder Litigation Involving Acquisitions of Public Companies—Review of 2018 M&A Litigation," (2019). Accessed March 20, 2020. See www.cornerstone.com/Publications/Reports/Shareholder-Litigation-Involving-Acquisitions-of-Public-Companies-Review-of-2018-M-and-A-Litigation-pdf.

31. Michael C. Jensen and Richard S. Ruback, "The Market for Corporate Control: The Scientific Evidence," *Journal of Financial Economics* 11 (1983): 5–50.

32. Two explanations for this exist. In a hostile takeover, the acquirer is required to offer a more attractive price to overcome the target's objections to the merger and to persuade shareholders to accept the offer. Hostile bids are also likely to trigger a bidding war if the target seeks a friendly merger partner or more attractive terms. See Henri Servaes, "Tobin's Q and Gains from Takeovers," *Journal of Finance* 46 (1991): 409–419.

33. Gregor Andrade, Mark Mitchell, and Erik Stafford, "New Evidence and Perspectives on Mergers," *Journal of Economic Perspectives* 15 (2001): 103–120.

34. Marina Martynova and Luc Renneboog, "A Century of Corporate Takeovers: What Have We Learned and Where Do We Stand?" *Journal of Banking and Finance* 32 (2008): 2148–2177.

35. Mark Goergen and Luc Renneboog, "Shareholder Wealth Effects of European Domestic and Cross-border Takeover Bids," *European Financial Management* 10 (2004): 9–45.

36. Martynova and Renneboog (2008).

37. Ibid.

38. Ran Duchin and Breno Schmidt, "Riding the Merger Wave: Uncertainty, Reduced Monitoring, and Bad Acquisitions," *Journal of Financial Economics* 107 (2013): 69–88.

39. Aloke Ghosh, "Does Operating Performance Really Improve Following Corporate Acquisitions?" *Journal of Corporate Finance* 7 (2001): 151–178.

40. Joseph Walker, Michael Calia, and David Benoit, "Allergan Rejects Valeant Takeover Bid," *Wall Street Journal* (May 13, 2014, Eastern edition): B.3.

41. Jonathan D. Rockoff, Liz Hoffman, and David Benoit, "Actavis Offers $66 Billion for Allergan: Secret Talks, Aliases, Ski Cap as Disguise," *Wall Street Journal* (November 18, 2014, Eastern edition): B.1–B.5.

42. David F. Larcker, and Brian Tayan, "CEO Pay at Valeant: Does Extreme Compensation Create Extreme Risk?" Stanford Closer Look Series (April 2016). See www.gsb.stanford.edu/faculty-research/publications/ceo-pay-valeant-does-extreme-compensation-create-extreme-risk.

43. Jeffrey A. Krug and Walt Shill, "The Big Exit: Executive Churn in the Wake of M&As," *Journal of Business Strategy* 29 (2008): 15–21.

44. Anonymous, "Executive Agenda: Not So Fast," A.T. Kearney 8 (2005): 1–13. Accessed April 11, 2015. See http://gillisjonk.com/wp-content/uploads/2013/11/EA2005Not_So_Fast.pdf.

45. It is easiest for a company to adopt a poison pill if its charter authorizes blank check preferred stock. Preferred stock is a class of stock that is senior to common stock shareholders in terms of credit and capital. A target can protect itself from a corporate raider by issuing preferred stock with special voting rights to a friendly company or investor (white knight). The authorization of preferred stock has a similar effect as issuing dual-class shares. Blank check preferred stock is a class of unissued preferred stock that is provided for in the articles of incorporation and that the company can issue when threatened by a corporate raider.

46. Cross-holdings can also be an effective deterrent to a takeover. Cross-holdings generally occur between companies that have close interrelation along the supply chain. This practice protects firms by having a friendly, passive shareholder that is sympathetic to present management. Cross-holdings are prevalent in several countries, such as the keiretsu of Japan (see Chapter 2, "International Corporate Governance").

47. Antitakeover protections computed using 2016 data for companies in the Russell 2000 Index, SharkRepellent, FactSet Research Systems, Inc.

48. Money-Zine, "Poison Pill Defense" (2009). Accessed November 14, 2010. See www.money-zine.com/Investing/Stocks/Poison-Pill-Defense/.

49. Sotheby's, Form 8-K, filed with the Securities and Exchange Commission October 4, 2013.

50. SharkRepellent, "S&P 1500 Poison Pills in Force at Year End 1998–2019," SharkRepellent, FactSet Research Systems, Inc. (2020).

51. Robert Schreck, "Inside M&A: Poison Pill Redux—Now More Than Ever," McDermott Will & Emery (May/June 2008). Accessed April 12, 2015.

52. AFL-CIO, "Exercising Authority, Restoring Accountability: AFL-CIO Proxy Voting Guidelines," (2012). Accessed April 3, 2015. See https://aflcio.org/sites/default/files/2017-03/proxy_voting_2012.pdf.

53. Morgan Stanley, "2013 Investment Management Proxy Voting Policy And Procedures," (October 3, 2013). Accessed April 3, 2015. See https://materials.proxyvote.com/Approved/99999Z/20140812/other_217038.pdf.

54. Martijn Cremers and Allen Ferrell, "Thirty Years of Shareholder Rights and Firm Value," *Journal of Finance* 69 (2014): 1167–1196.

55. James A. Brickley, Jeffrey L. Coles, and Rory L. Terry, "Outside Directors and the Adoption of Poison Pills," *Journal of Financial Economics* 35 (1994): 371–390.

56. Michael Ryngaert, "The Effect of Poison Pill Securities on Shareholder Wealth," *Journal of Financial Economics* 20 (1988): 377–417.

57. Ibid.

58. John Laide, "Poison Pill M&A Premiums," SharkRepellent, FactSet Research Systems, Inc. (2005).

59. Ryngaert (1988).

60. Hiroyuki Kachi and Jamie Miyazaki, "In Japan, Activists May Find Poison," *Wall Street Journal* (August 8, 2007, Eastern edition): C.2.

61. Andrew Morse and Sebastian Moffett, "Japan's Companies Gird for Attack; Fearing Takeovers, They Rebuild Walls; Rise of Poison Pills," *Wall Street Journal* (April 30, 2008, Eastern edition): A.1.

62. Air Products and Chemicals attempted to circumvent this obstacle in its purchase attempt of competitor Airgas. In 2010, Air Products made an unsolicited offer to purchase Airgas for

$5.5 billion. Airgas rejected the offer. Air Products waged a proxy contest and successfully gained three board seats on Airgas's board at the annual meeting held September 2010. At that same meeting, shareholders approved a bylaw amendment that brought forward the next annual meeting to January 2011, thereby allowing Air Products to run three more board candidates just four months later. Airgas sued, claiming that a 12-month wait was required between meetings. While a Delaware Chancery Court upheld the bylaw amendment, the Delaware Supreme Court reversed the lower court's decision, ruling instead that directors had been elected under the company's charter to serve three-year terms and that changing the meeting date improperly shortened their terms. When a separate challenge to the company's poison pill was rejected by the courts, Air Products gave up its attempt to acquire Airgas. See Jef Feeley, "Airgas Trial on Air Products Bid to Focus on Meeting," *Bloomberg* (October 1, 2010). Accessed June 30, 2014. See www.bloomberg.com/news/articles/2010-10-01/airgas-trial-over-air-products-bid-to-focus-on-challenge-of-meeting-date. Davis Polk, "Delaware Court Permits Stockholders to Shorten Term of Airgas Staggered Board," Client Newsflash (October 11, 2010). Accessed November 14, 2010. See www.davispolk.com/Delaware-Court-Permits-Stockholders-to-Shorten-Term-of-Airgas-Staggered-Board-10-11-2010/. Jef Feeley and Sophia Pearson, "Airgas Wins Ruling Invalidating Annual-Meeting Bylaw," *Bloomberg* (November 23, 2010). Accessed February 2, 2011. See www.bloomberg.com/news/articles/2010-11-23/airgas-wins-ruling-on-annual-meeting-date-in-bid-to-fend-off-air-products.

63. SharkRepellent, "S&P 1500 Staggered (Classified) Board Trend Analysis 1999–Present," SharkRepellent, FactSet Research Systems, Inc. (2020).

64. Lucian Arye Bebchuk, John C. Coates IV, and Guhan Subramanian, "The Powerful Antitakeover Force of Staggered Boards: Theory, Evidence, and Policy," *Stanford Law Review* 54 (2002): 887–951.

65. John Pound, "The Effects of Antitakeover Amendments on Takeover Activity: Some Direct Evidence," *Journal of Law and Economics* 30 (1987): 353–367.

66. Re-Jin Guo, Timothy A. Kruse, and Tom Nohel, "Undoing the Powerful Antitakeover Force of Staggered Boards," *Journal of Corporate Finance* 14 (2008): 274–288.

67. Olubunmi Faleye, "Classified Boards, Firm Value, and Managerial Entrenchment," *Journal of Financial Economics* 83 (2007): 501–529.

68. Martijn Cremers, Lubomir P. Litov, and Simone M. Sepe, "Staggered Boards and Long-Term Firm Value, Revisited," *Journal of Financial Economics* 126 (2017): 422–444.

69. William C. Johnson, Jonathan M. Karpoff, and Sangho Yi, "The Bonding Hypothesis of Takeover Defenses: Evidence from IPO Firms," *Journal of Financial Economics* 117 (2015): 307–332.

70. Weili Ge, Lloyd Tanlu, and Jenny Zhang, "What Are the Consequences of Board Destaggering?" *Review of Accounting Studies* 21(2016): 808-858.

71. David F. Larcker, Gaizka Ormazabal, and Daniel J. Taylor, "The Market Reaction to Corporate Governance Regulation," *Journal of Financial Economics* 101 (2011): 431–448.

72. Sullivan & Cromwell LLP, "2019 Proxy Season Review Part 1—Rule 14a-8 Shareholder Proposals (2019)." Accessed October 22, 2019. See www.sullcrom.com/2019-proxy-season-review-part-1-rule-14a-8-shareholder-proposals.

73. Computed using 2017 data for 1,816 companies in the Russell 2000 Index covered by SharkRepellent, FactSet Research Systems Inc.

74. Michal Barzuza, "The State of State Antitakeover Law," *Virginia Law Review* 95 (2009): 1973–2052.

75. Carl C. Icahn, "Capitalism Should Return to Its Roots," *Wall Street Journal Online* (February 7, 2009). Accessed November 14, 2010. See http://online.wsj.com/article/SB123396742337359087.html.

76. Samuel H. Szewczyk and George P. Tsetsekos, "State Intervention in the Market for Corporate Control: The Case of Pennsylvania Senate Bill 1310," *Journal of Financial Economics* 31 (1992): 3–23.

77. Guhan Subramanian, "Bargaining in the Shadow of Takeover Defenses," *Yale Law Journal* 113 (2003): 621–686.

78. Emiliano Catan and Marcel Kahan, "The Law and Finance of Anti-Takeover Statutes," *Stanford Law Review* 68 (March 2016): 629–680.

79. The Bancroft family held 83 percent of Class B shares. See Matthew Karnitschnig, "News Corp., Dow Jones Talks Move Forward," *Wall Street Journal* (June 27, 2007, Eastern edition): A.3.

80. Morgan Stanley Investment Management, "Proxy Voting: Policy Statement (October 3, 2013)." Accessed April 3, 2015. See https://materials.proxyvote.com/approved/99999Z/20140812/other_217038.pdf.

81. ISS policy gateway, "United States Concise Proxy Voting Guidelines 2015 Benchmark Policy Recommendations" (January 7, 2015). Accessed March 9, 2015. See www.issgovernance.com/policy-gateway/policy-outreach/.

82. Calculation by the authors.

83. Oil-Dri Corporation of America, Form 10-K, filed with the Securities and Exchange Commission November 10, 2014.

84. Alibaba Group Holding Limited, Form F-1/A, filed with the Securities and Exchange Commission September 15, 2014.

85. Ronald W. Masulis, Cong Wang, and Fei Xie, "Agency Problems at Dual-Class Companies," *Journal of Finance* 64 (2009): 1697–1727.

86. Sean T. McGuire, Dechun Wang, and Ryan J. Wilson, "Dual Class Ownership and Tax Avoidance," *Accounting Review* 89 (July 2014): 1487–1516.

87. Paul A. Gompers, Joy Ishii, and Andrew Metrick, "Extreme Governance: An Analysis of Dual-Class Firms in the United States," *Review of Financial Studies* 23 (2010): 1051–1088.

88. Scott B. Smart, Ramabhadran S. Thirumalai, and Chad J. Zutter, "What's in a Vote? The Short- and Long-Run Impact of Dual-Class Equity on IPO Firm Values," *Journal of Accounting and Economics* 45 (March 2008): 94–115.

89. Beni Lauterbach, and Anete Pajuste, "The Long-Term Valuation Effects of Voluntary Dual-Class Share Unifications," *Journal of Corporate Finance* 31 (April 2015): 171–185.

90. Martijn Cremers, Beni Lauterbach, and Anete Pajuste, "The Life-Cycle of Dual Class Firms," *Social Science Research Network* (December 19, 2018). Accessed March 5, 2018. See https://ssrn.com/abstract=3062895.

91. Ronald Anderson, Ezgi Ottolenghi, and David Reeb, "The Dual Class Premium: A Family" Affair," *Social Science Research Network* (August 14, 2017). Accessed July 24, 2018. See https://ssrn.com/abstract=3006669.

92. Robert Daines and Michael Klausner, "Do IPO Charters Maximize Firm Value? Antitakeover Protection in IPOs," *Journal of Law Economics and Organization* 17 (2001): 83–120.

93. Michael Klausner, "Fact and Fiction in Corporate Law and Governance," *Stanford Law Review* 65 (2013): 1325–1370.

94. William C. Johnson, Jonathan M. Karpoff, and Sangho Yi, "The Lifecycle Effects of Firm Takeover Defenses," *Social Science Research Network* (March 3, 2017). Accessed March 14, 2020. See https://ssrn.com/abstract=2808208.

95. Julian Atanassov, "Do Hostile Takeovers Stifle Innovation? Evidence from Antitakeover

Legislation and Corporate Patenting," *Journal of Finance* 68 (2013): 1097–1131.

96. Sanjeev Bhojraj, Partha Sengupta, and Suning Zhang, "Takeover Defenses: Entrenchment and Efficiency," *Journal of Accounting and Economics* 63 (February 2017): 142–160.

97. Michael Bradley, Anand Desai, and E. Han Kim, "The Rationale behind Interfirm Tender Offers: Information or Synergy?" *Journal of Financial Economics* 11 (1983): 183–206.

98. Assem Safieddine and Sheridan Titman, "Leverage and Corporate Performance: Evidence from Unsuccessful Takeovers," *Journal of Finance* 54 (1999): 547–580.

99. Ibid. This is consistent with target management committing itself to value-enhancing investments (similar to the disciplining role of debt suggested by Jensen [1986]). See Michael Jensen, "Agency Costs of Free Cash Flow, Corporate Finance, and Takeover," *American Economic Review* 76 (1986): 323–339.

100. Kevin J. Delaney, Robert A. Guth, and Matthew Karnitschnig, "Microsoft Makes Grab for Yahoo!" *Wall Street Journal* (February 2, 2008, Eastern edition): A.1.

101. Steven M. Davidoff, "Dealbook Extra," *New York Times* (June 6, 2008): 6.

102. Gregory Zuckerman and Jessica E. Vascellaro, "Corporate News: Icahn Aims to Oust Yahoo! CEO Yang if Bid for Board Control Succeeds," *Wall Street Journal* (June 4, 2008, Eastern edition): B.3.

103. Jessica E. Vascellaro, "Yahoo! Vote-Counting Error Overstated Support for Yang," *Wall Street Journal* (August 6, 2008, Eastern edition): B.6.

第**12**章 股东与股东激进主义

尽管股东持有股权,但相对而言,他们只能间接影响公司事务,因为股东只能通过选举代表自身利益的董事来参与公司的事务。然而,他们仍具有较强的影响力,他们能够直接与管理层或董事会沟通,如果得到的回复不能让他们满意,那么他们可以罢免董事职务、投票反对管理层提议、推动他们自己提出的代理措施,或者通过出售股份来表达不满(即用脚投票)。

本章将详细讨论上述要点,并对投资者进行全面系统的分析,以理解他们的目标以及他们为增强自身影响力所采用的方法。本章还将介绍代理咨询公司在年度投票过程中发挥的作用。此外,我们还讨论了一些重要趋势,包括指数投资、股东激进主义、代理权限以及其他形式的股东民主和公司参与。

➡ 12.1 股东角色

正如在第 1 章所讨论的那样,**股东视角**(shareholder perspective)是指公司的主要目标是实现股东财富最大化。这意味着从股东立场来看,公司的治理措施应当追求管理层与股东利益一致,从而减少代理成本,增加股东价值。因此,有效治理的关键在于寻找实现管理层与股东利益一致并增加股东价值的最佳方式。(我们将在下一章从另一个视角——利益相关者视角讨论。)

然而,这种观点将公司治理问题考虑得过于简单化。由于股东本身并非一个同质性群体[1],在构建公司治理结构方面,股东之间存在分歧。不同股东在一些重要特征上存在差异。例如,股东的投资期限有所不同。如果长期投资者认为管理层的决策最终会实现较高的盈利,那么他们能够容忍季度收益的波动,而短期投资者更希望管理层在临近投资期末时实现收益与股价最大化。

股东的目标也存在差异。大型的共同基金可能只关心公司的绩效。代表特定人群利益的机构投资者——例如联合养老基金或社会责任投资基金——可能更关注实现经济利益的方式及其对不同利益相关者的影响。

再者，不同股东所表现的积极程度也有差异。股东中有一类是**消极投资者**（passive investors），例如指数基金。[2] 这些投资者希望获得既定市场指数的回报。消极投资者对个体公司绩效与治理的关注较少。另一类则是**积极投资者**（active investors），这些投资者在上市公司的证券交易中表现积极，关注特定公司的绩效。此外，积极投资者试图影响公司事务（会见管理层、游说解雇董事会成员、关注管理层薪酬方案以及通过公司代理推进政策措施）。[3] 试图影响公司治理相关事宜的投资者称为激进投资者。

最后，股东的规模有所不同。相比于小型基金机构，大型机构投资者拥有充足的资源来解决公司治理问题。以富达基金（Fidelity）为例，该公司管理着 3.2 万亿美元的可自由支配资产，它有一个专门的小组，负责指导其投资的所有市场、行业和企业的代理投票。

股东群体的异质性带来了协调问题。在影响管理层和董事会的问题上，不同的投资期限、投资目标、积极程度和规模均会导致股东的观点难以达成一致。在某些情形下，尽管股东都有提高公司绩效的共同目标，但在工作过程中他们可能会互相误解。

协调困境还会因**搭便车问题**（free rider problem）而变得更加复杂。股东采取行动——例如代理权争夺以及股东发起的代理提议——需要耗费一定资源，虽然这一成本可能只由一位机构投资者支付，但收益由所有股东共享（分享收益的行为称为"搭便车"）。例如，一个激进的机构投资者可能会成功领导一次行动，使公司采用交错选举董事会，或是建立起损害公司经济利益的反收购保护制度。尽管所有股东都分享该行动带来的积极收益，但只有激进的机构投资者承担了这些行为的成本。成本和收益的不对等导致投资者缺乏投资热情，进而导致机构投资者在改善公司治理方面投入不足。

股东只能对公司产生间接影响，这种影响必须通过董事会来施加。董事会有权雇用或解雇 CEO、制订管理层薪酬计划、监督公司战略和风险管理、监督外部审计师的工作、制定公司章程以及协商与控制权变更相关的事宜。如果股东认为董事会在这些问题上没有充分维护他们的利益，那么他们可以说服董事会变更政策，或罢免董事职位。不过，正如在第 11 章提到的那样，罢免董事职位是一个烦冗低效、代价高昂的过程。

专栏　　　　　**公司股东结构是否重要**

由于股东结构对公司政策和董事会相关事务有潜在影响，因此，公司愿意花费大量时间和精力来管理其股东构成。美国国家投资者关系协会（National Investor Relations Institute，NIRI）以及斯坦福大学洛克公司治理中心在 2014 年共同开展了一项调查，发现几乎所有公司由高管商议股东结构，75% 的公司由董事会商议股东结构。每季度 CEO 花费超过 4 天的时间管理股东结构，CFO 则花费超过 6 天的时间——考虑到高管还肩负其他管理职责，这是相当大的数字。80% 的公司认为，如果它们能够建立理想的股东结构，那么公司股价将更高。如果公司选择的股东恰当，平均而言，公司股价将上升 15%，在 2~3 年内股票价格波动将降低 20%。[4]

此外，公司更偏好长期股东而非短期股东。在美国国家投资者关系协会/洛克中心（NIRI/Rock Center）的研究中，92% 的公司认为，它们理想中的股东是具有长期投资期限的，这是此项调查中它们最看重的股东特征。它们所描述的长期股东，其投资期限至少为 2.8 年。受访者认为，目光短浅的投资者会分散战略决策的注意力，把重点放在降低成本上，而股东主要是短线投资者的公司将会降低长期增长幅度。[5]

Rivel 的一份报告发现，对于企业如何配置资本，短期投资者和长期投资者的优先级不同。长期投资者更喜欢公司投资于产品开发和创新，支付稳定增长的分红，并减少债务。短期投资者更喜欢收购和一次性派息。[6]同时接受美国国家投资者关系协会/洛克中心和 Rivel 调查的受访者估计，长期投资者的投资期限为 3 年或更长。

关于这一主题的研究证据并不充分，也不清楚一家公司的股东的投资视野是否影响或如何影响其估值、绩效或治理。Bushee（2004）研究发现，拥有高比例"短暂"（短期）投资者的公司的股票价格波动幅度较大，拥有更多"准指数"（长期）投资者的公司的股票价格波动幅度较小。[7]Borochin 和 Yang（2017）研究发现，有证据表明，拥有专业投资者的公司不太可能被市场错误估值，而且具有更高的治理质量。[8]不过，这仍然是一个有待研究的问题。（我们稍后将讨论关于被动投资者的更多证据。）

12.2　大股东与机构投资者

大股东是指拥有大量公司普通股股份的投资者。尽管研究人员通常将大股东定义为持有公司股份 1%~5% 的任何股东，但监管法规并没有对大股东进行明确定义。大股东可以是高管、董事、个人股东、其他公司、外国政府或机构投资者。机构投资者包括共同基金、养老基金、捐赠基金、对冲基金和其他投资群体。在本章，我们仅讨论非执行大股东和机构大股东（已在第 9 章讨论了执行大股东，将在第 14 章讨论家族企业）。

美国的法律要求公司向公众披露大股东信息。根据汤森路透（Thomson Reuters）

的研究：在 95％的上市公司中，都存在一个至少持有 1％股权的机构股东；在 85％的上市公司中，都存在一个至少持有 3％股权的机构股东；在 74％的上市公司中，都存在一个至少持有 5％股权的机构股东（见表 12-1）。[9]此外，数据表明，大股东倾向于维持其股权地位。Barclay 和 Holderness（1989）研究发现，在某一时间点，如果公司中存在大股东，那么在随后五年中该公司依旧会持续存在大股东。他们还发现，最大股东持有的股份会随时间而增加。[10]

表 12-1　美国公司中的大股东

公司分组 （按规模）	市场价值 （百万美元）	机构股东的 平均数量	持有人的平均数量		
			1％股权	3％股权	5％股权
前 1 000	7 453.5	400	15	4	2
1 001～2 000	1 141.4	163	17	5	3
2 001～3 000	237.2	66	10	4	2
3 001～4 000	32.4	14	2	1	0
所有公司	500.3	105	11	4	2

注：中值。样本包括 2019 年的 4 070 家公司。
资料来源：Thomson Reuters Institutional Holdings（13F）Database.

大股东主要是机构而非个人。Edmans 和 Holderness（2017）在随机选择的大股东公司样本中发现，40％的大股东是个人，60％的大股东是公司和机构大股东。[11]大约 70％的上市公司的股份由机构投资者持有。[12]

如果机构投资者和大股东决定采取行动，他们就能够推动公司治理改革。他们所拥有的重大投票权可以决定一个竞争性董事选举或代理议案的结果。他们可以改变一场激烈的收购争夺的结果，能够督促公司提高自身售价或改变策略。如果他们持有足够多的股份，他们就可以代表董事会，直接对公司战略、风险管理、高管薪酬和继任计划产生影响。几乎一半（45％）的美国上市公司董事会中有大股东代表。[13]

然而，大股东的影响可能取决于投资性质、投资者的性质以及投资者与公司之间的关系。例如，丰田公司和它所投资的汽车供应商的关系，与大型机构投资者或积极对冲基金和汽车供应商的关系是不同的。正如在第 9 章所述，我们对管理层持股进行研究时发现，大股东持股是提高还是损害公司绩效取决于大股东将股权视为改善业务水平的一种激励手段，还是将股权作为获取个人私利的手段。

已有文献研究了大股东持有的股权对公司绩效的影响。Barclay 和 Holderness（1989）研究发现，大股东持有的股权（至少持有 5％的股份）能以高于公开市场价格 16％的价格进行交易。[14]这表明收购者认为大股东所持有的股权是有价值的，可能是因为他们认为这样就可以对公司施加影响——改善公司绩效，或者是因为他们认为这样可以从公司攫取私人利益。然而，并没有研究表明，大股东持股实际上会提高公司绩效。McConnell 和 Servaes（1990）研究发现，外部大股东持股与公司的市场价值（以市净值衡量）之间没有关系。[15]Mehran（1995）研究指出，大股东持股与市场价值或公司绩效之间并不存在相关关系。[16]最近，Edmans 和 Holderness（2017）提供了一份新的研究总结，也发现两者之间没有关联。[17]这表明外部大股东不能改善公司绩效。总的来说，这一研究尚未形成定论。[18]

学者们还研究了大股东持股与公司治理质量的关系。Core，Holthausen 和 Larcker（1999）研究发现，外部股东持有 5% 以上股份的公司的 CEO 薪酬较低。[19]同样地，Bertrand 和 Mullainathan（2001）研究了董事会中的大股东代表与"运气报酬"（pay for luck）之间的关系。他们发现，当公司利润的提高是因为受到行业外部条件（例如商品价格的变化）的影响时，拥有大股东董事的公司不太可能增加员工工资。[20]Aggarwal，Erel，Ferreira 和 Matos（2011）研究发现，机构持股比例的增加可以改善公司治理水平，同时，有助于在国际市场上加强对股东的保护。他们还发现，如果公司的机构投资者持股比例较高，那么公司更可能解雇表现不佳的CEO。随着时间的推移，公司的绩效会得到改善。[21]研究还表明，在一个或多个机构投资者投资之后，公司会增强信息披露和透明度。[22]这些结果表明，积极的股东监督可以促使公司采取更好的治理标准。

此外，Mikkelson 和 Partch（1989）研究发现，董事会中存在外部大股东的公司更可能实现成功收购。同时，他们还发现，如果董事会中不存在外部大股东，那么公司收到收购要约或接受要约的可能性更小。[23]这表明股权集中和董事会中存在外部大股东的结合可能会降低管理层壁垒。

专栏　　　　　　　　**主权财富基金**

主权财富基金是由外国政府设立的投资工具，是这些国家的剩余资金积累形成的。2019 年，全球最大的主权财富基金由挪威、中国、阿拉伯联合首长国、科威特管理。其中，挪威政府养老基金是规模最大的基金，拥有 1.2 万亿美元资产。[24]

主权财富基金通常具有较长的投资期限，其主要目标是稳定回报和财富保值。为了防止受到控告（影响其他国家的工业发展），它们采取了被动的投资方式。然而，在某些情形下，主权财富基金通过所持有的股权来影响公司政策。例如，挪威政府养老基金规定了一些优先投资项目，用以提倡社会责任与环境保护，例如儿童权利、气候变化和水资源管理。该基金通过以下方式推动优先投资：在年度会议上投票支持并实际赞助，或是参与该基金投资额度最大的公司的管理。[25]2012 年，卡塔尔投资局（Qatar Investment Authority）因持有斯特拉塔矿业公司（Xstrata）12% 的股权，向嘉能可集团（Glencore）提出更高溢价收购的要求。起初，嘉能可集团以 2.8∶1 的换股比例收购斯特拉塔矿业公司，但在卡塔尔基金公开反对这一收购方案后，换股比率增加至 3.05∶1。[26]

➡ 12.3 机构投资者与代理投票

国家法律规定上市公司必须召开年度股东大会，以完成董事会选举和处理其他需要股东批准的事务。在美国，股东会提前收到书面的**代理声明**（proxy statement），通知其参加股东大会，他们可以亲自投票表决，也可以通过网络、电话或邮件进行投票。

通常情形下，由于机构投资者的持股规模较大，因此，机构投资者通过代理投票过程实施治理比个人投资者更有优势，它们可以通过投票反对管理层针对一些公司事项提出的建议，例如董事选举、审核批准、股权激励计划以及提出公司章程修正案。此外，它们可能会发起或投票支持股东决议，建议或要求修订公司章程或更改公司政策。

2003 年，SEC 开始要求已注册的机构投资者披露代理投票政策以及它们在股东大会上的投票结果。[27]注册机构投资者的投票记录通过 N-PX 表格形式提供给它们的受益人。如果股东认为该机构投资者过于支持管理层，那么他们可以采取更强硬的措施来施加压力，或者将他们的投资转移到另一只基金（对冲基金没有根据《1940 年投资公司法案》（Investment Company Act of 1940）在 SEC 注册，因而被豁免）。

ISS 的数据显示，当管理层希望机构投资者对提案投支持票时，在 86％的情形下，机构投资者会投支持票，当管理层希望机构投资者对提案投反对票时，在 89％的情形下，机构投资者会投反对票。在拥有最多投票权的十二大机构投资者中，北方信托全球投资公司（Northern Trust Global Investmonts）的表态总是与管理层的期望一致（无论管理层是支持还是反对某一问题）。当管理层支持某项提案时，富达基金赞成该提案的可能性最低；当管理层反对某项提案时，先锋集团反对该提案的可能性最低。[28]（见表 12 - 2。）

表 12 - 2　机构投资者投票记录（对管理层投票）

机构投资者	票数	支持管理层"赞同"提案	支持管理层"反对"提案
先锋集团（Vanguard Group, Inc）	84 152	92.8％	75.9％
空间基金咨询公司（Dimensional Fund Advisors, Inc）	72 262	84.3％	92.3％
贝莱德咨询公司（BlackRock Advisors, Inc）	64 846	85.2％	90.3％
道富环球咨询（State Street Global Advisors）	64 169	85.5％	88.1％
富达基金（Fidelity）	60 008	79.2％	93.9％
DBX 战略咨询有限责任公司（DBX Strategic Advisors LLC）	42 849	87.7％	85.7％

续表

机构投资者	票数	支持管理层"赞同"提案	支持管理层"反对"提案
保德信投资有限责任公司（Prudential Investments LLC）	42 748	86.8%	91.1%
智慧树资产管理（WisdomTree Asset Management）	40 593	83.1%	91.3%
沃雅投资管理有限责任公司（Voya Investment Management，LLC）	40 264	89%	93.6%
万通金融集团（MassMutual Financial Group）	37 832	84.2%	94.0%
暴雪资本管理有限责任公司（PowerShares Capital Management LLC）	36 955	89%	87.6%
北方信托全球投资公司（Northern Trust Global Investments）	36 204	90%	93.8%

注：根据 Form N-PX 2017 文件，上述为十大拥有最多选票的机构投资者。
资料来源：ISS Voting Analytics（2017），作者整理得出。

这些支持率水平是否准确尚不清楚。一方面，许多代理提案只是例行程序，包括大多数董事的选举、外部审计的批准以及其他毫无争议的规章制度修订方案的批准。在这种情形下，当对上述问题进行投票时，定期投票并不会产生显著的治理效应。另一方面，与管理层的提案一致的定期投票，可能与代表机构投资者利益的信托监管的目标不一致。受益人最终负责确定基金经理的投票是否符合其利益最大化的目标。

研究表明，机构投资者利用投票权来影响治理结果。Fischer，Gramlich，Miller 和 White（2009）研究发现，无竞争董事选举中的反对票与更高的董事会流动率、更高的管理层流动率以及投票后一年内企业活动的增加（例如重大资产出售或收购）相关。[29] Aggarwal，Dahiya 和 Prabhala（2019）研究发现，异议投票不仅会导致董事辞职，还会减少这些人未来担任董事的机会。[30]

Martin 和 Thomas（2005）研究发现，当股东反对仅针对高管的股票期权计划时，董事们会相应降低高管的薪酬。[31] Ferri 和 Marber（2013）研究了"薪酬话语权"投票的影响，发现获得低水平股东支持的公司更有可能修改高管薪酬计划，以示对股东更友好。[32] Iliev，Lins，Miller 和 Roth（2015）研究发现，在合并投票中出现异议投票会导致更多的合并提案被撤回。[33]

研究还表明，机构投资者利用否决票的威胁来实现治理政策目标。McCahery，Sautner 和 Starks（2016）研究发现，机构投资者利用其投票权在幕后协商变革，而长期投资者比短期投资者更强烈地在幕后进行干预，以推动治理变革。[34] Aguilera，Bermejo，Capapé 和 Cuñat（2019）研究表明，大型机构投资者利用退出投资的威胁来迫使变革。他们的研究表明，挪威主权财富基金能够利用其规模，通过公布其对这些方面的预期来影响投资组合公司提高董事技能、独立性和多元化。[35]

这些研究证明，机构投资者投票是推动公司治理变革的有力工具。

➡ 12.4 激进投资者

广义而言，**激进投资者**（activist investor）是指试图利用其股权地位来影响公司治理的股东。任何投资者都可以采取一种积极的策略，包括工会支持的养老基金，具有环境、宗教或社会使命的机构投资者，对冲基金或拥有公开信念的个人投资者。激进投资者通过游说来增加公司的杠杆作用，影响公司治理的成果，这种影响无法通过简单投票实现。虽然激进投资者的主要目标可能在于提高股东价值，但他们也可能具有次要动机，这些次要动机从长期来看可能不会增加股东价值。

激进投资者利用各种机制影响公司的政策，包括发起有关代理问题的提案、代理权争夺（威胁或实际行动）、通过媒体和其他公共论坛施压以及直接参与。

在《萨班斯-奥克斯利法案》14a - 8 规则的要求下，如果股东持有至少价值 2 000 美元或公司市场价值 1% 的股权，并且持有时间不少于一年，那么股东将有资格提交**股东提案**（shareholder proposal）（2020 年，美国证券交易委员会提议提高这些要求）。[36] 股东必须通过年度股东大会继续持有股份，并在会上亲自提出提案。股东提交提案的时间受到限制，各公司自行决定提交提案的截止时间，通常是在年度股东大会之前的 120 天内。公司有权剔除违背法律规定的股东提案（这些提案包括违反联邦或州法律的提案），以及规定管理权限、董事会选举、支付股息或其他重要问题的提案。此外，如果提案仅涉及"个人的不满或特殊利益……而不是影响广大股东利益"，公司也可以拒绝提案。如果一项提案在前五年获得的支持率较低，那么公司有权拒绝处理"基本上同一事项"的提案。一项提案必须得到超过 3%、6% 或 10% 的支持——取决于它被提议的次数——才能重新提出。[37]

近年来，股东提案主要集中在环境、社会与政治问题（48%）、治理相关问题（45%）以及高管薪酬（8%）。提交的提案只有一半得到投票。其中，环境、社会与政治问题的平均支持率为 28%，治理相关问题的平均支持率为 37%，高管薪酬的平均支持率为 24%。只有 14% 的提案获得通过。[38] 个人激进股东是最活跃的股东提案发起人，2019 年，他们提交的提案数量占总提案数量的 70%，其次是养老金和劳动团体（15%）、宗教及其他社会责任投资者（14%）、其他机构投资者（1%）。[39]

股东提案获得多数支持的成功率很低。Georgeson 认为，与治理相关的提案最有可能获得通过，例如取消超级多数投票要求、股东有权通过书面形式同意或召开特别会议采取行动、董事会解密、多数投票要求和代理参与权。与社会、环境、政治或薪酬相关的提案很少通过。[40]

股东也可以通过代理权争夺影响公司政策。在代理权争夺中，激进股东能够提名己方阵营的董事进入董事会，即提名己方阵营董事进入**持相反意见的阵营**（dissident slate）。代理权争夺代表激进股东试图获得董事会的控制权并改变公司政策，这通常与敌意收购相关。正如我们在第 11 章所讨论的那样，代理权争夺需要激进股东支付大额现金，包括购买股东名单，准备和分发代理材料，并寻求关键机构投资者的支持。失败的风险和成本大幅降低了代理权争夺发生的频率。[41] 根据苏利文 & 克伦威尔律师事务所的数据，每年大约发生 50 起代理权争夺，其中 1/3～1/2 的代理权争夺最终达成和解协议，公司自愿同意让激进投资者中的一名或多名董事代表加入董事会。激进投资者很少能够成功地更换整个董事会。[42]

股东激进主义仍然是一个极具争议性的话题。股东激进主义的支持者认为，股东参与管理的公司更可能获得长期的成功。激进股东能够减少代理问题，降低管理层壁垒，并通过对公司管理人员施压迫使其将股东利益放在首位。按照这一说法，激进股东是公司控制权市场的必要元素。股东激进主义的反对者认为，股东激进主义是一个展开破坏性行为的幌子，使得管理层和董事会远离对公司实质性问题的关注以及对公司长期价值的追求。在极端情形下，反对者把股东激进主义比作敲诈勒索，为了在短期内提高公司股价而不计后果地改变公司战略、资本结构及资产组合，进而削弱公司实力。

综合这些观点，我们下面讨论股东激进主义的各种形式，包括养老基金、ESG 与社会责任投资基金、个人激进投资者以及激进对冲基金。

养老基金

公共养老基金代表州、国家和市政府管理退休资产。例如，加利福尼亚公共雇员退休基金（CalPERS）、纽约州和当地退休基金、美国加州教师退休基金（CalSTRS）。私人养老基金代表工会会员管理退休资产。美国最大的工会组织是 AFL-CIO，包括 50 多个全国性工会和 1 200 万名工人。其他工会组织包括国际卡车司机协会（International Brotherhood of Teamsters）、服务业雇员国际工会（Service Employees International Union）、美国木匠和细木工联合会（United Brotherhood of Carpenters and Joiners of America）。养老基金以信托的方式持有这些资金，基金的管理由受托人委员会监督，受托人委员会的唯一目的是履行对信托受益人的财务义务。

养老基金管理部门是代理投票过程的积极参与者。如前所述，超过 40% 的股东代理提案由工会或公共养老基金发起。然而，养老基金激进主义不满足于组织发起的代理条款。基金对其他机构提出的提案也拥有话语权。例如，AFL-CIO 保留其认为是"关键投票"的记录卡。2019 年度的记录卡表明 26 项提案得到了投票支持，其中包括独立董事长、代理参与、游说公开和其他政策改革（见表 12-3）。

表 12-3 AFL-CIO 关键投票记录（2019）

公司名称	提案
3M	CEO 薪酬目标金额

续表

公司名称	提案
艾伯维（Abbvie）	独立董事长
阿尔法贝特（Alphabet）	提名一名员工董事
亚马逊（Amazon）	独立董事长
贝莱德（BlackRock）	游说公开
波音公司（Boeing）	高管薪酬与股票回购
世邦魏理仕集团（CBRE Group）	性骚扰报告
宪章通信（Charter Communications）	代理参与
CVS 健康（CVS Health）	CVS 高管薪酬和法律成本
埃尔多拉多度假村（Eldorado Resorts）	州反收购法（蓝卡）
埃克森（Exxon）	游说公开
富利德柯科技（FleetCor Technologies）	修改弥补性收入政策
杰欧集团（GEO Group）	人权影响评估
强生（Johnson & Johnson）	追回披露
马克洛林制药（Mallinckrodt）	游说公开
马拉松石油公司（Marathon Petroleum）	独立董事长
默克公司（Merck）	高管股票销售和回购
亿滋国际（Mondelez International）	CEO 薪酬目标金额
纽厄尔品牌（Newell Brands）	董事会多元化
辛克莱广播集团（Sinclair Broadcast Group）	董事会多元化
美国斯凯奇（SKECHERS USA）	董事会多元化
TJX 零售（TJX）	供应链人权风险
威瑞森（Verizon）	独立董事长
富国银行（Wells Fargo）	高管薪酬和风险
谢尼雅酒店与度假村（Xenia Hotels & Resorts）	性骚扰报告
XPO 物流（XPO Logistics）	独立董事长

　　注：股东支持的提案与 AFL-CIO 代理投票准则一致。

　　资料来源：AFL-CIO, "Key Votes Survey," (2019). Accessed June 29, 2020. See https://aflcio.org/reports/afl-cio-key-votessurvey.

　　一些研究表明，工会养老基金可能不会优先考虑为受益人争取最大的财务回报，而是利用自己的股权地位支持与工会和劳动相关的事宜。在一项具有高度争议的研究中，Agrawal（2012）检查了 AFL-CIO 2003—2006 年的投票记录。他发现当 AFL-CIO 代表工人利益时，其更有可能投票反对处于劳动争议中的公司的董事。他的结论是，"工会养老基金将代理投票权部分作为追求工会劳动目标的一种手段，而不仅是最大化股东价值"。[43]同样地，Matsusaka、Ozbas 和 Yi（2017）研究发现，工会在合同到期年份增加了其支持提案的数量，这些提案旨在为劳工谋取利益。调查结果强调"赋予股东向管理层施加压力的权力，可能会产生意想不到的效果，这为激进主义者打开一个有影响力的窗口，让他们与管理层讨价还价，并可能收取额外报酬"。[44]

有证据表明，养老基金激进主义对公司长期绩效的影响较小。Barber（2007）检验了 CalPERS 激进主义是否增加了股东的价值。他发现，CalPERS 宣布一家公司在年度重点名单之中的当天，公司股东价值只有轻微的增长，长期来看，这些公司几乎没有超额正收益。[45]因此，公共养老基金会有一定的影响，但影响不大。

ESG 与社会责任投资基金

社会责任投资基金（socially responsible investment（SRI）funds）迎合那些价值承载鲜明社会目标且仅想投资其实践与那些社会目标相符的公司的投资者。举例来说，社会责任包括公平劳动行为、提倡环境可持续发展以及促进宗教或道德价值。近年来，在 **ESG 投资**（ESG investment）的引领下，社会责任投资基金的数量和规模爆炸式增长。据估计，美国 26% 的专业管理资产符合 ESG 投资标准（12 万亿美元）。[46]

社会责任投资基金采用两种主要方法来实现其目标。第一种方法是将它们的投资限制在那些从事该基金认为可靠的活动的行业或企业。这可能要求完全避开某些行业，或者在一个行业中找出在期望的方面表现特别好的企业。这种方法面临的一个重大挑战是缺乏可靠的、公开可行的衡量标准来确定企业在社会或环境方面的表现。根据美国可持续和可靠投资论坛（U. S. Forum for Sustainable and Responsible Investment）的数据，超过 3/4 的 ESG 投资资产采用了单一选择的方式。

第二种方法是直接或通过代理程序与公司接触以倡导企业活动的改变。这些提案的范围很广，包括环境报告、人权承诺、可持续包装物、董事会和就业多样性等。如前所述，环境和社会代理提案很少得到大多数人的支持。2019 年，在投票表决的146 项环境和社会提案中，只有 9 项获得通过。平均支持率只有 28%。[47]

然而，如果将公众及幕后的力量结合起来推动相关政策的改变，则即使股东提案失败，其仍然可以成为影响治理结果的有效工具。

我们将在下一章更详细地讨论 ESG 投资。

 幕后激进主义

耐克公司

1996 年，联合卫理公会养老金与健康福利总委员会（General Board of Pension and Health Benefits of the United Methodist Church）（持有耐克公司 61 700 股 B 类股票）提交了一份提案，要求耐克公司对其在印度尼西亚的供应商工厂的劳动条件进行评估。除此之外，耐克公司被要求同总部位于印度尼西亚的非政府组织一起"建立独立的监测与执法机制""加强内部监控程序""利用积极的影响激励供应商坚持耐克的行事准则"。代理提案只是迫使耐克公司改善供应商工厂劳动条件的策略之一。虽然代理提案往往会被高票否决（360 万赞成票，11 120 万反对票，580 万弃权票），但耐克公司最终制定了一系列与代理提案的内涵一致的改革措施，包括设立最低就业年龄限制，针对供应商工厂制定严格的空气质量要求以及相关的培训、监测项目。[48]

个人激进投资者

如前所述，个人投资者是代理提案的最大发起人。[49]2006—2015 年个人投资者向《财富》500 强公司提交了 1 123 项提案，其中大部分（80%）涉及股东权利、董事会结构和高管薪酬，只有一小部分涉及社会、政治或环境问题。[50]

个人激进主义是一个有争议的话题。因为绝大多数提案没有得到大多数人的支持，批评者认为每年提交的大量提案浪费了公司的资源和股东的注意力。例如，2006—2015 年投票的 1 123 个个人股东提案平均只获得了 29% 的支持。这些提案中，只有少数有意义的得到了支持。许多提案甚至没有在公司任何会议中得到多数人的支持而被否决（见图 12-1 和图 12-2）。出于对潜在浪费的担忧，美国证券交易委员会提议提高提交或重新提交提案的门槛。[51]

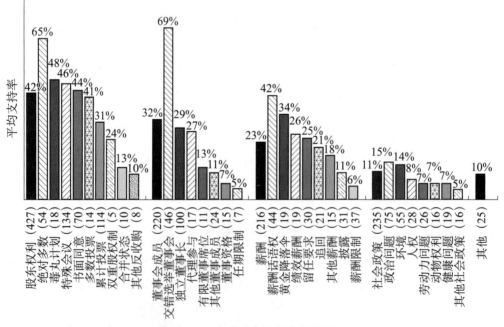

图 12-1　个人股东提案的投票结果

注：按类别和子类别分列的平均支持率。

资料来源：Gadflies at the Gates.

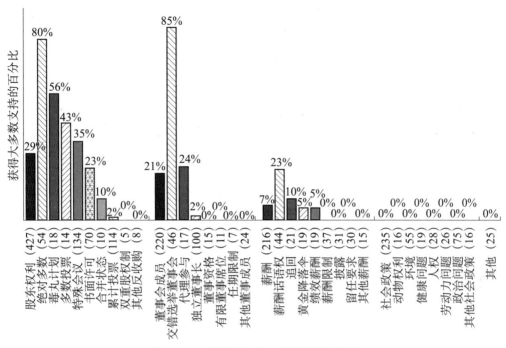

图 12-2 获得大多数支持的提案的比率

注：个人股东提案的投票结果（2006—2015 年）。

资料来源：Gadflies at the Gates.

个人激进主义的捍卫者称，每个股东都是公司治理体系的合法参与者。虽然个人股东可能没有大股东或机构投资者的投资规模，但是他们的股份仍然具有投票权和收益权，而股东提案是行使这些权利的一种方式。虽然大多数股东提案没有得到多数人的支持，但这些提案所倡导的一些标准最终成为公认的健全治理的基本标准（例如取消分类选举董事会结构、授予股东批准公共审计机构的权利、限制高管薪酬和养老金以及对董事实行最低股权要求，这些都得到了个人维权人士的支持）。为此，一项关于个人行动主义的研究发现，这些人对低投票支持率并不担心，他们把自己的活动视为带来变革的更广泛过程的一部分。用一位个人维权人士的话说："每一个重大问题都曾经是某个公司的某个股东提出的自认为很重要而其他人认为无关紧要的问题。"[52]

激进对冲基金

作为一种私募基金，对冲基金用于各种长短期策略投资、全球宏观投资、合并套利以及不良债务处理等，企图在资本市场上获得高于平均水平的回报。美国有超过 1 000 家对冲基金，管理着 3 万亿~3.5 万亿美元的资产。[53] 由于对冲基金投资人被限制为授权投资者（拥有至少 100 万美元的保证资产或年收入 20 万美元以上），对冲基金不受《1940 年投资公司法案》的限制。根据《多德-弗兰克法案》，管理资产超过 1.5 亿美元的对冲基金必须在 SEC 注册。

对冲基金向客户收取的佣金较高。通常对冲基金收取的管理费为资产的固定百分比（通常为 1％～2％），同时收取基于绩效的附加费用（通常为 20％），这一费用是投资组合的增加值的百分比。由于行业索取的佣金较高，要求公司产生更优的财务绩效。为了与高昂的佣金相匹配，基金经理需要克服相当大的困难去实现更高的收益率。

业绩压力可能让对冲基金选择时间更短的投资方案。投资者对短期绩效的关注又给基金经理带来一个挑战，因为股价的变动会受到不可控市场因素的影响。那些被认为估值过低的股票由于被这样定义，不一定能够回到它的公允价值，因此，一些对冲基金决定采取措施，使这些股票的价格接近其公允价值。著名的激进对冲基金包括 Elliot Management、Starboard Value、Third Point 和 Trian Partners。Brav，Jiang，Thomas 和 Partnoy（2008）就对冲基金激进主义进行了详细分析，他们发现激进的对冲基金与价值投资者相似。目标公司具有较高的资产回报率与现金流（与同行业相比），但以较低的市净率在市场上出售。在被对冲基金投资之前，这些公司往往表现不突出，它们的杠杆作用更高，股息支付比率更低，经营业务更加多元化。尽管它们的股票流动性更大，也能吸引更多的投资分析师，但它们的市场估值一般很低。[54]值得注意的是，这些公司没有明显的内部操作。[55]

平均而言，激进的对冲基金起初会持有公司 6.3％的股权（平均值中值）。在 16％的情形下，对冲基金会披露其持有金融衍生品或嵌入式期权的状况，例如可转换债券或可转换优先股（因为 SEC 法规不要求披露金融衍生品投资状况，这个数字可能低估了真实的衍生品风险）。对冲基金很可能与其他基金合作以获得杠杆效应。研究发现，在 22％的情形下，多个对冲基金以团体形式向 SEC 提交报告——这个数字可能低估了基金间的合作，因为采用 **"狼群策略"**（wolf pack strategy）和 **"堆积策略"** 的基金不需要向 SEC 报告合作关系。[56] 平均而言，对冲基金以团体形式向 SEC 提交报告的比例为 14％。

持有公司较高股份的机构投资者必须向 SEC 披露其投资的性质。[57]本研究中大约一半的基金认为其投资理由是投资对象的价值被低估。其余基金则表示，它们打算让所投资的公司作出某些业务或结构上（例如战略、资本结构或治理体系）的改变，甚至是出售公司。这些基金的管理者还用激进的策略来达成目标，例如与董事会或管理层定期直接沟通（48％）、股东提案和公开谴责（32％），以及开展代理权争夺以攫取董事会的控制权（13％）。

关于激进对冲基金对公司进行初始投资的消息，市场反应积极。在投资消息发布当天，被投资公司的股价就会有 2％的异常增长。在接下来的 20 天内，股价将继续走高，累计异常增长率将达到 7.2％。然而，其他对冲基金与机构投资者对这种短期异常增长的影响尚不清楚。

已有多项研究检验了激进对冲基金的长期成功。Klein 和 Zur（2009）研究发现，对冲基金在实现强迫目标对象回购股票、实施现金分红、获得董事会席位、强迫目标对象改变战略、终止待定收购或同意已商定并购等既定目标时，60% 达成了目标。他们发现，目标公司在投资公告日前后会表现出异常回报，但后续经营业绩并没有改善。[58]

Boyson，Gantchev 和 Shivdasani（2017）研究发现，积极干预大幅提高了收购的可能性，且对冲基金主要通过影响目标公司的收购活动创造价值。[59]

Bebchuk，Brav 和 Jiang（2015）通过研究 1994—2007 年的 2 000 起激进对冲基金干预事件发现，积极短期公告的收益是持续的，激进对冲基金的目标是长期经营业绩的改善。他们得到结论：投资者"不应该认可这一断言的正确性，即长期来讲激进对冲基金干预对公司及其股东而言是代价高昂的。政府官员和投资者都应该拒绝以此类主张为基础来限制股东的权力、权利和参与"。[60]

deHaan，Larcker 和 McClure（2019）研究了 1994—2011 年的 2 000 起干预事件，发现之前研究中的长期出色表现完全是平均市值仅 2 200 万美元的占比 20% 的最小公司导致的。当在价值加权基础上对回报率进行评估时，激进对冲基金的目标没有表现出明显的短期或长期积极表现。根据这项研究，激进对冲基金在所有目标上创造的净值为零。他们得出的结论是，没有证据表明"积极的干预能够为股东带来长期的利益，我们也没有发现股东利益受损的证据"。[61]

研究还记录了对冲基金激进主义的其他结果。Brav，Jiang 和 Li（2017）研究表明，维权对冲基金倾向于将目标锁定为支持激进主义的共同基金所拥有的公司。[62] Appel，Gormley 和 Keim（2019）研究发现，当目标公司的股票被被动指数基金大量持有时，激进投资者在其行动中更容易取得成功。[63] Gantchev，Gretil 和 Jotikasthira（2018）研究发现，激进主义会导致目标公司财务和薪酬的变化，这会产生溢出效应，即非目标公司同行也会作出类似的改变来避开激进主义者。[64]

Borek，Friesner 和 McGurn（2017）研究表明，对冲基金的激进主义会导致目标董事会成员结构的变化。在激进分子的干预下，董事会成员变得更年轻、更独立、更有经验、更不多元化（按性别和种族）。[65] Coffee，Jackson，Mitts 和 Bishop（2018）研究发现，对冲基金提名的董事进入目标董事会与更高的信息泄露率和其他投资者潜在内幕交易的增加（以期权交易的激增衡量）有关。[66]

最后，激进主义运动代价高昂。Gantchev（2013）计算出代理权竞争的平均成本为 1 070 万美元，并估计监督成本使投资者的回报减少 2/3 以上。[67] 为了避免代理权之争的成本，许多基金和公司达成自愿和解协议，维权人士同意不采取敌对行动以换取机密信息和董事会代表职位。Bebchuk，Brav，Jiang 和 Keusch（2020）研究表明，和解协议是经济有效的解决方案。[68]

| 专栏 | **代理权争夺战：高手碰撞** |

2017 年，宝洁与激进投资者纳尔逊·佩尔茨（Nelson Peltz）卷入了美国消费

者新闻与商业频道（Consumer News and Business Channel，CNBC）所谓的"史上最大代理权争夺战"。[69]

同年早些时候，佩尔茨通过其对冲基金 Trian Partners 增持了宝洁 33 亿美元的股份。虽然这笔投资的金额很大，但仅占宝洁总市值的 1.5%。

佩尔茨认为，宝洁应该降低成本，并赋予部门领导更大的责任以改善财务绩效。两年前刚成为 CEO 的戴维·泰勒（David Taylor）认为，宝洁正在努力通过重组实现这一目标，假以时日，公司业绩会提升。在 Trian Partners 与宝洁董事及管理层之间不愉快的会议之后，佩尔茨发起了一场代理权争夺战，旨在在宝洁董事会获得一席之地。

这场战斗充满争议，耗资巨大。泰勒在公开场合对佩尔茨不屑一顾："我们没有考虑过他提出的渐进想法，而且经验证明建立一个影子管理团队将破坏已经实施改进的工作。"Trian Partners 称泰勒的评论是"老生常谈的公关辞令。真正必须解决的问题是宝洁不断缩小的市场份额、过高的成本和官僚主义作风"。[70]

由于宝洁拥有庞大的散户投资者基础，双方都邮寄了大量的代理选票，共计花费了 6 000 万美元。初步统计显示，宝洁仅以 0.2% 的优势获胜。宝洁宣告胜利："宝洁股东已经表态。"[71]然而在重新统计之后，Trian Partners 以 42 780 票，即已发行股票的 0.001 6% 的优势获胜。宝洁承认失败，并邀请佩尔茨加入董事会，此时，双方都改变了态度。泰勒在谈到佩尔茨时说："在我们过去几周的谈话中，我发现他是一个有想法、有远见的人。"佩尔茨说："泰勒与我已经建立了牢固的关系，我期待与他及其他董事会成员一起工作。"[72]

➡ 12.5　指数投资的兴起

过去 20 年见证了**被动性（指数）投资**（passive (index) investing）的急剧增长，在这种投资中，股东投资于那些旨在以极低成本匹配一个基准指数的收益的基金。指数投资可以通过投资于指数共同基金（例如先锋集团的基金）或交易所交易基金（例如贝莱德的基金）来实现。这些投资工具可以匹配整个资产类别（例如标准普尔 500 指数所代表的美国大盘股）或特定行业的一篮子股票（例如 iShares 纳斯达克生物技术 ETF）的回报。由于成本低廉，指数投资工具在投资业中获得了相当大的市场份额。据估计，1995 年只有 4% 的股票基金资产投资于指数基金。到 2015 年，这个数字是 34%。[73]

这一趋势的一个副产品是投资资产集中在少数几家公司。根据 Bebchuk 和 Hirst（2019）的数据，在过去 10 年流入投资账户的所有资产中，80% 的资产流向了三家公司：先锋集团、贝莱德和道富环球咨询（"三巨头"）。[74]因此，这些公司对标准普尔 500 指数公司的股权持股比例从 1998 年的 5％增加到了 2017 年的 20.5％，投票权增加到了 25％。[75]据估计，如果这种趋势继续下去，"三巨头"的投票权将在 10 年后增加到 34％，20 年后增加到 41％。[76]整个美国市场的所有权和投票权如此极端地集中于三家机构，其影响不得而知，至少这导致了大量的经济、法律与政治问题。[77]

Schmidt 和 Fahlenbrach（2017）研究发现，被动所有权会减少监督：被动机构所有权与 CEO 权力的增加和并购公告后股东的消极反应相关。[78]Bebchuk 和 Hirst（2019）还得出结论，即大型指数所有者有顺从公司管理者的动机。[79]Coates（2018）认为，所有权与投票权的集中带来了新的代理风险，这对公司治理构成了挑战。[80]

Appel，Gormley 和 Keim（2016）研究发现，被动性基金的所有权带来治理质量的提升：更多的独立董事、收购防御的免除以及更多平等的投票权。他们还发现，被动所有权与优秀的长期业绩有关。[81]Rock 和 Kahan（2019）认为，大型指数基金有强烈的动机成为对公司事务知情的"选民"，用它们的话说就是"明智地投票"。他们得出结论，"三巨头"比其他任何股东都更适合设定（市场治理）标准。[82]政策制定者和实践者的问题在于是否应该允许它们制定这些标准。

12.6 股东民主和参与公司事务

近年来，我们看到在美国国会、SEC 以及公司治理专家的推动下，股东对公司治理机制的影响有所增加。美国国会的这些努力被广泛地称为股东民主，旨在帮助股东在公司事务上拥有更多话语权。股东民主的倡导者认为，它将使董事会对股东（以及可能的利益相关者）更加负责。

股东民主的要素包括非竞争性董事选举中的多数投票制、代理参与、薪酬话语权以及其他与投票相关的问题。与股东民主密切相关的是股东与董事会的沟通问题。薪酬问题参见第 8 章。我们接下来讨论股东民主及股东参与公司事务的其他要素。

非竞争性董事选举中的绝对多数表决制

公司可以选择选举董事的方法。在投票选举董事时，获得最多选票的人当选董事，而无论其是否获得了大部分人的选票。如果只有一人参选董事，那么此人获得一票便可当选董事。

许多股东民主倡导者认为，该选举方式并不能使股东对董事造成压力，因而降低了公司治理质量。股东民主倡导者重新制定了投票规则，董事必须获得至少 50％（即使是在无竞争的选举中）的选票才可当选。如果董事无法获得半数以上的赞成票，他就必须向董事会提出辞职。董事会既可接受其辞职，又可拒绝其辞职并给出相应解释（如果一个没有竞争对手的董事无法获得大多数的赞成票，那么董事会既可要求其辞职，又可让其继续留任，此做法原来是《多德-弗兰克法案》的一部分，但在立法的最终版本中被删除了）。

大多数大公司（超过 90% 的标准普尔 500 指数公司）采用了不同的多数表决方式。然而，这种情况在小公司中并不常见。只有 34% 的罗素 2000 指数公司采用多数表决。[83]

绝对多数表决制能否改善公司的治理质量我们尚不清楚，因为股东投反对票通常是针对某个问题而不是针对董事个人。例如，如果机构投资者认为公司的薪酬过高，那么它们可以拒绝重新提名该薪酬委员会的成员。这也可能带来弊端：公司剔除了一个与公司战略、运营或风险管理密切相关的董事，会导致公司受到很大影响。以上内容在第 4 章已有提及。实际上，绝大多数董事都能获得半数以上股东的赞成票，2019 年只有不到 40 名董事（0.1%）未能获得半数以上的赞成票。[84]

代理参与

一直以来，提名董事候选人是董事会独有的权力。2010 年《多德-弗兰克法案》指示美国证券交易委员会修改 14a-8 规则，允许股东指定的代理人与董事会提名的候选人一同加入董事会。这条规则于 2011 年被美国法院撤销。[85]然而，股东团体随后作出了决议，赋予符合条件的投资者团体提名公司代理董事的权利（"代理参与"），许多公司自愿采用了这类条款。

根据目前典型的代理参与提案，如果股东持有公司 3% 及以上股份且持有时间达到三年，那么股东有资格提名最多 25% 的董事会成员。某些代理参与提案对持股数量及持股时间的要求较低。

根据苏利文 & 克伦威尔律师事务所的数据，从 2015 年开始，代理参与提案的数量显著增加，其平均支持率也有所上升。例如，2014 年，对 17 项提案进行了投票，仅有 4 项获得通过，平均支持率为 33%。2015 年，对 82 项提案进行了投票，平均支持率跃升至 55%，48 项提案获得了通过。[86]在随后的几年里，股东不断提出代理参与提案，许多公司自愿采纳了这些规定。5 年后，代理参与成为大公司的一条标准，约 3/4 的标准普尔 500 指数公司允许代理参与（代理参与在小盘股公司中仍不那么普遍）。[87]

关于代理参与的研究结论不一。Larcker，Ormazabal 和 Taylor（2011）研究发现，市场会对代理参与规定作出消极反应。他们发现"大股东……可以利用代理参与规定授予他们的特权参与公司治理，以牺牲其他股东利益为代价使他们自己受益"。[88]相反的是，Steel（2017）研究发现，市场会对代理参与提案的通过作出积极反应。不同的结论可能是因为，第一项研究考察了适用于所有公司的笼统监管，而第二项研究仅考察了一部分公司中投票过程采用代理参与的情形。[89]

代理投票

SEC 对投票过程进行评估，确定投票规则是否需要进一步完善，以提高投票的参与度、效率和透明度。目前有争议的一个问题是第三方代理机构是否会对投票过程产生不利影响，降低股东价值。其中一种代理机构是具有受托责任的股票经纪人。另一种是投票代表，例如布罗德里奇公司（Broadridge）、中介机构和能够获得投票数据及影响投票结果的代理服务提供方。第三种是能够出借证券且不会放弃自身投票权的机构投资者。SEC 考虑是否应当改变这种投票规则，并对其进行更多的披露，以提高决策效率。SEC 还在寻求能够提高股东个人投票参与程度的途径。[90] 根据布罗德里奇和普华永道的数据，散户投资者仅行使了 30% 的投票权，机构投资者则行使了 95%。[91]

如图 12-3 所示，代理投票机制非常复杂，而且在一些情形下难以理解。

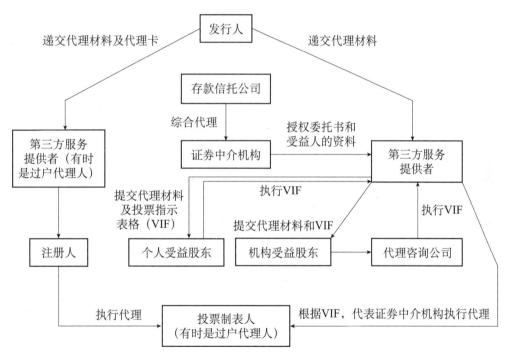

图 12-3　代理投票程序：一个复杂过程

资料来源：Securities and Exchange Commission：Concept Release on the U. S. Proxy System, July 14, 2010.

2015 年，在美国当纳利集团（RR Donnelley）、Equilar 公司以及斯坦福大学洛克公司治理中心联合实施的一项调查中，重点提到了许多投资者对代理投票机制的困惑。这项调查发现，55% 的机构投资者认为一般的代理声明太过冗长，48% 的机构投资者则认为代理声明晦涩难懂；投资者声称他们只读了代理声明 32% 的内容，他们认为理想的代理声明应为 25 页，实际上在罗素 3000 指数公司中，代理声明有

80 页。为了解决这个问题，现今许多大公司在其委托书的开头都有一个委托书摘要。[92]

这项调查还发现，尽管投资者认为代理投票机制十分重要，但投资经理人没有完全参与投票决策。例如在管理资产超过 1 000 亿美元的大型机构投资者中，投资经理人只参与了 10％的投票决策。只有 59％的机构投资者运用在代理过程中获得的信息进行投资决策。[93]这些数据使得目前投票机制中的问题更为严峻。如果信息披露质量得到提升，那么投资者会作出更明智的决策。

参与公司事务

最后，机构投资者不仅通过代理投票机制，而且通过直接参与公司事务来影响公司行为。虽然这些行为通常不为个人投资者所知，但对公司的政策有实质影响。例如，2014 年先锋集团给将近 350 家公司发了一封信，信中建议成立一项基金，鼓励这些公司公开董事会信息，采用多数表决制选举董事，并给予股东召开特别会议的权利。先锋集团把这些努力称为"秘密外交"，并且解释发这封信是"为了分享与公司治理实践相关的观点，这些实践能够为公司获得长期的业务成功与卓越的投资回报创造最佳机会"。[94]在同一年，贝莱德的 CEO 给标准普尔 500 指数公司写信，信中表示担心这些公司会过于看重短期目标而作出股票分红和资本支出的决定，这些决定可能影响公司获得长期投资回报的能力。[95]这些公司在随后的几年里继续合作。（我们将在下一章讨论这些基金与 ESG 相关的行动。）

然而，在美国，机构投资者与公司董事会的直接沟通依然是比较少见的。根据前文所述当纳利集团的调查，机构投资者只参与所投资公司中 9％的公司事宜。[96]来自普华永道的一项调查发现，54％的董事认为董事会直接与投资者讨论盈利结果是不合适的，44％的董事认为与投资者讨论战略和管理表现是不合适的，38％的董事则认为与投资者直接讨论财务监督及风险管理是不合适的；当被要求阐述理由时，94％的董事宣称与股东直接沟通会产生信息混淆的风险，89％的董事则认为这些讨论不恰当的原因在于那些寻求与董事会直接沟通的投资者经常会有一个特殊的工作日程表。[97]

在欧洲，股东对公司事务的直接参与更为普遍。例如，《英国公司治理准则》表明，"董事会有责任确保与股东进行令人满意的谈话"，并且建议"董事会应用最实用和最有效的方法了解股东意见"。[98]

Rivel 的研究表明，机构投资者认为，与管理层的一对一会面对机构投资者自己有利。超过一半的投资者认为，管理层在私下会议上比在计划好的活动上更坦率。投资者依靠这些会议来洞察战略、资本计划与既定目标的进展。这些投资者还会评估 CEO 和 CFO 的能力，并注意肢体语言和行为举止以洞察信息。[99]

Becht，Frank 和 Wagner（2019）追踪了一家大型英国机构投资者与投资组合公司的私下会议，发现这些会议会产生直接获悉投票决定以及有助于基金积极表现的信息优势。[100]

➡ 12.7 代理咨询公司

许多机构投资者依赖代理咨询公司帮助它们针对公司代理事宜作出表决，并让代理咨询公司履行受托责任，代表客户投票。[101]最大的代理咨询公司是 ISS 和格拉斯·刘易斯，它们分别为全球 4 万多个和 2 万多个股东大会提供投票建议。[102]格拉斯·刘易斯的客户总共管理着 35 万亿美元的资产。[103]ISS 没有披露客户资产规模，但披露了其客户参与代表 3.8 万亿股的 850 万张投票。[104]乔治梅森大学（George Mason University）的研究人员估计，这两家公司加起来占有 97％的市场份额。[105]

由于各种各样的原因，代理咨询公司对投票机制的影响重大。首先，机构投资者没有足够的经济激励去承担推行恰当的投票政策所必需的研究成本。与许多投票情况相似，代理研究同样遭遇了常见的搭便车问题。当只能获得一小部分利益时，普通的机构投资者几乎没有动力去承担在多元化投资组合中与个体公司相关的代理研究的成本。然而，代理咨询公司可以解决这一问题。它们能够研究不同公司中的同一类问题，并将它们的研究成果卖给不同的投资者。其次，2003 年，SEC 开始要求注册的机构投资者推进、披露它们的代理投票政策，并披露它们对所有股东投票项目的投票。该规则旨在使投票过程的透明度最大化，并确保机构投资者的行为没有受到利益冲突的影响。同时，SEC 声明，使用由一个独立的第三方（例如咨询机构）推行的投票政策，将不被视为违规。[106]因此，第三方代理公司采用的投票准则具有成本效益且能够满足机构投资者的受托和投票义务。

然而，依赖代理咨询公司的建议也存在一些潜在缺陷。第一，代理咨询公司应对某些治理问题采用的方法并不灵活，不总能恰当考虑公司的特殊情况。因此，这些公司的建议可能反映了治理方法中存在一刀切的现象，以及不存在理论上的"最佳实践"。第二，这些公司可能不具备足够的员工以及丰富的专业知识去评估需要股东批准的项目，尤其是复杂的事项，例如股权激励计划或收购项目。[107]第三，这些公司中存在潜在的利益冲突，因为它们提供咨询服务的同时也提供其他服务（详见第 14 章）。第四，完全依赖代理咨询公司可能造成机构投资者受托责任的丧失。机构投资者需要负责确保代理咨询公司投票的最佳受益人是股东。[108]

 专栏   **连任的沃伦·巴菲特**

可口可乐公司

2004 年，ISS 反对沃伦·巴菲特连任可口可乐公司的董事。当时，巴菲特在可口可乐公司的审计委员会任职。ISS 建议股东针对拒绝其连任的提案进行投票，因为巴菲特掌管的伯克希尔·哈撒韦公司的两家子公司分销可口可乐产品。代理咨询公司认为这一业务关系损害了其独立性。原因在于伯克希尔·哈撒韦公司是可口可乐公司最大的股东，或者说可口可乐公司是伯克希尔·哈撒韦公司最大的股权投资对象，投资价值为 100 亿美元。[109]

ISS 解释了它的反对意见："并非我们不信任巴菲特。我们想要他留在董事会中。但是，在当前的外部市场环境下，当董事与审计委员会存在连带关系或服务于审计委员会时，零容忍政策对公司而言是最好的办法。"ISS 还指出："当你将某些人视为特例时，公司将受到不利影响。"

可口可乐公司回应道："巴菲特先生的独立性符合纽约证券交易所的标准……巴菲特先生以诚信著称，并且作为一个审计委员会成员，他的影响力受到广泛认可。由于公司给予他巨额股权，因此，他与股东的利益密切相关。"

巴菲特最终以 84% 的支持率重新被任命为董事会成员。他认为，"ISS 的这种做法是非常愚蠢的……检察官没有转换思维，我们鼓励股东承担主人翁的角色，问题在于他们能否明智地作出决策。"[110]

大量证据表明，代理咨询公司对表决事项存在影响。表 12 - 4 显示了 ISS 和格拉斯·刘易斯公司的投票建议对表决事项的影响情况。数据显示，ISS 和格拉斯·刘易斯公司的投票建议会导致 20%～30% 薪酬相关提案投票结果的改变，10%～25% 无争议董事选举的改变，60%～70% 代理竞争的改变。

表 12 - 4　机构投资者投票记录（ISS 和格拉斯·刘易斯公司投票）

提案类型	薪酬话语权	股权计划	董事	代理竞争
ISS 支持/反对	95.3%/67.6%	92.7%/75.4%	97.2%/78.9%	90%/17%
格拉斯·刘易斯公司支持/反对	94.2%/77.9%	90.1%/78.5%	96.0%/85.9%	81.8%/18.2%
ISS 和格拉斯·刘易斯公司同时支持/反对	96.4%/63.8%	93.2%/74.3%	97.5%/71.0%	90%/18.2%
观测值（代理事项）	2 835	1 014	20 910	37

资料来源：由 Proxy Insight 根据 2016 年 7 月 1 日至 2017 年 6 月 30 日 713 家机构投资者对公司代理的投票记录计算得出。

我们在分析这些数字背后的原因时发现两个问题。首先，我们无法知道，如果代理咨询公司没有给出投票建议，或者它们给出了不同的投票建议，机构投资者会如何投票。其次，我们无法知道机构投资者在多大程度上考虑了 ISS 和格拉斯·刘易斯公司使用相同信息给出的投票建议，因而无法得知机构投资者与 ISS 和格拉斯·刘易斯公司是否有相同的结论。

尽管如此，大量的研究文献记载了代理咨询公司对各种公司事务的影响。Bethel 和 Gillan（2002）研究发现，一个来自 ISS 的负面评价会使得股东对代理事项的支持率下降 13.6%～20.6%。[111]Cai，Garner 和 Walking（2009）研究发现，受到 ISS

负面评价的董事的支持率会下降 19%。[112] Morgan，Paulson 和 Wolf（2006）研究发现，ISS 的负面评价会使得股东对薪酬相关事项的支持率下降 20%。[113] Ertimur，Ferri 和 Oesch（2013）以及 Malenko 和 Shen（2016）也有同样的研究发现。[114]

尽管许多机构投资者声称自己的投票立场独立于这些咨询公司的建议，只是将代理投票建议作为参考，但 Rose（2019）证实并非总是如此。大量资产管理公司按照 ISS 的投票结果投票（这种做法称为**机器投票**（robovoting）或自动投票）。他指出，共有 42 家资产总额为 1.2 万亿美元的机构投资者在 99.9% 的情形下与 ISS 的投票保持一致，98 家资产总额为 3.3 万亿美元的机构投资者在 99.5% 的情形下与 ISS 的投票保持一致。[115]

针对这一事实并结合其他经验证据，SEC 的委员表示，"确保机构投资者不过分依赖代理咨询公司的分析是十分重要的"，并且机构投资者"不应该将它们的信托责任外包"。[116]

越来越多的证据表明，代理咨询公司能够影响公司的薪酬决策。2012 年的一项调查研究发现，超过 70% 的公司报告显示，它们的高管薪酬计划受到代理咨询公司的政策和准则的影响。[117] 此外，Gow，Larcker，McCall 和 Tayan（2013）的分析指出，公司调整其股权薪酬计划的规模，以满足 ISS 的最大阈值。在 2004—2010 年的 4 230 家公司的观察样本中，有 34% 的公司的股权计划规模不超过 ISS 上限的 1%。股权计划规模低于阈值水平 1% 的公司，与股权计划规模高于阈值水平 1% 的公司之比超过 20∶1。这些结果不大可能是偶然的，这表明许多公司了解 ISS 的阈值，并且制订股权计划使得它们的规模刚好低于这个数字（见图 12 - 4）。[118] 例如，切萨皮克能源公司和联合在线公司（United Online）的代理声明中特别提到 ISS 的阈值，以证明它们的股权薪酬计划的规模合规。[119]

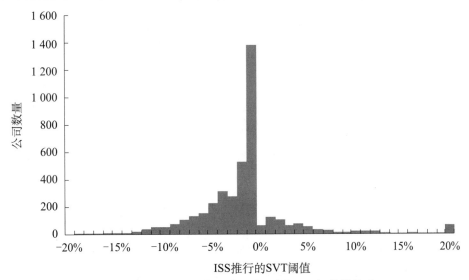

图 12 - 4 公司股权薪酬计划的要求与 ISS 阈值的关系

资料来源：ISS Proxy Recommendation Reports（2004—2010）. Calculations by Gow，Larcker，McCall，and Tayan（2013）.

最后，研究表明，代理咨询公司的建议不能增加股东价值反而降低了股东价值。Larcker，McCall 和 Ormazabal（2013）研究发现，许多公司限制股票期权重新定价方案，以迎合代理咨询公司的指导，那些公司市场反应缓慢、经营业绩较差、员工离职率较高。[120] 在另一项研究中，Larcker，McCall 和 Ormazabal（2015）研究发现，有相当多的公司改变了它们的薪酬方案，并从代理咨询公司那里获得了有利的话语权，但这些变化降低了股东价值。[121] 这些结果使得代理咨询建议的质量饱受质疑。

为了更大程度地保护投资者，SEC 提议加强对代理咨询公司的监管和监督，包括将它们的建议称为符合反欺诈和披露要求的"意见征求"。[122]

专栏　**代理咨询公司如何制定政策指导方针**

格拉斯·刘易斯公司几乎没有向公众提供任何关于投票政策发展的相关信息。格拉斯·刘易斯公司的讨论稿如下：

> 格拉斯·刘易斯公司的政策针对每一个市场，制定一个自下而上的方法，涉及广泛的市场参与者，包括客户、公司发行人、学者、公司董事以及其他学科专家。政策制定过程考虑到相关的公司治理标准、公司规章、地方法规和市场趋势。通过讨论以及与格拉斯·刘易斯公司研究咨询委员会的协商，投票政策发生改变，同时报告质量得以强化。[123]

此外，公司没有解释广义的公司治理概念和标准如何转化为成文的政策。ISS 披露了与该公司的政策发展过程相关的更多信息：

> ISS 努力使制定代理投票政策及将政策运用于股东大会（每年召开一次，拥有 40 000 多名股东）的过程更加开放透明……我们自下而上的政策制定方式能够通过各种渠道从不同市场参与者收集反馈信息——由机构投资者与公司发行方开展的年度政策调查、行业组织圆桌会议和代理的季度性反馈。ISS 的政策委员会使用这一方式，制定其政策草案，并根据每年出现的治理问题更新政策。在完成更新前，我们发布草案更新的评审时间。[124]

然而，ISS 的方法在其建议的准确性方面存在问题。第一，ISS 政策调查收集数据的范围较窄——2013 年仅 97 家机构投资者被包含在内。第二，它没有对受访者的构成进行详细披露，以证明受访者代表广大投资者。第三，调查中包含倾向性语言，这会影响问题的框架，并诱导受访者作出特定反应（例如，一个关于高管薪酬计划问题的标题是"为失败买单"，使用"有问题"薪酬计划等词汇）。第四，调查中没有将阈值量化，而是使用定性语言（例如，"一人多司"董事服务于"过多"董事会，但个中所涉董事会数字的阈值并不具体）。第五，ISS 并不清楚公司如何将公开评论期内的反馈意见体现在投票政策中。第六，ISS 通过意见征求过程收集到的意见和最终制定的政策之间的关系并不明确。ISS 的调查没有收集有关具体政策的反馈信息，而是收集有关广泛问题的反馈信息，并将其转化为成文的政策。[125]

最重要的是，ISS 和格拉斯·刘易斯公司都不能证明它们的测试能够保证公司最终政策的准确性。最后，建议模型的准确性是由严格的统计分析来决定的，这些统计分析表明，它们的政策对股东价值具有积极影响。这可以通过第三方研究人员的反向测试和独立分析来实现。

注 释

1. The investor relations consulting industry attempts to understand the various roles played by different types of institutional investors and to move the shareholder base to investor types that are perceived as more desirable by management. See David F. Larcker and Brian Tayan, "Sharks in the Water: Battling an Activist Investor for Corporate Control," Stanford GSB Case No. CG–20 (February 2, 2010).

2. The role of passive index funds in the governance debate is somewhat problematic. If the fund holds roughly the same stocks as the index, it is not clear whether passive funds will be an active change agent for better corporate governance. Still, many people believe that given their sizable ownership position, index funds should use their position to advocate responsible governance reforms when appropriate.

3. Regulation FD (fair disclosure) has greatly limited the extent to which company management meets with individual investor groups. The SEC adopted Regulation FD in October 2000 to limit the selective disclosure of material nonpublic information to investors who might gain an advantage by trading on such information. The rule provides that when an issuer, or person acting on the issuer's behalf, unintentionally discloses such information, it has an obligation to promptly disclose the same information to the public. Since the adoption of Regulation FD, companies have been less likely to meet with individual investor groups.

4. National Investor Relations Institute and the Rock Center for Corporate Governance at Stanford University, "2014 Study on How Investment Horizon and Expectations of Shareholder Base Impact Corporate Decision-Making" (2014). Accessed May 6, 2015. See www.gsb.stanford.edu/sites/gsb/files/publication-pdf/cgri-survey-2014-investment-horizon.pdf.

5. Ibid.

6. Rivel Research Group, "The Intelligence Council Capital Deployment in 2015,"Attitudes and Practices of the Global Buy-side" (April 2015). Accessed April 29, 2016. See www.rivel.com.

7. Brian Bushee, "Identifying and Attracting the 'Right' Investors: Evidence on the Behavior of Institutional Investors," *Journal of Applied Corporate Finance* 16 (2004): 28–35.

8. Paul Borochin, and Jie Yang, "The Effects of Institutional Investor Objectives on Firm Valuation, and Governance," *Journal of Financial Economics* 126 (October 2017): 171–199.

9. Thomson Reuters on WRDS, 13F Institutional Holdings (CDA/Spectrum).

10. Michael J. Barclay and Clifford G. Holderness, "Private Benefits from Control of Public Corporations," *Journal of Financial Economics* 25 (1989): 371–395.

11. Alex Edmans, and Clifford G. Holderness, "Blockholders: A Survey of Theory and Evidence," *Social Science Research Network* (March 11, 2017), European Corporate Governance Institute (ECGI) - Finance Working Paper No. 475/2016. Accessed March 23, 2020. See https://ssrn.com/abstract=2820976.

12. Stuart Gillan and Laura Starks, "The Evolution of Shareholder Activism in the United States," *Journal of Applied Corporate Finance* 19 (2007): 55–73.

13. Edmans and Holderness (2017).

14. Barclay and Holderness (1989).

15. John L. McConnell and Henri Servaes, "Additional Evidence on Equity Ownership and Corporate Value," *Journal of Financial Economics* 27 (1990): 595–612.

16. Hamid Mehran, "Executive Compensation Structure, Ownership, and Firm Performance," *Journal of Financial Economics* 38 (1995): 163–184.

17. Edmans and Holderness (2017).

18. Clifford G. Holderness, "A Survey of Blockholders and Corporate Control," Economic Policy Review—*Federal Reserve Bank of New York* 9 (2003): 51–63.

19. John E. Core, Robert W. Holthausen, and David F. Larcker, "Corporate Governance, Chief Executive Officer Compensation, and Firm Performance," *Journal of Financial Economics* 51 (1999): 371–406.

20. Marianne Bertrand and Sendhil Mullainathan, "Are CEOs Rewarded for Luck? The Ones Without Principals Are," *Quarterly Journal of Economics* 116 (2001): 901–932.

21. Reena Aggarwal, Isil Erel, Miguel Ferreira, and Pedro Matos, "Does Governance Travel around the World? Evidence from Institutional Investors," *Journal of Financial Economics* 100 (2011): 154–181.

22. Andrew Bird, and Stephen A. Karolyi, "Do Institutional Investors Demand Public Disclosure?" *Review of Financial Studies* 29 (December 2016): 3245–3277; and see Audra L. Boone, Joshua T. White, "The Effect of Institutional Ownership on Firm Transparency and Information Production," *Journal of Financial Economics* 117 (September 2015): 508–53. "Abramova, Core, and Sutherland (2019)," however, find that increased disclosure is not associated with higher quality disclosure." Also see Inna Abramova, John E. Core, and Andrew Sutherland, "Institutional Investor Attention and Demand for Inconsequential Disclosures," *Social Science Research Network* (November 30, 2019). Accessed December 6, 2017. See https://ssrn.com/abstract=3066136.

23. Wayne H. Mikkelson and Megan Partch, "Managers' Voting Rights and Corporate Control," *Journal of Financial Economics* 25 (1989): 263–290.

24. Sovereign Wealth Fund Institute, "Top 100 Largest Fund Rankings by Total Assets" (2019). Accessed April 6, 2020. See www.swfinstitute.org/fund-rankings/.

25. Norway Ministry of Finance, "The Management of the Government Pension Fund in 2013" (April 4, 2014). Accessed April 6, 2015. See www.regjeringen.no/contentassets/5ec7ef112e7545 0d8fc14c7619cd5078/translation1_2.pdf.

26. Mark Scott, "Qatar Wealth Fund Backs Glencore's Bid for Xstrata," *New York Times* (November 16, 2012).

27. Securities and Exchange Commission, "Disclosure of Proxy Voting Policies and Proxy Voting Records by Registered Management Investment Companies," Final Rule 28, Effective Date: April 14, 2003. See www.sec.gov/rules/final/33-8188.htm.

28. Data from ISS Voting Analytics (2017). Calculation by the authors.

29. Paul E. Fischer, Jeffrey D. Gramlich, Brian P. Miller, and Hal D. White, "Investor Perceptions

of Board Performance: Evidence from Uncontested Director Elections," *Journal of Accounting & Economics* 48 (December 2009): 172–189.

30. Reena Aggarwal, Sandeep Dahiya, and Nagpurnanand R. Prabhala, "The Power of Shareholder Votes: Evidence from Uncontested Director Elections," *Journal of Financial Economics* 133 (July 2019): 134–153.

31. Kenneth J. Martin, and Randall S. Thomas, "When Is Enough, Enough? Market Reaction to Highly Dilutive Stock Option Plans and the Subsequent Impact on CEO Compensation," *Journal of Corporate Finance* 11 (March 2005): 61–83.

32. Fabrizio Ferri and David A. Maber, "Say on Pay Votes and CEO Compensation: Evidence from the UK," *Review of Finance* 17 (April 2013): 527–563.

33. Peter Iliev, Karl V. Lins, Darius P. Miller, and Lucas Roth, "Shareholder Voting and Corporate Governance Around the World," *Review of Financial Studies* 28 (August 2015): 2167–2202.

34. Joseph A. McCahery, Zacharias Sautner, and Laura T. Starks, "Behind the Scenes: The Corporate Governance Preferences of Institutional Investors," *Quarterly Journal of Economics* 71 (December 2016): 2905–2932.

35. Ruth V. Aguilera, Vicente J. Bermejo, Javier Capapé, and Vicente Cuñat, "The Systemic Governance Influence of Universal Owners," *Social Science Research Network* (June 28, 2019), European Corporate Governance Institute - Finance Working Paper No. 625/2019; Northeastern U. D'Amore-McKim School of Business Research Paper No. 3411566. Accessed March 23, 2020. See https://ssrn.com/abstract=3411566.

36. In 2020, the SEC proposed increasing the minimum ownership requirement from $2,000 to $25,000, with one year of continuous ownership. The minimum ownership requirement would decrease after years two and three.

37. Securities Lawyer's Deskbook, "Rule 14a8: Proposals of Security Holders." Accessed May 5, 2015. See www.law.cornell.edu/cfr/text/17/240.14a-8.

38. Sullivan & Cromwell LLP, "2019 Proxy Season Review, Part1-Rule 14a-8 Shareholder Proposals," (2019). Accessed October 22, 2019. See www.sullcrom.com/2019-proxy-season-review-part-1-rule-14a-8-shareholder-proposals.

39. "Shareholder-sponsored compensation related proposals are different from management-sponsored say on pay proposals, and would require such things as linking compensation to social or environmental goals, limiting pay, and making changes to golden parachutes, clawbacks, or stock retention guidelines.

40. Georgeson, "2019 Annual Corporate Governance Review" (2019). Accessed March 24, 2020. See www.georgeson.com/us/news-insights/annual-corporate-governance-review.

41. Warren S. De Wied, "Proxy Contests," *Practical Law: The Journal* (November 2010). Accessed November 13, 2010. See https://content.next.westlaw.com/Document/I4cf81e4eef2a11e28578f7ccc38dcbee/View/FullText.html?contextData=%28sc.Default%29&transitionType=Default.

42. Sullivan & Cromwell LLP, "Review and Analysis of 2019 U.S. Shareholder Activism" (2019). Accessed March 24, 2020. See www.sullcrom.com/review-and-analysis-of-2019-us-shareholder-activism.

43. Ashwini K. Agrawal, "Corporate Governance Objectives of Labor Union Shareholders: Evidence from Proxy Voting," *Review of Financial Studies* 25 (2012): 187–226.

44. John G. Matsusaka, Oguzhan Ozbas, and Irene Yi, "Opportunistic Proposals by Union Shareholders," *Social Science Research Network* (July 2017), USC CLASS Research Paper No. CLASS15-25; Marshall School of Business Working Paper No. 17-3. Accessed March 24, 2020. See https://ssrn.com/abstract=2666064.

45. Brad Barber, "Monitoring the Monitor: Evaluating CalPERS' Activism," *Journal of Investing* 16 (2007): 66–80.

46. US|SIF Foundation, "Sustainable and Impact Investing—Overview" (2018). Accessed March 24, 2020. See www.ussif.org/files/2018%20Infographic%20overview%20(1).pdf.

47. Sullivan & Cromwell LLP (2019, Part 1).

48. Voting results from Nike Corp., Form 10-Q for the quarter ending August 31, 1996, filed with the Securities and Exchange Commission October 15, 1996. Corporate reforms from Debora L. Spar and Lane T. La Mure, "The Power of Activism: Assessing the Impact of NGOs on Global Business," *California Management Review* 45 (2003): 78–101.

49. Information in this section adapted with permission from David F. Larcker and Brian Tayan, "Gadflies at the Gate: Why Do Individual Investors Sponsor Shareholder Resolutions?" Stanford Closer Look Series (August 2016). See www.gsb.stanford.edu/faculty-research/publications/gadflies-gate-why-do-individual-investors-sponsor-shareholder.

50. Source: FactSet Research. Sample includes all shareholder resolutions proposed by individual investors at Fortune 500 companies, 2006–2015. Categorization by the authors.

51. Securities and Exchange Commission, "Procedural Requirements and Resubmission Thresholds Under Exchange Act Rule, 14a-8 [File No. S7-23-19]," (2019). See www.sec.gov/rules/proposed/2019/34-87458.pdf.

52. Larcker and Tayan (August 2016).

53. Barclays Investment Bank, "Don't Call It a Comeback: 2019 Global Hedge Fund Industry Outlook," (October 11, 2019). Accessed March 25, 2020. See www.investmentbank.barclays.com/our-insights/2019-global-hedge-fund-midyear-outlook.html.

54. Alon Brav, Wei Jiang, Frank Partnoy, and Randall Thomas, "Hedge Fund Activism, Corporate Governance, and Firm Performance," *Quarterly Journal of Economics* 63 (2008): 1729–1775.

55. Small, liquid targets enable the activist hedge fund to accumulate a sizable position with relative speed and without running up the price of the stock. Presumably, it also enables the firm to eventually exit the position quickly and without depressing the stock.

56. In a wolfpack strategy, multiple hedge funds work together to force change on a target company. *Piling on* refers to unaffiliated hedge funds accumulating a position in a stock when they learn that an activist has taken a significant position. Hedge funds that pile on to a target are not activists themselves. However, these hedge funds are likely to support the recommendations of the activist.

57. SEC rules require that an investor who holds more than 5 percent of a company's stock disclose its position. Disclosure on Form 13G indicates that the investor intends to hold the position as a passive investment (that is, the investor does not intend to become active with management or to seek a change in control). Disclosure on Form 13D indicates a possible active holding.

58. April Klein and Emanuel Zur, "Entrepreneurial Shareholder Activism: Hedge Funds and Other Private Investors," *Quarterly Journal of Economics* 64 (2009): 187–229.

59. Boyson, Gantchev, and Shivdasani (2017).

60. Lucian A. Bebchuk, Alon Brav, and Wei Jiang, "The Long-Term Effects of Hedge Fund Activism," *Columbia Law Review* 115 (June 2015): 1085–1155.

61. Ed deHaan, David F. Larcker, and Charles McClure, "Long-Term Economic Consequences of Hedge Fund Activist Interventions," *Review of Accounting Studies* 24 (2019): 536–69.

62. Alon Brav, Wei Jiang, and Tao Li, "Picking Friends Before Picking (Proxy) Fights: How Mutual Fund Voting Shapes Proxy Contests," *Social Science Research Network* (December 8, 2017), Columbia Business School Research Paper No. 18-16. Accessed March 2, 2018. See

https://ssrn.com/abstract=3101473.

63. Ian R. Appel, Todd A. Gormley, and Donald B. Keim, "Standing on the Shoulders of Giants: The Effect of Passive Investors on Activism," *Review of Financial Studies* 32 (July 2019): 2720–2774.

64. Nickolay Gantchev, Oleg Gredil, and Chotibhak Jotikasthira, "Governance under the Gun: Spillover Effects of Hedge Fund Activism," *Social Science Research Network* (November 1, 2018), European Corporate Governance Institute (ECGI) - Finance Working Paper No. 562/2018. Accessed March 25, 2018. See https://ssrn.com/abstract=2356544.

65. Andrew Borek, Zachary Friesner, and Patrick McGurn, "The Impact of Shareholder Activism on Board Refreshment Trends at S&P 1500 Firms," Investor Responsibility Research Center Institute (2017). Accessed October 20, 2017. Paper is found at www.issgovernance.com/library/the-impact-of-shareholder-activism-on-board-refreshment-trends-at-sp-1500-firms/.

66. John C. Coffee, Robert J. Jackson, Jr., Joshua Mitts and Robert Bishop, "Activist Directors and Agency Costs: What Happens When an Activist Director Goes on the Board?" *Social Science Research Network* (January 12, 2018), Columbia Business School Research Paper No. 18-15. Accessed March 25, 2020. See: https://ssrn.com/abstract=3100995.

67. Nickolay Gantchev, "The Costs of Shareholder Activism: Evidence from a Sequential Decision Model," *Journal of Financial Economics* 107 (2013): 610–631.

68. Lucian A. Bebchuk, Alon Brav, Wei Jiang, and Thomas Keusch, "Dancing with Activists," *Journal of Financial Economics* (2020). Available online January 29, 2020, In Press, Corrected Proof.

69. Hirsch, Lauren, "The Largest Proxy Battle Ever Is Coming to a Head on Tuesday," *CNBC.com* (Oct. 10, 2017). Accessed March 26, 2020. See www.cnbc.com/2017/10/09/pg-proxy-battle-nelson-peltz-procter-gamble-board-decision.html.

70. Sharon Terlep, "Earnings: Procter & Gamble, Peltz Spar on Results," *Wall Street Journal* (July 28, 2017, Eastern Edition): B.5.

71. David Benoit, and Sharon Terlep, "P&G Apparently Beat Peltz by a Sliver — Expensive proxy fight is now headed to a week's long recount to determine outcome," *Wall Street Journal* (October 17, 2017, Eastern Edition): B.1.

72. Sharon Terlep, and David Benoit, "P&G Concedes Defeat, Gives Peltz Board Seat," *Wall Street Journal* (December 16, 2017, Eastern Edition): A.1.

73. John C. Bogle, "The Index Mutual Fund: 40 Years of Growth, Change, and Challenge," *Financial Analysts* 72 (2016): 9.

74. Lucian A. Bebchuk, and Scott Hirst, "The Specter of the Giant Three," *Social Science Research Network* (May 9, 2019); Boston University Law Review 99 (2019); Harvard Law School John M. Olin Center Discussion Paper No. 1004; European Corporate Governance Institute (ECGI) - Finance Working Paper No. 608/2019. Accessed March 25, 2020. See https://ssrn.com/abstract=3385501.

75. Because registered investment companies are required to vote all proxy items and individual and unregistered companies are not, institutional investors have somewhat larger voting representation than economic rights.

76. Bebchuk and Hirst (2019.)

77. John C. Coates, "The Future of Corporate Governance Part I: The Problem of Twelve," *Social Science Research Network* (September 20, 2018). Accessed March 25, 2020. See https://ssrn.com/abstract=3247337.

78. Cornelius Schmidt and Rüdiger Fahlenbrach, "Do Exogenous Changes in Passive Institutional Ownership Affect Corporate Governance and Firm Value?" *Journal of Financial Economics* 124

(2017): 285–306.

79. Bebchuk and Hirst (2019).

80. Coates (2018).

81. Ian R. Appel, Todd A. Gormley, Donald B. Keim, "Passive Investors, not Passive Owners," *Journal of Financial Economics* 121 (July 2016): 111–141.

82. Edward B. Rock and Marcel Kahan, "Index Funds and Corporate Governance: Let Shareholders Be Shareholders," *Social Science Research Network* (April 4, 2019), NYU Law and Economics Research Paper No. 18-39. Accessed March 25, 2020. See https://ssrn.com/abstract=3295098.

83. SharkRepellent, FactSet Research, "Takeover Defense Trend Analysis: 2019 Year End Analysis" (2019).

84. Sullivan & Cromwell LLP, "2019 Proxy Season Review Part 2—ISS Negative Recommendations Against Directors," (July 25, 2019). Accessed October 17, 2019. See www.sullcrom.com/2019-proxy-season-review-part-2-iss-negative-recommendations-against-directors.

85. The Court's decision was in response to a September 2010 lawsuit filed by the Chamber of Commerce and Business Roundtable against the SEC that claimed "the rule is arbitrary and capricious [and] violates the Administrative Procedure Act, and … the SEC failed to properly assess the rule's effects on 'efficiency, competition, and capital formation' as required by law." See U.S. Chamber of Commerce press release, "U.S. Chamber Joins Business Roundtable in Lawsuit Challenging Securities and Exchange Commission" (September 29, 2010). The Business Roundtable and U.S. Chamber of Commerce Petition for Review filed in the United States Court of Appeals for the District of Columbia Circuit (September 29, 2010). Accessed May 5, 2015.

86. Sullivan & Cromwell LLP, "2015 Proxy Season Review: Proxy Access Proposals Most Significant Development of 2015; Significantly Higher ISS Support of Independent Chair Proposals Does Not Translate to Higher Votes; Board Withhold Recommendations Continue to Increase With Board Responsiveness a Key Driver in Resulting Votes Accessed" (July 20, 2015). Accessed March 26, 2020. See www.sullcrom.com/2015-proxy-season-review.

87. Sullivan & Cromwell LLP (2019, Part 1).

88. David F. Larcker, Gaizka Ormazabal, and Daniel J. Taylor, "The Market Reaction to Corporate Governance Regulation," *Journal of Financial Economics* 101 (2011): 431–448.

89. Reilly S. Steel, "Proxy Access and Optimal Standardization in Corporate Governance: An Empirical Analysis," *Fordham Journal of Corporate & Financial Law* 23 (2017): 173–255.

90. See Securities and Exchange Commission, "Securities and Exchange Commission Proxy Roundtable" (February 19, 2015). Accessed May 5, 2015. See www.sec.gov/news/statement/ensuring-shareholders-have-meaningful-effective-vote.html. Also see "Securities and Exchange Commission: Concept Release on the U.S. Proxy System" (July 14, 2010). Accessed May 6, 2015. See www.sec.gov/rules/concept/2010/34-62495.pdf.

91. Broadridge and PricewaterhouseCoopers, "Directors and Investors: Are They on the Same Page? Insights from the 2014 Proxy Season and Recent Governance Surveys" (October 2014). Accessed May 6, 2015. See www.pwc.com/en_US/us/corporate-governance/publications/assets/proxypulse-3rd-edition-october-2014-pwc.pdf.

92. Equilar, Inc., "Innovations in Proxy Design: The Compensation Discussion & Analysis" (February 2019). Accessed February 20, 2019. See www.equilar.com.

93. RR Donnelly, Equilar, and the Rock Center for Corporate Governance at Stanford University, "2015 Investor Survey: Deconstructing Proxies—What Matters to Investors" (2015). Accessed May 6, 2015. See www.gsb.stanford.edu/faculty-research/publications/2015-investor-survey-

deconstructing-proxy-statements-what-matters.

94. According to Vanguard, "We sent formal written communications to the chairpersons and CEOs of nearly 1,000 of our largest holdings. We customized our communications based on specific changes we wanted to see. Nearly 350 of these communications committed requests for companies to remove problematic governance structures (such as classes of stock that disproportionally give one class more votes, or staggered director elections) or to revisit compensation policies. To date, nearly one-half of the companies followed up and more than 80 have also made, or committed to try to make, at least one of the changes. We are still receiving responses as companies address our requests at board and shareholder meetings." See Vanguard, "Our Proxy Voting and Engagement Efforts: An Update." Accessed April 13, 2015. See https://investor.vanguard.com/.

95. Text of letter sent by Larry Fink, BlackRock's Chairman and CEO, encouraging a focus on long-term growth strategies, *Wall Street Journal Online* (letter dated March 21, 2014). Accessed April 4, 2015. See http://online.wsj.com/public/resources/documents/LDF_letter_to_corporates_2014_public.pdf.

96. RR Donnelly, Equilar, and the Rock Center for Corporate Governance at Stanford University (2015).

97. PricewaterhouseCoopers LLC, "PwC's 2014 Annual Corporate Directors Survey: Trends Shaping Governance and the Board of the Future: Executive Compensation and Director Communications," (2014). Accessed April 7, 2015. See https://www.pwc.com/us/en/governance-insights-center/annual-corporate-directors-survey/assets/annual-corporate-directors-survey-full-report-pwc.pdf.

98. Financial Reporting Council, "The UK Corporate Governance Code" (July 2018). Accessed April 7, 2015. See www.frc.org.uk/getattachment/88bd8c45-50ea-4841-95b0-d2f4f48069a2/2018-UK-Corporate-Governance-Code-FINAL.PDF.

99. Rivel Intelligence Council, "Persuasive Communications Vehicles" (February 2014). Accessed April 29, 2016. See https://www.rivel.com/. Also see, Rivel Intelligence Council, "Management Access Update: Attitudes and Practices of the Global Buy-side," (March 2015). Accessed April 29, 2016. See https://www.rivel.com.

100. Marco Becht, Julian R. Franks, and Hannes F. Wagner, "Corporate Governance Through Voice and Exit," *Social Science Research Network* (October 1, 2019), European Corporate Governance Institute – Finance Working Paper No. 633/2019. Accessed March 26, 2020. See https://ssrn.com/abstract=3456626.

101. For a comprehensive review of the proxy voting industry, see James R. Copland, David F. Larcker, and Brian Tayan, "Proxy Advisory Firms | Empirical Evidence and the Case for Reform," Manhattan Institute (May 2018). Co-authored with David F. Larcker and Brian Tayan, Stanford Graduate School of Business. Accessed May 29, 2018. See www.manhattan-institute.org/html/proxy-advisory-firms-empirical-evidence-and-case-reform-11253.html.

102. ISS was founded in 1985, launched a proxy advisory service in 1986, and launched a voting service in 1992. In 2006, ISS was purchased by RiskMetrics for an undisclosed amount. In 2010, MSCI acquired RiskMetrics for $1.55 billion. In 2014, private-equity Vestar acquired ISS for $364 million. In 2017, Genstar acquired ISS for $720 million. See Institutional Investor Services, "About ISS." See www.issgovernance.com/about/about-iss/. Glass Lewis was founded in 2003. In 2006, Xinhua Financial of China acquired 20 percent of Glass Lewis for an undisclosed amount. Later that year it acquired the remaining 80 percent for $45 million. In 2007, the Ontario Teachers' Pension Plan of Canada acquired Glass Lewis for $46 million. In 2013, Alberta acquired a 20 percent stake in Glass Lewis for an undisclosed amount. See Glass Lewis, "Company Overview." See www.glasslewis.com/company-overview/.

103. Glass Lewis, "Company Overview." See www.glasslewis.com/company-overview/.

104. Institutional Investor Services, "About ISS." See www.issgovernance.com/about/about-iss/.

105. James K. Glassman and Hester Peirce, "How Proxy Advisory Services Became So Powerful," Mercatus on Policy Series, Mercatus Center at George Mason University (June 18, 2014). Accessed March 27, 2020. See www.mercatus.org/publications/financial-markets/how-proxy-advisory-services-became-so-powerful.

106. According to the SEC, "An independent [investment] adviser that votes client proxies in accordance with a pre-determined policy based on the recommendations of an independent third party will not necessarily breach its fiduciary duty of loyalty to its clients even though the recommendations may be consistent with the adviser's own interest. In essence, the recommendations of a third party that is, in fact, independent of an investment adviser may cleanse the vote of the adviser's conflict." U.S. Securities and Exchange Commission, "Egan-Jones Proxy Services: No-Action letter dated May 27, 2004" (2004). Accessed October 8, 2013. Available on the SEC website: www.sec.gov/divisions/investment/noaction/egan052704.htm.

107. Institutional Shareholder Services has approximately 2,000 employees. Not all 2,000 employees are "governance analysts." Some employees are involved in tedious data collection and other administrative tasks. See ISS, "The Leader in Corporate Governance." See www.issgovernance.com/about/about-iss/.

108. The Department of Labor has proposed broadening the definition of a fiduciary to any entity that provides investment advice to employee benefit plans. If enacted, this would include proxy advisory firms. Marc Hogan, "DOL Proposal Could Threaten ISS," Agenda (November 8, 2010). Also see Melissa J. Anderson, "SEC to Examine Proxy Advisors for Conflicts of Interest," Agenda (January 16, 2015). Accessed March 9, 2015. See https://agendaweek.com/.

109. Berkshire Hathaway, "2003 Annual Report." Accessed August 27, 2007. See www.berkshirehathaway.com/2003ar/2003ar.pdf.

110. Philip Klein, "Reformers' Proxy Votes Polarize Governance Debate," *Reuters News* (April 18, 2004). Also see Andrew Countryman, "Coke Can Go Better with Icon Buffett," *Courier-Mail* (April 12, 2004): 18. The Coca-Cola Company, Form DEF 14A, filed with the Securities and Exchange Commission April 9, 2004. Margery Beck, "Buffett Calls Effort to Make Him Leave Coca-Cola Board 'Absolutely Silly,'" *Associated Press Newswires* (May 2, 2004).

111. Jennifer E. Bethel and Stuart L. Gillan, "The Impact of Institutional and Regulatory Environment on Shareholder Voting," *Financial Management* (2002): 29–54.

112. Jie Cai, Jacqueline L. Garner, and Ralph A. Walking, "Electing Directors," *Quarterly Journal of Economics* 64 (2009): 2389–2421.

113. Angela Morgan, Annette Paulson, and Jack Wolf, "The Evolution of Shareholder Voting for Executive Compensation Schemes," *Journal of Corporate Finance* 12 (2006): 715–737.

114. Yonca Ertimur, Fabrizio Ferri, and David Oesch, "Shareholder Votes and Proxy Advisors: Evidence from Say on Pay," *Journal of Accounting Research* 51 (2013): 951–996. Also see Nadya Malenko and Yao Shen, "The Role of Proxy Advisory Firms: Evidence from a Regression-Discontinuity Design, *Review of Financial Studies* 29 (December 2016): 3394–3427.

115. Paul Rose, "Robovoting and Proxy Vote Disclosure," *Social Science Research Network* (November 13, 2019). Accessed December 3, 2019. See https://ssrn.com/abstract=3486322.

116. Daniel M. Gallagher, "Gallagher on the Roles of State and Federal Law in Corporate Governance," Columbia Law School's Blog on Corporations and the Capital Markets (June 18, 2013). Accessed April 9, 2015. See http://clsbluesky.law.columbia.edu/2013/06/18/gallagher-on-the-roles-of-state-and-federal-law-in-corporate-governance/.

117. The Conference Board, NASDAQ, and the Rock Center for Corporate Governance at Stanford University, "The Influence of Proxy Advisory Firm Voting Recommendations on Say-on-Pay Votes and Executive Compensation Decisions" (2012). Accessed May 6, 2015. See

www.gsb.stanford.edu/sites/gsb/files/publication-pdf/cgri-survey-2012-proxy-voting_0.pdf.

118. David F. Larcker, Ian D. Gow, Allan McCall, and Brian Tayan, "Sneak Preview: How ISS Dictates Equity Plan Design," Stanford Closer Look Series (October 23, 2013). Accessed May 6, 2015. See www.gsb.stanford.edu/sites/gsb/files/publication-pdf/cgri-closer-look-37-iss-equity-plan-design.pdf. This service is not inexpensive. At the time, access cost between $23,500 and $29,500 per proxy filing, depending on company size."

119. See Chesapeake Energy Corp., Form DEF 14A, filed with the Securities and Exchange Commission April 30, 2014; and United Online Inc., Form DEF 14A, filed with the Securities and Exchange Commission April 30, 2013.

120. David F. Larcker, Allan L. McCall, and Gaizka Ormazabal, "Proxy Advisory Firms and Stock Option Repricing," *Journal of Accounting and Economics* 56 (2013): 149–169.

121. David F. Larcker, Allan L. McCall, and Gaizka Ormazabal, "Outsourcing Shareholder Voting to Proxy Advisory Firms," *Journal of Law and Economics* 58 (February 2015): 173–204.

122. Securities and Exchange Commission, "Amendments to Exemptions from the Proxy Rules for Proxy Voting Advice," 17 CFR Part 240 [Release No. 34-87457; File No. S7-22-19] RIN: 3235-AM50 (November 5, 2019). See www.sec.gov/rules/proposed/2019/34-87457.pdf.

123. Glass Lewis & Co., "Discussion Paper—An Overview of the Proxy Advisory Industry. Considerations on Possible Policy Options" (June 25, 2012). Accessed March 9, 2015. See www.glasslewis.com/wp-content/uploads/2015/12/ESMA-Consultation_Glass-Lewis-Response.pdf.

124. ISS, "Policy Formulation and Application" (2015). Accessed March 9, 2015. See www.issgovernance.com/policy-gateway/policy-formulation-application/.

125. David F. Larcker, Allan McCall, and Brian Tayan, "And Then a Miracle Happens!: How Do Proxy Advisory Firms Develop Their Voting Recommendations?" Stanford Closer Look Series (February 25, 2013). See www.gsb.stanford.edu/sites/gsb/files/publication-pdf/cgri-closer-look-31-proxy-firms-voting-recommendations.pdf.

第 **13** 章　利益相关者与利益相关者激进主义

到目前为止，本书所讨论的治理机制都是从以股东为中心的角度来考虑的。贯穿始终的一个基本前提是，公司的主要目的是为股东创造价值，而董事会的义务是确保这一目标的实现。第3章从这个角度概述了董事会的运作与受托责任。第6章评估了战略发展与风险管理。第11章接受了一个前提，即一个有效的公司控制权市场有助于将公司资产转移给能够从这些资产中获得最高价值的所有者。本书所讨论的许多实证研究通过考察对股东价值与公司盈利能力的影响来衡量相关治理机制的有效性以及我们所采用的公司治理的核心定义——公司所有权与管理权分离为自利的管理者提供了机会，使他们可以采取有利于自己而损害股东利益的行动——是基于保护股东价值这一基本目标。

然而，还有另一种观点——公司的存在不仅应该为股东增加价值，而且应该满足其他（非股东）利益相关者的需求。这些利益相关者包括雇员、工会、客户、供应商、当地社区和社会。在本章，我们将讨论这个问题。首先，我们概述公司管理者在计划中纳入利益相关者目标时所面临的压力，包括来自股东的压力。我们将讨论以利益相关者为中心的治理模型的法律与经济含义，包括其对战略、风险与价值创造的潜在影响。然后，我们研究公司经理与董事如何看待他们对利益相关者的义务，并讨论CEO在社会问题上的近期行动趋势。最后，我们讨论用于跟踪企业社会目标（包括那些由第三方评级提供者开发的目标）实现进度的指标及其有效性。

正如我们将要看到的，从利益相关者的角度管理一家公司不是一件简单的事情，它凸显出一项长期存在于公司董事会的挑战：如何平衡利益冲突，以确保组织的长期成功。

13.1 整合利益相关者利益的压力

1970 年，经济学家米尔顿·弗里德曼（Milton Friedman）提出了一个著名的观点：公司唯一的社会责任是实现股东价值最大化。他认为，公司高管是由公司的所有者（股东）雇用的，他们的义务是按照雇主的意愿来管理公司，也就是说，在法律和公认的道德标准约束下增加公司的价值。如果把其他目标加进来，高管就需要通过将资源转移至股东没有批准的目标上去，通过降低利润由股东承担成本，通过提高价格由客户承担成本，通过降低工资与就业率由员工承担成本，来平衡这一目标。[1]

大型上市公司面临的将利益相关者利益纳入长期规划的压力越来越大。不完全列举，**利益相关者**（stakeholders）包括公司员工、客户、供应商、债权人、工会、当地社区和整个社会。利益相关者的利益广泛，包括环境可持续性、减少浪费和污染、提高工资、工作场所平等性、多样性以及成为有责任感的交易对手或当地公民。由于公司在不同的行业经营，利益相关者与利益相关者的利益在公司之间有所不同。当我们谈到利益相关者的利益时，通常指的是最直接相关的问题，例如能源企业导致的污染、产品制造商产生的废品等。在某些情形下，社会利益被认为是公司共同的利益，例如多样性。

随着时间的推移，各种各样的标签被用来描述公司与投资者为满足利益相关者的需求所做的努力。其中包括**社会责任投资**（socially responsible investing，SRI）、**企业社会责任**（corporate social responsibility，CSR）和**环境、社会与治理**（environmental，social and governance，ESG）。

企业解决利益相关者利益的压力来自多个方面：

● 资金流入可持续投资基金。1995 年美国基金经理和机构投资者投资于可持续、可靠与影响型投资（sustainable，responsible，and impact investing）的资金不到 1 万亿美元，到 2018 年这个数字超过了 12 万亿美元（见图 13-1）。[2]

● 与 ESG 相关的代理提案。股东发起的与 ESG 相关的代理提案数量总体上增加了，这些提案所获赞成票的比率也提高了（见图 13-2）。[3]

● 机构投资者。以前在 ESG 相关问题上采取被动立场的大型机构投资者现在变得更加积极。例如，"三巨头"贝莱德、先锋集团和道富环球咨询近年来参与宣传活动，以塑造其在社会责任相关领域的治理实践（我们稍后将对此进行更详细的讨论）。

● ESG 指标。数据提供者使用调查数据和公开可观察的指标，根据不同的利益相关者维度对公司进行评级。这些数据被出售给机构投资者用于作投资决策，或者用于杂志排名。数据提供商包括 MSCI、HIP（Human Impact＋Profit）和 TruVal-

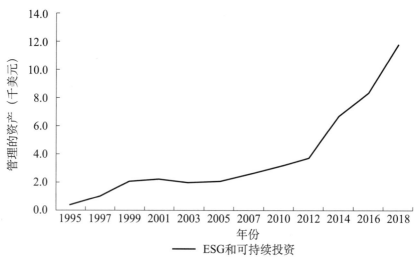

图 13 - 1 美国可持续和可靠投资

资料来源：U. S. SIF Foundation，"Sustainable and Impact Investing—Sustainable Investing Basics"（2018）.

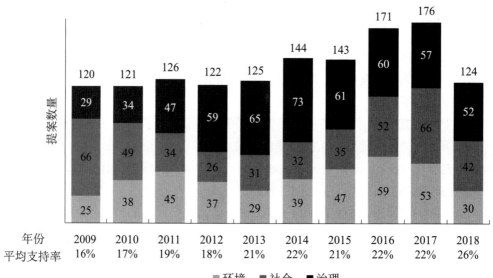

图 13 - 2 由股东发起的与 ESG 相关的代理提案

注：2018 年由股东发起的代理提案数量有所下降，这是公司与发起股东之间直接接触增加的结果。

资料来源：FactSet. Calculations by the authors in David F. Larcker，Brian Tayan，Vinay Trivedi，and Owen Wurzbacher，"Stakeholders and Shareholders：Are Executives Really 'Penny Wise and Pound Foolish' About ESG?"

ue Labs。已发布的指数包括《巴伦周刊》百家最具可持续性公司（*Barron's* 100 Most Sustainable Companies）、彭博社性别平等指数（Bloomberg Gender Equality Index）、艾斯菲耶研究所（Ethisphere Institute）最具道德感的公司和《新闻周刊》顶级环保公司（*Newsweek* Top Green）。可持续发展会计准则委员会（Sustainability Accounting Standards Board，SASB）试图对这些指标进行标准化（我们将在第

14 章详细讨论 ESG 的测量）。

● 员工激进主义。一些公司的员工在环境或社会问题上会直言不讳地向管理层表达他们的观点。社交媒体和企业内部沟通平台为此提供了便利。员工激进主义迫使公司改变政策，退出一些商业活动，并对公司通常保持沉默的社会问题采取公开立场。

专栏   **员工激进主义**

微软

2018 年，100 多名微软员工抗议该公司与美国移民和海关执法局（U. S. Immigration and Customs Enforcement，ICE）合作，他们致信微软管理层，称"微软必须采取道德立场，将儿童和家庭置于利润之上"。这家向 ICE 提供数据处理和人工智能的公司表示，它不知道自己的产品被用于不道德的目的。不过，它对美国的移民政策表示失望，CEO 萨蒂亚·纳德拉（Satya Nadella）称某些边境执法惯例残忍并被滥用了。[4]

亚马逊

2019 年，4 000 多名员工联名给亚马逊高层领导写了一封信，呼吁亚马逊采取更积极的姿态应对气候变化。这封信要求管理层作出减少碳排放的坚定承诺。它还要求该公司支持一项由股东发起的关于气候报告的委托书决议。作为回应，该公司强调其分销网络正在采取减少碳排放的举措。该公司不支持代理决议，该决议没有通过。[5]

谷歌

近年来，谷歌经历了多次员工维权活动。2018 年，员工抗议该公司为美国国防部所做的工作，导致谷歌没有续签合同。同年，因有报道称谷歌向被指控骚扰的高管支付了遣散费，员工举行了罢工。员工还参与了有关社会与政治话题的内部辩论，一些人还对受邀在公司办公室发言的演讲者提出抗议。谷歌制定了规范内部讨论的指导方针，称如果讨论"破坏了高效的工作环境"，就会对员工进行纪律处分。[6]

在这些压力来源中，机构投资者在提升利益相关者利益方面发挥了特别突出的作用。从 2014 年开始，先锋集团启动了一个与投资组合公司直接接触的项目，讨论与治理相关的话题。它将这个项目称为"安静外交"。先锋集团随后将 ESG 标准纳入这项工作。[7]2017 年，道富环球咨询公司发起了"无畏的女孩"（Fearless Girl）运动，呼吁其投资组合公司增加董事会中的女性人数。[8]

在三大机构投资者中，贝莱德最直接地主张企业应更多考虑利益相关者的利益。在过去的几年中，CEO 拉里·芬克（Larry Fink）每年都会给贝莱德投资组合公司的 CEO 写一封信，鼓励他们解决各种利益相关者问题。2016 年，他鼓励他们制定"长期价值创造的战略框架"，并表示，"随着时间的推移，要产生可持续回报不仅需要关注治理，还需要关注环境与社会因素"。[9]第二年，他鼓励人们更多地关注"长期可持续性"，并讨论了全球化、工资不平等、税收改革以及为员工建立更安全的退休制度等话题。[10]2018 年，他提出，一家公司需要有一种为所有利益相关者服务的"使命感"，"要想长期繁荣，每家公司不仅必须实现财务业绩，还必须展示自己如何为社会作出积极贡献。"[11]2019 年，他认为"目标和利润是密不可分的"，而目标是创造利益相关者价值的"动力"。[12]2020 年，他宣布贝莱德将"把可持续性置于我们投资方式的核心"，并要求企业披露更多有关可持续性努力的信息，包括气候变化。[13]

鉴于贝莱德较大的规模和股权，它被置于能够影响公司实践的地位。2018 年，它持有罗素 3000 指数公司 7％以上的股权，且拥有标准普尔 500 指数公司中几乎每家公司 5％的股权。[14]

专栏　　　贝莱德是下一个 ISS 吗

第 12 章的证据证实了 ISS 对股东投票与公司实践的影响。鉴于贝莱德在美国企业中的规模与股权地位，贝莱德是否也能够影响企业决策呢？

在贝莱德 2020 年的信中，CEO 拉里·芬克明确表示，"当公司在与可持续发展相关的信息披露及其背后的商业实践和计划方面没有取得足够进展时，公司将越来越倾向于投票反对管理层和董事会"。[15]

这种主张产生了几个问题：贝莱德如何确定其在利益相关者问题上的主张会为股东带来价值增长？经验证据是否支持这个结论，或者，它是不是由关于公司"应该"如何行动的规范假设驱动的？考虑到贝莱德本身并不拥有这些公司的股份，而是代表受益所有人，其主张和立场是否与其受托责任相一致？一家管理着超过 7 万亿美元资产的投资公司的 CEO 的观点会如何影响公司整个投资组合的投票行为呢？

尽管芬克重视利益相关者问题，但该公司的一些投资与他在年度信中提出的一些立场存在冲突。例如，2019 年，贝莱德投资了沙特阿拉伯石油公司沙特阿美（Aramco）首次发行的 120 亿美元的债券，尽管该公司有较高的碳排放。对于此次债券发行，芬克表示："我们希望（它的）规模更大一些。"关于在沙特阿拉伯的投资，他说："这个地区不是完美的，没有一个地区是完美的。事实上，媒体并没有告诉我，我应该逃离某个地方，而是告诉我，我们应该逃到某个地方。"[16]

迫于压力，180 多名参与商业圆桌会议的 CEO 同意修改协会关于企业宗旨的声明，强调对所有利益相关者的承诺，而不仅仅强调对股东的承诺。根据协会的说法：

自 1978 年以来，商业圆桌会议定期发布《公司治理原则》（Principles of Corporate Governance），其中包括对公司宗旨的表述。自 1997 年以来，该文件的每一个版本都表明，公司的存在主要是为其股东服务。很明显，这种关于企业目标的语言并不能准确地描述我们及我们的 CEO 每天致力于为我们所有的利益相关者创造价值的方式，而这些利益相关者的长期利益是不可分割的。

根据修改后的声明，协会成员承诺：

● 为客户创造价值。我们将进一步发扬美国公司在满足或超过客户期望方面领先的传统。

● 投资于员工。首先要给予他们公平的薪酬，并提供重要的福利。通过培训和教育来支持他们，帮助他们培养适应快速变化世界的新技能。我们促进多样性和包容性、尊严和尊重。

● 以公平和道德的方式对待我们的供应商。我们致力于成为其他大大小小公司的好伙伴，这有助于实现我们的使命。

● 支持我们工作的社区。我们尊重我们社区的人，并通过在我们的业务中采用可持续的做法来保护环境。

● 为股东创造长期价值，股东提供资本供公司投资、成长和创新。我们致力于与股东进行透明和有效的接触。[17]

我们接下来讨论这一承诺的含义。

13.2 法律与经济含义

目前还不清楚对利益相关者的承诺对忠告公司董事、为管理层与公司提供建议以及实施监督的方式有什么实质性的影响。根据特拉华州法律，受托责任要求首先考虑股东。采用 ESG 相关准则不会改变这一点。[18]特拉华州最高法院首席大法官里奥·斯特恩（Leo Strine，Jr.）表示：

简单地看一看特拉华州公司法就会发现，在董事的自由裁量权范围内，董事必须以股东福利为唯一目的，其他利益只能作为促进股东福利的一种手段来考虑。[19]

类似地，特拉华州衡平法院前大法官威廉·钱德勒三世（William Chandler Ⅲ）写道：

我不承认其有效性……一个公司的政策明确、清楚、公然地不为特拉华州以盈利为目的的公司的股东寻求价值最大化。[20]

尽管如此，特拉华州法律确实允许将利益相关者纳入考虑范围，以保护公司的价值或减少其长期风险。美国世达律师事务所（Skadden Arps）称：

> 股东至上之路与一家以盈利为目的的公司在经营业务时将社会问题考虑在内并不冲突。要想在这条路上继续走下去，公司需要将对这些社会问题的考虑与股东福利和价值最大化充分联系起来。[21]

在评估利益相关者的需求时，董事会应该收集合理可行的资料，评估成本与收益，并以符合股东最佳经济利益的客观方式作出决定——就像其作所有其他商业决策一样。这样董事会的决定会受到商业法的保护。[22]

因此，与不采纳 ESG 相关准则的公司相比，明确采纳 ESG 相关准则的公司的董事会能否或将会作出实质上不同的经济决策，这一点尚不清楚。为了使董事会作出的决策减少股东的经济收益，从而使其他利益相关者受益，必须对公司法进行根本性改革。（一些政治家已经主张过这一改革。）[23] 如果该决策没有减少股东收益，那么可以认为，采用 ESG 相关准则的董事会决策框架与董事会现在和曾经采用的标准决策框架没有什么不同。ESG 只是实现类似经济目标的一种不同的战略方法。（前文引用的商业圆桌会议关于股东与利益相关者的长期利益不可分割的声明似乎遵循了这一思路。许多与 ESG 相关的倡议似乎也是这种观点。）

专栏　　　　　　　　　**真的是 ESG 吗**

企业通过宣传公众倡议来展示它们对环境与社会问题的承诺。许多举措都与公司现有的业务模式密切相关。下面这些例子到底是管理层愿意投资于昂贵的计划来满足利益相关者的需求，还是他们在标准框架下通过减少潜在风险来增加股东价值的决策呢？

可口可乐公司

2018 年，可口可乐宣布了一项名为"世界无浪费"的可持续性倡议。这家一直因产生塑料垃圾而受到环保组织批评的公司设定了这样一个目标，到 2030 年收集和回收与其全部包装物等量的塑料。其 CEO 说："世界上存在一个包装问题，就像所有的公司一样，我们有责任去帮助解决这个问题。"[24]

共和服务公司

2019 年，共和服务公司（Republic Services）宣布减少其碳足迹、减少浪费、增加安全和慈善捐赠等积极目标，作为 2030 年可持续发展目标的一部分。[25] 该公司在这些措施方面的进展获得了第三方评级机构的认可。[26] 该公司 CEO 表示："我们对此考虑了很多，所以在董事会中额外成立了一个委员会，名为可持续性与企业责任委员会，专门研究可持续性、安全性与环境影响等问题……可持续发展很重要，我们认为这对企业有好处，客户告诉我们，他们愿意为一家真正重视这一点的公司支付更多的钱。"[27]

吉利德公司

与许多制药公司一样，吉利德公司（Gilead）提供了一个支付援助计划，以使该公司的产品对低收入患者来说负担得起。2013 年，该公司获批销售索非布韦片（Sovaldi），这是世界上第一种治愈丙型肝炎的药物。[28]根据吉利德的支付援助计划，"大多数符合条件的患者自费支付金额将不超过 5 美元"。[29]然而，该药物向付费供应商收取的标价是每片 1 000 美元，整个疗程费用为 8.5 万美元。

公司高管需要作出理性的短期及长期战略和投资决策。[30]关于 ESG 重要性的争议，取决于上市公司高管作出这些投资决策的时间范围（相应地，也取决于批准这些决策的董事会成员）。ESG 的提倡者认为，受薪酬激励与股东激进主义激励的公司过于短视，没有对重要的利益相关者群体（例如员工、客户、供应商，或者环境保护组织）进行充分投资，因为它们过分关注季度利润最大化，以提高当前股价。因此，它们的商业模式被认为是不可持续的：在未来的某个时候，这种投资不足要么会导致业绩恶化，要么会导致社会弊病，公司将被迫通过政府行动来重新纠正（一种外部性）。[31]这些主张背后的一个重要假设是，股东没有注意到公司目前所遭受的损失，他们会基于当前收益推高股价，而没有准确估量放弃投资所带来的长期风险。

解决问题的方案就是创建更可持续发展的公司。这在一定程度上解释了贝莱德为何如此推崇"可持续的长期增长"。[32]它还解释了 WLRK（Wachtell, Lipton, Rosen & Katz）等知名企业律师事务所对 ESG 相关举措的支持，它们呼吁企业拒绝"短视的做法"，并接受"可持续的改进……（这种改进）是系统地增加而非损害长期的经济繁荣和社会福利"。[33]

遗憾的是，对于那些想要解决这个问题的人来说，没有可靠的实证证据来评估 CEO 是否过于短期导向。（我们将在下一节讨论高管和董事对这个问题的看法。）Denis（2019）回顾了 30 年来有关股东投资视野、股东激进主义、公司投资与股东对公司投资的反应的研究证据，得出结论："没有什么系统性的证据表明短期主义是困扰美国公司的普遍问题。"[34]

Ioannou 和 Serafeim（2019）研究发现，可持续性举措首先被市场领导者采纳，随着时间的推移逐渐成为普遍的行业实践。当环境与社会问题在行业中相对重要时，可持续发展举措对企业绩效的贡献最为积极。他们的结论是，可持续性倡议是战略性的选择。[35]

利益相关者导向对公司治理的影响也是不确定的。Jensen（2002）认为，利益相关者理论允许管理者设计自己的目标函数，并以自己的利益目标来经营企业。也就是说，利益相关者导向有可能增加代理成本，因为它用不那么可测量的目标（利益相关者价值）替代可测量的目标（股东价值）。[36]Mehrotra 和 Morck（2017）认为，股东价值最大化构成了评价业绩的一条明线，"而利益相关者福利最大化是一个

330 公司治理：组织视角 | (第 3 版) |

定义不明确的要求……这给了自利的内部人更广泛的获取私人利益的空间"。[37]同样地，Bebchuk 和 Tallarita（2020）认为，利益相关者导向将管理层与股东隔离开来，降低了问责制标准（将降低财务绩效作为一种问责约束机制），并损害了经济绩效。他们得出的结论是，以利益相关者为导向可能会让股东、利益相关者和社会付出高昂的代价，并与促进 ESG 所倡导的利益这一目标背道而驰。[38]

注意，这些都是理论论证。采用利益相关者导向的公司可能出于各种动机，并从它们的倡议中体验到各种结果。然而，通过修改公司法要求所有公司都以利益相关者为导向可能会产生负面影响。我们在本章结束时会再回到这个问题。

13.3　董事与 CEO 对利益相关者的看法

我们已经看到公司采取利益相关者友好型举措所面临的压力以及这些举措的法律和经济影响。在这个问题上，公司董事和高管的观点是什么呢？调查数据显示，他们接受提升利益相关者利益背后暗含的意义，总体上对公司在最大化股东价值的约束下解决利益相关者需求的决策感到满意。

普华永道对公司董事进行的一项调查发现，许多董事在一定程度上接受利益相关者导向的观念。4/5 的董事认为，社会目标与企业盈利能力并不相互排斥。3/4 的董事认为公司应该有一个社会目标。有相当大比例（58%）的董事认为，在制定公司决策时，利益相关者的需求应与股东需求并列优先。

许多董事还认为，应将利益相关者的需求部分纳入战略规划和投资。大约一半的人认为，与 ESG 相关的问题应该成为战略制定的一部分。略超过一半（57%）的人表示，这些问题应该成为公司风险管理框架的一部分。然而，正如我们在第 3 章所讨论的那样，公司董事认为，外部对 ESG 的一些关注是过度的。大约 60% 的人认为股东过分关注董事会多元化，56% 的人认为股东过分关注环境可持续性，47% 的人认为股东过分关注企业社会责任。[39]

公司高管似乎也接受解决利益相关者需求的观念，并声称目前这样做是他们长期计划的一部分。他们不同意增加股东价值就要忽视或放弃利益相关者的利益。[40] 2019 年，一项针对标准普尔 1500 指数公司 200 多名 CEO 和 CFO 的调查发现，近 90% 的人认为利益相关者的利益对他们的长期规划至关重要。此外，很少部分（23%）的人认为股东利益比利益相关者利益重要得多，相反，大多数人（77%）认为股东利益只是稍微重要一点，或者两者在某种程度上同等重要。几乎所有人（96%）都对公司在满足最重要利益相关者的利益方面所做的工作感到满意。

这项调查最令人惊讶的结果是，很少有高管接受这样一个中心前提，即将利益相关者导向纳入公司规划需要在短期成本与长期利益之间进行权衡。事实上，只有 12% 的 CEO 和 CFO 持有这种观点。相反，大多数人要么认为投资 ESG 相关项目从短期和长期来看都是成本高昂的（37%）——在这种情形下，这些项目是不值得做的；要么认为 ESG 计划从短期和长期来看都是有益的（28%）——在这种情形下，决策并不需要权衡，亦不难作出。[41]

最后，许多 CEO 和 CFO 认为，他们的最大投资者并不认为对利益相关者的考虑与股东的财务利益之间存在冲突。[42]

这些都是感知数据，但它们表明，在公司决策者眼中，大多数公司都试图追求在股东价值与不损害利益相关者利益之间取得适当的平衡。大多数公司认为这是可持续的。

专栏　　　　　　　**贝莱德的呼吁，有人听吗**

在本章的前面，我们描述了贝莱德 CEO 拉里·芬克的倡导，他呼吁企业更加关注自身业务的"长期可持续性"。CEO 是什么反应呢？

斯坦福大学洛克公司治理中心 2019 年的一项调查发现，67% 的 CEO 表示收到了拉里·芬克的信。68% 的人同意他信中所表达的观点。特别是，公司有义务解决广泛的经济和社会问题。有一半的人与董事会讨论了这封信。然而，几乎没有人（87%）说这封信促使他们评估或实施新的 ESG 计划。

这些结果并不一定意味着像贝莱德这样的股东的倡导努力是无效的。Dimson，Karakas 和 Li（2015）研究了 1999—2009 年 10 年间的股东参与活动。他们发现，股东在环境与社会问题上的成功参与会带来正的异常回报；不成功的参与则对回报没有影响。值得注意的是，这项研究中的股东成功参与率（18%）与受芬克之信激励的 CEO 比率（13%）并没有显著差异。[43]

13.4　ESG 指标与披露

缺乏可靠的报告指标是评估公司对利益相关者计划投资的程度与衡量其有效性的一个相当大的障碍。美国全国公司董事协会（NACD）在 2020 年进行的一项调查发现，缺乏统一的披露标准是董事在监督 ESG 问题方面所面临的最大挑战。如果能够获得非公开信息的董事都难以应对这一挑战，那么外部观察人士无疑会面临更大的挑战。

为了增加透明度，一些公司通过财务披露要求的补充报告来披露与利益相关者相关的举措的信息。例如：

● 可持续发展报告——一份描述公司活动的经济、环境与社会影响，并描述公司战略与可持续发展成果之间联系的报告。

● 人力资本报告——一份包含公司劳动力、关键技能和专业要求、劳动力发展计划、多元化计划、培训、人力资源政策和实践以及公司内部发展趋势的定性与定量信息的报告。

● 气候变化影响报告——一份列举气候变化对公司治理、战略与风险管理的潜在影响的报告，包括评估和管理气候变化风险的指标和目标。这些报告通常是根据金融稳定委员会特别工作组建议（Financial Stability Board Task Force Recommendations）的指南编写的，指南涉及气候相关财务信息披露工作组（Task Force on Climate-Related Financial Disclosures，TCFD）。[44]

除此之外，一些公司自愿在年度委托书中披露 ESG 相关举措。NACD 报告称，罗素 3000 指数公司中大约 23% 的公司在代理声明中发表了关于可持续发展的声明，6% 的公司发表了人力资本管理的声明，6% 的公司发表了关于气候变化的声明。[45] ESG 信息披露在大公司中更为普遍。例如，安永会计师事务所发现，在《财富》100 强公司中，一半的公司主动强调了工作场所多元化举措，1/4～1/3 的公司强调了工作场所补偿、文化举措或工作场所健康与安全举措。[46] 一些公司披露，在其高管薪酬计划中使用了 ESG 相关指标。

 专栏

ESG 披露

雪佛龙：企业责任报告

雪佛龙（Chevron）的企业责任报告提供了关于其 ESG 举措的概述和指标：

● 环境：保护环境，应对气候变化，管理水资源。

● 社会：重视多元化和包容性，创造繁荣，为联合国可持续发展目标作出贡献，尊重人权。

● 治理：以正确的方式获得结果，优先考虑我们的文化和卓越的经营，安全可靠地运营，并让我们的利益相关者参与进来。

报告中的绩效数据包括温室气体排放、用水量、组织不同层面的性别和种族多元化以及安全数据。

IBM：气候风险的代理披露

"IBM 在其风险管理过程中会考虑 TCFD 确定的风险。IBM 高级管理人员会评估环境和气候相关风险的重要性。此外，他们管理这些风险，并定期向董事会、董事和公司治理委员会提供最新信息。进一步地，IBM 还为节能、采购可再生能源、减少二氧化碳排放以及其他关键的环境绩效指标确立了内部目标和指标。董事会成员与公司治理委员会定期监测这些目标和指标的进展情况，每年对结果进行审查。有关 IBM 在关键环境绩效指标方面的表现，请参阅我们的年度 IBM 报告和环境报告。"[47]

高乐氏：关于产品可持续性的代理披露

高乐氏（Clorox）宣称："我们努力成为负责任的产品管理的领导者，并专注于改进我们公司以及整个消费品行业的实践。

● 我们提前两年实现了产品可持续性目标，我们产品组合的可持续性已提升至 58%，原来的目标是到 2020 年提升至 50%。

● 在我们的产品组合中，92% 的主要包装是可回收的，85% 的国内零售商品带有 How2Recycle 的标签。

● 我们已经在美国的包装中消除了 100% 的聚氯乙烯（PVC），正在努力实现到 2020 年底在全球范围内消除聚氯乙烯的目标。

● 2009 年 5 月，来自小蜜蜂（Burt's Bees）和 Glad 工厂的领导们参加了首届海洋塑料领袖峰会，这是一个为解决塑料垃圾问题开发创新解决方案的论坛。

● 新的'点燃战略'（IGNITE Strategy）进一步推动了我们对可持续产品和包装的承诺，包括将原始包装减少 50%，并在包装中使用 100% 可回收、可重复使用或可堆肥的包装，以及在消费后回收塑料包装。"[48]

朱砂能源：可持续发展技能矩阵

朱砂能源（Vermilion Energy）列出了可持续发展监管所需的经验，并强调了每位董事的技能和经验如何满足这些要求。

环境：温室气体排放、空气质量、废物和废水管理、生态影响、可再生能源。

"拉里·麦克唐纳（Larry MacDonald）：作为安德森勘探公司（Anderson Exploration）的首席运营官，对包括冷沥青生产在内的健康、安全和环境负有直接责任；帮助启动了一个实验项目以将产出的砂重新注入井中。"

社会与人力资本：人权与原住民关系、社区关系与发展、员工健康与安全、人员管理、劳工权利。

"罗伯特·迈克尔莱斯基（Robert Michaleski）：作为彭比纳（Pembina）的 CEO，负责人力资源、企业慈善、社区参与和原住民关系；个人志愿担任联合之路（United Way）能源部门联合主席 3 年，并担任联合之路董事会成员 5 年，包括担任主席。"[49]

微软：高管薪酬

在发放高管奖金时，微软将 33.3% 的权重分配给了负责文化与组织领导力目标的高管。

"纳德拉（Nadella）继续展示了他对发展微软文化的承诺，他在这方面的成功包括实现了在招聘和留住人才方面的多元化目标。2019 财年，接受调查的近 80% 的员工和经理表示，他们了解如何利用包容性这一新的核心优先事项为建设多元化和包容性的工作场所作出贡献。此外，90% 的员工表示，他们的经理创造了一个包容的环境。纵然如此，为公司中层管理人员提供额外的培训和资源以及解决千禧一代劳动力需求的工作仍待完成。"

"针对员工情绪和高级领导团队反馈的调查显示，人们强烈支持纳德拉关于'一个微软'和'成长思维'计划的文化推动。"[50]

由于缺乏严格、定量和统一的度量标准，很难在大的公司样本中评估与利益相关者相关的工作的质量。如果没有统一的度量标准，那么公司可以选择报告哪些变量以及如何计算它们呢？

为了应对这一挑战，一个名为**可持续发展会计准则委员会**（Sustainability Accounting Standards Board，SASB）的非营利组织为公司制定了一套标准，以对ESG 相关问题作出一致和可比的披露。这些标准分为五个维度：环境、社会资本、人力资本、商业模式和创新、领导和治理。每个维度进一步分为 3～7 个一般问题类别。此外，SASB 提供了一个重要性地图来识别与每个行业相关的维度和一般问题类别。例如，"温室气体排放"这一问题类别被认为对运输业有重大影响，"水和废水管理"这一类别则不然。[51]

因此，SASB 标准是为每个行业量身定制的，由商业银行业编制的可持续发展报告所包含的指标显然不同于博彩业的指标。商业银行业 SASB 报告包含在服务水平较低的社区提供贷款与储蓄产品来衡量金融包容性的指标与披露语言。[52]相比之下，博彩业 SASB 报告则包含了有关可靠博彩的指标。[53]

尽管 SASB 的名称与制定会计准则用于编制公开财务报表的美国财务会计准则委员会（FASB）和国际会计准则理事会（IASB）相似，但 SASB 标准并没有得到美国证券交易委员会的正式认可。因此，很少有公司在 10 - K 文件中包含 SASB 标准。报告 SASB 标准的公司往往在其网站上单独发布可持续发展报告。[54]

此外，可持续性指标通常不由公共会计师事务所审计。在某些情形下，公司会聘请独立的第三方组织来证明其报告，尽管这些组织的核查程序不受上市公司会计监督委员会（Public Company Accounting Oversight Board，PBAOC）的监督。[55]因此，一些股东团体对他们从公司获得的 ESG 相关信息的质量表示怀疑。普华永道发现，只有 29% 的投资者对 ESG 信息披露的质量有信心。[56]

关于可持续发展报告的研究好坏参半。Christensen，Hail 和 Luez（2019）梳理了关于企业社会责任报告的文献。他们发现，企业社会责任可以通过更大的流动性、更低的资本成本与更好的资本配置使资本市场受益。同时，企业社会责任披露可能与更高的诉讼风险相关。作者发现公司之间的社会责任信息披露（长度和质量）存在很大差异，这可能反映了公司经营活动的异质性、企业社会责任对公司活动的重要性，以及信息披露的感知成本与收益。由于大多数企业社会责任举措与披露是自愿的，因此很难衡量它们对业绩和估值的影响。作者总结说，强制性的企业社会责任报告标准"有可能改善投资者和其他利益相关者的信息"，但"强制性的企业社会责任的净效应不是先验明显的"。[57]

13.5 ESG 的外部评估

股东和利益相关者要求更好地了解企业的 ESG 举措，这催生了一个由第三方组织组成的行业，这些组织发布企业在环境与社会方面的排名和评级。例如：

● 彭博社性别平等指数——衡量公司如何在工作场所、供应链和所在社区对女性进行投资。[58]

●《企业责任杂志》最佳企业公民——表彰在 ESG 透明度和绩效方面表现突出的美国 1 000 家最大的上市公司。[59]

● 艾斯菲耶研究所最具道德感的公司——表彰制定了商业诚信和企业公民的全球标准的公司。[60]

●《财富》最佳多元化工作场所——对那些为女性和所有性别、种族、婴儿潮或年老的员工以及残疾人创造包容性文化的公司进行排名。[61]

●《绿色新闻周刊》——汇编世界上最大的上市公司的环境绩效评估。

● 富时罗素——允许投资者从多个维度了解一家公司对 ESG 问题的敞口和管理。[62]

● HIP 投资者评级——源自能够显示积极的社会、环境与经济结果的量化绩效衡量。更高的 HIP 评级也与更低的未来风险和更大的未来回报潜力相关。[63]

● MSCI ESG——帮助投资者识别其投资组合中的 ESG 风险和机会。[64]

● Sustainalytics——帮助投资者识别与理解证券和投资组合层面会对财务产生重大影响的 ESG 风险。[65]

● TruValue Labs——应用人工智能发现隐藏在大量非结构化数据中的机会和风险，包括对公司价值有实质性影响的真实 ESG 行为。[66]

这些排名和评级机构采用不同的方法。有些依赖于财务报表或可持续发展报告公开披露的信息，有些依靠分发给公司或其员工的私下调查，另一些则包含来自媒体和与活动相关的新闻稿的信息，有时需要结合多种来源的信息进行评估。

我们将在下一章更详细地研究采用的方法及评级的可预测性。这里有几个问题值得注意。

第一个问题是信息的可获得性。ESG 数据的披露主要是自愿的，大公司的信息比小公司更多，因为它们有更广泛的披露实践、更大的投资者关系部门和更多的媒体报道。因此，ESG 评级公司必须确定如何评估具有不同披露做法的公司。

第二个问题是如何为 ESG 各维度分配权重以生成一个总体分数。ESG 的内涵包括一系列不同的环境、社会与治理问题。彭博社性别平等指数的排名对 ESG 的某个维度进行了评估。权重不是什么大问题。《企业责任杂志》的最佳企业公民则有更广阔的视野，必须决定如何将难以关联的变量纳入单一结果，这包括在单个数据元素不可获取时如何计算总分。

第三个挑战是实质性的。正如前面在 SASB 标准中所讨论的，不同的 ESG 维度对不同的行业有不同的关联。鉴于能源公司或制造公司与技术公司或服务公司面临不同的环境挑战（碳排放、污染、废物等），它们的环境管理应该如何比较？一个公司是否应该只与同行进行比较，还是不同行业的公司可以相互比较？

每个排名或评级公司都对这些问题作出了选择。正因如此，评级公司的评级有很大差异。例如，MSCI 在环境表现方面给特斯拉汽车最高的评级，但富时罗素在环境方面给特斯拉打了较低的分，因为富时罗素不考虑一家公司汽车的排放，只考虑该公司工厂的排放。富时罗素还在其社会排名中"惩罚"特斯拉，因为特斯拉很少披露有关其行为的信息，而 MSCI 认为，一家公司如果不披露某方面的相关信息，则其表现与行业平均水平一致。在另一个例子中，Sustainalytics 给埃克森美孚的排名相对较高，因为其给社会问题赋予 40％的权重，而 MSCI 给其排名较低，因为社会问题仅有 17％的权重。[67]

尽管如此，平均而言，我们发现美国大公司往往在各个评级供应商那里获得了高分。这到底是因为评级供应商更容易获得这些公司的信息、这些公司愿意与评级提供商合作以补充信息、这些公司接受并愿意投资于利益相关者的举措，还是因为评级供应商的方法存在偏误，我们不得而知。

一项基于环境、气候、人权、性别、多元化和社会责任等因素对 11 家知名企业进行的分析显示，68％的《财富》100 强公司至少在一份 ESG 榜单上获得认可。这些公司的总市值为 9.4 万亿美元，占《财富》100 强公司总市值的 84％。思科系统公司（Cisco Systems）上榜数最多（共 8 份）；微软 7 份；美国银行、惠普、宝洁和保德信金融均出现在 6 份榜单上。即使是那些因商业行为而受到广泛批评的公司，也因 ESG 因素而得到第三方监督机构的高度评价。例如，雪佛龙出现在道琼斯可持续发展指数和《福布斯》最佳企业公民榜单上。沃尔玛在彭博社性别平等指数榜单中。康卡斯特（Comcast）在多元化公司 50 强中名列前茅。通用电气被评为艾斯菲耶研究所最具道德感的公司。（或许令人意外的是，伯克希尔·哈撒韦公司没有上榜，也没有出现在 11 个被考察的榜单中。具体见表 13 - 1。[68]）

表 13 - 1　出现在最佳 ESG 排行榜上的《财富》榜百强公司

上榜数	公司	《巴伦周刊》最具可持续性	彭博社性别平等	CDP：气候变化一览表	CDP：水管理一览表	《企业骑士》最具可持续性	企业责任	多元企业	道琼斯可持续性	艾斯菲耶研究所最具道德感的公司	《福布斯》最佳企业公民	《财富》最佳多元化工作场所
8	思科系统	✓	✓	✓		✓	✓		✓		✓	✓
7	微软	✓		✓	✓	✓			✓		✓	✓
6	美国银行		✓			✓	✓		✓			✓
	惠普	✓				✓	✓		✓		✓	✓
	宝洁	✓	✓				✓	✓	✓		✓	
	保德信金融	✓	✓				✓	✓	✓		✓	
5	AT&T		✓				✓	✓	✓		✓	
	通用汽车		✓				✓	✓	✓		✓	
	强生			✓			✓	✓	✓		✓	

续表

上榜数	公司	《巴伦周刊》最具可持续性	彭博社性别平等	CDP：气候变化一览表	CDP：水管理一览表	《企业骑士》最具可持续性	企业责任	多元企业	道琼斯可持续性	艾斯菲耶研究所最具道德感的公司	《福布斯》最佳企业公民	《财富》最佳多元化工作场所
4	3M						√		√		√	√
	好事达保险							√	√	√	√	
	安瑟姆（Anthem）							√	√	√	√	
	百思买	√		√		√			√			
	花旗集团	√	√			√			√			
	CVS 健康		√			√		√	√			
	高盛		√	√		√			√			
	英特尔					√			√			
	大都会人寿		√			√			√			
	百事可乐	√				√					√	√
	UPS	√		√		√					√	
《财富》100 强排名		11	20	10	2	5	34	19	29	13	36	10

注：基于 2017—2019 年发布的排行榜。

资料来源：Loosey-Goosey Governance（2019）.

研究表明，可持续性得分与企业绩效和风险之间存在一定的关系。Lins，Servaes 和 Tamayo（2017）研究了在金融危机中 CSR 得分较高公司的绩效。他们发现，在 MSCI 评级中 CSR 评级高的公司比评级低的公司拥有更高的回报、盈利能力、成长性和人均销售额。然而，在金融危机之前或之后的时期，企业社会责任评级与绩效并没有显著的关联。[69]Deng，Kang 和 Low（2013）通过考察收购公告前后的股票收益率研究了 CSR 与企业价值之间的关系。他们的证据表明，社会责任评级高的公司在收购后表现出更好的公告收益和长期经营业绩。在很大程度上社会责任评级低的公司绩效低于平均水平，但社会责任评级高的公司没有表现出高于平均水平的业绩。[70]Ferrell，Liang 和 Renneboog（2016）研究了企业社会责任、代理问题与企业价值之间的关系，他们发现，有较少代理问题的公司在 MSCI 评级中有更高的评级。他们还发现，有较少代理问题和高 MSCI 评级与企业价值之间存在正相关关系。[71]

Margolis，Elfenbein 和 Walsh（2009）对企业社会责任与企业绩效关系的研究进行了元分析。他们的样本包括 1972—2007 年的 251 项研究。他们发现，企业社会责任与企业绩效之间存在一种较微弱的正相关关系，但这种正相关关系在整个测量期间有所下降（也就是说，企业社会责任的影响在早期研究中强，在后期研究中弱）。他们的结论是：

> 证据表明，企业社会绩效与企业财务绩效之间存在一定的正相关关系。关于这一点，在所有的既有相关研究中，其总体平均影响在统计学意义上都是显著的，但是，在绝对基础上，它是不显著的。[72]

最后，Gerard（2018）对 ESG 得分与股票和债券价格之间的关系进行了文献综述。他发现，高 ESG 得分与更高的盈利能力和企业价值相关。他还发现，20 世纪 90 年代观察到的正向业绩差异在 21 世纪初变小并在 21 世纪 10 年代消失了，这表明，ESG 的任何财务利益都已被证券市场定价了。[73]

总的来说，ESG 研究存在反向因果关系问题。到底是对环境或社会目标的承诺让公司更具盈利能力，还是利润更高的公司能够在这些行动上投入更多？

尽管企业面临参与 ESG 相关活动的压力，并为披露它们对这些举措的承诺而努力，但我们评估 ESG 质量的能力仍然有限。不一致的衡量标准、自愿披露以及公司间缺乏可比性是问题的主要原因。此外，尚不清楚第三方公司开发的衡量企业 ESG 维度的指标是否准确或可靠。（我们将在下一章讨论这个问题。）

因此，要求所有的公司将利益相关者导向纳入它们的计划——超出它们既有行事范围——可能会产生伤害股东、员工和外部利益相关者的意外后果。如今的治理体系——强调股东回报、管理层对董事会的责任、明确定义的业绩指标以及惩治业绩不佳公司的资本市场——可能存在缺点，但股价和经营回报是衡量业绩和风险的有效客观标准。

一个解决方案（很多公司目前拥护）是，以与如今使用的其他定性或非财务信息如顾客满意度、员工敬业度和产品创新同样的方式——包括环境、社会与治理在内的因素的关键绩效指标，度量绩效和奖励薪酬。这给了公司自由裁量权，并允许其股东和利益相关者倡导采用最相关和最适合其情形及利益的政策。尽管这不能解决公司间指标的可比性问题，特别是当一家公司出于竞争原因选择不披露专有信息时，但减少了管理层对尚未证明与价值相关的指标负责的风险，从而削弱了董事会的监督。（一个有趣的相关问题是，CEO 的激进主义——CEO 在社会、环境或治理问题上采取个人立场的做法——是否符合公司的利益。）

对于 ESG 的倡导者来说，最大的挑战和机遇在于在股东授权范围内纳入利益相关者导向，同时又不破坏现有体系给股东和利益相关者带来的积极利益。

专栏　　　**ESG 薪酬激励**

格拉斯·刘易斯公司称，标准普尔 500 指数公司中 35% 的公司在高管薪酬计划中使用 ESG 相关指标，且主要是在短期而非长期奖金计划中。这一统计数据有误导性，因为格拉斯·刘易斯公司将诸如安全、顾客满意度和生产废物管理等指标归类为 ESG 指标，而这些指标在历史上一直被认为是非财务指标。[74] 根据 Equilar 公司的数据，在过去 5 年中，非财务指标并未普遍使用。[75] 这就提出了一个问题：薪酬计划中使用与 ESG 相关的指标到底是严肃的目标还是粉饰的幌子（见图 13 - 3）。

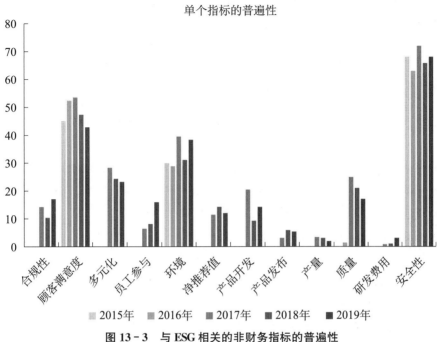

图 13 - 3　与 ESG 相关的非财务指标的普遍性

资料来源：Equilar.

在年度奖金计划中使用 ESG 相关指标的例子如下：

高乐氏

高乐氏将被任命高管的年度奖金和与多元化、包装和环境目标相关的企业 ESG 计划挂钩：

● "我们已经超额完成了在 2020 年战略中设定的减少 20％温室气体排放（减少了 33％）、固体垃圾填埋（减少了 21％）和水使用（减少了 21％）的目标。

● 我们减少了 18％的能源使用，并有望在 2020 年底实现减排目标。

● 2019 财年，我们在全球的 Glad 工厂 100％实现了零垃圾填埋状态，全球工厂总数达到 13 个，而我们的目标是 10 个。"[76]

该公司没有披露 ESG 指标在总体奖金计算中的权重。

美国铝业

"我们继续将 30％的激励性薪酬目标和与可持续性相关的非财务指标联系起来——安全、劳动力中的性别代表性，以及由于流程改进而减少的温室气体排放。"[77]

沃尔玛

"我们对每个 NEO 和大多数其他管理人员的绩效评价包括文化、多元化和包容性方面的绩效。薪酬委员会在作出薪酬决定时，会考虑绩效评价以及其他因素。此外，如果员工的行为与我们的歧视和骚扰政策不一致，他们每年的现金奖励就可能减少 30％。"[78]

这些是难以企及的目标吗？如果 CEO 实现了收入、盈余和其他运营指标，但没有达到 ESG 目标，那么董事会会减少 CEO 多少激励奖金呢？

专 栏   **CEO 激进主义**

近年来，我们看到 CEO 在社会、环境或治理问题上采取了个人立场。这些例子包括：

- 苹果 CEO 反对印第安纳州的宗教自由法，理由是该法律歧视同性恋。[79]
- 花旗集团 CEO 对出售特定类别枪支的公司的融资给予限制。[80]
- 好市多（Costco）CEO 呼吁提高最低工资。[81]
- 高盛 CEO 批评美国移民政策。[82]
- NRG Energy 公司 CEO 呼吁对碳排放征税。[83]
- 瑟佛士公司（Salesforce）CEO 对无家可归者予以支持。[84]
- 星巴克 CEO 在种族问题上采取激进主义。[85]

一项研究发现，CEO 最有可能在性别、种族或性取向多元化或平等等多元化问题上采取公开立场。他们在环境问题上公开立场的可能性次之，然后是移民和人权、其他社会及治理问题。尽管如此，CEO 激进主义的总体比率很低（4％～12％），而且 CEO 激进主义事件集中在美国最大的公司中。[86]

CEO 激进主义引发了几个问题。第一个问题是，对于一个股东、员工或客户存在分歧的问题，CEO 公开自己的立场是否合适？第二个问题是，如果个人信念的公开表达会影响公司的声誉或业绩，那么董事会是否应该对此进行干预？第三个问题是，如何区分公司在 ESG 相关问题上的官方立场和 CEO 的个人信仰？

研究表明，CEO 激进主义可能是一把双刃剑。2019 年的一项调查发现，2/3 的公众认为，CEO 应该利用公开自己的立场来倡导 ESG 问题。然而，公众对倡导的看法因话题而异。他们最支持关于环境、医疗保健、贫困和税收方面的倡导，对多元化和平等的支持则显得更加复杂。一些有争议的问题——例如枪支管制和堕胎以及政治和宗教——获得的公众支持最少（见图 13 - 4）。[87]

调查发现，美国人声称他们会根据自己对激进 CEO 立场的认同改变自己的购买行为。向企业发出的一个警告是，与受访者开始使用或使用更多的产品相比，他们更有可能记住他们因为 CEO 的倡导而停止使用或减少使用的产品。具体来说，35％的公众会想到他们用得更少的产品或服务，只有 20％的公众会想到他们用得更多的产品。

如果这是真的，这就意味着那些致力于培养员工、客户或委托人忠诚的 CEO 可能在不经意间疏远了这些人群中的一部分。

对CEO激进主义的反应（按净支持率排序）

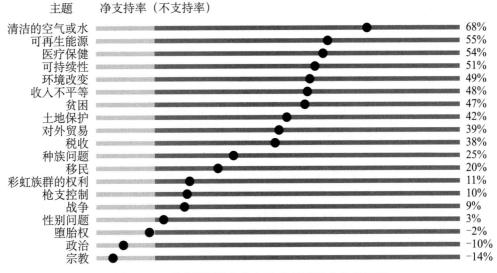

图 13-4　按主题划分的公众对 CEO 激进主义的反应

注：净支持率的计算方法为选择"感谢您直言不讳"的受访者百分比减去选择"闭上你的嘴"的受访者百分比。不包括选择"无意见"的受访者。

资料来源：2018 CEO Activism Survey，Stanford Survey Series（October 2018）。

CEO 激进主义对购买行为的实际影响本质上是未知的。Chatterji 和 Toffel（2018）研究发现，CEO 激进主义可以"提升消费者购买公司产品的意愿"，但仅在"CEO 的信息与个人的政策偏好之间具有一致性"的程度上。[88] Korschun，Aggarwal，Rafieian 和 Swain（2016）研究发现，如果公司被认为是"以价值为导向的"，那么消费者会积极看待 CEO 激进主义，反之则会持消极态度。作者认为，CEO 激进主义对购买行为的影响是由"感知到的企业虚伪"程度驱动的。[89]

注　释

1. He stipulated that value maximization is to be pursued under the constraints of the law and ethical standards. See Milton Friedman, "The Social Responsibility of Business Is to Increase Its Profits," *New York Times Magazine* (September 13, 1970).

2. US SIF Foundation, "Sustainable and Impact Investing—Sustainable Investing Basics" (2018). Accessed March 24, 2020. See www.ussif.org/files/2018%20Infographic%20overview%20(1).pdf.

3. Data from Factset, calculations by authors. See David F. Larcker, Brian Tayan, Vinay Trivedi, and Owen Wurzbacher, "Stakeholders and Shareholders: Are Executives Really 'Penny Wise and Pound Foolish' About ESG?" Stanford Closer Look Series (July 2019). See www.gsb.stanford.edu/faculty-research/publications/stakeholders-shareholders-are-executives-really-penny-wise-pound.

4. Sheera Frenkel, "'Zero Tolerance' Roils the Workplace," *New York Times* (June 20, 2018, Late Edition – Final):1. Also see Sheera Frenkel, "Employees Confront Microsoft's Chief over Contract with ICE," *New York Times* (July 27, Late Edition – Final): B. 3.

5. Karen Wiese, "Employees Push Amazon to Do More on Climate," *New York Times* (April 11, 2019). Also see Amazon Inc., Form DEF 14A, filed with the Securities and Exchange Commission April 11, 2019.

6. Daisuke Wakabayashi, and Scott Shane, "Google to Quit Pentagon Work That Riled," at end of Staff *New York Times* (June 2, 2018, Final Edition). Also see Kate Conger, Daisuke Wakabayashi, and Katie Benner, "Google Workers Plan Walkout to Protest Harassment Culture," *New York Times* (November 1, 2018 Late Edition – Final): 1; See Kirsten Grind and Douglas MacMillan, "Political Arguments Consume Google —The Tech Giant Struggles to Tame a Workplace Culture of Nonstop Debate," *Wall Street Journal* (May 2, 2018): A.1. See Douglas MacMillan, "Google Reins in Workplace Debate," *Wall Street Journal* (June 28, 2018): B.1.

7. The Vanguard Group, Inc., "Vanguard's Responsible Investment Policy" (2020). Accessed April 2, 2020. See https://about.vanguard.com/investment-stewardship/principles-policies/.

8. State Street Corporation, "State Street Global Advisors Calls on 3,500 Companies Representing More Than $30 Trillion in Market Capitalization to Increase Number of Women on Corporate Boards" (March 10, 2017, press release). Accessed March 2, 2020. See https://newsroom.statestreet.com/press-release/corporate/state-street-global-advisors-calls-3500-companies-representing-more-30-tri-0.

9. Larry Fink, "Larry Fink's 2016 Letter to CEOs," BlackRock, Inc. (2016). Annual letter to CEOs by Mr. Larry Fink, Founder, Chairman, and CEO of BlackRock, Inc. Accessed April 2, 2020. See www.blackrock.com/corporate/investor-relations/2016-larry-fink-ceo-letter.

10. Larry Fink, "Larry Fink's 2017 Letter to CEOs," BlackRock, Inc. (2017). Annual letter to CEOs by Mr. Larry Fink, Founder, Chairman, and CEO of BlackRock, Inc. Accessed April 2, 2020. See www.blackrock.com/corporate/investor-relations/2017-larry-fink-ceo-letter.

11. Larry Fink, "Larry Fink's 2018 Letter to CEOs: A Sense of Purpose," BlackRock, Inc. (2018). Annual letter to CEOs by Mr. Larry Fink, Founder, Chairman, and CEO of BlackRock, Inc. Accessed April 2, 2020. See www.blackrock.com/corporate/investor-relations/2018-larry-fink-ceo-letter.

12. Larry Fink, "Larry Fink's 2019 Letter to CEOs, Purpose and Profit," BlackRock, Inc. (2019). Annual letter to CEOs by Mr. Larry Fink, Founder, Chairman, and CEO of BlackRock, Inc. Accessed April 2, 2020. See www.blackrock.com/corporate/investor-relations/2019-larry-fink-ceo-letter.

13. Larry Fink," A Fundamental Reshaping of Finance," Letter to CEOs," BlackRock, Inc. (2020). Annual letter to CEOs by Mr. Larry Fink, Founder, Chairman, and CEO of BlackRock, Inc. Accessed April 2, 2020. See www.blackrock.com/corporate/investor-relations/larry-fink-ceo-letter.

14. Lucian A. Bebchuk and Scott Hirst, "The Specter of the Giant Three," *Boston University Law Review* 99 (2019): 721–741.

15. Larry Fink (2020).

16. Zainab Fattah and Abeer Abu Omar, "BlackRock to Open Saudi Office as Fink Scouts for Mideast Deals" *Bloomberg L.P.* (April 24, 2019). Accessed April 2, 2020. See www.bloomberg.com/news/articles/2019-04-24/blackrock-s-fink-sees-large-opportunities-in-mideast-post-aramco.

17. Business Roundtable, "Our Commitment" (2019). Accessed April 2, 2020. See https://opportunity.businessroundtable.org/ourcommitment/.

18. Peter Atkins, Marc Gerber, and Edward Micheletti, "Social Responsibility and Enlightened Shareholder Primacy: Views from the Courtroom and Boardroom," Skadden, Arps, Slate, Meagher & Flom LLP (February 21, 2019). As posted on the Harvard Law School Forum on Corporate Governance. Accessed October 24, 2019. See https://corpgov.law.harvard.edu/ 2019/02/21/social-responsibility-and-enlightened-shareholder-primacy-views-from-the-courtroom-and-boardroom/.

19. Ibid.

20. Ibid.

21. Ibid.

22. Also see Martin Lipton, "Stakeholder Governance—Some Legal Points," Wachtell, Lipton, Rosen & Katz (September 20, 2019). As posted on the Harvard Law School Forum on Corporate Governance. Accessed September 19, 2019. See https://corpgov.law.harvard.edu/ 2019/09/20/stakeholder-governance-some-legal-points/.

23. In 2018, Sen. Elizabeth Warren of Massachusetts proposed federal regulation that would require the federal charter of large corporations and provide that corporate directors consider the interests of all major stakeholders—not only shareholders—in company decisions. Her proposal would also require employee representation on public boards, limit political contributions, and place broad restrictions on equity grants to executives and directors. See Elizabeth Warren, "Companies Shouldn't Be Accountable Only to Shareholders," *Wall Street Journal* (August 15, 2017, Eastern edition): A.17.

24. The Coca-Cola Company, "The Coca-Cola Company Announces New Global Vision to Help Create a World Without Waste," *Business Wire* (January 19, 2018). Accessed April 3, 2020. See www.businesswire.com/news/home/20180119005104/en/.

25. Republic Services Inc., "2018 Sustainability Report" (2018). Accessed April 3, 2020. See www. republicservices.com/cms/documents/sustainability_reports/2018SustainabilityReport.pdf.

26. Republic Services Inc. News Release, "Republic Services Recognized on CDP "A List" for Taking Lead on Climate Change," *PRNewswire* (January 21, 2020). See http://media. republicservices.com/2020-01-21-Republic-Services-Recognized-on-CDP-A-List-for-Taking-Lead-on-Climate-Change.

27. Conference Call Transcript, "Republic Services Inc. at Raymond James Institutional Investors Conference —Final," *CQ FD Disclosure* (March 8, 2016). Accessed September 21, 2018. See factiva.com.

28. Gilead Sciences Inc. press release, "U.S. Food and Drug Administration Approves Gilead's Sovaldi™ (Sofosbuvir) for the Treatment of Chronic Hepatitis C," *Business Wire* (December 06, 2013). Accessed April 3, 2020. www.gilead.com/news-and-press/press-room/press-releases/ 2013/12/us-food-and-drug-administration-approves-gileads-sovaldi-sofosbuvir-for-the-treatment-of-chronic-hepatitis-c.

29. Gilead Sciences Inc., "Gilead Patient Assistance Programs" (2020). Accessed April 3, 2020. See www.gilead.com/purpose/medication-access/us-patient-access.

30. The content in this section is adapted with permission from David F. Larcker and Brian Tayan, "Loosey-Goosey Governance," Stanford Closer Look Series (October 2019). See www.gsb.stanford.edu/faculty-research/publications/loosey-goosey-governance.

31. Economists refer to this as an externality problem. An externality is the cost of a commercial activity that is not incorporated in the cost of goods or services provided and is borne by third parties. Externalities are generally redressed through taxation, lawsuits, or regulatory intervention.

32. Larry Fink (2018).

33. Martin Lipton, Steven A. Rosenblum, Sabastian V. Niles, Sara J. Lewis, and Kisho Watanabe, in collaboration with Michael Drexler, "The New Paradigm: A Roadmap for an Implicit Corporate Governance Partnership Between Corporations and Investors to Achieve Sustainable Long-Term Investment and Growth," World Economic Forum (September 2, 2016). Accessed October 24, 2019. See www.shareholderforum.com/access/Library/20181214_WLRK-Thoughts.pdf.

34. David J. Denis, "Is Managerial Myopia a Persistent Governance Problem?" *Journal of Applied Corporate Finance* 31 (Summer 2019):74–80.

35. Ioannis Ioannou and George Serafeim, "Corporate Sustainability: A Strategy?" *Social Science Research Network* (January 1, 2019); Harvard Business School Accounting & Management Unit Working Paper No. 19-065. Accessed March 31, 2020. See https://ssrn.com/abstract=3312191.

36. Michael C. Jensen, "Value Maximization, Stakeholder Theory, and the Corporate Objective Function," *Business Ethics Quarterly* 12 (2002): 235–256.

37. Vikas Mehrotra and Randall Morck, "Governance and Stakeholders," *Social Science Research Network* (June 2017). NBER Working Paper No. w23460. Accessed August 28, 2017. See https://ssrn.com/abstract=2980548.

38. Lucian A. Bebchuk and Roberto Tallarita, "The Illusory Promise of Stakeholder Governance," *Social Science Research Network* (February 26, 2020). Accessed April 3, 2020. See https://ssrn.com/abstract=3544978.

39. PricewaterhouseCoopers LLC, "PwC's 2019 Annual Corporate Directors Survey" (2019). Accessed October 10, 2019. See www.pwc.com/us/en/services/governance-insights-center/library/annual-corporate-directors-survey.html.

40. The remainder believe ESG-related initiatives have little financial impact one way or the other.

41. David F. Larcker, Brian Tayan, Vinay Trivedi, and Owen Wurzbacher, "2019 Survey on Shareholder versus Stakeholder Interests," Rock Center for Corporate Governance at Stanford University, Stanford CGRI Survey Series (July 2019). See www.gsb.stanford.edu/sites/gsb/files/publication-pdf/survey-shareholder-versus-stakeholder-interests-2019.pdf. Also see David F. Larcker, Brian Tayan, Vinay Trivedi, and Owen Wurzbacher, "Stakeholders and Shareholders: Are Executives Really 'Penny Wise and Pound Foolish' about ESG?" Stanford Closer Look Series (July 2019). See www.gsb.stanford.edu/faculty-research/publications/stakeholders-shareholders-are-executives-really-penny-wise-pound.

42. Ibid.

43. Elroy Dimson, Oğuzhan Karakaş, and Li Xi, "Active Ownership," *Review of Financial Studies* 28 (December 2015): 3225–3268.

44. Ernst & Young, "Reporting Climate Change Risk," EYGM Limited (2017). Accessed April 6, 2020. See www.ey.com/Publication/vwLUAssets/ey-at-reporting-climate-change-risk-2017/$FILE/ey-reporting-climate-change-risk.pdf.

45. National Association of Corporate Directors, "Fall 2019: ESG Disclosure in Proxy Statements Report," Insights (November 13, 2019). Accessed April 6, 2020. See www.nacdonline.org/.

46. Ernst & Young, "How and Why Human Capital Disclosures Are Evolving," EY Center for Board Matters. Accessed April 6, 2020. See https://assets.ey.com/content/dam/ey-sites/ey-com/en_us/topics/cbm/ey-how-and-why-human-capital-disclosures-are-evolving.pdf.

47. International Business Machines Corporation, Form DEF 14A, filed with the Securities and Exchange Commission March 9, 2020.

48. The Clorox Company, Form DEF 14A, filed with the Securities and Exchange Commission October 2, 2019.

49. Vermillion Energy, Form 6K, filed with the Securities and Exchange Commission March 24, 2020.

50. David F. Larcker and Brian Tayan, "Diversity in the C-Suite: The Dismal State of Diversity Among Fortune 100 Senior Executives," Stanford Closer Look Series (April 2020). See www.gsb.stanford.edu/faculty-research/publications/diversity-c-suite. Also see Microsoft Inc., Form DEF 14A, filed with the Securities and Exchange Commission October 16, 2019.

51. Sustainability Accounting Standards Board, "SASB Materiality Map®" (2018). Accessed April 6, 2020. See https://materiality.sasb.org/.

52. Sustainability Accounting Standards Board, "Commercial Banks: Sustainability Accounting Standard," Financial Sector (October 2018). Accessed April 6, 2020. See sasb.org.

53. Sustainability Accounting Standards Board, Casinos and Gaming," Sustainability Accounting Standard," Services Sector (October 2018). Accessed April 6, 2020. See sasb.org.

54. Tom Riesenberg and Alan Beller, "Sustainability Accounting Standards and SEC Filings," Harvard Law School Forum on Corporate Governance (June 5, 2019). Accessed April 6, 2020. See https://corpgov.law.harvard.edu/2019/06/05/sustainability-accounting-standards-and-sec-filings/.

55. Jill M. D'Aquila, "The Current State of Sustainability Reporting: Work in Progress," *The CPA Journal*, New York State Society of Certified Public Accountants (July 2018). Accessed April 6, 2020. See www.cpajournal.com/2018/07/30/the-current-state-of-sustainability-reporting/.

56. The Portal for Sustainability Reporting, "Investors, Corporates, and ESG: Bridging the Gap," as sourced from PwC (October 27, 2016). Accessed April 6, 2020. See www.sustainability-reports.com/investors-corporates-and-esg-bridging-the-gap/.

57. Hans Bonde Christensen, Luzi Hail, and Christian Leuz, "Adoption of CSR and Sustainability Reporting Standards: Economic Analysis and Review," *Social Science Research Network* (July 27, 2019), European Corporate Governance Institute - Finance Working Paper No. 623/2019. See https://ssrn.com/abstract=3427748.

58. Bloomberg L.P., "Bloomberg Gender-Equality Index" (2019). Accessed January 23, 2019. See www.bloomberg.com/gei/key-findings.

59. 3BL Association, "3BL Media's 100 Best Corporate Citizens" (2020). Accessed April 7, 2020. See www.3blassociation.com/100-best-corporate-citizens; also see 3BL Media, "100 Best Corporate Citizens 2018," *Corporate Responsibility Magazine* (Summer 2018). Accessed April 7, 2020. See www.3blassociation.com/insights/2018-100-best-corporate-citizens.

60. Ethisphere Institute, "Ethisphere Announces the 2020 World's Most Ethical Companies," (February 25, 2020). Accessed April 7, 2020. See www.worldsmostethicalcompanies.com/?__hstc=222959556.d46da1734d11a04e3bc7de43eeb44ba3.1588368855719.1588368855719.1588368855719.1&__hssc=222959556.1.1588368855719&__hsfp=2317744967. Also see Ethisphere Institute, "Ethisphere Announces 132 World's Most Ethical Companies® for 2020," (2020). Accessed April 7, 2020. See www.worldsmostethicalcompanies.com/#methodology.

61. Fortune Media IP Limited, "The 100 Best Workplaces for Diversity: Methodology" (2019). Accessed April 7, 2020. See https://fortune.com/best-workplaces-for-diversity/#methodology.

62. FTSE Russell 2020, "ESG Ratings" (2020). Accessed April 7, 2020. See www.ftserussell.com/data/sustainability-and-esg-data/esg-ratings.

63. HIP Investor Inc., "HIP Investor Impact Ratings & Portal" (2020). Accessed April 7, 2020. See https://hipinvestor.com/hip-impact-ratings/.

64. MSCI Inc., "MSCI ESG Ratings" (2019). Accessed April 7, 2020. See www.msci.com/documents/1296102/15233886/MSCI-ESG-Ratings-Brochure-cbr-en.pdf/7fb1ae78-6825-63cd-5b84-f4a411171d34.

65. Sustainalytics, "ESG Ratings & Research" (2020). Accessed April 7, 2020. See www.sustainalytics.com/esg-ratings/.

66. Truvalue Labs, "ESG Data," (2020). Accessed April 7, 2020. See www.truvaluelabs.com/.

67. James Mackintosh, "Streetwise: Social, Environmental Investment Scores Diverge," *Wall Street Journal* (September 18, 2018): B.1.

68. Loosey-Goosey Governance (2019).

69. Karl V. Lins, Henri Servaes, and Ane Tamayo, "Social Capital, Trust, and Firm Performance: The Value of Corporate Social Responsibility during the Financial Crisis," *Journal of Finance* 72 (2017): 1785–1824.

70. Xin Deng, Jun-koo Kang, and Buen Sin Low, "Corporate social responsibility and stakeholder value maximization: Evidence from mergers," *Journal of Financial Economics* 110 (October 2013): 87–109.

71. Allen Ferrell, Hao Liang, and Luc Renneboog, "Socially Responsible Firms," *Journal of Financial Economics* 122 (2016): 585–606.

72. Joshua D. Margolis, Hillary Anger Elfenbein, and James P. Walsh, "Does It Pay to Be Good… And Does It Matter? A Meta-Analysis of the Relationship between Corporate Social and Financial Performance," *Social Science Research Network* (March 1, 2009). Accessed February 25, 2019. See https://ssrn.com/abstract=1866371.

73. Bruno Gerard, "ESG and Socially Responsible Investment: A Critical Review," *Social Science Research Network* (December 28, 2018). Accessed February 25, 2019. See https://ssrn.com/abstract=3309650.

74. Glass Lewis, "Sustainability Metrics in U.S. Executive Compensation" (2018). Accessed April 8, 2020. See https://www.glasslewis.com.

75. Connor Doyle, "Performance Metrics: Accelerating the Stakeholder Model," Equilar Inc. (November 4, 2019). Accessed April 9, 2020. See https://www.equilar.com/blogs/430-accelerating-the-stakeholder-model.html.

76. The Clorox Company, Form DEF 14A, filed with the Securities and Exchange Commission October 2, 2019.

77. Alcoa Corporation, Form DEF 14A, filed with the Securities and Exchange Commission March 19, 2020.

78. Walmart Inc, Form DEF 14A, filed with the Securities and Exchange Commission April 23, 2020.

79. Edwin Chan, "Apple's Cook Joins Tech CEOs in Blasting Indiana Religious Freedom Law," *Reuters* (March 27, 2015).

80. Andrew Ross Sorkin, "Citi's Bold Action on Guns Maps a Course for Wall St.," *New York Times* (Late Edition, March 27, 2018): B.1.

81. Annie Lowry, "Hold the Cheese: What happens when You Raise the Minimum Wage in a Down Economy?" *New York Times* (December 22, 2013): SM14.

82. Liz Hoffman, "Blankfein Assails Immigrant Curbs," *Wall Street Journal* (January 31, 2017).

83. Brian Eckhouse and Mark Chediak, "NRG Backs Carbon Tax Amid Effort to Sell Clean-Energy Operations," *Bloomberg* (October 25, 2017).

84. Taylor Telford, "A Tech Billionaire Donated $30 Million to Try to Solve San Francisco's Homelessness Problem," *Washington Post online* (May 2, 2019).

85. Lisa Baertlein and Bill Rigby, "Starbucks Brews Up Backlash with Debate on U.S. Race relations," *Reuters* News (March 18, 2015).

86. David F. Larcker, Stephen A. Miles, Brian Tayan, and Kim Wright-Violich, "The Double-

Edged Sword of CEO Activism," Stanford Closer Look Series (November 2018). See www.gsb.stanford.edu/faculty-research/publications/double-edged-sword-ceo-activism.

87. David F. Larcker and Brian Tayan,"2018 CEO Activism Survey," Stanford Survey Series (October 2018). See www.gsb.stanford.edu/faculty-research/publications/2018-ceo-activism-survey.

88. Aaron K. Chatterji and Michael W. Toffel, "Assessing the Impact of CEO Activism," *Social Science Research Network* (October 2018). Accessed March 19, 2019. See https://ssrn.com/abstract=2742209.

89. They cite Patagonia, the outdoor apparel company, as an example of a values-oriented company because it associates itself with conservation and environmental issues. They contrast this example with Footlocker, which does not associate itself with particular issues. See Daniel Korschun, Anubhav Aggarwal, Hoori Rafieian, and Scott Swain, "Taking a Stand: Consumer Response When Companies Get (or Don't Get) Involved," *Social Science Research Network* (July 2016). Accessed July 19, 2017. See https://ssrn.com/abstract=2806476.

第 **14** 章　公司治理与 ESG 评级

　　相对而言，公司治理评级是一个比较新的行业，指咨询公司通过运用一些定量的指标来衡量一个公司治理系统的有效性。评级模型的输入信息是一些基于我们已在本书讨论过的公司治理特征，包括董事会结构、高管薪酬计划、反收购措施等，以及其他特征。研究者们基于这些输入信息建立了相关指数。在 ESG 评级中，除了涉及与治理相关的属性，还涉及与公司对环境、社会和劳动力相关指标的影响。接下来的问题是，公司治理评级系统和指数能否准确地衡量公司治理的质量并预测负面效果产生的可能性？

　　在本章，我们将讨论如何建立公司治理评级系统及如何评估其准确性。首先，我们会回顾由商业评级机构建立的评级系统。接着，我们会检验由学术研究人员建立的公司治理质量模型。最后，我们会考虑一系列不同的 ESG 评级模型。

➡ 14.1　第三方评级系统

　　由信息丰富的独立第三方机构建立的评级系统是很常见的，这些评级系统可以帮助用户评价产品和服务的质量。当市场中的顾客对他们所要评估的商品缺少足够的信息时，或者产品和服务的质量不容易被观察到时，评级系统会显得更加重要。例如，顾客在新城市挑选餐厅就餐时，可以依靠 Yelp 或 Zagat 评级系统作出判断；汽车消费者可以通过查阅 J. D. Power and Associates 的报告或《消费者报告》排名（*Consumer Reports* rankings）来获取人们对不同车型的满意度；即将入学的本科生和研究生可以通过阅读《美国新闻与世界报道》（*U. S. News & World Report*）的大学排名来确定某个特定教育机构的地位。

一个有效的评级系统必须提供可靠的信息。在建立评级系统的可靠性方面，有三个因素至关重要：第一，评估必须是客观的，亦即使用业界普遍认可的数据进行评估；第二，第三方评级机构应避免受到利益的影响，因为利益会不利于其作出客观判断；第三，第三方评级机构必须要证明其评级系统的**预估能力**（predictive ability），亦即评级系统不仅要简要描述过去的结果，而且要保证用户未来的利益，这一点至关重要。例如，如果有人发现他在同一家餐厅的亲身体验与Zagat评级系统上的描述不一致，那么当他再次挑选餐厅时，他便不会再使用该评级系统，此时，Zagat评级系统便失去了它的预估能力。市场压力为Zagat保证其评级系统的准确性提供了动力。

评级系统的重要性不仅表现在影响顾客行为方面，而且通过对公司的产品和服务进行评估，评级系统会对公司产生影响。由于市场中J. D. Power and Associates评级系统的存在，汽车制造商不得不去维持和提高它们系列车型的质量标准。凭借自身的专业性，评级系统公司可以成为对产品和服务提供者的一种约束机制。考虑到这种影响的存在，评级系统保持其完整性就显得格外重要。评级行业能够为顾客和公司提供重要信息，这最终会使得决策制定和资源分配更加有效。

14.2 信用评级系统

市场中最有名的金融评级机构可能是**信用评级机构**（credit-rating agencies）。最大的三个信用评级机构是：穆迪投资者服务公司（Moody's Investor Services）（下称穆迪公司）、标准普尔评价公司（Standard & Poor's）和惠誉评级公司（Fitch Ratings）。这些机构根据公司的偿债能力或**信用可靠程度**（creditworthiness）对公司进行评级。评级机构在考量信用可靠程度时，将定性与定量因素相结合，包括质押品的可获得能力、杠杆率、利息偿还率及收入来源的多样性和稳定性。投资公司债券的机构投资者可以运用信用评级系统来确定收回本金的可能性以及债券发行期间其应得的利率。在一些情形下，货币基金市场的投资者只被允许投资拥有足够高评级的债券，拥有高信用评级的公司在借款时，通常会以较低的利率获得借款，低信用评级的公司则会被要求提高利率，以补偿其内在风险。

一直以来，信用评级系统因其准确预测而大获成功。例如，穆迪公司通过评级分类，详细记录了各公司的违约率。这些数据表明，高信用评级公司比低信用评级公司违约的可能性更小。例如，1970—2019年获得穆迪公司最高信用评级（Aaa）的公司在随后10年一直保持着0.4%的违约率，相较而言，获得信用评级为Ba或更低的公司，在获得评级后的10年中，其债务拖欠率达到了29%。[1]最终，穆迪公司通过对历史数据的深入分析，说明公司的信用等级实际上是可预测的（见图14-1）。

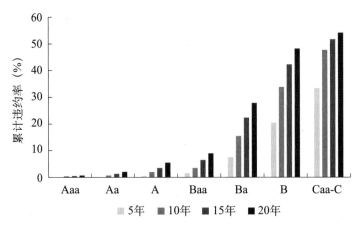

图 14-1   不同评级分类的公司的累计违约率（1970—2019 年）

资料来源：Moody's Investor Services（2020）.

至于其他评级系统，一旦它们设定了有缺陷的假设或忽略了关键的输入信息，就必然会失败。最近信用评级行业的失败案例就证明了这一点。例如，2001 年，在安然公司破产前的几周，穆迪公司仍将安然公司评为可投资公司（Baa1），这使得穆迪公司受到了强烈的指责。尽管在安然公司的例子中，这种错误评级是源于方法层面而不是数据层面。穆迪公司的评级模型并没有考虑到安然公司通过专门手段隐藏的表外债务，正因为没有将这些债务纳入公司的总债务，穆迪公司才未能准确地衡量出安然公司资本结构的风险，最终导致穆迪公司对安然公司的评级（Baa1）与安然公司的信用可靠程度不一致。

2006—2008 年在对美国次级住房抵押贷款所支持的多种资产抵押证券进行评级时，同样的方法也失败了。穆迪公司和其他两大评级机构曾就未来房地产增值、个人贷款的违约率以及跨地域市场违约相关性三方面作出假设，后被证明是极其错误的。结果是，房屋抵押证券市场出现了系统性崩溃，进而影响了与这些证券紧密联系的其他投资，这最终引发了 2008 年的次贷危机。

信用评级成败的实例引发了我们对公司治理评级这一主题的关注。当我们检测由商业评级机构或学术机构建立的评级模型时，我们最关注的是，这些模型是否通过了预测能力的检验。公司治理评级是否与公司绩效正相关？评级结构能否真实反映公司的实际情况？评估方法的缺点是否会影响这些评级系统的准确性？毕竟，只有在确定这些评级准确的前提下，投资者才会根据公司治理评级系统进行投资。为此，评级系统必须通过严格、客观的检验，并对其方法进行充分的公开披露，允许受众对其模型的有效性进行独立检验。

14.3   商业公司治理评级系统

公司治理评级公司通过考虑结构因素，对公司治理系统的整体质量进行评估。

一些公司治理评级公司也拥有某些特殊领域（例如，审计质量、薪酬计划及反收购保护）的子评估系统。

两大公司治理评级企业是：ISS 和 MSCI。[2] ISS 在过去的 15 年中相继建立了三个治理评级系统，ISS 评级系统与第 12 章讨论的 ISS 的代理咨询服务是分开出售的。MSCI 通过并购其他公司获得了多个评级系统，其中一个目前尚在使用。

ISS：公司治理商数

最初 ISS 的评级叫作公司治理商数（corporate governance quotient，CGQ），这个评级模型于 2002 年建立。CGQ 模型包括 65 个变量，共分为 8 大类：董事会、审计、章程/细则、公司状态、高管和董事薪酬、定性因素、董事和高管的所有权份额以及董事的受教育程度（见表 14-1）。

表 14-1 CGQ 所选的评级变量（部分，2007）

评级变量	
董事会 董事会构成 董事会规模 累积投票制 在职董事会 历任 CEO 董事长/CEO 分离 董事会议出席情况 关联方交易 多数表决制	**高管和董事薪酬** 期权计划成本 期权重新定价计划 董事薪酬 期权价值消耗率 绩效薪酬
审计 审计委员会 审计委员会，财务专家 审计费 审计员批准 财务重述	**定性因素** 董事会绩效评估 独立董事绩效评估 CEO 继任计划 董事工作变化而辞职
章程/细则 毒丸计划的使用 投票资格，章程和细则的修改 投票资格，合并的批准 书面决议	**董事和高管的所有权份额** 高管所有权准则 董事所有权准则 股权授予的强制持有期限
公司状态 特殊会议 资本结构，双重股权制	**董事的受教育程度** 董事的受教育程度

资料来源：Institutional Shareholder Services，"U. S. Corporate Governance Quotient Criteria."

基于表 14-1 中的变量情况，公司被评估出一个得分，从 0 分（不利的）到 100

分（有利的）。这些评估值会被绘成一条曲线，来反映公司治理风险的相对水平而非绝对水平。每个公司会得到两个 CGQ 分数，第一个分数反映相对于市场指数的公司治理质量，第二个分数则反映相对于行业指数的公司治理质量。

ISS 并没有公开其建立 CGQ 系统的技术细节。该公司只是笼统地声称，它收集了一系列最佳实践（来自最严格的研究以及专家和资金经理的建议），并通过数据分析来确定每一个指标与最终绩效的关系，从而来分配权重。[3] ISS 声称 CGQ 在"确定与治理相关的证券投资组合风险"和"利用治理来提升股东价值"方面，是一个可靠的工具。[4]

ISS：治理风险指标

第二个 ISS 评级系统叫作治理风险指标（governance risk indicators，GRId），它是 2010 年被引入来取代 CGQ 的评级系统。[5] GRId 模型最多可以输入 166 个数据，共分为四个部分：审计、董事会结构、股东权利及薪酬计划。下面列举了一些指标：

- 非审计服务费用占总费用的比率。
- 在前两年，公司是否有不法行为。
- 独立董事的比例。
- 董事长与 CEO 是否两职合一。
- 单一或双重股权结构。
- 股东没有通过毒丸计划。
- 董事长绩效薪酬的占比。

一个公司的评级系统实际所包含的变量数目会因国别而不同。一个美国公司的评级系统有 63 个变量，其中，由法律强制执行的变量（例如薪酬委员会的独立性标准）和不适用的治理结构变量（例如监督委员会的构成）不包含在内。每个变量会被赋予权重，这些变量的权重本身也会根据国别差异而变化。例如，为了反映地域差异，加拿大的年度董事选举变量所占的权重比美国的要大。[6]

公司会得到一个综合的 GRId 分数来表明其总体的治理质量，同时各个子部分也会得到一个 GRId 分数。分数介于 −5～+5，其中，正数代表对公司治理的低度担忧，说明该公司的治理质量超过了当地公司治理质量的最佳实践标准，0 分代表对公司治理的中度担忧，负数则代表对公司治理的高度担忧。

根据 ISS，GRId 评级系统不是为了预测公司未来的运行状况和股东报酬，而是为了"帮助机构或其他金融市场投资者测量和识别投资风险"。[7]

ISS：质量打分

2013 年，ISS 发布了第三个评级系统——快速打分（QuickScore），以取代

GRId。2016 年，快速打分系统被重新命名为质量打分（QualityScore）。质量打分对公司的 225 个治理因素进行评级，这些因素分为四个"支柱"：董事会结构、股东权利和收购防御、薪酬计划，以及审计和风险监管。这些因素与 GRId 中使用的因素类似，除此之外，该评级系统还加入了一些因素，例如：

- 长期任职的非执行董事占比。
- 董事会近期是否采取了极大削减股东权利的行动。
- 女性董事的数量及比例。
- 股东对高管薪酬话语权提案的支持率是否低于 70%。
- 董事会是否执行了大多数股东支持的提案。

在评估方法方面，质量打分系统与 GRId 评级系统有很多相似之处。例如，公司评级的分数介于 1～10 之间，10 分代表高度担忧。同时，针对四大"支柱"，该评级系统也分别给出了一个范围分数。质量打分受到市场指数和地域特征的影响。ISS 声称它的评级系统能够"帮助机构投资者识别和监督证券组合投资的潜在治理风险，并基于治理风险的信号来确定投资者的担忧程度"。[8]

MSCI ESG 治理指标

MSCI 提供了两种评估治理风险的方案：MSCI ESG 治理指标和 MSCI ESG AGR 模型。这些解决方案标志着 2010 年三个评级提供商 GovernanceMetrics International、The Corporate Library 与 Audit Analytics 的合并。MSCI 的治理指标目前是该公司更广泛的 ESG 评级平台的一个子集。我们将在这里讨论与治理相关的指标，并在本章后面讨论整个 ESG 平台。

与 ISS 模型类似，MSCI ESG 治理指标收集了 96 个维度的数据，这些数据汇总为四个方面：董事会、薪酬、所有权和控制权，以及会计。计算每个方面的分数，然后计算出总体排名和分数，以 1～10 和百分比的形式在评分系统中报告。[9]

MSCI ESG AGR 模型是一个更侧重于财务报告指标的治理评级系统，使用的是最初由 Audit Integrity 公司开发的方法。该评级机构根据获取会计和治理风险因素的数据输入，为公司的会计和治理风险（accounting and governance risk，AGR）评分。AGR 将详细的财务报告指标纳入考虑范围，例如异常应计盈余和账户变动。AGR 模型还依赖时间序列数据来跟踪变量随时间的变化。根据这一分析的结果，公司被归入反映其会计和治理风险总体水平的分类，如下：

- 非常激进——高风险公司，在整体中排名前 10%。
- 激进——高风险公司，紧随其后的 25%。
- 平均水平——中等风险的公司，其后的 50%。
- 保守——低风险公司，最后的 15%。

MSCI 称："AGR 评级有助于识别传统研究方法无法发现的潜在会计违规行为。"[10]

检测公司治理评级系统的预测能力

最终，一个公司治理评级系统的实用性要根据其预测特性而定。一个公司治理评级系统仅仅去阐明和证实其方法背后的基本原理是不够的，它需要证明其评级与投资者关心的结果是相关的，例如，经营业绩、股票价格或者能够避免破产、财务重述和诉讼的可能性。

专 栏　　　　**评估错误：单次的失误或方法上的纰漏**

美国国际集团

2004年，ISS给予美国国际集团（American International Gromp，AIG）的CGQ评分为88.3分，行业得分为92分。[11]当时，汉克·格林伯格（Hank Greenberg）兼任公司的董事长及CEO。不到6个月，纽约州检察长和司法部门对公司的某些业务展开了调查，包括指控该公司参与了串通投标（发布错误的和人为的高保险标价来制造竞标过程的激烈竞争假象），并使用反向的保险政策来平衡收入。[12]格林伯格被迫从他已经领导了40多年的公司辞职。

3年后，随着AIG在抵押债券衍生合约中遭受严重金融损失的情况被披露，该公司再次陷入危机。在一大批高管相继辞职后，公司开始向美国政府寻求紧急援助。AIG与雷曼兄弟的破产被公认为2008年金融危机的导火索。[13]

一位ISS的经理承认公司的评级系统并非万无一失："如果有一个完美的解决方案，那么我会是管理对冲基金的亿万富翁了。"[14]

波音公司

2018年，ISS给波音公司的质量打分是4，其中审计为1分，董事会和股东权利为4分，薪酬为6分。[15]以上质量打分将波音公司列为治理排名前50％的公司。随后，两架波音737 MAX飞机坠毁。调查表明，松懈的董事会监督对于飞机的安全故障负有很大责任。一名前任董事表示，董事会对737 MAX的最初评估集中在该飞机的建造速度和成本上，董事会很少注意飞机的安全，"安全是已知的"。[16]

两年后，ISS给波音公司的审计评分最高为1分，建议股东投票反对审计委员会的两名董事会成员以及安全委员会的主席再次当选，并称董事会不能"以对问题的无知为借口逃避责任，且这些问题是（其）事先可以预见的"。[17]

研究证据表明，ISS评级系统并没有预测能力。Daines，Gow和Larcker（2010）研究发现，ISS评级系统与未来的财务重述、集体诉讼、会计经营绩效（资产收益率）、市净率和股票价格没有相关关系。他们也发现，由ISS发布的CGQ评

级与它的代理建议并没有多大的联系。他们总结道，"在商业公司治理评级中存在着大量的测量错误"，并且"董事会不应该仅仅为了提升公司的评级等级而采取相应的治理变革"。[18]

Hitz 和 Lehman（2015）研究发现，CGQ 得分与公司价值之间存在正相关关系。然而，当他们将 CGQ 评级分解成两部分——公开可获得的信息和通过 ISS 专有研究添加的信息时，他们发现，只有公开可获得的信息与公司价值显著相关。他们得出的结论是："我们的研究结果对评级机构信息处理活动的实用性提出了质疑。"它们的价值可能完全来源于它们作为数据聚合器的角色。[19]

虽然我们没有对 ISS 的 GRId 和 QuickScore 评级系统进行严谨的研究，但我们没有理由相信，这些与 CGQ 具有相似结构的评级系统可以精确预测治理质量。

研究表明，相较而言，MSCI 的 AGR 评级系统具备更高的预测能力。正如第10 章所讨论的那样，Price，Sharp 和 Wood（2011）以及 Correia（2014）研究发现，AGR 的得分与财务舞弊行为相关。[20] Daines，Gow 和 Larcker（2010）研究发现，AGR 有一定能力预测公司未来的财务重述、集体诉讼和运营状况及股价表现。他们指出，模型的成功可能是因为模型包含了财务报表数据，而非单纯地依赖"可观测的公司治理特征，例如董事会结构"。[21] 值得注意的是，AGR 评级系统的预测能力虽然在统计学意义上显著，但其显著性很低。据我们所知，没有一个商业治理评级系统与未来的实际结果高度相关。

14.4 学术研究人员开发的治理评级系统

为测度公司治理质量，学术研究人员也付出了相当大的努力来建立相关公司治理评级模型。典型的评级模型采用的是**公司治理指数**（corporate governance index）的形式，该指数整合多个输入变量为一个治理指标。在构建指数时，学术研究人员通常选取那些被认为是很重要的治理特征变量，例如董事会结构、反收购条款和细则限制。这些变量会被量化（通常进行二进制数值赋值，0 或 1），继而被编成公司治理指数以反映公司总体治理质量。一个公司的治理评分很容易与其他公司的分数进行比较，从而可用来测量其相对有效性。

Gompers，Ishii 和 Metrick（2003）开发了第一个公司专用的公司治理指数。[22]他们的研究包含了 1990—1999 年的 1 500 家美国上市公司（主要是那些在标准普尔500 指数和其他主要指数中的公司）。在构建公司治理指数时，他们使用的是由投资者责任研究中心（Investor Responsibility Research Center，IRRC）记录的公司治理特征数据。IRRC 一共收集了 28 个变量的数据，其中有 22 个变量与管理条例相关，另外 6 个变量与反收购保护相关（考虑到重叠部分，他们将变量的数量减少为24 个，详见表 14 - 2）。

表14-2 治理特征及变量

治理特征	
拖延战术 空头支票 分类委员会 特别会议 书面许可	
保护措施 薪酬计划 合约 黄金降落伞 赔偿 责任 离职	**州法** 反绿票讹诈法 企业合并法 套现法 董事职责法 公平价格法 控制股权收购法
投票规定 公司章程 宪章 累计投票 无记名投票 超级多数 不平等投票	**其他保护措施** 反绿票讹诈 董事职责 公平价格 养老金降落伞 毒丸 银色降落伞

资料来源：Gompers, Ishii, and Metrick（2003）.

从表14-2中我们可以看到，输入变量与反收购措施高度相关，它是IRRC在这段时期的主要关注点。当反收购条款被认为会损害股东权利时，公司得1分；当反收购条款被认为有利于股东权利时，公司得0分。这些值加起来就会得到公司治理指数（或G指数）。他们认为，G指数可以作为"股东和经理之间权力平衡的代理指数"。

为了检验他们的模型，Gompers等将G指数相似的公司分到一组。那些G指数较低（小于或等于5分）的公司被认为是对股东有利的公司。这些公司被授予"民主"公司的标签。那些G指数较高（大于或等于14分）的公司被认为限制了股东权利，被贴上"独裁"公司的标签。这项研究的结果引人注目。购买"民主"公司的证券并卖空"独裁"公司的证券的投资策略，在测量期间（1990年9月1日至1999年12月31日）能够获得每月0.71%（每年8.5%）的超额回报。他们还发现，在测量期间，G指数每增加1分，账面市值比就会相应地下降11.4%，也就是说，股东权利保护得力的公司比股东权利保护不力的公司表现出更高的股票价格回报及更高的市场估值。

这些回报令人印象深刻。事实上，它们是如此令人瞩目，因而值得进行更严格的检验。公开的基本治理特征数据集合能否产生这种超额股票收益呢？股票市场在处理与公司治理有关的信息时是如此的效率低下吗？

一些学者重新检验了这些结论。Core，Guay和Rusticus（2006）研究发现，当数据分析的时域扩展到 2000—2003 年时，G 指数投资策略便失去了产生超额回报的能力。[23]Gompers，Ishii 和 Metrick（2003）研究发现，1990—1999 年"民主"投资组合胜过"独裁"投资组合（23.3％对比 14.1％），2000—2003 年表现则明显下降了（－5.8％对比 4.3％）。也就是说，在科技行业崩溃后，超额回报在"独裁"公司与"民主"公司之间没有统计学意义上的差异。

后来，Bebchuk，Cohen 和 Ferrell（2009）试图重新定义 G 指数来改善其预测能力。他们提出，G 指数的缺点之一可能在于输入的数据不是根据一个已证明与公司业绩相关的信息选择的。相反，所作的选择是基于一个简单的事实：IRRC 记录了这些数据。因此，一些变量可能不相关或是冗余。他们从 IRRC 输入变量中挑选了一个其认为与公司业绩具有强相关关系的子集，包括交错选举董事会结构、限制股东修改公司制度的能力、限制股东修改公司章程的能力、并购需要绝大多数股东通过的要求、"黄金降落伞"的使用及毒丸计划的使用。他们解释说，选择前四个变量的原因在于它们限制了"大多数股东能够把他们的意志强加于管理上的程度"，选择后两个变量的原因则在于它们是"最著名和最重要的预防敌意收购的措施"。[24]

公司每制定一个限制股东权利的条款就会获得 1 分，如果缺少这样的条款就得 0 分。因此，总分总介于 0～6 分，其中 6 分表示糟糕的公司治理水平，0 分表示良好的公司治理水平。Bebchuk 等将这个指数命名为 E 指数，该指数旨在衡量管理层壁垒。大多数公司的得分在 1～4 分之间，这表明了中低水平的管理层壁垒。Bebchuk 等的测量时期为 1990—2003 年，考虑了股市有利和不利时的状况。

然后，他们采用了一种类似多空的策略，即购买低 E 指数分数的公司股票，并卖出高 E 指数分数公司的股票。他们发现，这种投资策略能够在测量期间产生每年近 7％的异常平均投资收益。此外，他们还发现另一个多空策略，买入最好的 E 指数公司（得分 0）的股票并卖出最差的 E 指数公司（得分为 5～6 分）的股票，这个策略要优于买入较好公司（得分为 0～2 分）的股票并卖出较差公司（得分为 3～6 分）股票的策略（见图 14－2）。

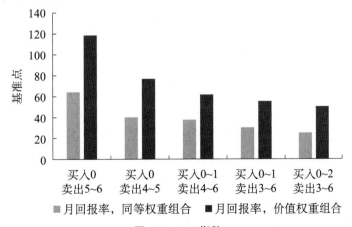

图 14－2　E 指数

资料来源：Bebchuk，Cohen，and Ferrell（2009）.

Bebchuk，Cohen 和 Ferrell（2009）的研究结果十分引人注目，但其他学者对 E 指数的有效性并未达成一致意见。Johnson，Moorman 和 Sorescu（2009）研究指出，投资组合的超额收益源自由不同行业组成的做空和做多的投资组合，而非公司治理特征的差异。通过使用专门的测试来计算经过行业差别调整的超额收益，他们得出结论，无论是 Gompers，Ishii 和 Metrick（2003）的 G 指数交易策略，还是 Bebchuk，Cohen 和 Ferrell（2009）的 E 指数交易策略，都不能产生超额收益。[25] Lewellen 和 Metric（2010）研究表明，尽管交易的收益经过行业差别调整，但原 G 指数和 E 指数的结果保持不变。[26]

Cremers 和 Ferrell（2014）在证明 G 指数和 E 指数与未来超额股票收益的相关性时，并没有得出一致的结论。[27] 他们的结果会因考察时期和用来计算收益的具体方法的不同而出现差异。

最后，Larcker，Reiss 和 Xiao（2015）在 IRRC 的基础数据和用于得出 E 指数和 G 指数分数的定义中发现了编码错误（例如"黄金降落伞"的定义以及多数股东要求更改公司章程和规则的测量方法）。在纠正错误和重新确定变量的定义使其符合当代法律思维后，由 Bebchuk，Cohen 和 Ferrell（2009）提出的交易策略所产生的收益大幅减少，并且在很多情形下统计数据不再显著。[28]

总之，对于主要凸显反收购条款的公司治理指数能否预测公司未来的绩效，学者们并未达成一致意见。

专栏 | **G 指数和 E 指数的理论缺陷**

Klausner（2018）认为，有关反收购保护的实证研究的理论基础存在缺陷，这些缺陷延伸到了严重依赖反收购保护的 G 指数和 E 指数。

他解释了敌意收购是如何运作的，并强调了每一步所涉及的相关反收购条款：潜在收购者进行敌意要约。如果公司的目标中还没有毒丸计划，该公司就会采取毒丸计划。投标者向股东提出收购要约，以获得 5%～10% 的基本所有权水平。这低于 15%～20% 的典型毒丸阈值。如果目标公司董事会没有禁用毒丸计划，收购者就会发起代理权之争。如果目标公司采用的是交错选举董事会结构，那么代理权争夺时间必然要延长并跨越两届年度股东大会。如果目标公司的董事会每年选举一次，那么代理竞争的时间将取决于目标公司的章程或州法律。如果这些章程或州法律允许股东通过书面形式投票或允许股东召开特别会议，那么可以在年度股东大会之前举行代理竞赛，否则，敌意收购者必须等到年度股东大会召开后，通过代理权竞争来撤换董事会。因此，对于敌意收购来说，非常重要的条款就是毒丸计划（任何公司的董事会都可以在任何时候实施毒丸计划）、交错选举董事会制度以及决定何时召开会议的章程和州法律。其他一切规定都是多余的。

G 指数和 E 指数的许多要素与公司的防御无关，也没有超过前述水平的管理防御。前述管理防御如，毒丸计划（董事会可以随时采用）；股东投票修改章程或批准合并（任何合并仍需董事会批准）；如果董事会采用交错选举董事会结构（交错选举董事会的董事只能在年度会议上被替换），就应该禁止召开特别会议或股东通过书面形式进行投票；"黄金降落伞"（因为其成本微不足道，无法阻止敌意收购）以及董事赔偿（因为它们不能保护一位不诚实行事以阻止收购的董事）。

Klausner 强调，"对于所有实行交错选举董事会制度的公司而言，其他因素的存在只会提高（指数）得分，而不会增加抵御敌意收购的额外保护"。他的结论是："G 指数和 E 指数都不是衡量管理层壁垒的合理指标。"[29]

14.5 治理评级系统的可行性

除了本章所述的截然相反的实证研究结果，建立公司治理指数和评级的想法还存在基本概念缺陷。在本书，我们看到，尽管很多因素（例如董事会的独立性、薪酬结构、审计质量和反收购保护）对于公司治理质量十分重要，但缺乏明确和统一的标准来帮助测量这些因素。[30]在特定的情形下，一个公司的结构可以有效地降低代理成本，而在其他情形下，相同的结构可能产生无效率的成本，这实际上降低了公司绩效。评级模型建立在一个假设之上，即单一的公司治理结构能够成为"最佳实践"，然后统一将此评级模型应用于所有公司，但建立在此假设基础上的评级模型看起来失败了。

相反，公司治理质量评级应该建立在个案的基础上，评估者独立地判断各种治理结构如何相互作用来改善或损害公司业绩。一个可以帮助我们了解应该如何去做的例子是，惠誉评级公司利用以上方法将治理数据纳入它的信用分析。惠誉评级公司认识到公司治理对公司违约的可能性具有重要影响这个事实，它将对公司治理质量的评估纳入到其信用评级之中。尽管惠誉评级公司通过检测统计数据来发现公司与那些具有巨大潜在风险的其他公司之间的区别，但惠誉评级公司在最终评估时使用的是"背景审查"方法，这包括"审查需要更多的定性分析以及不能以一个数据集来衡量的治理实例（包括不同实例间的相互作用）"。惠誉评级公司特别关注的领域是"董事会质量（独立性和有效性）、关联交易方、高管薪酬的合理性、审计过程的完整性、经理和董事持有的股权及股东权利/收购防御"。"异常薄弱或缺乏治理实践"的公司将面临评级下调的风险。[31]

惠誉评级公司旨在评估诸多在本书所讨论的治理特征，需要说明的是，它是通过独立分析而非选用现成的方法来做到这点的。该公司明确指出，这样做会得出更加审慎的结论。投资者、监管部门和其他与公司有很大利益关系的机构都可以借鉴这种方法。

14.6 ESG 评级

在第 13 章，我们界定了可持续性和 ESG（环境、社会与治理）的概念。我们指出了这些概念的法律与经济含义，并强调了要制定严格、准确和客观的衡量标准来评估 ESG 质量所面临的挑战。

这里我们考察由商业供应商开发的 ESG 评级模型。这些评级模型最近激增。对 ESG 准确评级的需求来自多个方面，包括寻求将其投资限制在具有社会责任感的公司的个人股东、旨在销售仅投资于这些具有社会责任感的公司的基金产品的共同基金、认为提升 ESG 质量会带来更高回报与更低风险的激进投资者，以及希望展示其对可持续发展承诺的公司。

ESG 评级的内涵比纯粹的治理评级的内涵广泛，因此，在试图测量的内容上，ESG 评级更具雄心。顾名思义，ESG 评级将不同行业、不同公司的广泛的环境、社会与治理因素纳入考虑范围，以期预测公司如何抵御大型环境、社会或治理事件造成的外部冲击。

作为可靠和有效的评级，ESG 评级必须基于另一位外部专家观察员得到的类似评估的数据，以表明这些数据在导致未来结果方面具有一致预测性，并由没有利益冲突的提供商开发。

ESG 评级机构在开发符合这些标准的模型方面面临许多挑战。其中，最重要的是公开那些可观察（在某些情形下是专有的）指标的可得性和可靠性。企业对 ESG 活动的披露在很大程度上是自愿的。此外，我们还不清楚公开的指标——即使是那些与标准委员会或国际指导方针一致的指标——对 ESG 质量是否有用。此外，ESG 评级机构面临的挑战是，在不相关的行业中应用其标准，并将不同测量方法组合成一个有用的分数。

MSCI ESG

MSCI 是著名的 ESG 评级提供商。其评级是基于 Kinder, Lydenberg & Domini 公司（KLD）开发的方法，该公司成立于 1988 年，2010 年，MSCI 收购了该公司。

MSCI ESG 评级是基于该公司确定的 37 个与财务相关的变量。表 14-3 对这些变量进行了总结。

表 14-3 评级变量：MSCI ESG

ESG 类别	子类别	关键变量
环境	气候变化	碳排放 产品碳足迹 融资环境影响 气候变化脆弱性

续表

ESG 类别	子类别	关键变量
环境	自然资源	水的压力 生物多样性和土地利用 原材料采购
	污染和废弃物	有毒排放物与废弃物 包装材料与废弃物 电子垃圾
	环境机遇	清洁技术 绿色建筑 可再生能源
社会	人力资本	劳动管理 人力资本管理 健康和安全 供应链劳动力标准
	产品责任	产品安全和质量 化学品安全 金融产品安全 隐私和数据安全 可靠投资 健康和人口风险
	利益相关者反对	有争议的来源
	社会机遇	沟通渠道 融资渠道 医疗渠道 健康和营养
治理	公司治理	董事会多样性 高管薪酬 所有权与控制权 会计
	公司行为	公司伦理 反竞争行为 税收透明度 腐败和不稳定性 金融体系不稳定性

　　这些变量的数据来自公开渠道，包括公司披露文件、政府和非营利数据库以及媒体报道。对每家公司的评估依据是其风险敞口及其对每个风险因素的管理程度。如果无法获得信息来评估一家公司对特定风险的管理，则MSCI会假定该公司的表现与业内同行一致。具体地，给每个风险分配权重，结合每个风险确定总体ESG评级，并根据相对于同行的表现进行评分。ESG评级的范围从AAA到CCC，类似于标准普尔的信用评级。MSCI给予微软、瑟佛士和安捷伦科技（Agilent Technologies）最高评级（AAA）。永利度假村（Wynn Resorts）和富国银行则被给予最低评级（CCC）。[32]

MSCI 出售由 ESG 评级高的公司组成的指数，这样投资者就可以投资于 ESG 评级风险低的公司。[33]

Sustainalytics

Sustainalytics 是晨星公司（Morningstar）旗下的 ESG 评级公司。该公司的 ESG 风险评级由三部分组成：公司治理风险、重大 ESG 问题风险和特殊 ESG 问题风险。公司治理风险适用于所有公司，不分行业。重大 ESG 问题风险按行业确定，如果重大 ESG 风险与公司的业务模式无关，则可以将其从公司的风险评级中删除。特殊风险是不可预测的风险，不一定是行业或公司固有的，如果它们达到一定的重要性阈值，它们将被纳入风险评估。构成公司治理风险和重大 ESG 问题风险的基础的风险条目没有披露。

每一种风险都要从两个方面进行评估：第一，公司所从事的行业和业务所带来的风险敞口；第二，管理层对风险敞口的有效管理。其中，风险是根据其贝塔（beta）值来评估的，也就是其风险偏离同行平均风险的程度。

如果一家公司的最终 ESG 风险评级是基于该公司尚未管理的重大风险，那么要么这些风险无法管理，要么该公司没有很好地管理它们。最终 ESG 风险评分为单个重大 ESG 问题的未管理风险评分之和。评分是以绝对标准报告的，0 代表低风险，100 代表高风险。[34]

2010 年，晨星公司收购了 Sustainalytics。晨星公司结合 Sustainalytics 的 ESG 风险评级，计算共同基金投资组合的可持续性风险。[35]

Vigeo Eiris

Vigeo Eiris 可能是最早的 ESG 评级机构，1983 年该公司成立于法国。2019 年该公司被穆迪公司收购。

Vigeo Eiris 分析了六个领域的风险因素：环境、社区参与、商业行为、人权、治理和人力资源。这些标准分为 38 个通用标准，并根据公司及其行业的相关性进行加权。然后，Vigeo Eiris 通过检验公司的领导能力、实施情形及措施结果，来研究如何将社会责任问题纳入其管理体系。绩效水平是根据公司相对于同行的表现以 4 点量表形式来评定的。[36]

HIP

HIP 分析了 32 个环境、社会与治理因素。这些因素包括顾客满意度、员工与

CEO 的薪酬比率、碳排放、性别多样性和游说支出等。这些评估分为六大方面：管理、健康、财富、土地、平等和信任。对它们进行评估和合并，可以提供整体的 ESG 评级。HIP 评级指数在 0～100 的范围内。[37]

ISS E&S Disclosure QualityScore

ISS E&S Disclosure QualityScore 衡量公司披露重大环境与社会因素的质量。ISS 利用这些信息来确定公司的环境与社会风险。ISS 依靠气候相关财务信息披露工作组（TCFD）、可持续发展会计准则委员会（SASB）与全球报告倡议组织（Global Reporting Initiative，GRI）等国际标准委员会开发的信息披露框架，来确定公司是否符合全球信息披露标准。基于这些信息，公司被分配十分位数，表示公司相对于同行的风险。ISS E&S Disclosure QualityScore 更强调公司的透明度与风险披露（其承诺减少风险的指标），而非其风险敞口的直接衡量标准。[38]

TruValue Labs

TruValue Labs 基于 SASB 确定的重要的 26 个维度对公司进行评估。这些维度被分为六类：环境、社会资本、人力资本、商业模式、领导和治理。TruValue Labs 整合了来自 10 万多个数据源的非结构化数据，包括企业披露、监管机构、非政府组织、监督组织、媒体和社交媒体。对这些数据进行人工智能分析得出分数，然后公司将这些分数卖给机构投资者，以此为短期和长期交易策略提供信息。[39]

ESG 评级评估

一些评级机构在其网站上提供历史数据，表明基于其评级的投资组合具有优异的股价表现。然而，研究人员发现，ESG 评级之间的相关性较低，而且这些评级的预测能力较低。Chatterji，Durand 和 Touboul（2016）研究了六家供应商的评级，发现其"出人意料地缺乏一致性"。低相关性不能通过调整方法上的显性差异来解释，比如分数是在绝对还是相对基础上产生的。他们观察到，"当可通约性较低时，所有或大多数评分者在试图测量类似的理论结构时，会有很高的测量误差"。他们得出结论，ESG 评级机构的有效性较低，并提示这些评级的用户在解释其与实际 ESG 的联系时应谨慎。[40]

Berg，Koelbel 和 Rigobon（2019）通过检验范围（用于评估 ESG 的标准）、测量（用于确定 ESG 的指标）和权重（每个类别对总体评级的重要性）的差异，分析了五家评级提供商的评级差异。他们发现，测量方法和范围的差异几乎是所有评级差异的原因。他们得出结论："评级者在 ESG 定义上存在分歧，就像其在如何测量

ESG 的各个方面上存在分歧一样。"他们告诫评级者，在让人信赖评级之前应该先对其可靠性进行测试。[41]

Walter（2019）认为，衡量 ESG 的复杂性使得 ESG 评级不太可能是准确的或可预测的。他将 ESG 评级公司与信用评级机构进行对比后指出，后者的任务要简单得多——评估违约概率。相比之下，ESG 评级必须包含三个领域的数以百计的定量和定性信息点，这些信息点本质上都很复杂，而且每个领域都有很多学术分歧。即使这些分歧能够解决，评级者仍然需要进行精确的测量，并将不同领域的测量方法结合起来。他的结论是："ESG 评级行业……仍在发展中。其投入和产出有很多有待证实。"[42]

商业 ESG 评级的低有效性并不令人意外，因为要确定能够在各公司之间进行准确比较的相关统一指标，本身就是一项艰巨的挑战。这一治理领域将成为相当大的争议焦点，因为公司面临采用利益相关者友好型导向的压力。由于环境和社会绩效的衡量与评估还处于初步发展阶段，未来仍有许多工作要做。

注　释

1. Kuan-Heng, and Ken He, "Default Trends—Annual Default Study: Defaults Will Edge Higher," Moody's Investor Services (January 30, 2020). Accessed April 15, 2020. See www.moodys.com.

2. Governance rating agencies also exist that specialize in non-U.S. markets, such as Minerva-Manifest (United Kingdom) and Proxyinvest (France).

3. In its marketing materials, ISS claimed that CGQ was "a reliable tool for 1) identifying portfolio risk related to governance and 2) leveraging governance to drive increased shareholder value." It also claimed, "There is no doubt that CGQ ratings could have helped some investment manager avoid the gigantic losses experienced during the corporate scandal era defined by the meltdowns at Enron, Global Crossing, and WorldCom." See Institutional Shareholder Services, "U.S. Corporate Governance Quotient Criteria." Also see Robert Daines, Ian D. Gow, and David F. Larcker, "Rating the Ratings: How Good Are Commercial Governance Ratings?" *Journal of Financial Economics* 98 (2010): 439–461.

4. Institutional Shareholder Services, "Corporate Governance Quotient" (2007).

5. Subodh Mishra, "Governance Risk Indicators: A New Measure of Governance-Related Risk," Governance Institute and ISS (March 10, 2010).

6. RiskMetrics/ISS explains: "[T]he weighting is higher in Canada (50 percent, compared with 33.3 percent for U.S. companies, of the takeover defenses subsection), reflecting the sharpened focus on Canadian issuers who elect their board through bundled or slated elections." See ibid.

7. These claims are self-contradictory. Risk and performance are related. If you can predict "investment risk," this necessarily translates into better risk-adjusted performance. See ibid.

8. ISS ESG, "GovernanceQuality Score in Practice," Institutional Shareholder Services Inc. (October 16, 2018). Accessed October 16, 2018. See www.issgovernance.com/esg/rankings/governance-qualityscore.

9. MSCI ESG Research Inc., "MSCI ESG Governance Metrics," MSCI Inc. (2016). Accessed April 16, 2020. See www.msci.com/documents/1296102/1636401/MSCI_ESG_Governance_Metrics_June2015.pdf/8e21ce4c-4f50-4055-b7d8-9771e8e83c8a.

10. MSCI ESG Research Inc., "MSCI ESG AGR, What Do We Measure?" MSCI Inc. (2015). Accessed April 16, 2020. See www.msci.com/esg-ratings.

11. Institutional Shareholder Services, American International Group, Inc. CGQ Governance Profile, shareholder meeting date May 19, 2004; most recent CGQ profile update April 30, 2004.

12. Ian McDonald and John Hechinger, "Uneasy Sits the Greenbergs' Insurance Crown: Marsh Faces Hurdles to Regain Investor Trust as It Confronts yet Another Batch of Allegations," *Wall Street Journal* (October 18, 2004, Eastern edition): C1. Also see Theo Francis and Jonathan Weil, "AIG Could Face Criminal Charges," *Wall Street Journal* (October 22, 2004, Eastern edition): C.1.

13. Matthew Karnitschnig, Deborah Solomon, Liam Pleven, and Jon E. Hilsenrath, "U.S. to Take over AIG in $85 Billion Bailout: Central Banks Inject Cash as Credit Dries Up; Emergency Loan Effectively Gives Government Control of Insurer; Historic Move Would Cap 10 Days That Reshaped U.S. Finance," *Wall Street Journal* (September 17, 2008, Eastern edition): A.1.

14. Stephen Taub, "Did Governance Raters Foresee Marsh, AIG?" *Compliance Week* (October 26, 2004). Accessed June 30, 2020. See www.complianceweek.com/did-governance-raters-foresee-marsh-aig/7405.article.

15. James McRitchie, "Boeing Proxy Voting Recommendations," CorpGov.net (April 23, 2018). Accessed April 16, 2020. See www.corpgov.net/2018/04/boeing-proxy-voting-recommendations.

16. Douglas MacMillan, "'Safety Was Just a Given': Inside Boeing's Boardroom Amid the 737 Max crisis," *Washington Post* (May 5, 2019). Accessed April 16, 2020. See www.washingtonpost.com/business/2019/05/06/safety-was-just-given-inside-boeings-boardroom-amid-max-crisis/.

17. Andrew Tangel, "Boeing Board Members Take Heat for Role in 737 MAX Crisis," *Wall Street Journal Online* (April 24, 2020). Accessed April 25, 2020. See www.wsj.com/articles/boeing-board-members-take-heat-for-role-in-737-max-crisis-11587771694.

18. As cited in Daines, Gow, Larcker (2010).

19. Joerg-Markus Hitz, and Nico Lehmann, "Market-Based Evidence on the Usefulness of Corporate Governance Ratings," *Social Science Research Network* (June 16, 2015). Accessed April 16, 2020. See https://ssrn.com/abstract=2042019.

20. Richard A. Price, Nathan Y. Sharp, and David A. Wood, "Detecting and Predicting Accounting Irregularities: A Comparison of Commercial and Academic Risk Measures," *Accounting Horizons* 25 (2011): 755–780. Also see Maria M. Correia, "Political Connections and SEC Enforcement," *Journal of Accounting and Economics* 57 (2014): 241–262.

21. Daines, Gow, Larcker (2010).

22. Paul Gompers, Joy Ishii, and Andrew Metrick, "Corporate Governance and Equity Prices," *Quarterly Journal of Economics* 118 (2003): 107–155.

23. John E. Core, Wayne R. Guay, and Tjomme O. Rusticus, "Does Weak Governance Cause Weak Stock Returns? An Examination of Firm Operating Performance and Investors' Expectations," *Journal of Finance* 61 (2006): 655–687.

24. Lucian Bebchuk, Alma Cohen, and Allen Ferrell, "What Matters in Corporate Governance?" *Review of Financial Studies* 22 (2009): 783–827.

25. Shane A. Johnson, Theodore C. Moorman, and Sorin Sorescu, "A Reexamination of Corporate Governance and Equity Prices," *Review of Financial Studies* 22 (2009): 4753–4786.

26. Stefan Lewellen and Andrew Metrick, "Corporate Governance and Equity Prices: Are Results Robust to Industry Adjustments?" Unpublished working paper, Yale University (2010).

27. Martijn Cremers and Allen Ferrell. "Thirty Years of Shareholder Rights and Firm Value,"

Journal of Finance 69 (2014): 1167–1196.

28. David F. Larcker, Peter C. Reiss, and Youfei Xiao, "The Entrenchment Index and the Value of 'Corporate Governance.'" Unpublished working paper (2015).

29. Michael Klausner, "Empirical Studies of Corporate Law and Governance: Some Steps Forward and Some Steps Not," In *The Oxford Handbook of Corporate Law and Governance*, Oxford University Press (May 3, 2018). Edited by Jeffrey N. Gordon and Wolf-Georg Ringe. Accessed April 25, 2020.

30. Larcker, Richardson, and Tuna (2007) tested a comprehensive list of governance attributes and found no statistical relation to corporate outcomes. See David F. Larcker, Scott A. Richardson, and A. Irem Tuna, "Corporate Governance, Accounting Outcomes, and Organizational Performance," *Accounting Review* 82 (2007): 963–1008.

31. Kim Olson, "Corporate Governance from the Bondholder's Perspective: Measurement and Analytical Consideration," Fitch Ratings (February 9, 2005). Accessed March 31, 2009. www.unece.org/fileadmin/DAM/ie/wp8/documents/corpgov/olson_corpgov.pdf.

32. MSCI ESG Research Inc., "MSCI ESG Ratings," MSCI Inc. (2019). Accessed November 30, 2018. See www.msci.com/esg-ratings.

33. MSCI ESG Research Inc., "MSCI ESG Leaders Indexes," MSCI Inc. (2019). Accessed November 30, 2018. See www.msci.com/msci-esg-leaders-indexes.

34. ESG Ratings & Research, "The ESG Risk Ratings – Methodology," Sustainalytics (November 2019). Accessed April 17, 2020. See www.sustainalytics.com/esg-ratings.

35. Morningstar Research, "Morningstar Sustainability Rating Methodology," Morningstar (October 31, 2018). Accessed April 18, 2020. See www.morningstar.com.

36. Vigeo Eiris, "Methodology & Quality Assurance" (2020). Accessed April 18, 2020. See http://vigeo-eiris.com/about-us/methodology-quality-assurance.

37. HIP Investor Inc., "HIP Investor Impact Ratings & Portal" (2020). Accessed April 7, 2020. See https://hipinvestor.com/hip-impact-ratings.

38. ISS/ESG Rankings, "E&S Disclosure QualityScore," Institutional Shareholder Services Inc. (2018). Accessed October 16, 2018. See www.issgovernance.com/esg/ratings/environmental-social-qualityscore.

39. True Value Labs, "True Value Data" (2020). Accessed April 18, 2020. See www.truvaluelabs.com/products/data.

40. Aaron K.Chatterji, Rodolphe Durand, David I. Levine, and Samuel Touboul, "Do Ratings of Firms Converge? Implications for Managers, Investors and Strategy Researchers," *Strategic Management* 37 (August 2016): 1597–1614.

41. Florian Berg, Julian F. Koelbel, and Roberto Rigobon, "Aggregate Confusion: The Divergence of ESG Ratings," *Social Science Research Network* (August 17, 2019), MIT Sloan Research Paper No. 5822-19. Accessed April 15, 2020. See https://ssrn.com/abstract=3438533.

42. Ingo Walter, "Sense and Nonsense in ESG Scoring," *Social Science Research Network* (November 5, 2019), NYU Stern School of Business. Accessed April 17, 2020. See https://ssrn.com/abstract=3480878.

第15章 治理模式的选择

在之前的章节中，我们主要研究的是上市公司的治理实践。因立法、监管和上市的要求，或者因公众股东和投资者所施加的市场压力，公司需要满足一些特定的要求。

在本章，我们将考虑四种治理模式：家族控制公司、风险投资公司、私募股权公司和非营利组织所采用的治理模式。这些不同类型的组织都必须应对一系列与所有权、控制权和经营目的相关的挑战。它们选择的解决方案与之前在本书所讨论的治理模式并不相同，并且这些解决方案可以为相似组织的利益相关者提供有益的参考。

15.1 家族控制公司

家族控制公司（family-controlled corporations）是指创始人或家族成员担任公司的股东、董事或经理人的企业。创始人或家族会因其所有权水平、投票权利及个人参与管理或参与董事会的水平差异而对公司拥有不同程度的控制水平。

根据麦肯锡公司的研究，家族控制公司或家族控制企业的产值占全球经济产值的很大比例，占美国国内生产总值的 70%～90%。大多数家族控制企业是私营企业，但也有一些是上市公司。大约 1/3 的全球《财富》500 强公司是由创始人或其家族控制。大公司中，家族控制公司在新兴市场上的占比最高（60%），即使在欧洲等经济发达地区，家族控制的大公司的占比也依然很高（40%）。[1]

在美国，尽管家族企业占有重要地位，但其比例不高。在全球《财富》500 强公司中，创始人仍然参与管理或担任董事的公司约占 1/3，并持有 18% 的流通股票。[2]其中盈利最多的家族控制公司（上市公司和私营企业）是沃尔玛、伯克希尔·哈撒韦、福特汽车、嘉吉（Cargill）和科赫工业（Koch Industries）（见表15-1）。[3]

表 15-1　美国大型家族企业

公司	行业	上市/私营	营业收入	控制家族	投票比例
沃尔玛	零售	上市	485.9 亿美元	沃尔顿（Walton）	51%
伯克希尔·哈撒韦	多元化	上市	242.1 亿美元	巴菲特（Buffett）	32%
福特汽车	汽车	上市	156.8 亿美元	福特（Ford）	40%
科赫工业	多元化	私营	110 亿美元	科赫（Koch）	84%
嘉吉	日用品	私营	109.7 亿美元	嘉吉（Cargill）	100%
康卡斯特	媒体	上市	84.5 亿美元	罗伯茨（Roberts）	33%
戴尔科技	科技	上市	51.6 亿美元	戴尔（Dell）	75%
泰森食品（Tyson Foods）	食品	上市	38.3 亿美元	泰森（Tyson）	70%
玛氏	食品	私营	35 亿美元	玛氏（Mars）	100%
耐克	服装	上市	34 亿美元	奈特（Knight）	90%

资料来源：EY Global，"How the world's largest family businesses are responding to the Transformative Age," Insights from the 2019 EY and University of St. Gallen Global Family Business Index ♯EYFB500（Version 3.0，February 2019）.

在某些情形下，家族企业的治理选择与其他公共或私人企业略有不同。例如，NACD 称，家族企业不太可能像上市公司那样拥有普遍存在的主要常务委员会，只有 77% 的家族企业设有审计委员会，72% 的家族企业设有薪酬委员会，51% 的家族企业设有提名与治理委员会（在上市公司中，这些比例分别为 99%、96% 和 93%）。家族企业在招聘新的外部董事会成员时更强调行业经验的重要性（49%，而上市公司只有 36%）。它们也不太可能对董事会进行评估（52%）。[4]它们的选择是否代表比其他公司更高或更低的治理质量？

为什么家族控制公司的代理问题的严重程度可能会低于一个典型的上市公司呢？这里面存在几个原因：创始人和创始家族成员在家族控制公司中往往有巨大的经济利益，从而缩小了家族控制公司所有权与控制权之间的鸿沟，所有权与控制权分离是代理风险的核心所在。此外，创始人和创始家族成员往往在公司里持有个人股份（有些人认为这是他们的"遗产"），他们即使离职，也会长期关注公司股票。因此，创始人和创始家族成员可能会更多地监管家族控制公司的经营、战略和风险，设计更合理的薪酬方案，并鼓励高管关注长期绩效。

然而，如果家族成员利用公司来获取私人利益或在合法投票权之外来影响某种结果，则家族所有权可能会有负面影响。我们发现，这种情况会发生在新兴经济体中的一些大型家族集团企业中，在那些资本不发达的市场中更是如此（详见第2章）。此外，家族财富集中在一个公司里，可能会使拥有控制权的家族成员选择规避风险，因此，即使面对潜在的有利于公司创造长期价值的高风险投资项目，他们也不愿意尝试。

研究证据表明，家族控制具有正反两方面的影响。Anderson 和 Reeb（2003）研究发现，家族企业的绩效比非家族企业的绩效更好，并且当家族成员担任 CEO 时，其绩效表现会进一步提高。他们把这种结果部分归因于家族成员把自己当做"公司的管家"。他们得出结论，"在井然有序的透明市场中，由于没有决策制定上的效率严重损失，上市公司的家族所有权往往会缓解公司的代理问题"。[5] Fahlenbrach（2009）研究发现，由创始人担任 CEO 的公司的研发投资更多，其资本支出更高，并购更集中。他还发现，这些会导致优异的长期股价表现。[6] Kumar 和 Zattoni（2016）也得出结论，家族控制与企业绩效呈正相关关系。[7]

Villalonga 和 Amit（2006）研究发现，当创始人担任董事长或 CEO 时，创始家族的存在会对公司价值产生积极影响，但当创始人的后代担任其中一个角色时，创始家族的存在会对公司价值产生负面影响。也就是说，代理问题的性质可能取决于家族成员与公司之间的关系。[8]

麦肯锡公司的研究表明，家族所有权对公司文化存在着积极的影响。90％的非家族经理认为组织存在家族文化，并且 70％的非家族经理认为家族文化会影响公司的日常运营。在家族企业中，高层管理人员在个人感受上对公司的"情感所有权"的评分为 4.1 分（在 1～5 分的范围内）。麦肯锡公司研究发现，家族控制公司在员工激励和领导力方面的得分也很高。[9] 与此一致的是，Mueller 和 Philippon（2011）研究发现，家族控制公司拥有更好的劳资关系，其中部分原因在于家族管理能够给出可信的长期承诺。[10] Huang，Li，Meschke 和 Guthrie（2015）研究发现，只有当创始人在公司中较活跃时，家族企业的员工满意度才更高。他们发现，一旦创始人的后代控制企业，员工的满意度就不会提高。[11]

令人惊讶的是，有证据表明，家族控制公司在管理继承上的准备往往不够充分。普华永道（2014）研究发现，44％的私营家族控制公司没有继任计划。即使在那些有继任计划的公司中，也只有 30％的公司声称它们的继任计划是完善且有依据的。[12] NACD 也有类似发现。[13] Pérez-González（2006）研究发现，较之于非家族企业，家族企业的继任计划更加糟糕，这或许是因为即将上任的 CEO 与创始人有某种关系，抑或与大股东有姻亲关系，而这往往会导致公司在未来表现不佳。[14]

最后，就家族控制公司的财务报告的质量及透明度的相关研究而言，还未达成一致的结论。Ali，Chen 和 Radhakrishnan（2007）研究发现，家族企业的财务报告的质量更高，并且家族企业的财务报告更有可能提前警示盈利下滑。他们得出的结论是，"上述观点与以下观点一致，即与非家族企业相比，家族企业的代理问题较小，从而可以减少隐瞒不良消息的机会主义行为的发生"。[15]

Wang（2006）也研究发现，家族所有权与更高的收益质量相关。[16] 与此相反，

Anderson，Duru 和 Reeb（2009）研究发现，较之于非家族企业，家族控制公司的信息披露更加不透明，并且家族控制公司会利用这种不透明牺牲少数股东的利益来攫取私人利益。[17]同样地，Anderson，Reeb 和 Zhao（2012）研究发现，与非家族企业的高管相比，家族企业的高管更有可能利用内部信息的优势，在企业宣布负面新闻前抛售股票。[18]出于同样的研究目的，Lins，Volpin 和 Wagner（2013）研究发现，为了应对 2008—2009 年的金融危机，家族企业采取行动保持家族对组织的控制，尽管这些行动损害了少数股东的利益。[19]

综合上述结论不一致的研究证据，我们认为，家族成员是否会损害外部股东的利益取决于其个人特质。

15.2 风险投资公司

风险投资公司（venture-backed companies）是公司成立初期和发展早期依靠风险投资来实现股权融资的高增长小型企业。风险投资公司往往集中在快速变化的行业，例如技术、生命科学和可替代能源行业，这些行业的潜在收益和失败的可能性都很高。因为风险较高，风险投资公司在它们的早期阶段难以通过常见的融资渠道（银行贷款和其他公共或私人的借款和股本）获得资金，而是通过专门从事高风险投资的风险投资公司获取资金。风险投资公司通过投资多元化的公司组合，并期待少数极其成功的投资能够抵消投资组合中其他部分的损失，来降低风险，获得相应的回报。

风险投资公司从机构和散户投资者那里获得资金。风险投资公司建立有限合伙制，其投资者为有限合伙人，公司本身为普通合伙人。一家风险投资公司通常同时管理多个基金（或投资组合），管理期限为 10 年。基金成立后的前几年会进行投资，当投资组合公司被收购或首次公开发行上市时，资本会返还给投资者。风险投资公司获得的利润是收益的一定百分比（通常是 20%），称为附带权益（carried interest）。

根据美国国家风险投资协会（National Venture Capital Association，NVCA）的数据，风险投资公司的数量在 25 年前是 370 家，2018 年则超过了 1 000 家。风险投资公司管理的资金达 4 040 亿美元，每只基金的平均规模为 2.35 亿美元（见表 15－2）。[20]

表 15－2　风险资本统计

	1993 年	2006 年	2018 年
风险投资公司的数目	370	876	1047
风险投资基金的数目	93	191	257
所募集的风险资金（十亿美元）	4.5	33.4	53.8

续表

	1993 年	2006 年	2018 年
管理的风险资金（十亿美元）	29.3	204.5	403.5
至今为止风险投资基金的平均规模（百万美元）	40.2	139.3	234.7
阶段性风险投资（基于投入资金）			
种子期	N/A	458	3 760
早期		1 750	3 156
后期		1 136	2 032
由风险资本投资的公司上年公开上市的比例	N/A	20.3%	39.9%

资料来源：Thomson Reuters，"2019 National Venture Capital Association Yearbook," NVCA（August 2019）. Accessed April 2，2020. Data provided by Pitchbook.

有关数据证明了风险投资的高风险特性。NVCA 的数据显示，在风险投资公司 1991—2000 年投资的近 11 700 家公司中，只有 14% 的公司最终上市，33% 的公司被收购，18% 的公司已确认失败，35% 的公司仍然是私人所有或未知的状态。[21]

是否或何时完成首次公开发行的决定，对风险投资公司向其员工提供的薪酬激励具有重要影响。

专栏   私营企业交易

在上市之前，风险投资公司已经私有化经营很多年。1996—2000 年，公司完成 IPO 的平均年限为 6 年。到 2010 年，这一数字上升到了 10 年。这一趋势对公司和员工有着重要的启示。[22]

股权激励是 IPO 前薪酬方案的重要组成部分。股权激励不仅是一种绩效工具，由于它们通常缺乏流动性，所以也是一种留住员工的工具，员工通常必须留在公司，直到出现清算事件（出售或 IPO）。随着公司私有化时间的延长，持有股权的员工无法将非流动性资产货币化以维持其生活成本（例如购买住房）。如果公司价值上升，那么他们也会面临一个投资组合集中的问题，其净资产的很大一部分都投资于那些无现成公开市场机制使其分散化的单一资产。

二级市场的出现是为了解决这些问题，促进私人公司股东之间的股票交易。二级市场包括雪泊（SharesPost）、纳斯达克私人市场和卡塔（Carta）等。通过这些交易所和其他交易所出售的证券并没有在美国证券交易委员会注册，且不受包括披露要求在内的规则和法规的约束。因为私营企业的股东总数是有限的，所以员工通过这些交易所进行交易之前，交易通常必须得到公司的批准。一些公司与交易所签订合同，向员工提供结构化的出售计划。

近年来，私人公司交易所的交易量显著增长。2019 年，纳斯达克私人市场促成了 48 亿美元的交易额，而其成立才仅仅 6 年。[23]

Watts（2020）分析了私营企业交易所的专有交易信息。他发现，平均交易规模 35 万美元这一数额附近存在显著差异，且员工和机构投资者大量参与其中。他发现，交易量集中在最成功的私营企业的股票上——这些公司更有可能上市，倒闭的可能性更小。他发现，出售股票的员工愿意接受相对于随后 IPO 定价的大幅折扣，这表明他们出售股票是出于流动性和税收目的而不是出于知情。他认为，公司允许员工通过这些交易所出售股票也是为了留住员工。[24]

风险资本投资的独特性影响着风险投资公司的治理选择。风险投资公司往往是由它们的投资者严格控制的。典型的风险投资公司的董事数量的中值为 4，其中两个董事是风险投资公司的成员。在风险投资公司中，只有 15% 的 CEO 会兼任董事长。[25]董事会会议往往简短集中（2～3 小时）。董事会成员在董事会会议之间获取最新的财务（现金流消耗率）、竞争和战略信息。

风险投资公司的董事会与典型上市公司的董事会相比，独立性更低。在 IPO 之前，只有 56% 的风险投资公司的董事是独立董事。即将 IPO 时，许多风险投资公司都没有建立正式的审计、薪酬制度或提名和监督委员会。即便如此，这些委员会在成立之初，并非完全独立。[26]我们认为，造成这种情况的原因是这些公司是私营的，并且公司所有的主要股东在董事会中都占有一定的席位。

专栏　　IPO 之前的公司治理

人们对上市之前公司实施治理体系的过程知之甚少。在成立之初，一家私营公司并不具备后来监管当局要求的许多特征，但到上市时，预计其将拥有一个独立的多人董事会，有严格的内部控制以及完善的监督体系。私营公司是如何实现这种转变的呢？

斯坦福大学洛克公司治理中心的一项研究发现，不同公司在构建治理体系时采取的方法大相径庭，且这些选择由个人视情形而定。一般来说，公司会在 IPO 前 5 年聘请希望将公司做上市的 CEO（如果这位 CEO 与创始人不是同一人），执行严格的会计制度并在 IPO 前 4 年聘请外部审计师，在 IPO 前 3 年聘请第一个外部董事，并在 IPO 前两年雇用第一个总法律顾问（见图 15 - 1）。[27]

斯坦福大学洛克公司治理中心还发现，IPO 之前公司外部董事的招聘过程、属性和贡献都与大型上市公司非常不同。人们对这些外部董事的咨询贡献给予了相当大的关注，但几乎没有人关注他们以上市公司通常要求的方式监督公司的能力。

这些董事几乎总是被招募来处理战略、竞争或组织动态的问题而不是监督管理层，而且他们大多是有直接相关经验的现任或前任高管，而不是拥有多种专业背景的外部董事（见图 15 - 2）。[28]

公司创立
聘请最终让公司上市的CEO
建立财务和会计制度
聘请IPO时使用的外部审计师
公司首次认真采用公司治理体系
聘请董事会首位独立董事
聘请最终让公司上市的CFO
聘请内部总法律顾问
首次公开发行
9年
5年
4年
4年
3年
3年
3年
2年
0年

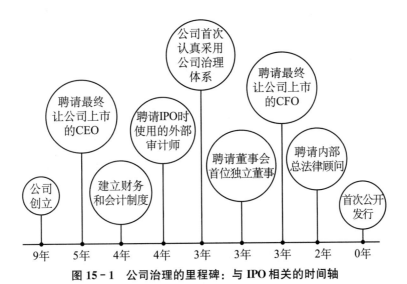

图 15-1 公司治理的里程碑：与 IPO 相关的时间轴

资料来源：Rock Center for Corporate Governance at Stanford University，"The Evolution of Corporate Governance：2018 Study of Inception to IPO"（2018）.

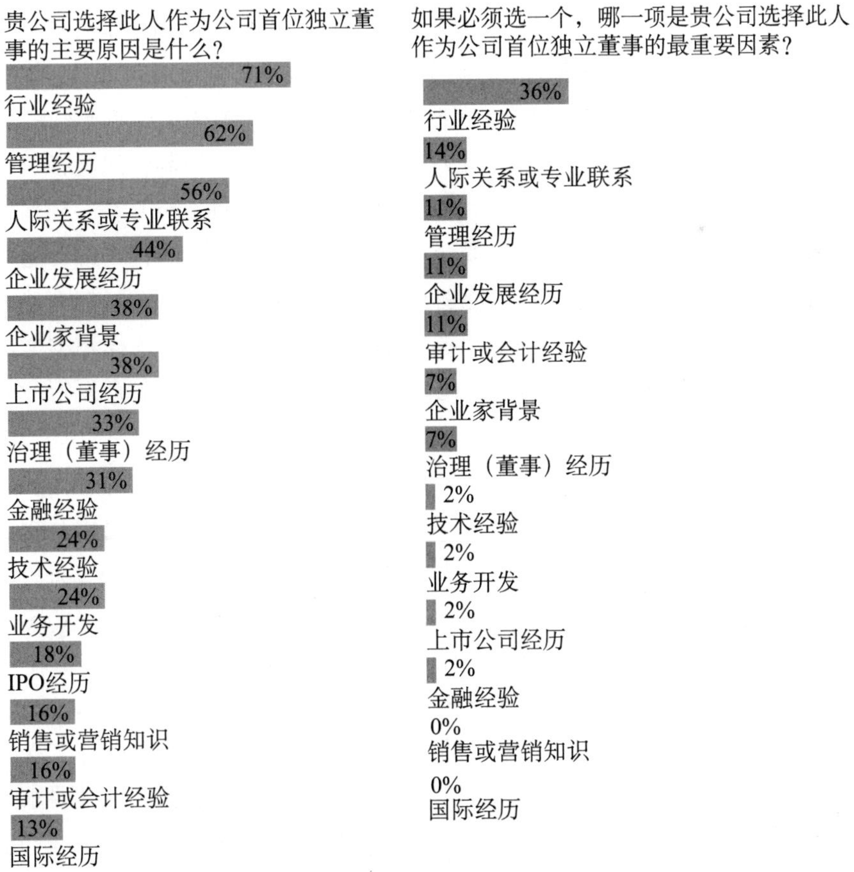

贵公司选择此人作为公司首位独立董事的主要原因是什么？
71%
行业经验
62%
管理经历
56%
人际关系或专业联系
44%
企业发展经历
38%
企业家背景
38%
上市公司经历
33%
治理（董事）经历
31%
金融经验
24%
技术经验
24%
业务开发
18%
IPO经历
16%
销售或营销知识
16%
审计或会计经验
13%
国际经历
如果必须选一个，哪一项是贵公司选择此人作为公司首位独立董事的最重要因素？
36%
行业经验
14%
人际关系或专业联系
11%
管理经历
11%
企业发展经历
11%
审计或会计经验
7%
企业家背景
7%
治理（董事）经历
2%
技术经验
2%
业务开发
2%
上市公司经历
2%
金融经验
0%
销售或营销知识
0%
国际经历

图 15-2 上市前公司首位外部董事的专业技能和经验

资料来源：David F. Larcker and Brian Tayan，"The First Outside Director，" Stanford Closer Look Series（April 2020）.

图中的数据表明，在即将上市的公司中，咨询比监督重要得多，或许是因为公司的所有者不太关心代理问题，而更关心企业的成长和成功。数据还表明，公司上市前和上市后的治理体系需求和要求以及因此而形成的属性是非常不同的。

风险投资公司薪酬结构中的很大一部分是股权激励。根据康佩西亚公司（Compensia）的研究数据，97％的高增长科技公司用股票期权奖励高管和员工，85％的公司采用限制性股票进行奖励。平均而言，在股权激励计划下，21％的股份用作未来的奖励，这代表相当程度的股权稀释（"过剩"）。[29]上市前的公司更有可能向新任命的董事发放一大笔一次性股权。在上市前的公司中，超过 40％的公司会给予新董事初始奖励，而在成熟公司中，这一比例为 20％。授予的金额也很高：上市前的公司接近 35 万美元，而成熟公司为 18.5 万美元。[30]在 IPO 之前，风险投资公司拥有54％的流通股本总额，CEO 拥有 15％的股份，前 5 名经理合计拥有 26％的股份，所有董事及高管则拥有 63％的股份。[31]

风险投资家对其投资组合公司的经理和董事会招聘具有很大的影响。Amornsiripanitch，Gompers 和 Xuan（2019）研究发现，当风险投资家在董事会任职时，公司倾向于从风险投资家的专业网络中招聘经理和董事会成员，且更有可能通过基于关系的收购退出。这种高管人才网络可能是风险投资公司创造价值的关键驱动因素。[32]

最后，甚至在 IPO 之后，风险投资公司仍保留着紧密的控制。风险投资公司的特点在于存在大量的反收购保护。普士高律师事务所（Proskauer）在一项研究中发现，77％的上市公司拥有交错选举董事会，15％拥有双重股权结构，66％通过书面决议来限制股东权益，69％通过召开特别会议来限制股东权益，72％拥有绝对多数表决制。[33]内部人向公众发行股票的同时，往往通过不平等的投票权和类似的限制性治理条款，对公司保持严格控制，由此，公众往往对内部人向公众发行股票的动机持高度怀疑态度。

研究表明，风险投资公司通常对其投资组合公司的治理选择存在积极影响。Hellman 和 Puri（2002）研究发现，风险投资公司对初创公司的专业化有积极的作用。风险投资公司更有可能聘用外部 CEO 取代创始人。风险投资公司也更可能引入员工股票期权计划，改变人力资源政策，包括招聘与甄选。[34]Celikyurt，Sevilir 和 Shivdasani（2014）研究发现，公司上市后，仍将风险投资公司的成员留在董事会的公司会有更高水平的研发投资、创新和交易活动。他们得出的结论是，"风险投资家在成熟的上市公司中扮演了一个重要的角色，并且在促进创新方面有广泛的影响力"。[35]Anand，Charles 和 Purda（2017）研究发现，风险投资公司在被要求遵守更严格的审计委员会的要求之前，往往会自愿这么做。[36]Hochberg（2012）研究发现，风险投资公司的盈余管理水平较低。[37]

尽管反收购保护在风险投资公司中非常普遍，但 Daines 和 Klausner（2001）研究发现，并没有证据表明采用这些保护能够加强管理，相反，这些反收购保护通常被这样的公司采用——"公司的投资相对透明，信息不对称的可能性较小，投标竞争时更有可能采用讨价还价的手段来保护自己免被收购"。[38]这可能是因为反收购保护在 IPO 时被用来维护既存的承诺和长期的业务关系。[39]

此外，研究表明，治理质量和公司绩效与风险投资公司的声誉正相关。在针对初创公司收到第一轮资金后的表现的检验中，Wongsunwai（2007）研究发现，如果风险投资公司的排名靠前，由其投资的公司就会有更大、更独立的董事会，并且风险投资公司会更加积极地参与其中。在上市公司的子样本中，通过测量其异常收益和未来财务重述，研究者发现，如果风险投资公司的排名靠前，则由其投资的公司收益质量更高。[40]同样地，Krishnan，Ivanov，Masulis 和 Singh（2011）研究发现，这样的公司表现出了优异的长期经营绩效和股价。他们研究发现，声誉较高的风险投资家往往会留在公司的董事会，并且在公司上市后继续持有公司的股票，他们的后续参与对公司绩效具有积极的影响。[41]

15.3 私募股权公司

私募股权公司（private equity-owned companies）是由散户和机构投资者投资的公司。私募股权公司的结构与风险投资公司的结构相似。[42]这种结构允许私募股权公司管理多个基金，每个基金都有自己的投资组合。即使投资的一个基金失败了，公司也不必对债权人承担责任。

私募股权公司投资上市企业、私营企业和从大企业中剥离出来的子公司。私募股权公司的目标通常是能产生大量的自由现金流，以支持杠杆资本结构成熟的公司。在这些公司被收购后，它们可以彻底改变管理、董事会、经营战略和资本结构。如果成功，私募股权公司就会出售这家公司，要么通过 IPO 回到公开市场，要么卖给对改进公司业绩感兴趣的战略买家。私募股权公司保留部分附带权益（通常为 20%），并将剩余的收益返还给投资者。

自 20 世纪 90 年代以来，私募股权作为一种资产类别获得了相当大的增长。睿勤（Preqin）的数据显示，2013—2017 年私募股权投资的资金超过了 1.9 万亿美元，而 1996—2000 年仅为 5 500 亿美元。[43]

表 15-3 和表 15-4 提供了一段时期内私募股权交易记录的汇总数据。1985—2007 年全球大约发生了 17 000 起私募股权公司收购行为，其中，27% 的收购目标是上市公司，23% 是独立的私营公司，30% 是企业部门，20% 则是对其他私募股权公司的二次收购。[44]

表 15-3 私募股权概括统计

	1985—1989 年	1990—1994 年	1995—1999 年	2000—2004 年	2005—2007 年	1970—2007 年
合并企业价值（十亿美元）	257.2	148.6	553.9	1 055.1	1 563.3	3 616.8

续表

	1985—1989 年	1990—1994 年	1995—1999 年	2000—2004 年	2005—2007 年	1970—2007 年
交易数量	642	1 123	4 348	5 673	5 188	17 171
LBO 类型：						
上市公司转变为私人企业	49%	9%	15%	18%	34%	27%
独立的私营公司	31%	54%	44%	19%	14%	23%
企业部门	17%	31%	27%	41%	25%	30%
对其他私募股权公司的二次收购	2%	6%	13%	20%	26%	20%
廉价抛售	0%	1%	1%	2%	1%	1%
LBO 目标地区：						
美国和加拿大	87%	72%	60%	44%	47%	52%
英国	7%	13%	16%	17%	15%	15%
西欧	3%	13%	20%	32%	30%	26%
亚洲和澳大利亚	3%	1%	2%	4%	6%	4%
其他地区	0%	2%	2%	3%	3%	3%

说明：2007 年的数据从 6 月 30 日开始算起。LBO 类型和目标地区以合并企业价值为基准。

资料来源：Kaplan and Strömberg (2008).

表 15 - 4　LBO 的退出特征

	1985—1989 年	1990—1994 年	1995—1999 年	2000—2002 年	2003—2004 年	2005—2007 年	1970—2007 年
退出的类型：							
破产	6%	5%	8%	6%	3%	3%	6%
公开上市	25%	23%	11%	9%	11%	1%	14%
出售给战略买家	35%	38%	40%	37%	40%	34%	38%
出售给金融买家	13%	17%	23%	31%	31%	17%	24%
出售给其他私募股权公司	3%	3%	5%	6%	7%	19%	5%
出售给管理层	1%	1%	2%	2%	1%	1%	1%
其他或未知	18%	12%	11%	10%	7%	24%	11%
某段时期内的退出占比：							
2 年	12%	14%	13%	9%	13%		12%
5 年	40%	53%	41%	40%			42%
6 年	48%	63%	49%	49%			51%
7 年	58%	70%	56%	55%			58%
10 年	75%	82%	73%				76%

说明：2007 年的数据从 6 月 30 日开始算起。

资料来源：Kaplan and Strömberg (2008).

私募股权公司投资一个公司的平均时间是 6 年，最后，要么出售给战略买家（38％）、金融买家（24％）、其他私募股权公司（5％）、管理层（1％），要么公开上市（14％），或者申请破产（6％）等。[45]

私募股权交易因杠杆作用而出名。杠杆作用用来提高投资回报率并降低税收（正因为如此，一些私募股权的批评者称私募股权交易活动为金融工程）。基于先前上市公司收购的样本，Guo，Hotchkiss 和 Song（2011）计算出，目标公司的平均资产负债率几乎是收购后的 3 倍，从 25％到 71％。杠杆作用是通过公共债务、私人债务和银行债务的混合来实现的。[46]

由于私募股权公司没有公开上市，因此，它们不需要采用纽约证券交易所的治理标准。它们的治理结构往往与上市公司的治理结构存在很大的差别。其董事会的规模相对较小（5～7 人）。董事会主要由内部人组成（投资组合公司的高管和私募股权公司的成员），他们拥有公司的大多数股份。私募股权公司的合作伙伴会密切参与战略和运营事务，并且董事会会议的焦点是业务、财务和风险管理问题，不太关注合规性问题。

调查数据表明，较之于上市公司，私募股权公司的管理者在日常工作中要投入更多的时间。有报告显示，私募股权公司的主管平均花费的时间是上市公司的同等职位主管所花时间的 3 倍——分别是平均每年 54 天和 19 天。[47]当然，私募股权公司的主管也可能为公司带来更多的价值。Acharya，Kehoe 和 Reyner（2008）调查了一组小样本：曾同时在一家大型英国公司（富时（FTSE）100 指数或富时 250 指数公司）和私募股权公司里任职的董事。其中 3/4 的人认为，私募股权公司的董事会创造了更多的价值，没有人认为上市公司的董事会存在这样的效果。平均而言，他们认为私募股权公司的董事会在战略领导、绩效管理和利益相关者管理层面更富有效率；他们认为上市公司的董事会在继任计划和治理方面（审计、合规性和风险管理）更有效率。[48]

相比于上市公司，私募股权公司的高管薪酬更多，并且股权激励的占比更大。Leslie 和 Oyer（2009）研究发现，私募股权公司的 CEO 与同等规模上市公司的 CEO 相比，持有近乎后者两倍的股票比例，虽然前者的工资低 10％，但其拥有更多的现金奖励，包括奖金。[49]Cronqvist 和 Fahlenbrach（2013）检验了 CEO 从上市公司到私募股权公司后，其薪酬是如何变化的。他们研究发现，这些 CEO 的基本工资和年度奖金会有所增加，股权则大约变为了原来的两倍。私募股权公司重新设计了绩效目标，从强调定性的、非财务指标转为盈利能力指标。[50]

针对中型私募股权公司的相关调查也说明了使用股权薪酬的普遍性。普华永道（2018）研究发现，在股本完全稀释的基础上，一个典型的投资组合公司的 CEO 约持有该公司 3％的股权，其后薪酬最高的四位高管的持股比例为 3％，27％的股份是用于未来的储备资金。股权授予由基于绩效和任期的奖励决定，二者的比例通常为 2：1。绩效奖励视退出倍数（exit multiples）、退出时的内部回报率和财务目标而定。业绩门槛是具有挑战性的——通常需要 3 倍的投资回报才能完全兑现。[51]

研究表明，私募股权公司获得了巨大的收益。Kaplan 和 Sensoy（2014）对衡量私募股权绩效的研究文献进行了回顾。他们认为，在基金的整个生命周期内，收购基金扣除费用后的平均表现比标准普尔 500 指数公司高出 20%，而且这些结果在多个数据集上是一致的。2000 年之前募集的基金的业绩更佳，最近的业绩则差得多。[52]

此外，收益在多大程度上是经营改善而非杠杆和减税造成的，以及如何在风险调整的基础上对私人股本和公共股本的回报率进行比较，目前都还不清楚。方法的选择会影响这些计算的结果。

Guo，Hotchkiss 和 Song（2011）研究发现，杠杆作用在私人股本的回报中占有很大比重。[53]Acharya，Gottschalg，Hahn 和 Kehoe（2013）研究发现，在控制了杠杆作用后，私募股权投资甚至比市场回报表现好，并且私募股权公司在销售增长和利润增长方面比同类的上市公司表现好。他们还研究发现，这一改善与主要交易伙伴的技能和背景有关。[54]Davis，Haltiwanger，Handley，Jarmin，Lerner 和 Miranda（2014）研究发现，在制造业，私募股权更愿意从生产低效的工厂转移到生产高效的工厂而重新进行定向投资。他们认为，传统工厂的失业率高于同行，私募股权更愿意投资新业务，总体来说，私募股权创造的就业机会比消除的就业机会多。Davis 等认为，"私募股权在某种意义上是代理的变化，产生这种变化的原因是在某些目标公司收购加速了紧缩，在其他公司则是收购加速了扩张"。[55]不过，关于私募股权投资的相关研究，仍然是结论不一。

15.4 非营利组织

非营利组织（nonprofit organizations）是美国国内收入法典（Internal Revenue Code）501（c）中规定的一种免税组织。现今，各领域里的非营利组织大约共有 160 万个，包括教育、社会和法律服务、艺术文化、卫生服务、宗教等组织及工会、商业和专业协会。2015 年，非营利组织的总收入为 2.54 万亿美元，资产为 5.79 万亿美元（见表 15-5）。与卫生、教育和人类服务相关的慈善机构（例如那些提供食物、住所和援助的组织）是收入最高、资产最多、规模最大的非营利组织，其中，宗教和教育机构的受捐额最大（见表 15-6）。[56]

表 15-5　美国的非营利组织

	2005 年	2010 年	2015 年
注册的非营利组织数目	141 万	149 万	156 万

续表

	2005 年	2010 年	2015 年
财务信息：			
收入	1.63 万亿美元	2.05 万亿美元	2.54 万亿美元
费用	1.48 万亿美元	1.93 万亿美元	2.36 万亿美元
资产	3.50 万亿美元	4.44 万亿美元	5.79 万亿美元
公共慈善组织数目，501（c）（3）	80 万	100 万	110 万
财务信息：			
收入	1.17 万亿美元	1.51 万亿美元	1.98 万亿美元
费用	1.08 万亿美元	1.45 万亿美元	1.84 万亿美元
资产	2.07 万亿美元	2.67 万亿美元	3.67 万亿美元

　　说明：不包括未在美国国税局注册的组织，例如宗教团体和年收入低于 5 000 美元的非营利组织。提供的财务数据适用于需要向美国国税局提交 990 表格的非营利组织，约占注册组织的 35%。

　　资料来源：Brice S. McKeever, "The Nonprofit Sector in Brief 2018," Urban Institute, National Center for Charitable Statistics（December 13, 2018）.

表 15 - 6　非营利组织按数目与活动划分

	按数目	按收入	按资产	按捐助
公共慈善组织细分：				
艺术、文化与人文	10.0%	2.1%	3.5%	4.7%
教育	17.2%	17.9%	30.8%	14.3%
环境与动物	4.6%	1.0%	1.3%	2.9%
健康	12.4%	58.7%	42.9%	9.3%
人类服务	35.2%	11.8%	9.7%	12.1%
国际与国外事务	2.2%	1.9%	1.2%	5.6%
公共与社会福利	11.9%	5.6%	9.5%	7.2%
宗教	6.5%	1.0%	1.2%	30.9%
基金会与其他	—	—	—	11.1%

　　说明：2015 年的数据不包含慈善捐款，慈善捐款在 2017 年的数据中。在标有（—）的栏目中，基金会不作为单独类别报告。

　　资料来源：Brice S. McKeever, "The Nonprofit Sector in Brief 2018," Urban Institute, National Center for Charitable Statistics（December 13, 2018）.

　　非营利组织经美国政府批准不必缴纳税款，政府以此来鼓励非营利组织开展与商业无关的社会慈善活动。[57]因此，非营利组织遵循利益相关者导向而非股东至上，这自然会影响它们对治理系统的选择。

　　董事会负责监管组织，包括审核战略、财务状况和绩效，聘用和解雇 CEO，设置薪酬制度。与上市公司相同的是，非营利组织的董事也要履行谨慎和忠诚职责。由于非营利组织遵循利益相关者导向，非营利组织的董事会必须建立衡量组织成功的指标。尽管财务指标在衡量组织成功方面发挥着重要作用，但非营利组织的董事会仍要依托非财务的定性指标来评估组织是否完成了它的使命。

　　非营利组织的董事会规模往往大于营利性组织的董事会规模，二者规模之比约为 16 : 11。非营利组织的董事每年参会 7 次。非营利组织董事会中拥有更多的女性董事，但少数族裔董事并不多。非营利组织的 CEO 很少兼任董事长，兼任比例仅为 9%。同时，非营利组织只有 42% 的 CEO 会担任董事，并且一般是作为非投票董事，大多数董事是无偿服务的。大多数非营利组织要求董事会成员进行个人捐赠（75%），并且很多组织（57%）要求董事个人代表组织去募集资金，该政策称为"给予或获得"政策。[58]（非营利组织董事会的汇总统计见表 15 - 7。我们曾在第 5 章提供了营利性组织董事会的参照数据。）

表 15 - 7　非营利组织董事会结构与实例

董事会结构特征	2016 年
投票成员数目	16.4
每年会议次数	5.6
性别细分：	
男性	64%
女性	36%
永久的常务委员会：	
提名与治理委员会	77%
审计委员会	73%
财务委员会	71%
执行委员会	56%
薪酬委员会	45%
筹资委员会	35%
投资委员会	31%
战略规划委员会	25%
董事会薪酬：	
董事薪酬	18%
其中，薪酬形式：	
现金	96%
报销费用	55%
额外津贴和福利	7%
董事会要求个人捐赠	75%
董事会要求董事去募集资金	57%

资料来源：National Association of Corporate Directors，"2015—2016 NACD Nonprofit Governance Survey,"(September 2016).

　　相当多的董事会工作是通过委员会执行的。非营利组织董事会最有可能设立常设的提名与治理委员会、审计委员会、财务委员会和执行委员会（通常在董事会全体会议之前召开会议，审议重大问题并作出初步决定）。其他不太常见的常设委员会包括薪酬委员会、筹资委员会、投资委员会和战略规划委员会。

非营利组织的高管薪酬明显低于营利性组织的高管薪酬。根据一份样本约为4 600 家大中型慈善机构的调查，CEO 薪酬的中值为 123 400 美元。很少有慈善机构的 CEO（该样本中仅有 10 位）的薪酬超过 100 万美元。其中，艺术、文化和教育等组织的 CEO 薪酬最高，宗教组织的 CEO 薪酬最低。[59]

非营利组织不受《萨班斯-奥克斯利法案》关于审计和内部控制要求的约束，董事会可以自行决定是否实施相关措施。然而，在某些情形下，外部利益相关者——例如提供资金的政府机构——会强烈要求董事会进行财务审计。

调查表明，非营利组织面临着一些与治理相关的挑战。董事会之源（Board-Source）研究发现，就大多数非营利组织的董事会而言，其人员配备并不齐全，近半数的受访者表示目前正在招聘 1～3 名董事，1/4 的受访者表示目前正在招聘4～6名董事，只有 23％的受访者称董事会人员配备齐全，有 47％的受访者表示很难招募新董事。[60]

2015 年，一份基于斯坦福大学洛克公司治理中心以及董事会之源和导星（GuideStar）的调查研究发现，在非营利组织中，许多董事会成员并没有完全理解他们的职责。[61]董事们特别注重自身的筹资义务而忽略了组织的战略、使命和绩效。为此，一些专家建议非营利组织将董事会分为两部分——实施监管和筹资相分离。[62]该项调查研究还发现，很多非营利组织缺乏正式的治理程序。42％的非营利组织没有设立审计委员会，69％的非营利组织没有 CEO 继任计划，并且 36％的非营利组织从未评估过董事会。

研究表明，治理质量因组织而异。Aggarwal，Evans 和 Nanda（2012）研究发现，董事会的规模与组织的复杂性、组织追求的项目数量呈正相关关系。此外，他们还研究发现，组织越复杂，CEO 的绩效薪酬占比越低，并且在某些领域，组织的绩效也越差。[63]O'Regan 和 Oster（2005）研究发现，董事会规模和执行董事的控制力（表示为拥有任命董事会成员的权力）正向影响组织绩效。长期任职的董事和董事会对组织绩效产生积极影响，这表明董事的经验越丰富，组织的信息优势就越明显。[64]

Baber，Daniel 和 Roberts（2002）研究发现，非营利组织的高管薪酬与总收入、项目支出呈正相关关系，这激励着管理层扩大组织规模。[65]Frumkin 和 Keating（2010）研究发现，高管薪酬和捐赠收入之间没有联系，但与管理费用率负相关，这激励着高管降低管理成本。[66]鲜有研究论及非营利组织是否依赖或如何依赖非财务绩效指标来进行薪酬设置或绩效监管。在非营利组织中缺乏非财务指标的信息，非财务指标不太可能广泛用于评估非营利组织执行董事的表现，即使使用，也很可能使用不当。

最后，研究表明，由于控制较弱及治理机制不完善，非营利组织更可能出现代理问题。Core，Guay 和 Verdi（2006）研究发现，拥有"超额"捐赠基金（基金比当前和未来的必要成本还要多）的非营利组织存在更严重的代理问题，这些非营利组织直接花费在项目上的资金较少，但支付给 CEO、高管和董事的薪酬较高。[67] Krishnan，Yetman 和 Yetman（2006）研究发现，许多非营利组织的高管激励措施会导致组织系统地低估融资成本。他们研究发现，使用外部审计能够减少这种情况的发生。[68]同样地，Krishnan 和 Yetman（2011）研究发现，为了显得更有效率，受捐额度高的非营利医院，更可能更改管理成本。[69] Harris，Petrovits 和 Yetman（2015）研究发现，当更严格的控制机制（包括审计委员会审查、更严格的董事会监督和监督者更大的独立性）到位时，资产转移（盗窃或未经授权使用资产）减少了。[70]

Petrovits，Shakespeare 和 Shih（2011）研究发现，非营利组织的内部控制越弱，其未来受捐额度越少。[71] Yermack（2015）研究发现，捐助者通过对捐赠物品施加限制来应对较弱的治理监督。[72] Harris，Petrovits 和 Yetman（2015）研究发现，非营利组织的治理体系越完善，其受捐收入越高、政府拨款额度越大，其中体系内容包括正式的书面政策（例如利益冲突政策）、独立审计和审计委员会、董事会的独立性和财务透明度。他们评论说："非营利组织治理政策被强制披露，上市公司治理政策被强制采用，这形成了一组有趣的对比。"[73]

注　释

1. McKinsey & Company, "Perspectives on Founder- and Family-Owned Businesses" (October 2014). Accessed April 11, 2015. See www.mckinsey.com/~/media/mckinsey/dotcom/client_service/Private%20Equity/PDFs/Perspectives_on_founder_and_family-owned_businesses.ashx.

2. Ashiq Ali, Tai-Yuan Chen, and Suresh Radhakrishnan, "Corporate Disclosures by Family Firms," *Journal of Accounting and Economics* 44 (2007): 238–286. Also see Ronald C. Anderson and David M. Reeb, "Founding-Family Ownership and Firm Performance: Evidence from the S&P 500," *The Journal of Finance* 58 (2003): 1301–1328.

3. EY Global, "How the World's Largest Family Businesses Are Responding to the Transformative Age," Insights from the 2019 EY and University of St. Gallen Global Family Business Index #EYFB500 (Version 3.0, February 2019). Accessed April 20, 2020. See http://familybusinessindex.com.

4. National Association of Corporate Directors, "2015–2016 NACD Private Company Governance Survey: Family Business Boards" (March 2016). Accessed April 20, 2020. See https://nacdonline.org/.

5. Anderson and Reeb (2003).

6. Rüdiger Fahlenbrach, "Founder-CEOs, Investment Decisions, and Stock Market Performance," *Journal of Financial and Quantitative Analysis* 44 (2009): 439–466.

7. Praveen Kumar and Alessandro Zattoni, "Family Business, Corporate Governance, and Firm Performance," *Corporate Governance: An International Review* 24 (November 2016): 550–551.

8. Belen Villalonga and Raphael Amit, "How Do Family Ownership, Control, and Management Affect Firm Value?" *Journal of Financial Economics* 80 (2006): 385–417.

9. McKinsey & Company (2014). Also see "Business in the Blood," *Economist* 413 (November 2014): 59–63.

10. Holger M. Mueller and Thomas Philippon, "Family Firms and Labor Relations," *American Economic Journal: Macroeconomics* 3 (2011): 218–245.

11. Minjie Huang, Pingshu Li, Felix Meschke, and James P. Guthrie "Family Firms, Employee Satisfaction, and Corporate Performance," *Journal of Corporate Finance* 34 (2015):108–127.

12. PricewaterhouseCoopers LLC, "Up Close and Professional: The Family Factor Global Family Business Survey," (2014). Accessed October 30, 2014. See www.pwc.com/sg/en/publications/family-businees-survey-report.html.

13. National Association of Corporate Directors, 2015–2016 NACD Private Company Governance Survey: Family Business Boards (2016). Accessed April 2, 2019. See https://nacdonline.org/.

14. Francisco Pérez-González, "Inherited Control and Firm Performance," *American Economic Review* 96 (2006): 1559–1588.

15. Ali, Chen, and Radhakrishnan (2007).

16. Dechun Wang, "Founding Family Ownership and Earnings Quality," *Journal of Accounting Research* 44 (2006): 619–656.

17. Ronald C. Anderson, Augustine Duru, and David M. Reeb, "Founders, Heirs, and Corporate Opacity in the United States," *Journal of Financial Economics* 92 (2009): 205–222.

18. Ronald C. Anderson, David M. Reeb, and Wanli Zhao, "Family-Controlled Firms and Informed Trading: Evidence from Short Sales," *Journal of Finance* 67 (2012): 351–386.

19. Karl V. Lins, Paolo Volpin, and Hannes F. Wagner, "Does Family Control Matter? International Evidence from the 2008–2009 Financial Crisis," *Review of Financial Studies* 26 (2013): 2583–2619.

20. NVCA, "2019 National Venture Capital Association Yearbook" (August 2019). Data provided by Pitchbook. Accessed April 2, 2020. See https://nvca.org/wp-content/uploads/2019/08/NVCA-2019-Yearbook.pdf.

21. Ibid.

22. Information in this sidebar adapted with permission from: David F. Larcker, Brian Tayan, and Edward Watts, "Cashing It In: Private-Company Exchanges and Employee Stock Sales Prior to IPO," Stanford Closer Look Series (September 12, 2018). See www.gsb.stanford.edu/faculty-research/publications/cashing-it-private-company-exchanges-employee-stock-sales-prior-ipo.

23. Nasdaq Private Market, "Secondary Market 2019 Retrospective," Nasdaq, Inc. (February 2020). Accessed April 21, 2020. See www.nasdaq.com/solutions/nasdaq-private-market.

24. Edward M. Watts, "The Market for Pre-IPO Employee Equity," Ph.D. dissertation draft (March 30, 2020), Stanford University, Graduate School of Business.

25. Wan Wongsunwai, "Does Venture Capitalist Quality Affect Corporate Governance?" Doctoral Candidate Thesis, Harvard Business School (February 4, 2007). Accessed April 12, 2015. See https://pdfs.semanticscholar.org/0117/b53deb05e683a011e4b8620003b9ca23a29b.pdf.

26. PricewaterhouseCoopers LLC, "Governance for Companies Going Public What Works Best," (2013). Accessed April 12, 2015. See https://connect.societycorpgov.org/HigherLogic/System/DownloadDocumentFile.ashx?DocumentFileKey=7ee87c47-e9d7-4880-b031-c026f7a0b6a1&forceDialog=0.

27. David F. Larcker and Brian Tayan, "The Evolution of Corporate Governance: 2018 Study of Inception to IPO," Stanford Rock Center for Corporate Governance (November 2018). See www.gsb.stanford.edu/faculty-research/publications/evolution-corporate-governance-2018-study-inception-ipo.

28. David F. Larcker and Brian Tayan, "The First Outside Director," *Stanford Closer Look Series* (April 2020). See www.gsb.stanford.edu/faculty-research/publications/cgri-closer-look-first-outside-director.

29. Compensia, "Bay Area 150: Equity Compensation Practices" (October 2009). Accessed April 12, 2015. See https://compensia.com/.

30. Equilar Blog, "Director Pay at IPO vs. Established Public Companies," Equilar Inc. (January 12, 2017). Accessed April 21, 2020. See www.equilar.com/blogs/201-directo-pay-at-IPO.html.

31. Robert Daines and Michael Klausner, "Do IPO Charters Maximize Firm Value? Antitakeover Protection in IPOs," *Journal of Law, Economics, and Organization* 17 (2001): 83–120.

32. Natee Amornsiripanitch, Paul A. Gompers, and Yuhai Xuan, "More than Money: Venture Capitalists on Boards," *Social Science Research Network* (March 2019). Accessed April 22, 2020. See https://ssrn.com/abstract=2586592.

33. Proskauer LLP, "2015 IPO Study" (March 17, 2015). Accessed April 13, 2015. See https://s3.amazonaws.com/assets.production.proskauer/uploads/09a0d75dcc49f0feb1dd62060aa64254.pdf.

34. Thomas Hellmann and Manju Puri, "Venture Capital and the Professionalization of Start-Up Firms: Empirical Evidence," *Journal of Finance* 57 (2002): 169–197.

35. Ugur Celikyurt, Merih Sevilir, and Anil Shivdasani, "Venture Capitalists on Boards of Mature Public Firms," *Review of Financial Studies* 27 (2014): 56–101.

36. Anita Anand, Wayne Charles, and Lynnette D. Purda, "Voluntary Corporate Governance, Proportionate Regulation and Small Firms: Evidence from Venture Issuers," *Canadian Business Law Journal* 60 (December 2017): 34–60.

37. Yael V. Hochberg, "Venture Capital and Corporate Governance in the Newly Public Firm," *Review of Finance* 16 (2012): 429–480.

38. Daines and Klausner (2001).

39. Michael Klausner, "Fact and Fiction in Corporate Law and Governance," *Stanford Law Review* 65 (2013). Also see William C. Johnson, Jonathan M. Karpoff, and Sangho Yi, "The Bonding Hypothesis of Takeover Defenses: Evidence from IPO Firms," *Journal of Financial Economics* (2015).

40. Wongsunwai (2007).

41. C. N. V. Krishnan, Vladimir I. Ivanov, Ronald W. Masulis, and Ajai K. Singh, "Venture Capital Reputation, Post-IPO Performance, and Corporate Governance," *Journal of Financial and Quantitative Analysis* 46 (2011): 1295–1333.

42. Two exceptions are Blackstone and KKR, which are publicly traded; their investments are still made through limited partnerships.

43. Preqin, "2018 Preqin Global Private Equity and Venture Capital Report – Sample Pages," Preqin Ltd. (2018). Accessed April 21, 2020. See https://docs.preqin.com/reports/2018-Preqin-Global-Private-Equity-Report-Sample-Pages.pdf.

44. Steven N. Kaplan and Per Strömberg, "Leveraged Buyouts and Private Equity," *Journal of Economic Perspectives* 22 (2008): 1–27.

45. Ibid.

46. Shourun Guo, Edith S. Hotchkiss, and Weihong Song, "Do Buyouts (Still) Create Value?" *Journal of Finance* 66 (2011): 479–517.

47. Viral Acharya, Conor Kehoe, and Michael Reyner, "Governance and Value Creation: Evidence from Private Equity," McKinsey & Company (January 2, 2009). As cited in Fir M. Geenen and

Sohail Malad, "Corporate Governance and Value Creation: Private Equity Style," Harlingwood Equity Partners (November 2009). Accessed April 13, 2015. See www.scribd.com/document/242729057/Corporate-Governance-and-Value-Creation-Private-Equity-Style.

48. Viral Acharya, Conor Kehoe, and Michael Reyner, "The Voice of Experience: Public versus Private Equity," *The McKinsey Quarterly* (December 2008). Accessed April 13, 2015. See www.mckinsey.com/insights/corporate_finance/the_voice_of_experience_public_versus_private_equity.

49. Phillip Leslie and Paul Oyer, "Managerial Incentives and Value Creation: Evidence from Private Equity," EFA 2009 Bergen Meetings Paper, *Social Science Research Network* (January 27, 2009). Accessed May 6, 2015. See http://ssrn.com/abstract=1341889.

50. Henrik Cronqvist and Rüdiger Fahlenbrach, "CEO Contract Design: How Do Strong Principals Do It?" *Journal of Financial Economics* 108 (2013): 659–674.

51. PricewaterhouseCoopers LLC, "2018 Private Equity Portfolio Company Management Compensation Survey" (August 2018). Accessed April 22, 2020. See www.pwc.com/us/en/services/hr-management/assets/pwc-private-equity-portfolio-company-management-compensation-survey-2018.pdf.

52. Steven Neil Kaplan and Berk A. Sensoy, "Private Equity Performance: A Survey," *Social Science Research Network* (October 15, 2014), Charles A. Dice Center Working Paper No. 2015-10; Fisher College of Business Working Paper No. 2015-03-10. Accessed April 22, 2020. See https://ssrn.com/abstract=2627312.

53. Guo, Hotchkiss, and Song (2011).

54. Viral V. Acharya, Oliver F. Gottschalg, Moritz Hahn, and Conor Kehoe, "Corporate Governance and Value Creation: Evidence from Private Equity," *Review of Financial Studies* 26 (2013): 368–402.

55. Steven J. Davis, John Haltiwanger, Kyle Handley, Ron Jarmin, Josh Lerner, and Javier Miranda, "Private Equity, Jobs, and Productivity," *American Economic Review* 104 (2014): 3956–3990.

56. Brice S. McKeever, "The Nonprofit Sector in Brief 2018," Urban Institute, National Center for Charitable Statistics (December 13, 2018). Accessed April 22, 2020. See https://nccs.urban.org/publication/nonprofit-sector-brief-2018#the-nonprofit-sector-in-brief-2018-public-charites-giving-and-volunteering.

57. Nonprofit organizations are required to pay taxes on profit earned through business activities unrelated to their basic purpose (known as "unrelated business income," or UBI). They are also required to pay sales tax on applicable purchases.

58. NACD Nonprofit Governance Survey (September 2016).

59. Charity Navigator, "2016 CEO Compensation Study," (October 2016). Accessed April 14, 2015. See https://d20umu42aunjpx.cloudfront.net/2016+CEO+Comp+Study/2016+CEO+Compensation+Study.pdf.

60. BoardSource, "Nonprofit Governance Index 2012: Data Report 1, CEO Survey of BoardSource Members" (September 2012). Accessed August 18, 2014. See www.boardsource.org.

61. David F. Larcker, Nicholas E. Donatiello, Bill Meehan, and Brian Tayan, "2015 Survey on Board of Directors of Nonprofit Organizations," Stanford Graduate School of Business, Rock Center for Corporate Governance at Stanford University, BoardSource, and GuideStar (April 2015). See www.gsb.stanford.edu/faculty-research/publications/2015-survey-board-directors-nonprofit-organizations.

62. Michael Klausner and Jonathan Small, "Failing to Govern?" *Stanford Social Innovation Review* 3 (2005): 42–49.

63. Rajesh K. Aggarwal, Mark E. Evans, and Dhananjay Nanda, "Nonprofit Boards: Size,

Performance and Managerial Incentives," *Journal of Accounting and Economics* 53 (2012): 466–487.

64. Katherine O'Regan and Sharon M. Oster, "Does the Structure and Composition of the Board Matter? The Case of Nonprofit Organizations," *Journal of Law, Economics, and Organization* 21 (2005): 205–227.

65. William R. Baber, Patricia L. Daniel, and Andrea A. Roberts, "Compensation to Managers of Charitable Organizations: An Empirical Study of the Role of Accounting Measures of Program Activities," *Accounting Review* 77 (2002): 679–693.

66. Peter Frumkin and Elizabeth K. Keating, "The Price of Doing Good: Executive Compensation in Nonprofit Organizations," *Policy and Society* 29 (2010): 269–282.

67. John E. Core, Wayne R. Guay, and Rodrigo S. Verdi, "Agency Problems of Excess Endowment Holdings in Not-for-Profit Firms," *Journal of Accounting and Economics* 41 (2006) 307–333.

68. Ranjani Krishnan, Michelle H. Yetman, and Robert J. Yetman, "Expense Misreporting in Nonprofit Organizations," *Accounting Review* 81 (2006): 399–420.

69. Ranjani Krishnan and Michelle H. Yetman, "Institutional Drivers of Reporting Decisions in Nonprofit Hospitals," *Journal of Accounting Research* 49 (2011): 1001–1039.

70. Erica Harris, Christine Petrovits, and Michelle Yetman, "Why Bad Things Happen to Good Organizations: The Link between Governance and Asset Diversions in Public Charities," *Social Science Research Network* (May 28, 2015). Accessed April 23, 2020. See https://ssrn.com/abstract=2604372.

71. Christine Petrovits, Catherine Shakespeare, and Aimee Shih, "The Causes and Consequences of Internal Control Problems in Nonprofit Organizations," *Accounting Review* 86 (2011): 325–357.

72. David Yermack, "Donor Governance and Financial Management in Prominent U.S. Art Museums," *Social Science Research Network* (March 28, 2015). Accessed May 6, 2015. See http://ssrn.com/abstract=2586622.

73. Erica Harris, Christine M. Petrovits, and Michelle H. Yetman, "The Effect of Nonprofit Governance on Donations: Evidence from the Revised Form 990," *Accounting Review* 90 (2015): 579–610.

第 **16** 章 回顾与总结

本书基于组织视角，对公司治理进行了全面并带有一定批判性的阐述。首先，我们通过回顾组织的竞争环境，了解了法律、社会和市场因素如何影响公司的治理机制；接着，我们介绍了董事会及其结构、流程和运作过程，并强调董事自身的能力及参与度可能是董事咨询和监督效果最主要的决定因素。

然后，我们探讨了董事会的职能，包括战略监控和风险管理、制订CEO继任计划、确定高管薪酬、确保会计和审计质量以及制定收购决策；接下来，我们考察了机构投资者，了解了不同股东群体及第三方代理咨询公司如何影响治理模式的选择，我们还考虑了利益相关者导向的法律、经济与战略含义（通过ESG活动）。最后，我们分别评价了商业和学术的治理评级系统，介绍了家族控制公司、风险投资公司、私募股权公司和非营利组织可以采用的不同治理模式。在本书，我们试图通过严格的统计结果和研究分析，辅以现实案例，来得出明智的结论，我们希望本书确实达成了这一目标。此外，我们希望，阅读本书之后，读者能够更全面地理解组织可选择的不同治理模式及相应的业绩和监督后果。

在本书中，有很多负面结论。董事会的许多结构特点，例如独立董事比例与公司治理质量或公司业绩关系不大，或者根本没有关系；大多数关于审计人员的要求对财务报告质量没有影响；无论是商业和学术的治理评级系统，还是ESG评级系统，多半缺乏预测力；关于公司治理实践的许多监管规定对公司绩效及股东利益没有影响，或有负面影响。

虽然这些负面结论可能会让人失望，但对于当前的公司治理研究来说，这些负面结论依然是有意义的，而且它们可以帮助读者自行判断不同的组织需要什么类型的治理系统。本书的不足之处如下。

16.1　检验不足

治理模式与公司绩效之间缺乏正相关关系，这表明大多数最佳实践——无论是高级委员会和知名专家推荐的或监管机构强制要求的——可能还没有经过检验，或者是有重要影响力的人没有正确理解检验结果。正如，在实行《萨班斯-奥克斯利法案》和《多德-弗兰克法案》的过程中，针对限制审计师向公司提供非审计服务（详见第 10 章）及给予股东更多权力（详见第 12 章）等条款，有相当多的反对意见。

相反，特拉华州最高法院的首席法官迈伦·斯蒂尔（Myron Steel）是这样认为的：

> 关于董事长与 CEO 两职分离、多数票决、交错选举董事会制度、有限制的代理参与权、任职期限和持股比例等治理特征是否有效的问题，需要进行实证研究，并且证实在特定的情形下，这些治理特征确实能够显著提高治理水平，否则，很难说这些提案是真正意义上的治理变革。对我而言，变革意味着要比现在好。任何一项提案或改变都要先加以证明和肯定，才可能被大众接受。[1]

迈伦·斯蒂尔所说的这个标准应该是所有治理变革的前提条件，无论是法律强制的还是自愿采用的治理变革。这是因为治理变革的成本很高，尤其是失败的治理变革。一旦施行了错误的治理变革，对公司而言，决策质量和资源配置效率就会下降，对社会而言，经济增长就会减缓，股东和利益相关者的利益就会受损。我们相信，严谨的理论研究和实证研究能够以低成本的方式更好地了解某项治理变革是否有效。毫无疑问，治理至关重要，但更重要的是了解治理何时以及如何重要。[2]

16.2　焦点不对

治理特征与公司绩效之间缺乏正相关关系是因为现在研究和讨论的问题不对。因为方向不对，所以以改善治理系统所作出的种种努力（及各种监管规定）的效果并不好。现在的焦点是治理特征，其实更应该关注的是治理职能，例如如何选用高素质董事和高管、战略发展、分析并检验商业模式和风险管理等。请看下面几个问题。

CEO 继任

1. 公司制订了 CEO 继任计划吗？

2. CEO 继任计划是否可行？有合适的内部和外部候选人吗？公司是否有人才培养机制以满足长期继任需求？

风险管理

1. 风险管理由谁负责：董事会、审计委员会还是专门的风险管理委员会？

2. 董事会和管理层是否了解如何统筹各种运营和财务活动以实现公司战略？是否了解哪些因素可能存在风险隐患？是否适当规避了这些风险因素？

高管薪酬

1. CEO 的总薪酬是多少？与其他高管的薪酬差距如何？

2. 如何设置薪酬以吸引、留住和激励高素质高管？是否对实现公司目标也有一定的激励作用？公司股价大幅变化与 CEO 身价之间的关系是什么？在控制风险的前提下，薪酬方式是否对短期和长期绩效都有促进作用？

上述三个方面，每个方面都有两个问题，第一个问题与治理特征有关，第二个问题与治理职能有关。很明显，关注后者肯定会对组织和利益相关者更有利。

很多专家都有一个认识误区，即假定只要治理特征存在，治理职能就必然发挥作用。也就是说，只要公司制订了 CEO 继任计划，计划就肯定没问题；只要有风险管理委员会，公司就会重视风险管理；只要高管薪酬没有设置过高，高管就会有好的绩效。在本书中，种种研究证据表明事实并非如此。如果专家和咨询公司是从提高公司绩效的角度出发，那么其服务应该从检查治理特征是否到位转变为评估治理职能是否有效。当然，这需要提高分析能力和改变分析过程，但市场确实需要这种改变。

16.3 重要变量缺失

公司治理与公司绩效之间不具有正相关关系是因为在研究中影响公司治理质量的重要变量被遗漏或忽视了。毕竟公司治理是有关组织的研究，因此，对公司治理的分析应该结合组织因素，例如个人特性与人际关系、行为模式、领导、合作和决策等。虽然没有列出全部因素，但是以下因素对于理解治理系统如何构建以及在何时何地可能会失败等问题大有帮助。

● 组织设计——公司结构是分散还是集中？内部流程是严格设计的还是历史实践的结果？

● 组织文化——公司文化鼓励个人表现还是互相合作？如何对待成功和失败？如何对待风险，鼓励还是规避？

● CEO 风格——谁担任 CEO？CEO 的信念是什么？领导风格如何？道德标准

有哪些？

● 董事会质量——董事的任职资格是什么？为什么选用他们，选用过程是怎样的？他们是否积极参与公司事务，还是只要合规就行？他们的声誉如何？

在本书引用的学术研究中，我们看到学者们也考虑了以上这些方面，但只是略微涉及，并没有全面深入地进行探索。举例说明，在对 CEO 和 CFO 语言模式的一项研究中，学者发现这可能与公司不得不重述未来收益的可能性相关（详见第 10章）；在形成合适的风险文化的过程中，强有力的领导、明确的信息获取途径、公司风险管理参数等都是重要因素（详见第 6 章）；拥有强大私人关系网和专业信息网的董事有助于企业之间的信息流通，企业通过互相学习最佳实践和建立重要的业务关系，可以作出更有利的决策（详见第 5 章和第 15 章）。

我们认为，应该更严谨、更深入地进行这类研究，同时需要跨学科的方法和技术，但有些观点认为公司治理单纯是经济、法律或行为学（心理学和社会学）学科，这是错误的，因为组织系统很复杂，需要多角度地加以研究。

此外，这也意味着某些最佳治理系统将会是某公司所特有的，适用于其独特的文化和其他特性。直接套用"最佳实践"可能会导致失败，因为它将由人构成的复杂系统直接标准化而没有考虑"最佳实践"成功的原因。这也就解释了为什么治理结构非常不同的两家公司都能够取得成功。

16.4 环境背景

治理系统不能完全标准化是因为具体的治理系统设计还取决于环境。例如，由于公司视角——无论是股东利益至上还是利益相关者利益至上——以及当地资本市场的效率、法律效力及劳动力市场等环境因素有所差别，相应的治理系统也不一样。此外，经理人自利行为的严重性也会对治理系统产生影响。

先锋集团的创始人约翰·博格尔（John Bogle）曾这样描述经理人自利行为：

> 自利行为已经失控了，现在的社会标准是以金钱来衡量成功，美元至上。在此之前，传统的职业标准已经存在好几个世纪了，但现在全被不受限制的市场力量打破了，结果就是绝对的道德主义变成了相对的道德主义，"有些事情绝对不能做"变成了"如果其他人都这么做，那么我也可以这么做"。[3]

你在多大程度上相信这就是现在社会的价值观，你就会在多大程度上认同应该采取严格的治理机制以防止经理人自利行为的发生。然而，机制最终需要达到平衡，过度控制会阻碍企业运行和干预正常决策，进而造成经济损失，放松管制将导致代理问题和管理层滥用职权，也会造成经济损失。

总之，在设计公司治理机制时，环境是很重要的因素。

16.5 股东与利益相关者的权利

近年来，在股东与利益相关者的权利及其在公司治理体系中的作用方面出现了明显的争议。

首先，当前的公司治理模式是否过于以董事会为中心，股东是否应该更多地参与公司决策。我们看到这种争议不仅出现在传统代理事件中——例如是否应该替换为多数表决制以及股东是否有权批准高管薪酬，而且出现在重要的经济和战略问题上——例如公司是否太短期导向以及是否进行了适当的投资以缓解长期风险。大股东和小股东都对这些问题发表了意见，而这些问题在传统上是留给董事会的。

其次，与此相关的是，公司目标是否应该更加重视利益相关者。一方面，人们认为这一导向会给整个社会的繁荣带来更持续的成功、更公平的分享。[4]另一方面，人们认为利益相关者导向会分散股东回报最大化这一基本且更易衡量的目标，导致较低的责任性和公司领导人的侵占问题，这些问题本质上是政治性的，因此最好留给选民。

要解决这些争议并不容易。展望未来，关于以董事会为中心的治理与以股东为中心的治理以及股东导向与利益相关者导向的争论，可能会继续处于公司治理的核心地位。考虑到它们的经济后果，人们应该通过仔细的理论和实证工作获得充分的信息。

注 释

1. Myron Steele, "Verbatim: 'Common Law Should Shape Governance,'" *NACD Directorship* (February 15, 2010).

2. To this end, some rules required by the Dodd–Frank Act, such as proxy access, were tossed out by U.S. courts because the SEC could not demonstrate that they were accretive to shareholders. See Keith D. Pisani and Michael L. Zuppone, "SEC's Proxy Access Rule Thrown out by Federal Appeals Court," Paul Hastings Client Alert (July 2011) Accessed June 30, 2020. See www.paulhastings.com/docs/default-source/PDFs/1970.pdf.

3. John C. Bogle, "A Crisis of Ethic Proportions," *Wall Street Journal* (April 21, 2009, Eastern edition): A.19.

4. Marty Lipton argues this point in his advocacy of a new paradigm: "In essence, the New Paradigm recalibrates the relationship between public corporations and their major institutional investors and conceives of corporate governance as a collaboration among corporations, shareholders and other stakeholders working together to achieve long-term value and resist short-termism." See World Economic Forum, "The New Paradigm: A Roadmap for an Implicit Corporate Governance Partnership Between Corporations and Investors to Achieve Sustainable Long-Term Investment and Growth" (2016). This paper was prepared by Martin Lipton, Steven A. Rosenblum, Sabastian V. Niles, Sara J. Lewis, and Kisho Watanabe at Wachtell Lipton Rosen & Katz in coordination with Michael Drexler, Head of Investors Industries, World Economic Forum.

图书在版编目（CIP）数据

公司治理：组织视角/（美）戴维·拉克尔，（美）布莱恩·泰安著；严若森，周燃，钱晶晶译．－－3版．－－北京：中国人民大学出版社，2024.6
（工商管理经典译丛）
ISBN 978-7-300-32725-9

Ⅰ.①公…　Ⅱ.①戴…　②布…　③严…　④周…　⑤钱…　Ⅲ.①公司－企业管理　Ⅳ.①F276.6

中国国家版本馆 CIP 数据核字（2024）第 076010 号

工商管理经典译丛

公司治理：组织视角（第3版）

［美］ 戴维·拉克尔　著
　　　 布莱恩·泰安

严若森　周　燃　钱晶晶　译

Gongsi Zhili：Zuzhi Shijiao

出版发行	中国人民大学出版社		
社　　址	北京中关村大街 31 号	**邮政编码**	100080
电　　话	010 - 62511242（总编室）		010 - 62511770（质管部）
	010 - 82501766（邮购部）		010 - 62514148（门市部）
	010 - 62515195（发行公司）		010 - 62515275（盗版举报）
网　　址	http://www.crup.com.cn		
经　　销	新华书店		
印　　刷	涿州市星河印刷有限公司		
开　　本	787 mm×1092 mm　1/16	**版　　次**	2024 年 6 月第 1 版
印　　张	25.75 插页 2	**印　　次**	2024 年 6 月第 1 次印刷
字　　数	525 000	**定　　价**	89.00 元

Pearson

尊敬的老师：

您好！

为了确保您及时有效地申请培生整体教学资源，请您务必完整填写如下表格，加盖学院的公章后以电子扫描件等形式发我们，我们将会在 2~3 个工作日内为您处理。

请填写所需教辅的信息：

采用教材				☐ 中文版　☐ 英文版　☐ 双语版	
作　者			出版社		
版　次			ISBN		
课程时间	始于　年　月　日		学生人数		
	止于　年　月　日		学生年级	☐ 专科　　☐ 本科 1/2 年级 ☐ 研究生　☐ 本科 3/4 年级	

请填写您的个人信息：

学　校			
院系/专业			
姓　名		职　称	☐ 助教 ☐ 讲师 ☐ 副教授 ☐ 教授
通信地址/邮编			
手　机		电　话	
传　真			
official email（必填） (eg：×××@ruc.edu.cn)		email (eg：×××@163.com)	
是否愿意接受我们定期的新书讯息通知：　☐ 是　☐ 否			

系/院主任：＿＿＿＿＿＿＿（签字）

（系／院办公室章）

＿＿年＿＿月＿＿日

资源介绍：

——教材、常规教辅资源（PPT、教师手册、题库等）：请访问 www.pearsonhighered.com/educator。（免费）

——MyLabs/Mastering 系列在线平台：适合老师和学生共同使用；访问需要 Access Code。　　（付费）

地址：北京市东城区北三环东路 36 号环球贸易中心 D 座 1208 室（100013）

Please send this form to：copub.hed@pearson.com

Website：www.pearson.com

中国人民大学出版社　管理分社

教师教学服务说明

中国人民大学出版社管理分社以出版工商管理和公共管理类精品图书为宗旨。为更好地服务一线教师，我们着力建设了一批数字化、立体化的网络教学资源。教师可以通过以下方式获得免费下载教学资源的权限：

★ 在中国人民大学出版社网站 www.crup.com.cn 进行注册，注册后进入"会员中心"，在左侧点击"我的教师认证"，填写相关信息，提交后等待审核。我们将在一个工作日内为您开通相关资源的下载权限。

★ 如您急需教学资源或需要其他帮助，请加入教师 QQ 群或在工作时间与我们联络。

 中国人民大学出版社　管理分社

🔔 **教师 QQ 群**：648333426（工商管理）　114970332（财会）　648117133（公共管理）
　　教师群仅限教师加入，入群请备注（学校＋姓名）

☎ **联系电话**：010-62515735，62515987，62515782，82501048，62514760

✉ **电子邮箱**：glcbfs@crup.com.cn

📍 **通讯地址**：北京市海淀区中关村大街甲 59 号文化大厦 1501 室（100872）

管理书社

人大社财会

公共管理与政治学悦读坊